中铁隧道集团三处有限公司施工技术丛书

深圳地铁暗挖区间隧道施工技术

主　编　李丰果

副主编　俞建铂　宋金峰　李少利

中国铁道出版社

2015年·北京

内 容 简 介

在当前我国隧道及地下工程大发展的形势下，在深圳地铁多条线路并起建设的契机下，本书以深圳地铁1、2期建设中大量的暗挖工程建设为基础，以丰富的工程建设中的数据、经验和教训为依托，全面客观地对深圳市暗挖工程隧道修建关键技术进行疏理、总结和提升，并加以系统阐述。

全书共分八篇。前七篇以七个不同特色的暗挖工程为实例，分别从施工组织策划、施工技术、设备物资管理、成本管理、进度管理、安全质量管理等角度，结合深圳片区特有的地层条件，辅以大量来自实践的真实基础数据分别展开总结论述。内容涉及浅埋暗挖法施工常见的超前预加固技术、开挖支护技术、防水衬砌技术、各类洞内、洞外辅助措施以及地表环境保护技术等，并对暗挖隧道施工进度、成本管理、安全质量管理等方面进行了详细的统计、总结、升华。第八篇是在前七篇基础上进一步进行融合提炼，形成更具结论性的总融。全书内容全面、系统、创新，提出了诸多宝贵的理念、原则和要点，逐渐形成了较完整的城市暗挖隧道施工关键技术。

本书全面展现了深圳市地铁暗挖隧道建设的水平，并引领中国地下工程建设的技术进步，在当下对我国规模庞大的隧道及地下工程建设将有极大的指导意义。

本书可供我国隧道及地下工程修建中的设计、施工、科研技术人员以及广大师生使用和学习，亦可供国外同行参阅和交流。

图书在版编目(CIP)数据

深圳地铁暗挖区间隧道施工技术/李丰果主编．—北京：
中国铁道出版社，2015.2
（中铁隧道集团三处有限公司施工技术丛书）
ISBN 978-7-113-19918-0

Ⅰ.①深… Ⅱ.①李… Ⅲ.①地铁隧道－暗挖法－隧道施工－深圳市 Ⅳ.①U459.1

中国版本图书馆 CIP 数据核字(2015)第 024585 号

书　　名：中铁隧道集团三处有限公司施工技术丛书
深圳地铁暗挖区间隧道施工技术
作　　者：李丰果　主编

策　　划：徐　艳
责任编辑：徐　艳　　**编辑部电话**：010-51873193
封面设计：郑春鹏
责任校对：龚长江
责任印制：郭向伟

出版发行：中国铁道出版社（100054，北京市西城区右安门西街 8 号）
网　　址：http://www.tdpress.com
印　　刷：三河市宏盛印务有限公司
版　　次：2015 年 2 月第 1 版　　2015 年 2 月第 1 次印刷
开　　本：787 mm×1 092 mm　1/16　印张：23　字数：580 千
书　　号：ISBN 978-7-113-19918-0
定　　价：65.00 元

编审委员会

主　　编：李丰果

副 主 编：俞建铂　宋金峰　李少利

编　　委：

陈　瑜　陈尧进　董道海　丁家亮　郭俊平

刘秋雨　石清虎　唐贤海　易　文　朱成杰

钟玉明　张仲行　卢春林

审　　稿：

董子龙　方俊波　蒋礼明　贺国强　李才儒

马　烨　涂方木　胥　明　蒋忠全　张旭玲

主要参编单位：

中国中铁隧道集团三处有限公司

中国中铁隧道集团有限公司

序

深圳位于中国南部海滨，毗邻香港，地处广东省南部，依山傍海。改革开放以来，深圳作为中国首个经济特区城市，在中国高新技术产业、金融服务、外贸出口、基础设施建设、创意文化等多领域均取得举世瞩目的成就。

其中，在地铁建设领域，现今的深圳地铁共有5条线路、131座车站、总长177千米的运营线路，构成覆盖深圳市罗湖、福田、南山、宝安、龙岗五个市辖行政区的地铁网络。是中国大陆地区继北京、天津、上海、广州后第5个拥有地铁系统的城市。

在深圳地铁已运营的5条线路建设过程，中铁隧道集团三处有限公司在地铁1、2、3、5号线均承担了多项施工建设任务，其中尤以施工风险最大、难度系数最高同时也是中隧三处最具专业优势的暗挖工程施工占据多数。深圳地铁线路多为地下浅埋，隧道范围常见粉、砂、砾质黏土，砂层，风化混合岩，球状风化区，填海软土卵石区以及上软下硬等较为复杂地层。地层普遍富水且透水性强，同时地面环境复杂，隧道断面形式多变，施工难度及风险普遍较高。

《深圳地铁暗挖区间隧道施工技术》这本专著是在深圳市建成的大量隧道及地下工程的基础上，历时三年之久，由李丰果同志组织中铁隧道集团三处有限公司及深圳地铁建设数十名施工技术人员、建设管理人员及专家学者，将隧道施工中的经验与教训、理念与创新进行了总结，全面、客观地将深圳市暗挖隧道地质复杂、环境恶劣、修建艰巨、技术难度高的特征反映出来，写出了一本能开拓思路、很有应用与创新价值的书。

地铁建设暗挖工程主要内容含区间隧道、车站出入口通道、风道等。本书通过7个不同类型、各具特色的暗挖工程，分别从施工组织策划、技术管理、设备物资管理、成本管理、进度管理、安全质量管理等多方面多角度进行全面、详细的总结，并在此基础上进行了理论升华。大量基础数据、一线施工照片的收集整理让本书显得更加的生动具体、“有血有肉”。这是一部基于实践、来源于实践的书，更加的真实、可贵。

书中将大量的施工宝贵经验真实、完整的记录下来，成功与不足同样不加保留的浮于纸上，每一个小结，每一处升华，均凝聚了主编李丰果同志以及其他编委同志们探索与实践的汗水。《深圳地铁暗挖区间隧道施工技术》不仅适用于深圳地区暗挖隧道的修建，同样适用于我国广大地区的铁路、市政、公路隧道施工，其中提到的深孔注浆技术、径向注浆技术、TSS管注浆法技术、光面爆破技术、小净距隧道施工技术、重叠隧道施工技术以及塌方处理技术、地表环境保护技术等均具有广泛的应用空间，为相关类似工程提供了真实的、创新性的宝贵借鉴。

当前的中国基础设施建设，正处于地下空间大发展的时代。可以预期，在不远的将来，深圳，乃至中国将拥有四通八达的地铁线网，暗挖工程将会越来越多的呈现在建设者面前。本书的鲜明特色是内容新颖，理论密切结合工程实践，其理论、观点和方法都是建立在作者长期工程实践的基础上，并集中反映了作者理论研究和工程实践的成果。我相信，本书的出版和发行，将会对我国暗挖工程施工、设计起到很好的指导作用。

2014年12月

前　言

深圳地铁开始建设十多年来，我公司一直发扬着“开路先锋”的精神积极参与各期建设。深圳地铁线路多为地下浅埋，地质及周边环境的特点特别突出，具有地下水极其丰富、水位高，地层特性不均、差异性大等特点，其中具备代表性的如填海软土卵石层、球状风化区及上软下硬地层等在其他城市地铁建设中比较少见。

同时，深圳属于现代化国际大都市，而地铁建设多处于繁华的城市市区，因此地铁暗挖施工的周边环境条件也极为复杂。

以上两个因素造就了深圳片区暗挖施工的复杂特性，地铁建设安全风险极高，施工技术难度极大。然而，面对隧道设计施工中各类复杂的地质、环境问题，参建的所有技术人员以严谨科学的态度，迎难而上，凭着强烈的责任心和创新的精神，“优质、文明、和谐、规范”的建设理念以及科学的建设和管理水平，一路攻坚克险，最终破解了这些难题。

深圳地铁一、二期建设过程，我公司在地铁1、2、3、5号线承担了10多条暗挖隧道施工任务，推动并引领了深圳市地铁隧道修建技术的发展。总体建设过程，我公司各项目一直在进行着暗挖隧道施工的实践并总结，在安全、质量、进度、成本管理等各方面，取得较好的成绩，过程中累积了大量宝贵的经验。

本书是一些常年在施工一线的施工管理、设计、科研技术人员，经过不断创新、完善、总结多年来的深圳地铁暗挖隧道设计施工经验，历时三年共同完成的。

全书共分八篇，前七篇以七个暗挖工程为实例，分别从施工组织策划、施工技术、设备物资管理、成本管理、进度管理、安全质量管理等角度，结合深圳片区特有的地层条件，辅以大量来自实践的真实基础数据分别展开总结论述。第八篇是在前七篇基础上进一步进行融合提炼，形成更具结论性的总融。

七个实例分别为第一篇：深圳地铁1号线18标西乡—固戍矿山法区间；第二篇：深圳市地铁1号线续建工程土建7标段宝坪区间；第三篇：深圳地铁2号线2201标站南并行段隧道及站后折返线及联络线；第四篇：深圳地铁2号线2222标香梅北站Ⅱb、Ⅱc过街通道；第五篇：深圳地铁3号线3101-1标站台扩建暗挖工程；第六篇：深圳地铁3号线3153标莲华区间；第七篇：深圳地铁5号线5307标太怡区间。七篇中各实例既有深圳片区地层、环境等共同特性，又各自具备其自身的个性特点，同时也反应出各工程在技术、成本、进度、安全、质量等各方面的管理差异，相互间既可彼此对照贯通，也可对比选优，增加了结论深度与力度。

本书内容容纳“暗挖万象”，各工程在施工技术方面均分别总结提炼了竖井垂直提升技术、开挖初支技术、各类辅助工法技术、衬砌施工及质量控制技术、防排水技术、监控量测技术、施工通风技术及环境保护技术等，其中提到的深孔注浆技术、径向注浆技术、TSS管注浆法技术、光面爆破技术、小净距隧道施工技术、重叠隧道施工技术以及塌方处理技术、地表环境保护技术等均具有广泛的应用空间，为相关类似工程提供了真实的、创新性的宝贵借鉴。此外，书中各篇均对机械设备的配置分别成章，探讨了暗挖隧道关于机械配备的选型、定量问题。在其他管理方面，各篇分别对实际施工进度进行了统计分析，对成本、安全、质量、科技攻关等方面也分别进行了总结分析，内容涉及工程项目管理全方位、全过程。

这部历经三年，经过反复总结、提炼完成的《深圳地铁暗挖区间隧道施工技术》，依据丰富的实践信息，详细阐释了深圳浅埋暗挖法隧道施工的得与失，并提出众多创新性技术或管理举措，我们期望其能够成为指导全国所有隧道建设规划、设计、施工、管理技术的可靠借鉴，成为促使隧道技术人员不断进步的动力，成为推动中国隧道修建技术更大发展的源泉！

本书在编写过程中得到了许多基层技术人员的支持与帮助，在此一并向他们致以诚挚的感谢！

这本著作规模较大，参与人员较多，不可避免会有错漏，有些提法也可能需要大家一起讨论，敬请提出并指正。

李丰果

2014年11月5日

目　录

第一篇　深圳地铁 1 号线 18 标暗挖隧道施工技术

第一章　工程概况及重点难点

第一节　工 程 概 况

一、工程地理位置及主要工程内容

西乡—固戍矿山法区间位于宝安区西乡大道与建发采石场之间，出西乡站后沿新湖路敷设，CK32＋350～CK33＋100 段线路下穿碧海湾高尔夫球场，然后下穿宝安大道。平面位置如图 1-1 所示。

图 1-1　区间隧道工程平面位置图

区间隧道起讫里程：CK31＋589.7～CK33＋660.25，区间左、右线累计总长 4 162 m，包括 102 m 明挖法、3 471 m 矿山法、589 m 盾构法。其中明挖分二期施工：一期为明挖渡线施工，二期为区间风道施工。矿山法施工包含两座竖井、两个联络通道、一座电缆通道及竖井、水泵房等附属工程。盾构施工包含四座竖井。区间隧道标段范围如图 1-2 所示。

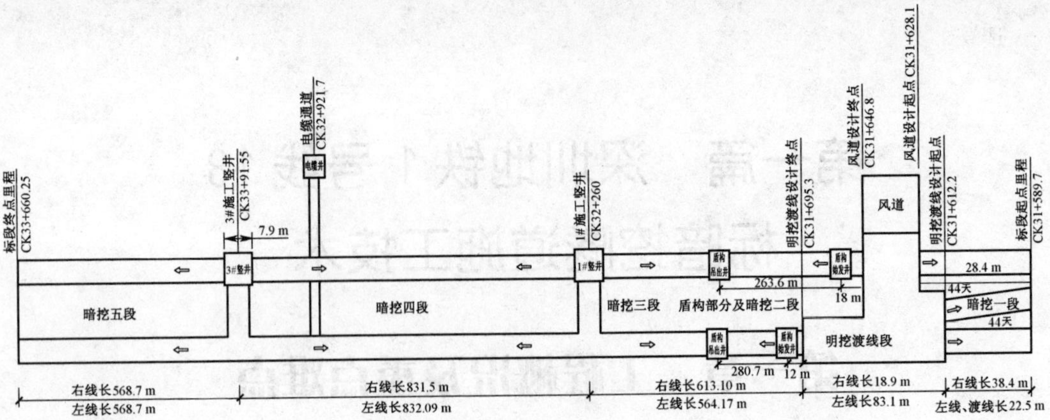

图 1-2　区间隧道工程范围图

二、工程地质及水文地质

1. 工程地质

本标段工程范围内由上到下分别为第四系全新统人工堆积层(Q_4^{ml})、海积层(Q_4^{m})、海冲积层(Q_4^{m+al})、坡洪积层(Q_4^{dl+pl})、残积层(Q^{el})、加里东期混合花岗岩($M_{\gamma3}$)。隧道主要穿越残积层及加里东期混合花岗岩层。典型地质纵断面如图 1-3 所示。

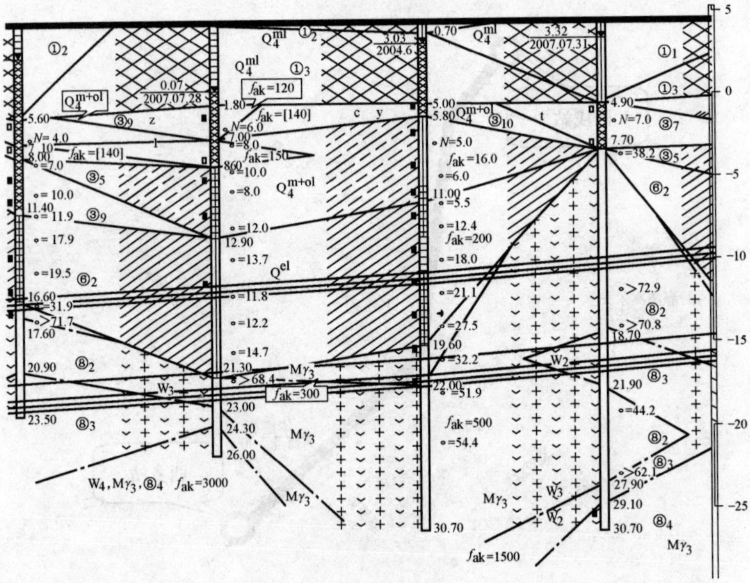

图 1-3　区间隧道工程典型地质纵断面图

2. 水文地质

本场地地下水按赋存条件主要分为孔隙水与基岩裂隙水。孔隙水主要赋存于第四系砂层及黏性土、残积层和加里东期全风化混合花岗岩中,基岩裂隙水主要赋存于混合花岗岩强～中风化层中,略具承压性。

素填土在本区中广泛分布，具弱透水性；海冲积黏土、粉质黏土具弱透水性；海冲积中砂层具中等透水性；海冲积砾砂层具强透水性；砂质黏性土具弱透水性；全～中风化混合花岗岩具弱透水性，微风化混合花岗岩具弱透水性。

地下水对钢筋混凝土结构无腐蚀性，对钢筋混凝土结构中钢筋具弱腐蚀性，对钢结构具弱腐蚀性。

地下水位埋深 1.0～4.0 m，水位高程 0.07～3.43 m，水位变幅 0.5～2.0 m。地下水总的径流方向为由北向南。地下水的排泄途径主要是蒸发，主要补给来源为大气降水。

3. 隧道围岩

第四系全新统人工堆积层（Q_4^{ml}），由于土质的差异性，透水性中～强透水。第四系全新统海积层（Q_4^{m}），属弱透水层，可以作为相对隔水层。海冲积③$_8$细砂中地下水较丰富，具中等透水性；海冲积③$_9$中砂层富含地下水，为场地主要含水层，透水性随黏粒含量增多而变小，具中等透水性；海冲积③$_{10}$粗砂层富含地下水，为场地主要含水层，透水性随粘粒含量增多而变小，具强透水性。坡洪积⑤$_4$黏土、⑤$_5$粉质黏土具弱透水性。⑥$_1$砾质黏性土、⑥$_2$砂质黏性土呈饱和状态，具弱透水性。⑧$_1$全风化混合花岗岩、⑧$_2$强风化混合花岗岩中等透水性。⑧$_3$中等风化混合花岗岩具中等透水性，透水性随节理裂隙发育程度改变。⑧$_4$微风化混合花岗岩具弱透水性。

由于地层的渗透性差异，砂层及基岩中的水略具承压性，基岩裂隙发育，孔隙水与裂隙水局部具连通性。

岩石富水性和透水性与节理裂隙发育情况关系紧密，节理裂隙发育的不均匀性导致其富水性和透水性也不均匀。

本区间隧道地质条件复杂，砂质黏性土及全、强、中、微风化混合花岗岩在隧道底板、边墙、拱顶均有大量分布。中、微风化混合花岗岩为Ⅱ、Ⅲ级围岩，岩质较好，强度高，承载能力强，稳定性好。强风化混合花岗岩为Ⅳ级围岩，呈砂砾状或碎石状，隧道开挖后拱部无支护时可产生较大的坍塌，侧壁有失稳风险。全风化混合花岗岩为Ⅴ级围岩，呈松散或松软状，隧道开挖后围岩易坍塌，处理不当会出现大坍塌，侧壁经常小坍塌，隧道浅埋时易出现地表下陷或坍塌至地表。砂质黏性土层富含地下水，为Ⅵ级围岩，呈松散或松软状，隧道开挖后围岩极易坍塌，有水时土、砂常和水一齐涌出，隧道浅埋时易坍塌至地表。围岩级别见表 1-1。

表 1-1　围岩级别表

左线里程	围岩类别	长度（m）	右线里程	围岩类别	长度（m）
ZSK31＋589.7～＋795 ZSK31＋838～＋999	Ⅵ	366.3	YSK31＋589.7～＋947	Ⅵ	357.3
ZSK32＋103～33＋025	Ⅱ	922	YSK32＋043～＋156 YSK32＋242～＋597 YSK32＋679～YCK33＋109	Ⅱ	898
ZSK33＋025～＋185 ZSK33＋560～＋627	Ⅲ	227	YSK32＋156～＋242 YSK32＋597～＋679 YSK33＋542～＋609	Ⅲ	235

续上表

左线里程	围岩类别	长度(m)	右线里程	围岩类别	长度(m)
ZSK31＋999～ZCK32＋103	Ⅳ	512.3	YSK31＋947～YCK32＋043	Ⅳ	466.25
ZSK33＋185～＋560			YSK33＋109～＋173		
ZSK33＋627～＋660.25			YSK33＋287～＋542		
			YSK33＋609～＋660.25		
ZSK31＋795～＋838	Ⅴ	43	YSK33＋173～＋287	Ⅴ	114
左线长链 10.27 m,右线短链 7.78 m					
总长 4 041.1 m 分级围岩长度小计(m)	Ⅱ	1 820		占隧道全长 45%	
	Ⅲ	462		占隧道全长 11%	
	Ⅳ	978.5		占隧道全长 23%	
	Ⅴ	157		占隧道全长 4%	
	Ⅵ	723.6		占隧道全长 17%	

三、设计情况

1. 平面设计

区间隧道起于西乡站末端,自西乡站后线间距 23.4 m,沿新湖路敷设,为避开道路北侧建筑,右线向左线靠拢,线间距逐渐变小,在 CK32＋240 处线间距变为 15.413 m。线路在 CK32＋350～CK33＋100 段处下穿碧海湾高尔夫球场,然后沿宝安大道敷设。区间左、右线均含 3 处平面曲线,半径分别为 2 000 m、450 m、500 m。线路总平面图如图 1-4 所示。

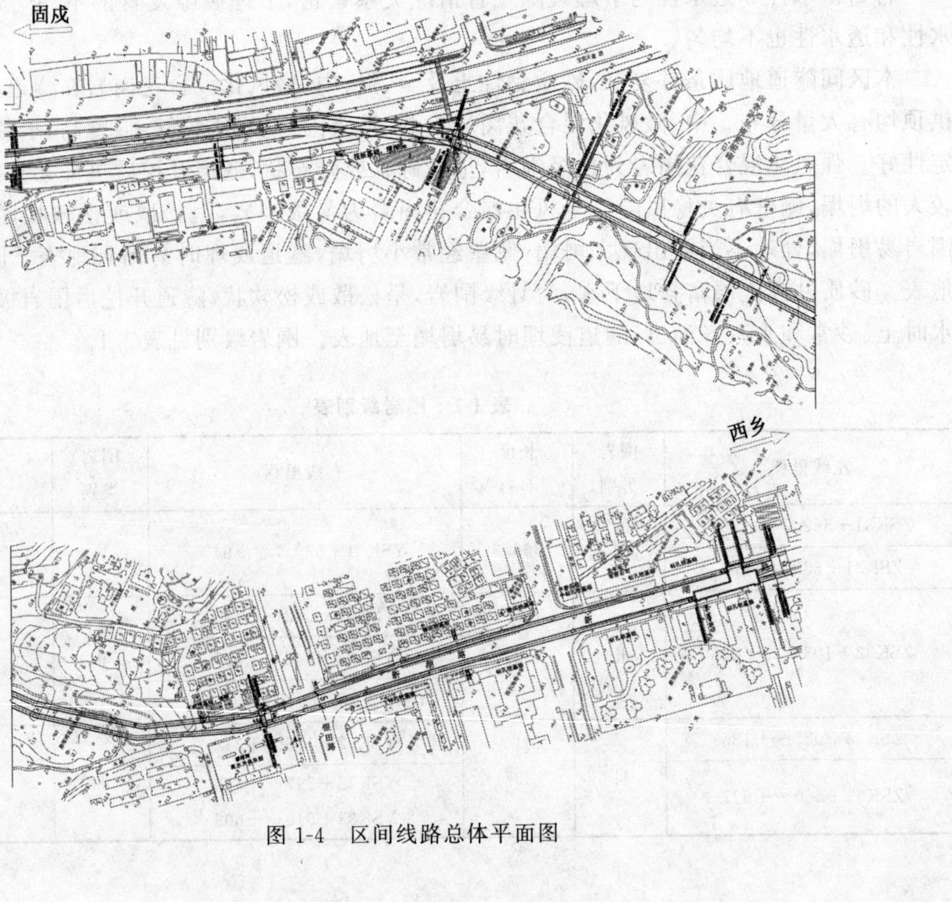

图 1-4 区间线路总体平面图

2. 纵断面设计

区间线路从西乡站设计末端里程 CK31＋589.7 开始，至 CK33＋660.25 结束。其中：CK31＋589.7～750 之间纵坡坡度为 2‰；CK31＋750～950 之间纵坡坡度为 25‰，其间以竖曲线 R-3 000 m 过渡；CK31＋950～CK32＋240 之间纵坡坡度为 18‰，其间以竖曲线 R-5 000 m过渡；CK32＋240～CK33＋600 之间纵坡坡度为 8.458‰(左线为 8.467‰)，其间以竖曲线 R-5 000 m 过渡；CK33＋600～660.25 之间纵坡坡度为 6.37‰(左线为 6.39‰)，其间以竖曲线 R-5 000 m 过渡。线路的最低位置位于 CK32＋240，轨面标高为－21.464 m，最大埋深约 35.8 m(轨面)。隧道纵断面设计参数见表 1-2。

表 1-2　隧道纵断面设计参数表

左线里程	坡度(‰)	竖曲线	右线里程	坡度(‰)	竖曲线
31＋589.7～31＋750	2		31＋589.7～＋750	2	
		R-3000 2T-69 E-0.198			R-3000 2T-69 E-0.198
31＋750～31＋950	25		31＋750～＋950	25	
		R-5000 2T-35 E-0.031			R-5000 2T-35 E－0.031
31＋950～32＋240	18		31＋950～32＋240	18	
		R-5000 2T-132.34 E-0.438			R-5000 2T-132.29 E-0.438
32＋240～33＋600	8.467		32＋240～33＋600	8.458	
		R-5000 2T-74.29 E-0.138			R-5000 2T-74.14 E-0.137
33＋600～33＋660.25	6.39		33＋600～＋660.25	6.37	

3. 隧道结构设计

区间隧道一般地段断面设计为马蹄形，采用矿山法施工，复合式衬砌。

隧道分 A、B、C、D、E 共 5 种衬砌断面，初期支护采用钢拱架、锚杆、钢筋网、C20 喷射混凝土联合支护，并辅以小导管注浆等超前支护措施。二次衬砌采用 C30S8 钢筋混凝土，隧道防水等级为Ⅱ级，在初期支护和二次衬砌之间设置全包防水层，并配合注浆防水。暗挖隧道各种断面设计支护参数见表 1-3，隧道典型的两种断面如图 1-5、图 1-6 所示。

表 1-3　暗挖隧道支护参数及施工方法表

断面形式	初期支护	辅助措施	施工方法	围岩等级
A-1、A-2、B-1、B-2、C、D-1、D-2 型断面	初支：全断面钢筋网＋500(750)格栅钢架＋250 mm 厚 C20 喷混凝土；二衬：300 mm 厚模筑 C30，S8；全包柔性防水层	超前注浆小导管，局部大管棚、局部井点降水、临时横撑	台阶法	Ⅴ～Ⅵ
A-3、B-3、D-3、E 型断面	初支：全断面钢筋网＋拱墙系统砂浆锚杆：$\phi 22$，@1000×1000＋格栅钢架：纵距 1000(750)mm＋250 mm 厚 C20 喷混凝土；二衬：300 mm 厚模筑 C30，S8；全包柔性防水层		台阶法	Ⅲ～Ⅳ

续上表

断面形式	初期支护	辅助措施	施工方法	围岩等级
A-4、B-4、D-4型断面	初支：全断面钢筋网＋拱墙系统砂浆锚杆：ϕ22，@1000×1000＋250 mm 厚 C20 喷混凝土；二衬：300 mm 厚模筑 C30，S8；全包柔性防水层		全断面开挖	Ⅱ

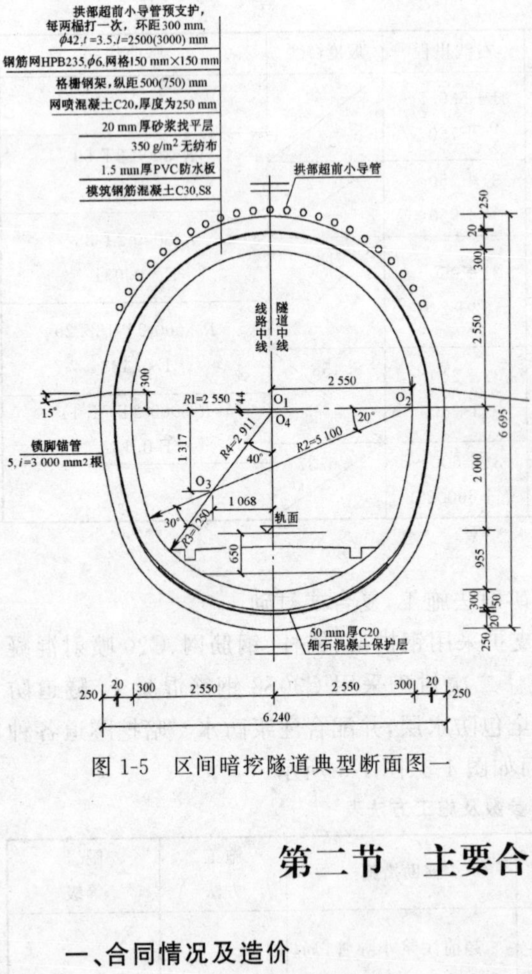

图 1-5　区间暗挖隧道典型断面图一

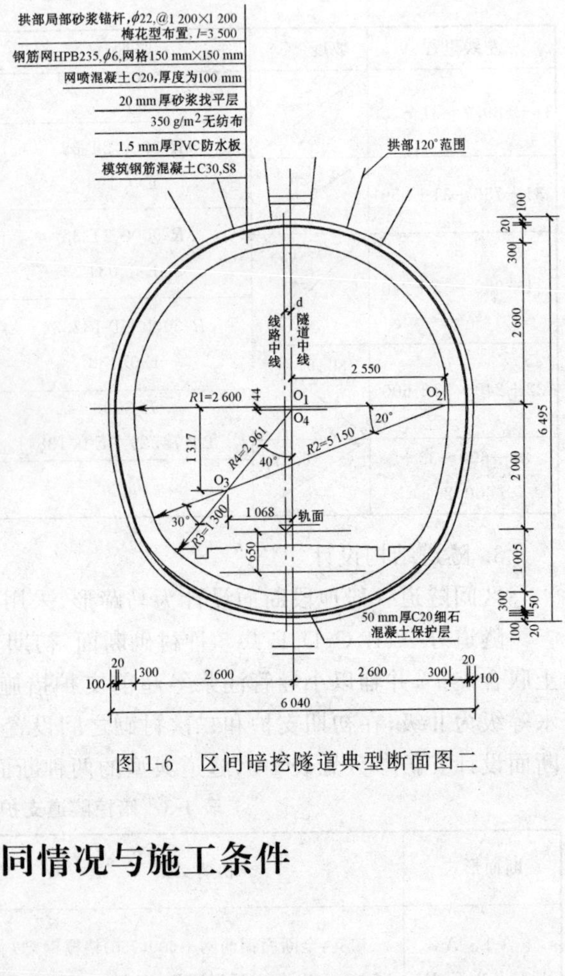

图 1-6　区间暗挖隧道典型断面图二

第二节　主要合同情况与施工条件

一、合同情况及造价

本标段为设计、施工总承包，合同总造价为 13 482.59 万元(其中包含暂定金 1 249 万元)，隧道全长 2 070.55 m。本工程标底为 1.9 亿元，中标价相对标底下降 29.04%。开标时间为 2007 年 10 月 31 日。

二、施工条件

本工程于 2007 年 11 月中旬进场，前期由于受征地、管线改迁及交通疏解影响，开工时间较计划进场日期延后 4 个月。本标段是深圳地铁 1 号线续建工程机场段的第一个标段，为西乡站～固戍站部分区间，也是1号线机场段唯一采用矿山法暗挖施工区间标段。隧道穿越地质条件复杂多变、周边建筑物对地下水土损失反应敏感、工期紧、标价低是本工程的主要特点。

第三节　工程重难点分析与对策

一、工程开工晚，实现各节点工期和总工期目标是难点

工程前期受管线改迁、交通疏解及征地影响，1＃、3＃竖井实际开工日期（2008年3月8日、2008年3月26日）较计划（2007年12月28日）延期近3个月。明挖段实际开工日期（2008年4月11日）较计划（2007年12月28日）延期近4个月。工程开工时间晚，但关键节点工期及总工期要求严格，因此保证实现节点工期及总工期目标是难点。

◆主要对策

有条件优化设计，降低施工风险，同时使隧道尽可能避开砂质地层。人、材、机等投入有保证。施工方案要合理，根据业主要求，不同时段明确不同的主攻工作面。加大竖井提升能力，满足洞内出渣进料的最大需求。

二、富水软弱地层开挖难度大

明挖段～1＃竖井区间段为Ⅴ、Ⅵ级围岩，隧道主要穿越砂层、砂质黏性土、全风化花岗岩，地质软弱，初期支护工序繁杂，地下水位较高，地层含水丰富，施工难度大、进度慢，每月进尺只有30 m。

◆主要对策

(1)作好过砂层附近的降水工作，降低施工风险；加强监控量测，做好地质预报与超前加固措施。

(2)下调线路纵坡，尽量增加拱顶埋深和黏性土的厚度。

(3)明挖段从两边向中间施工，土方开挖完成后立即进行吊土井、主体结构施工，早开暗挖工作面。

(4)抓好施工组织与工序衔接，保证工程进度。

三、确保各工作面协调有序、高效运行是重点

整个暗挖段分别利用施工竖井及明挖段进入施工，多个工作面同时平行展开，最多时13个工作面同时组织施工。各施工工序相互关联、环环紧扣，一个环节延期，即会影响到节点、合同工期，如何进行合理的施工组织安排、资源调配，加强各个工作面的相互协调，保持高效运行和确保节点、合同工期是贯穿整个施工期的重点。

◆主要对策

缩短各分部分项工程施工准备时间。机械空闲时安排保养，确保施工机械正常运行。根据本工程的特点，不断优化施工进度计划网络图，确定各阶段的工作内容。并根据各阶段的施工任务合理进行资源配置，尽可能地开展平行作业。减少工序衔接时间，防止设备的窝工，加强关键线路各工序的控制管理。

四、复杂地层隧道施工安全是重点

本工程暗挖隧道（YSK31＋997.5～32＋260、ZSK31＋967.75～32＋260、YSK31＋589.7～

628、YSK31＋646.9～666.2、ZSK31＋589.7～612.2、ZSK31＋695.3～710.235、DK31＋589.7～612.2)洞身穿越砂层、砂黏土层及混合花岗岩风化岩层，且地下水丰富，具承压性。尤其是近邻居民楼地下爆破及暗挖区间部分穿越砂层时，隧道施工安全是关键。

◆主要对策

近邻居民楼地下爆破开挖采用"短进尺、弱爆破"，减少振动确保邻近建筑物安全。砂层段采用预注浆加固地层并提前由地面进行降水。

五、电缆通道与联络横通道垂直叠加，重叠隧道施工安全要求高

CK32＋924.95处电缆通道与区间隧道垂直交叉，位于区间隧道上方，区间隧道联络横通道与电缆通道垂直叠加并位于区间隧道下方，上、下隧道净距5.15 m，施工期间须考虑上、下隧道相互间的影响，加强控制，保证施工的安全，合理安排上、下隧道施工顺序，将相互间影响降至最小。

◆主要对策

(1)施工期间合理安排电缆通道开挖时间，错开上、下隧道开挖时间，防止重叠隧道平行施工。在正线隧道及电缆通道正下方的横通道开挖完成后，再组织进行上方的电缆通道开挖。

(2)衬砌按照先上后下的顺序组织施工，上方隧道衬砌施工就相当于给下方隧道增加了永久荷载，待下方隧道初支收缩变形稳定后进行下方隧道衬砌施工有利于减小对衬砌层的压力，确保隧道使用安全。

(3)合理进行施工进度计划网络图的编排，严格制定上、下隧道开挖，衬砌施工先后顺序，确定各阶段的工作内容，施工过程中严格按照计划执行。

(4)重叠隧道开挖时尽量采用人工配合机械开挖，当必须采用爆破开挖时，尽量采用弱爆破，减小对围岩的振动，加强支护，避免引起围岩坍塌。

(5)加强下部隧道的初期支护，设计时在施工影响范围已充分考虑上部爆破和施工荷载。

六、1♯竖井～明挖渡线段隧道施工安全风险大

1. 工程地质及水文地质复杂且变化频繁

隧道上部主要穿越地层为海冲积的饱和砂层、砂质黏性土、全风化混合花岗岩、强风化混合花岗岩。

砂层和砂质黏性土富水，无黏性，结构松散，属较不稳定土体，透水性强，施工中易发生坍塌、涌水、涌砂。同时，砂层上部为杂填土、素填土，渗透系数大，隧道开挖施工时，极易造成坍方。

本区间隧道开挖时洞身需穿越685 m长花岗岩残积土、全风化岩。饱和状态下花岗岩风化残积土、全风化岩受施工扰动(主要为爆破施工)而崩解，极易变形坍塌，造成围岩失稳。

2. 周边环境安全难以保证

明挖段～1♯竖井区间隧道位于新湖路下方，新湖路两侧房屋密布，北侧有正雄电子有限公司、龙年电子有限公司、盐田村的民房、银田新村，南侧有深圳海湾中学、锦欣花园。这些房屋大多修建于2000年前，属于福利房，入住率高。房屋基础型式多为沉管灌注桩(属摩擦桩)，该桩基对水土损失极为敏感。隧道开挖边线距离道路两侧房屋水平距离仅为9.85～19.71 m。

鉴于周边楼房距隧道较近，且楼房基础抗沉降能力极差等客观情况，摩擦桩对地层和地下水位变化反应具高度敏感性（明挖渡线段及7标西乡站基坑施工时已对附近地面、楼房影响明显）。地面建筑物和管线的安全保护就成了极大问题，如采用措施不当，可能造成周边建筑极变形、开裂，易引发附近居民大量投诉上访，造成极为不良的社会影响，进而阻扰正常施工。

隧道沿线分布着大量的地下管线，包括雨水、污水、上水、电信、电力、燃气、路灯等，其中埋深2.3 m的ϕ600雨水管、埋深3.2 m的ϕ400污水管、埋深0.6 m的ϕ600雨水管均为混凝土管，且多位于隧道上方，地下管线管道的走向与隧道平行，局部斜交。

◆主要对策

经过各方共同努力，将1＃竖井～明挖渡线段部分（左线：ZSK31＋710.235～997.75，右线：YSK31＋666.2～967.75）段矿山法施工隧道变更为盾构法施工，以确保周边建筑物、地下管线的安全。

第二章　总体施工组织及规划

第一节　组 织 机 构

项目组织机构图见图 1-7。

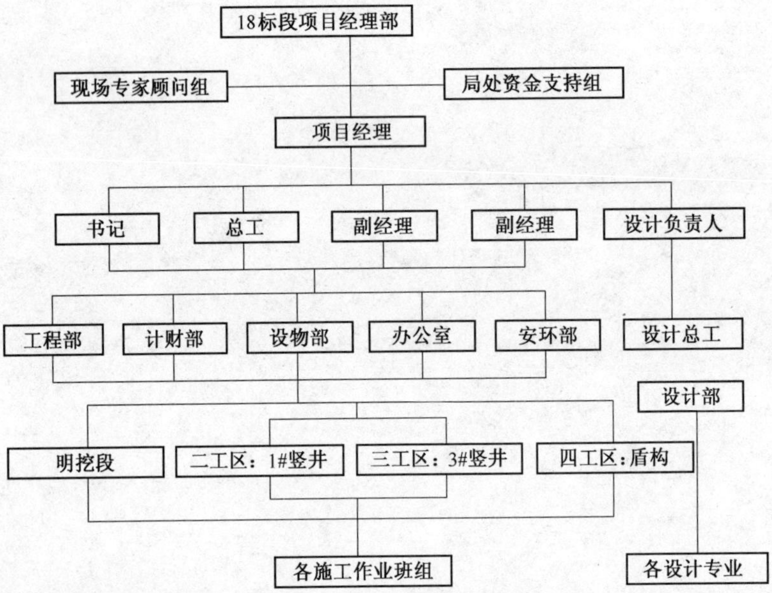

图 1-7　项目组织机构图

第二节　项目的策划与组织实施

一、施工区段的划分

根据本工程场地条件等特点，本项目区间原设计矿山法施工按四个工作面组织隧道开挖施工，后因征地、地质条件、周边环境及维稳等影响，取消 2＃竖井，增加 19 标盾构接收井工作面，部分矿山法隧道改为盾构法施工，按五个工作面组织开挖施工。隧道二衬也因前期隧道开挖施工滞后影响，后期采用五台模板台车进行衬砌施工，并加大了二次衬砌的各项资源投入，弥补了因各种原因耽误的时间，圆满完成了轨道办、地铁公司节点目标和总工期，如期交验铺轨。

二、项目管理模式

采用集团公司 B 类项目的模式管理，三处有限公司受集团公司委托，组建项目经理部，对本标段工程建设的安全、质量、进度、成本等进行现场管理，确保对业主的各种承诺全面履约。

项目部围绕工程施工安全、质量、进度、成本等方面，对所承担工程进行有效的施工组织管理，做好施工中的内部与外部关系协调。

三、分包工程管理模式

严格执行三处关于分包管理相关条例，分为专业分包和劳务分包两种。专业分包主要有连续墙、防水、土石方外运等，劳务分包主要有隧道开挖初支、二衬（钢筋、混凝土、模板、脚手架）等。

四、队伍选择

施工队伍以社会资源为主。对单一工序小项目需外选队伍时，按工程项目类型和施工阶段的不同，一是从与各单位曾经协作或正在协作的合格承包队伍中选择，二是从当地合格承包队伍中选择，并经项目部和公司合同管理部门审查确认，签订合同后才进场施工。

五、施工总进度计划

本工程实际开工日期为2008年3月8日（1号竖井），完工日期为2010年4月30日，总工期为784天。

六、主要进度指标（区间矿山法正洞）

1. Ⅴ、Ⅵ级围岩开挖支护施工进度指标：15～30 m/月；
2. Ⅳ级围岩开挖支护施工进度指标：30～45 m/月；
3. Ⅱ、Ⅲ级围岩开挖支护施工进度指标：50～60 m/月；
4. 衬砌施工进度指标：60～90 m/月。

七、进度指标编制说明

Ⅱ、Ⅲ级围岩主要分布在1＃竖井～3＃竖井之间，为中、微风化混合花岗岩，采用钻爆法开挖，循环进尺拟定为2 m。由于深圳市化轻公司夜间不配送火工品，且综合考虑竖井提升能力、雨天无法及时出渣等因素，按每天1个循环（进尺2 m）计算，进度指标为60 m/月。

Ⅳ级围岩主要分布在3＃竖井～标段终点CK33＋660.25区间段，为强风化混合花岗岩，围岩呈砂砾状或碎石状。隧道开挖后拱部无支护时极易产生较大的坍塌，边墙易失稳，因此隧道开挖后需及时支护封闭。格栅钢架间距为0.75 m，按每天2个循环（进尺1.5 m）计算，进度指标为45 m/月。

Ⅴ、Ⅵ级围岩主要分布在明挖～1＃竖井区间段，为砂层、砂质黏性土及全风化混合花岗岩，围岩自稳性差，极易坍塌。采取超前支护、短开挖、早封闭的顺序组织施工。格栅钢架设计间距为0.5 m，按每天2个循环（进尺1 m）计算，进度指标为30 m/月。

八、质量目标

坚持依靠科技领先、实施精品战略，做到“百分之百地执行标准；百分之百地兑现合同；百分之百的质量合格；百分之百的用户满意”。

对区间隧道工程质量目标：严格按照业主要求标准施工，工程合格率达到100%，优良率达到95%以上；工程质量等级优良，确保在国内同类工程中达到领先水平，创深圳市优良样板工程。

九、安全生产管理目标

实现“六无，三消灭，一创建”。六无：无因公死亡事故，年重伤率不大于万分之五；无拆迁工程事故和设备安装工程重伤以上(含重伤)事故；无触电、物体打击、高空坠落等事故；无重大机电设备事故、重大交通事故及火灾事故；无因施工造成地表沉陷及由此导致交通中断、通信中断、漏水、漏气等重大事故；无10人以上集体中毒事故。三消灭：消灭违章指挥，消灭违章作业，消灭惯性事故。一创建：创建安全文明样板工地。

十、文明施工与环境保护目标

施工期间，认真执行国家及地方相关法律的规定，依法文明施工，尽可能减少施工期间对居民生活的影响，积极协助地方政府做好施工期间的安民维稳工作。保持施工现场整洁，采取一切合理措施避免因施工引起的噪声、环境污染及其他因素对公众或公共财产等造成的伤害或妨碍，树立良好的地铁施工形象。

第三节 项目管理

一、技术管理

项目部设总工程师1人，负责整个项目的技术管理，与项目经理、副经理构成横向技术管理层，与项目部的工程部技术人员和其他部门形成技术管理组织机构。项目部技术管理层直接、统一对各个劳务层进行单独技术交底和管理。

鉴于18标从招标开始因时间仓促，沿海地层勘察精度较差，工程地质及水文地质条件极其复杂，周边环境复杂，对本项目技术管理提出了非常严格的要求。面对不同地质不同施工措施和工艺，项目技术管理工作增加较大难度，项目部总工坚持从基础抓起，亲自主持施工方案和工序等的技术交底工作，同时加强对技术干部在现场的培训和指导。针对遇到不同地质变化情况，及时给予现场技术支持，对现场技术管理有针对性地制定了相关奖罚制度和措施，激励技术人员努力适应和胜任本职工作。

技术管理主要围绕设计意图展开。对外加强与业主、设计、监理的技术协调工作，对现场出现的问题及时开会反映上报，以达成共识，并及时整理相关变更资料；对内依据设计图，认真提出设计图审查意见，及时跟踪落实。认真编制施工组织设计和专项施工方案等，请专家评审后再进行交底实施。

加强设计优化至关重要。本项目因明挖段侧楼房开裂，为确保稳定和谐，将地质条件最差地段由矿山法改为盾构法施工，并得到市政府办公会的批准。

结合现场实际情况，充分借助专家力量制订超前预处理措施，对现场出现的问题及时采取针对性措施，并请专家进行评估及方案审定，如明挖渡线段五条短隧道、隧道坍塌处理及沉降超限等处理，采取比较安全可靠的措施进行施工，对整个工程采取有效的控制手段。

二、安全管理、文明施工及环境保护

执行一岗双责制，项目经理在履行管理工作岗位职责的同时对整个项目的安全管理负责，其余所有管理人员在履行工作岗位职责的同时履行安全岗位职责，文明施工及环境保护纳入安全管理，按集团公司管理体系文件要求开展工作，制定安全、文明施工、环境保护和职业健康目标。

严格遵守国家、深圳市及行业标准，严格控制施工污水、有害烟尘和固体废弃物排放，施工噪声、水土流失控制达到国家及深圳市环保标准。

坚持"以人为本"的原则，严格控制重大职业病，确保员工的身体健康和生命安全。

项目部设安全环保部，各工点设安全管理员、班组设安全员，负责现场施工安全和环境保护日常管理。各级安全管理系统和各级安全管理人员构成整个项目部的安全与环境保护管理体系。

在工程建设中，18 标的安全管理受市安检站、轨道办、环保局、地铁公司、监理单位等多方的监督检查，大多按月、季、半年和年度进行现场检查或评比，有时进行现场突击检查，对检查出现的问题迅速进行整改并回复。驻地业主代表和监理则参与现场日常安全监督检查。按深圳市安检站要求，进场的所有工作人员进行安全培训，考试通过后办理平安卡。

在日常管理中，项目部制定对各工区在各级检查中出现问题的整改督导和奖罚制度，并编制施工安全专项方案、应急预案、重大危险源管理方案，按程序审批后进行交底。

项目部各工点实行每周、每月一次安全文明施工检查，现场监理也实行每周、每月一次安全文明施工联合检查，项目部派员参加。

安全管理、文明施工及环境保护已成为各方的管理工作重点，通常在各级生产会议，尤其是每天的项目部交班碰头会、周生产例会、监理例会上，这方面的内容作为会议的重点关注对象。

三、质量管理

项目经理为质量管理第一负责人，与副经理、总工程师、各部门、各工点现场管理人员和作业班组质量管理员构成质量管理体系，日常质量管理业务归口在项目工程部。

18 标的工程质量受深圳市建设局、市轨道办、市质检站、地铁公司、监理、设计院、集团公司各方的监督管理。针对 18 标工程地质及环境复杂、施工难度大、工程质量要求高的特点，项目部编制了详细的质量管理办法及质量管理方案，分阶段、分工序、分层次进行施工质量标准控制和技术交底。

在日常质量管理中，各级工程质量检查与评比和安全文明施工检查评比合在一起进行，各级生产管理会中质量管理作为会议主要内容之一，项目部每周生产交班会、每天交班碰头会、周监理例会都重点强调质量管理。项目部针对性地制定了质量管理奖罚制度，对各工点在各级检查中出现的问题认真及时地进行督导整改，把好工程质量现场关。

通过各方努力，本区间隧道在克服了涌砂突泥、上软下硬、填海地层等复杂条件下顺利完工，区间隧道外观质量良好，整个项目工程一次顺利通过验收，工程质量合格率 100%，优良率 90%以上。

四、进度管理

按照与地铁公司签订合同的工程总工期及相关节点目标，项目部分阶段进行工期目标分解，制定相应的节点工期目标，项目分年度、季度、节点工期目标进行管理和考核。18标土建工程在2010年4月30日完成区间隧道主体二衬的贯通，为2011年6月30日开通运营创造了条件。

合同开工日期为2007年12月28日，按中标通知书中指明的合同工期(491天)计算，合同竣工日期应为2009年5月1日。但自工程实际开工以来，由于诸多方面的原因造成工程未能在预定合同竣工日期内完工。主要影响因素如下：

(1)受征地、管线改迁及交通疏解影响，实际开工日期拖后。1#、3#竖井占用盐田村地块，征地协调难度极大。明挖渡线段管线改迁工程量大且繁杂，且改迁施工与7标西乡站场地相互干扰，由此导致1#竖井实际进场开工日期为08年3月9日，3#竖井实际开工日期为08年3月18日，明挖段实际开工日期为08年4月11日。2#竖井由于占用盐田村荔枝园地块，征地困难而被迫取消，因此原计划的3个竖井减少为2个，隧道施工作业面的减少对整个工期影响较大。

(2)1#、3#施工竖井设计均在右线隧道正上方，左线隧道出渣受到严重干扰，四个工作面工序组织协调非常困难，对进度影响较大。

(3)前期3#竖井施工用电就近安装了工业用电，天气炎热时采取“停三供四”的方法缓解用电压力，对施工进度产生一定影响。

(4)部分区间原设计方案不能实施(主要体现在部分矿山法隧道工法变更及3#井向终点里程方向地质变化较大)，严重影响施工进度。

(5)明挖渡线段基坑开挖后附近楼房对失水的高度敏感性，致使居民不断投诉和干扰施工，延迟工期约5.5个月。

工程在建设期间，通过局指、三处有限公司、项目部不断向地铁公司反映和沟通，终于促成部分隧道矿山法改为盾构法施工。同时，经过1号线分公司与地铁有限公司、轨道办等多次沟通，最后也将隧道完工节点工期调整到2010年4月30日。通过项目部不懈努力，科学组织，加大劳动力、材料、设备等投入，最后按期、安全、顺利完成标段施工任务。

工程施工中，项目部对各工作面分别制定了年度、季度、月、周进度与产值计划。明确了各工点开工、明挖渡线段连续墙施工、土方开挖及完成、底板浇混凝土及顶板封顶、区间隧道竖井开挖到底、通道完成、隧道开挖贯通、隧道衬砌开工与完工、盾构下井组装、盾构始发与到达、区间隧道分段交验等方面的节点考核目标，除了不可抗拒的重大因素外，严格进行了奖罚考核。

在各工点(工作面)编制完善各项计划和节点计划的基础上，项目部为确保计划可行，在人员、设备、材料等资源配备上加大投入，满足现场需要，保证措施有力。同时在集团深指每月施工生产会的基础上，项目每周组织召开一次周例会，各工点每天分别组织召开生产碰头会。存在突出问题时，项目部及时组织召开针对性的专题会，现场解决突出问题。经过项目部全体的共同努力，除个别无法克服的困难影响使少量节点目标稍有滞后外，大多的节点目标如期达到或提前达到。

五、经营合同管理

18标项目合同的主要边界条件是：承包商进场后应进行地质资料的补勘，合同总价不因地质条件变化而调整。而本项目前期在设计勘察时因时间仓促,无法详细对隧道沿线环境和地质进行详细勘查,尤其沿海填石地层。在本项目明挖渡线段基坑开挖期间,连续墙无明显渗漏水、无接头开裂和涌砂突泥情况下,仅在基坑底部进行少量抽排水,而附近楼房发生了不均匀沉降、开裂,由此得出楼房基础对失水的高度敏感性和明挖段大里程方向矿山法隧道无法实施的结果。

项目经营合同管理分合同工期履约管理、施工图设计的优化变更、正常变更设计和保险索赔、项目部成本管理、对内对外验工计价、项目部对各分包监督等方面。

经营合同管理由项目经理主抓,归口到计财部,工程部直接负责基础资料收集汇总等工作,其他相关部门和人员配合。

其次是保险索赔方面,抓好保险索赔既能妥善处理好施工对构筑物的局部不良影响涉及各方的矛盾,又能适当弥补成本亏损。虽然不能有大的经营成果,但保险索赔程序有法有据,施工后若有影响需鉴定后才能确定是否赔偿,而本项目保险合同(1号线与人保签订)条款约定较死,很难突破。

六、资源管理

18标的部分主材(如钢筋、商品混凝土、防水材料等)由业主组织招标确定厂家统一供给,由项目部在规定范围厂家选择。火工品通过民爆公司自购,其他零星材料及二、三类料全部自购。大堆料水泥、砂、碎石管理在现场成立采供站,由项目部的设物部统一询价后选择厂家。项目部负责对所有材料的计划、采购、进场检验和现场管理。

项目部计财部负责资金往来管理,项目经理负责资金拨付使用审批把关。工程资金原则上来自合同预付材料款和进度验工计价款,项目部财务根据各分包协作方承担工程量和月、季、年度验工计价款支付。

人员、机械设备和料具由项目部按照施工组织统一进行配备和管理,资源共享,合理调整,确保不同阶段的施工人员及设备及时到位配足。因区间隧道开挖时间长、地质差,为赶工期增加了多个开挖和衬砌工作面,实际投入的设备和人员也相应增加。

七、施工协调

征地、管线拆迁与保护、施工期间的交通疏解、对既有建筑和周围环境的影响,是施工协调工作量最大、涉及面最广的外部协调,主要由项目部经理牵头,书记、办公室等相关人员进行协调和问题处理。

外部协调:本项目最大一项外部协调成功实例就是租用19标盾构接收井。之前因3#井向标段终点里程方向开挖地层条件极差,涌水量大,上台阶拱脚经常出现涌砂突泥,采用降水措施后效果也不明显,深孔注浆试验效果也不好,每月进尺约20 m。2009年9月份,经倒排工期计划后,发现如果再按照现有方案独头掘进,势必无法保证业主要求的工期,故项目部先后通过业主、监理召开3次较大协调会,确定10月份进场,利用19标盾构接收井场地增开工作面,使得隧道左右线均多开挖100多米,压缩工期约2个月。

内部协调组织:在项目部统一管理资源的情况下,施工协调主要体现在工作面较多情况下,将施工场地、材料、机具设备、人员(管理及劳动力)等方面实行统一机动调整分配,充分科学利用本项目资源,以确保关键重点控制工作面资源充足。

施工场地方面：如明挖渡线段，在前期段施工接近结束时，因盾构始发需利用本场地，通过项目部统一协调，为确保总工期，将后期组织的盾构施工作为重点，抓紧时间及时施作盾构始发场地，临建和原有生活区临建部分改造后直接转给盾构队伍使用，为后期盾构顺利始发创造了良好的施工条件。

施工材料和机具设备：在暗挖隧道施工期间，因隧道施工点就有 4 个，每个点少则 2 个工作面，多则 4 个工作面，经常出现水泵、注浆机、喷浆机等不够用情况，但通过项目统一调整，在每天碰头会上沟通协调，及时从相邻工点调配，满足了现场施工需要。

2010 年 2 月，隧道二衬进入施工高峰期。原计划 3 台模板台车，从 1＃井下放一台，3＃井下放两台(分别向 1＃井及 19 标方向)，但鉴于 1＃井左线隧道突遇涌砂突泥地层，需要临时先将二衬施作完成以确保安全。经项目部多次论证，将 3 号台车紧急调到 1＃井，先衬砌 1＃井左线西乡方向，其余两台按照原方案衬砌左右线 1＃～3＃井方向，为此造成这两台衬砌任务较为紧张。后期在 19 标盾构接收井增加开挖面后，及时从局内部单位租用两台模板台车，主攻 3＃井向 19 标盾构接收井之间隧道二衬，经过科学组织和合理调整，确保了本段提前 20 天完成衬砌施工，保证了节点工期。

此外，各工点在征地拆迁、管线拆迁与保护、交通疏解、周围环境和建筑影响也是施工协调的主要内容，贯穿于开工到完工全过程，成立了由项目领导、部门负责人、相关人员组成的协调小组开展各项工作，成为工程建设协调不可缺少的一个重要环节。

八、施工决策

项目经理组织主要管理人员及现场工人进行充分讨论分析，项目总工程师主持各项方案编制与会审，详细制定实施步骤及控制要点，达成共识后现场认真贯彻落实，项目领导和各部门现场检查督导。

前期根据本项目工点分散的实际情况，施工场地协调完成一个就立即开工，尽量保证隧道开挖工作面的优先。如 1＃井 2008 年 3 月 8 日进场施工，3＃井 2008 年 3 月 18 日进场施工，实行分阶段进场。2＃竖井因业主征地问题，同意取消。

本项目几次较大决策：

(1)1＃、3＃竖井隧道开挖协作队伍退场，对工期影响较大，主要因为协作单价较低，工人工资低，人心不稳定，现场不听指挥，遇地质条件比较复杂段，更是雪上加霜，隧道开挖不及时支护，经常造成现场险象环生。后经领导认真研究，将不能很好履约的施工队伍及时清理出场，调整了施工队伍，同时调整施工单价，极大地推动和保证了现场施工组织顺畅。

(2)对协作队伍在特殊地层开挖的单价调整，极大鼓励了施工人员的积极性，施工现场进一步改观和规范，工人基本服从各项管理，态度明显改观。积极性调动起来后，现场质量、安全、文明施工有了较大提高，同时进度得到了保证。

(3)二衬抢工阶段。开始因劳动力等资源不足，台车下井一个月未能有效组织二衬施工。主要问题是劳动力严重不足，工作面经常出现空挡情况，后经项目部组织几次专题研究，及时加大投入，并制定奖罚制度和措施，很大程度上提高了作业人员的积极性，促进了二衬施工进度。实践证明，抢工阶段的及时调整赶工措施，实施项目目标的动态控制，切实可行地保证了总工期。

(4)部分区间矿山法暗挖隧道改为盾构法施工并成功实施，切实归避了一定的施工风险，同时在工程二次经营及成本方面有了重大突破。针对填海地层的特殊性、周边环境的复杂性、典型上软下硬的地层(隧顶上盖砂层),隧道本身施工风险就较大,如何确保周边建筑物的安全更是毫无把握。后经项目领导班子统一认识,努力与局指、公司、监理、地铁公司(1号线公司)、建设局、轨道办等单位协调沟通,达成共识,并在最后抢工期阶段,不遗余力,加大资源投入,取得了较为明显的成绩,也促使本项变更得到市政府同意。通过盾构变更,最大限度地降低了新湖路段隧道采用矿山法施工安全、质量、进度、成本等方面的风险和损失。

第四节　项目施工风险及对策

本项目突发事件较多,主要集中在以下几个方面并进行特别策划。

一、明挖渡线段基坑及五条短隧道开挖引起地层失水

明挖渡线段基坑开挖及5条短隧道开挖失水导致周边小区楼房开裂受损。后期对楼房采用加固补强及居民房内装修恢复。

沉降原因分析:

(1)楼房建于1998年,房屋距基坑边为9.8 m,基础型式为15 m深的沉管灌注桩,且桩底进入岩层为砂质黏性土层、全风化地层,为摩擦桩,桩基基础较差,对地层变化的影响反应敏感,安全储备系数低,在地层发生变化后,桩周摩擦力损失,造成桩基下沉。

(2)房屋地基多次受扰动。

前期紧贴房屋基础的管线改迁较多,道路下方雨水、污水管在基坑施工前改迁开挖时(开挖深约5 m)土体产生扰动,由于该处管线密集,无法严格碾压密实,回填层松散、土质不均,上部机动车长期动荷载影响较大,造成地面下沉,引起建筑物下沉。

前期连续墙及导墙换填块石层施工时,也对土体产生了一定的扰动。

(3)由于地表回填杂石层较厚,填石层的缝隙相互连通,在连续墙施工时,引起地表水损失,碧海湾小区11栋楼房离连续墙施工距离较远影响较小。

(4)采用矿山法施工隧道时,势必会造成地下水土流失和围岩扰动。一是地下水位变化,而房屋基础为筏板基础形式,且处于砂层和砂质黏性土地层,地层失水后易压缩、固结;二是地层出现一定松弛,地层下沉,造成楼房基础一起下沉。

(5)道路对应的隧道里程段属于Ⅳ～Ⅴ级围岩,隧道开挖时渗水量较大。本区间隧道施工前在宝安大道旁及人行道上实施降水井降水,由于孔隙水与裂隙水相互连通,导致地表水流失,水位降低,引起道路下沉。

主要对策:

(1)加强已支护段(地面沉降超限段)监测及分析。

(2)及时施作初支背后回填注浆,防止背后孔隙造成地层产生松弛;同时,加强未完全封闭的初支(上台阶)背后注浆压力控制,防止浆压过大造成上台阶初支沉降超限。

(3)加强超前小导管注浆压力和浆量控制。一是施做好止浆墙,防止窜浆;二是控制浆压和胶凝时间,提高注浆加固效果。

(4)加强地面降水管理和监测。在隧道开挖约50 m后立即停止降水,防止宝安大道沉降过大,危及市政地下管线。

(5)加强现场施工组织,保证隧道快速开挖、支护快速封闭成环,最大程度控制沉降。

(6)隧道两侧建筑物对地下失水变化的高敏感性,将周边建筑较多的新湖路段改为盾构法施工,防止周边建筑物受损。

二、由于地质条件极差引发隧道坍方

1#井向西乡方向新湖路下矿山法隧道开挖共出现4次较大险情,其中1次影响较大。主要对策:(1)针对地质较差隧道开挖制定完善、可操作性强的应急预案,并做好应急响应演练。(2)完善应急响应抢险救援小组机构。(3)加强对外协调工作,确保事态在出现后不继续扩大,把影响降低到最小范围。(4)明确总负责人及抢险负责人,各负其责,地面和洞内处理措施得当,防止仓促处理出现意外情况及为以后施工造成障碍。(5)充分利用内、外部资源的帮助。如在2008年10月12日1#井左线隧道大坍方时,局处领导亲临现场指挥,并及时在局内调动一切可利用的资源,共同处理险情,避免了次生灾害的发生。

第五节　经验与教训

标段区间隧道单价过低,易引发合同纠纷及现场问题,对实现项目各目标极为不利。因此一个项目应从招投标开始仔细分析其实现各种目标的边界条件,决策至关重要。

本标段为设计、施工总承包,设计概算2.1亿,合同总造价为13 482.59万元(其中包含暂定金1 249万元),本工程标底为1.9亿元,中标价相对标底下降29.04%。

由于1#井至西乡方向新湖路下隧道地质复杂而单价较低,造成工人收入与劳动强度不成正比、人心涣散,导致现场管理难度增加,进度、安全、质量、文明施工等都很难落实,项目履约成了重大问题。施工过程中更换了两次队伍,仍然不理想,最后将开挖施工统一纳入项目部直接管理,以班组承包模式,有效解决了现场人、机、料不到位的问题,提高了劳动效率。

第三章 竖井施工技术

第一节 竖井开挖与初期支护

一、竖井工程及周边环境

1. 竖井位置及周边环境

1＃竖井位于新湖路与银田路交叉口西北侧，道路北侧为银田新村居民小区，道路南侧为碧海湾高尔夫俱乐部。3＃竖井位于宝安大道南侧绿化道路内，附近为华万工业园高级宿舍、食堂及碧海湾高尔夫球场。

2. 地质及水文情况

根据招标图纸及勘察报告显示，竖井地层从上至下依次为：1.88 m 厚填土层、1.88 m 淤泥质黏土层、0.83 m 厚砂层、6.25 m 厚砂质黏土层、1.04 m 厚全风化花岗岩、0.625 m 厚强风化花岗岩、0.208 m 厚中风化花岗岩、7.71 m 厚微风化花岗岩。竖井井底为微风化花岗岩层。

地下水有两种类型，第四系松散层和全风化带潜水型孔隙水和岩层强风化～中风化带的微承压型裂隙水。黏性土层为贫水地层，风化岩层为中等富水地层。地下水对混凝土无腐蚀性。

3. 工程设计概况

竖井设计采用直壁开挖，格栅钢架＋网喷混凝土支护，支撑体系采用两纵一横（I20b 型钢连在一起）支撑，竖向间距 1.5 m。井口设置 3 m 高井口圈。顶部设井圈 50×50 cm 一道。其开挖断面为纵向宽 7.3 m、横向宽 8.43 m，开挖深度 8.9 m。竖井开挖断面尺寸均为 7.9 m×8.9 m，深度分别为 19.1 m、20.5 m，通道长度分别为 14.9 m、13.3 m。1 号竖井平面布置如图 1-8 所示。

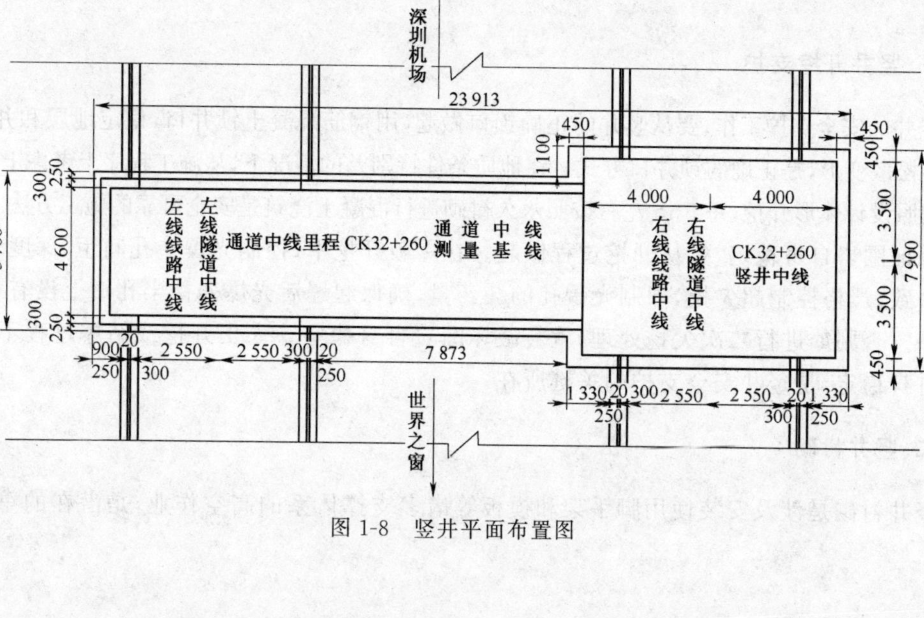

图 1-8 竖井平面布置图

二、竖井施工

竖井提升采用龙门架配三台电动葫芦，1 台提升能力为 5 t，2 台提升能力为 10 t，5 个 $2.7\ m^3$ 出渣斗。竖井布置有人行步梯、通风供风管、供水排水管、动力照明电缆、下料管等。井口设施布置如图 1-9 所示。

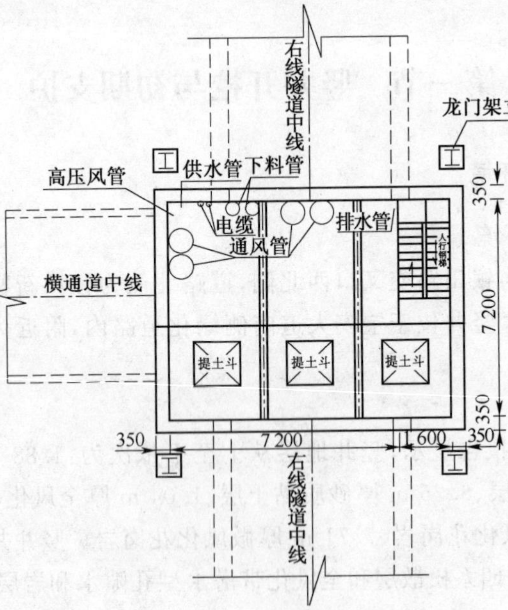

图 1-9　竖井井口布置示意图

为保证出渣效率，特对提升机司机进行先培训、考核合格后持证上岗，提高安全操作熟练程度，保证提升系统的安全，同时对各个工作面作业循环时间进行调整，尽量保证出渣时间不相互干扰。

第二节　竖井安全管理措施

一、竖井开挖支护

竖井的安全支护工作，要从竖井的正确锁口做起，用钢筋混凝土锁井口，稳定地层和井口表层围岩不松散变形，是正确的锁井口方式。在地质条件特别差的情况下，从施工程序上考虑上部 20 m 左右按照设计体形开挖，每 5 m 左右按照永久衬砌进行混凝土浇筑是安全可靠的施工方法。

保证围岩自身稳定，要从开挖过程做起。在爆破开挖中，控制光爆造孔间距、深度、垂直度完全一致，严格控制超欠挖，限制光爆孔的装药量，确保起爆后光爆残留半孔壁上没有裂纹，井壁齐平。否则如进行二次欠挖处理，就会破坏围岩自身稳定。人工开挖或钻爆过程不破坏围岩的自身稳定，是竖井安全支护的关键所在。

二、竖井衬砌

竖井衬砌是涉及安装使用脚手架和模板等诸多支撑体系的高空作业，是潜在的重大危险源。一般竖井深度也比较大，因此模板及其支撑系统在安装过程中，必须首先确保作业人员的安全，作业人员一要正确戴好安全帽、佩挂安全带等安全防护用品，做好安全自我防护工作；经医生检查认为不适宜高空作业的人，不得进行高空作业。

脚手架和模板支撑体系必须严格按照规范和技术交底要求进行施作，确保牢固可靠。混凝土浇灌前要做好各项准备工作，尤其是要确保混凝土输送管连接以及在竖井内固定的可靠性，另外要确保商品混凝土的质量和供应的连续性，以避免堵管、爆管等造成危及作业人员安全的情况。组合钢模板装拆时，上下应有人接应。钢模板及配件应随装拆随运送，严禁从高处掷下，高空拆模时，有专人指挥。

三、竖井提升系统

竖井提升系统是贯穿于整个施工过程中的一个重大危险源，因此每一个环节都要严格控制，才能确保整个施工的安全。竖井起吊提升主要安全专项措施有以下几点：

(1)各提升井架起重机操作人员必须经培训考试合格并取得特种作业人员操作证，严禁无证开机。操作人员上班时间要精神集中，严禁在施工现场打瞌睡或睡觉。

(2)做好日常的维护保养和运转记录。

(3)每次吊运材料时，指定专人分别在井口和井下负责起吊指挥。操作司机和指挥人员通过采用对讲机、电铃、警示灯等方式进行进行勾通和指挥，并在井下设警戒区域，由井下指挥人员进行警戒。材料吊放时，井下作业和过往人员要避让站在吊运材料下方 5 m 区域外，并拉上反光警戒带。

(4)吊运的材料一定要放在料斗内，长直料钢筋材料一定要捆紧、下部包裹，固定可靠，防止钢筋脱开掉落伤人。

(5)起吊长直钢筋时，规格必须统一，不准长短参差不一，不准一点起吊。

(6)抬运、输送或安装钢筋时要看清楚上下和前后左右是否有作业人员，要注意钢筋碰撞或脱落伤人；严禁钢筋碰撞电气线路或配电箱等设施。

第三节 问题处理办法及经验教训

1＃竖井于 2008 年 3 月 9 日开始进场施工，在项目部筹备完善的同时，工区驻点也筹备完成，于当月 10 日施工竖井开挖支护工作。竖井地层主要为素填土层、淤泥层、砂层、全～微风化层，地下水丰富。2008 年 6 月上旬到达井底后进行横通道施工。

1＃竖井于 3 月 21 日完成井圈和井架架设工作并报监理验收通过。在井身开挖过程中，由于 1＃竖井上部 0～12 m 位置区段为素填土、淤泥层、砂层、全风化层，地质较软弱，而且地下水丰富，开挖工作非常艰难，多次出现涌水涌沙情况，于是决定采用锚管注浆加固及降水相结合的方式对富水软弱地层进行处理，在施工过程中加强现场质量控制，注浆参数严格按设计施工，取得了良好的加固效果，保证了竖井开挖进度。12 m～竖井底部依次为强～微风化混合花岗岩，采用钻爆法开挖，由于竖井毗邻银田村居民楼，特编制竖井爆破施工专项方案，以减少爆破震动对周边小区的影响。但由于开挖上部时对软弱地层扰动较大，在竖井底部爆破开挖过程中又再次扰动，导致竖井周边沉降较大，项目部及时对竖井周边地面沉降、小区房屋沉降以及竖井收敛进行监测，及时调整爆破参数及竖井钢支撑轴力，时刻监控竖井的开挖支护及周边建筑安全。

3＃竖井于 2008 年 3 月 16 日进场施工，对场地进行布置，同时开始竖井围护结构外搅拌桩施工，至 3 月 28 日搅拌桩完全施工完毕，并于 4 月 4 日井圈施工及井架架设全部完成。3＃竖井由于前期对竖井周边进行了搅拌桩加固，竖井开挖并未遇很大困难，但由于毗邻碧海湾高尔夫球场及工厂，对 3＃竖井开挖爆破振动进行了有效控制。

第四章 区间开挖、初支施工

第一节 概 述

根据本工程的特点，隧道施工时严格遵循“管超前、严注浆、短进尺、强支护、快封闭、勤量测”的十八字方针。施工组织和施工工序严格遵守“先排管、后注浆、再开挖、注浆一段、开挖一段、支护一段、封闭一段”的原则。

区间隧道穿越地质条件复杂，主要有砂层、砂质黏性土、混合花岗岩风化岩层，围岩级别为Ⅱ、Ⅲ、Ⅳ、Ⅴ、Ⅵ级。隧道开挖方法主要采用台阶法和全断面法。中、微风化混合花岗岩（Ⅱ、Ⅲ级围岩）地段采用钻爆法全断面开挖，邻近建筑物及上软下硬地段采用钻爆法上、下台阶开挖，强风化混合花岗岩（Ⅳ级围岩）采用短台阶法开挖，Ⅴ、Ⅵ级围岩采用环形台阶法预留核心土施工。

土层及强风化层采用人工开挖，在中风化层和微风化层地段采用钻爆法弱振控制爆破，小型反铲挖掘机装渣，微型工程运输车进料出渣运输。根据不同地段的地质情况，选用有效的施工方法和技术措施，精心施工，确保隧道和周边建筑物的安全。

鉴于1＃竖井～CK32＋350里程范围区间隧道邻近银田新村小区居民楼，地面环境复杂，建筑物多，开挖尽量采用减振技术。

(1)采用正台阶法，光面爆破技术。上台阶一次爆破，下台阶一次爆破。

(2)炮眼深度控制在1.0～1.2 m，每炮循环进尺控制在0.6～0.8 m，控制单段药量，控制爆破规模以达到控制质点振速的目的。在埋深深、石质好、能保证地面安全的情况下，将每炮循环进尺控制在2.0 m左右，以保证施工工期。

(3)掏槽区尽量位于底部，以加大掏槽区爆源距地表的距离。掏槽区采用分层装药结构。光爆孔按设计间距布置，并在施工视效果好坏进行调整，少装药、多钻孔。

一、进洞施工

竖井与通道交叉口处是明暗挖交接点，受力复杂，是隧道施工的重点难点之一。洞门施工时取消竖井钢架洞口位置处构件，这样一来破坏了整个竖井中的受力结构，使洞口处出现应力重分布，容易使该处围岩失稳，施工时在洞口位置在竖井内增设临时支撑，进行支撑替换，确保洞门稳定。临时支撑采用I20B工字钢，与竖井格栅钢架焊接相连，右线隧道及横通道施工进洞后，待围岩稳定后拆除。

1. 施工顺序

竖井开挖至隧道及横通道上半断面标高→打设小导管注浆加固围岩→破除隧道上半断面范围内竖井的格栅钢架及喷射混凝土→施工安装洞门处上半断面钢架→打设钢架拱部超前小导管→通道上半断面开挖（约10 m）→封闭上半断面掌子面→开挖竖井至井底→施工洞门处

下半断面钢架→封闭下半断面掌子面。

2. 具体施工方法

(1)竖井开挖至隧道上半断面标高时，在洞门处打设 3.0 m 长 $\phi42$ 超前小导管。注浆将上半断面围岩加固，注浆材料采用 1∶1 水泥浆。

(2)人工手持风镐破除隧道上半断面范围内竖井的格栅钢架及喷射混凝土。

(3)安装洞门格栅钢架，将竖井钢架与洞门处钢架焊接形成受力整体，打设 $\phi42$ 超前小导管注浆加固围岩。

(4)上半断面开挖 10 m 后，喷射混凝土封闭掌子面(厚度约 10 cm)，停止隧道上半断面开挖。继续竖井开挖，一直开挖到正洞洞门下断面设计标高位置。

(5)安设洞门处下半断面格栅钢架，同样将竖井钢架与洞门处钢架焊接牢固。喷射混凝土将仰拱封闭。

(6)继续开挖竖井，一直开挖到井底设计标高位置。

(7)竖井底部设集水井，封闭竖井井底。打设 $\phi42$ 超前小导管，注 1∶1 水泥浆堵水，以保证竖井底干燥、无渗漏水。

二、Ⅵ级围岩开挖施工

Ⅵ级围岩采用环形台阶法进行施工，台阶长度为 3～5 m。上台阶采用人工开挖，上断面预留核心土，必要时加设临时仰拱。根据地质情况，下断面采用人工配合挖机左右错台开挖，下台阶围岩较好，挖机无法开挖，采用弱爆破开挖，左、右错台间距控制在 2 m 左右。开挖后及时进行初喷混凝土封闭围岩，架设钢架和进行锚喷网支护。

Ⅵ级围岩上台阶循环进尺 0.5～0.75 m，下台阶循环进尺 1～1.5 m，施工方法如图 1-10 所示。

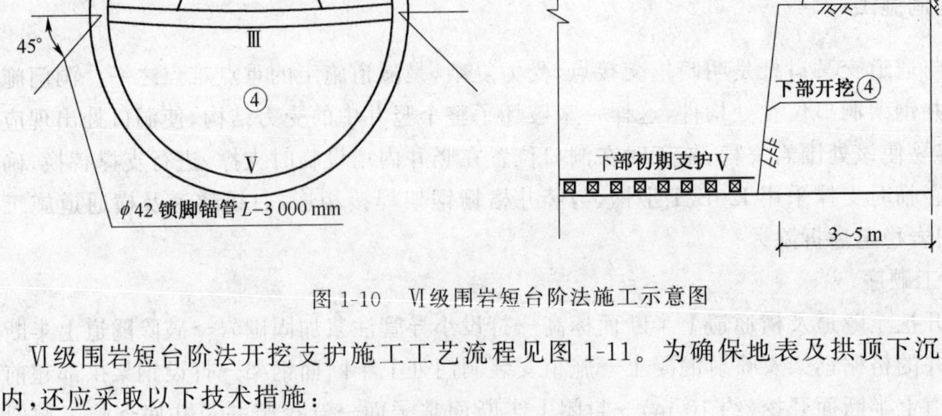

图 1-10　Ⅵ级围岩短台阶法施工示意图

Ⅵ级围岩短台阶法开挖支护施工工艺流程见图 1-11。为确保地表及拱顶下沉在控制范围内，还应采取以下技术措施：

(1) 每部拱脚部位均设置锁脚锚管并注浆。

(2) 每步开挖尽快形成支护封闭成环系统。

(3)加强洞内及地表监测,根据监测结果反馈指导施工。

(4)根据降水情况,必要时封闭掌子面,进行全断面注浆堵水,维护主体稳定,减少地下水流失。

(5)Ⅵ级围岩地基承载力较低,隧道开挖接近基底 20 cm 时,采用人工清底,避免超挖或扰动基底土。

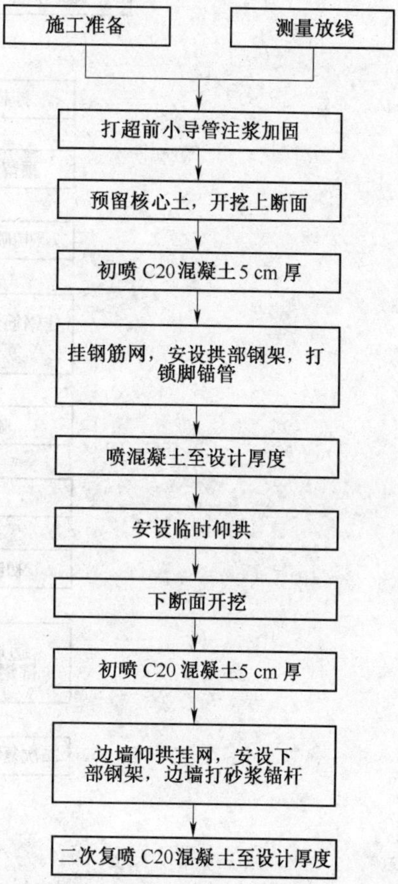

图 1-11　Ⅵ级围岩短台阶法开挖支护施工工艺流程图

三、Ⅴ级围岩开挖施工

Ⅴ级围岩采用环形台阶法进行施工,台阶长度为 3～5 m。上台阶采用人工开挖,预留核心土。根据地质情况,下断面采用人工配合挖机左右错台开挖,遇硬岩挖机无法开挖时采用爆破施工,左右错台间距控制在 3 m 左右。开挖后及时进行初喷混凝土封闭围岩,架设钢架和进行锚喷网支护。

Ⅴ级围岩上台阶循环进尺 0.75～1.0 m,根据钢拱架间距确定开挖进尺,下台阶循环进尺 1.5～2.0 m,施工方法见图 1-12。

Ⅴ级围岩开挖施工工艺见图 1-13。

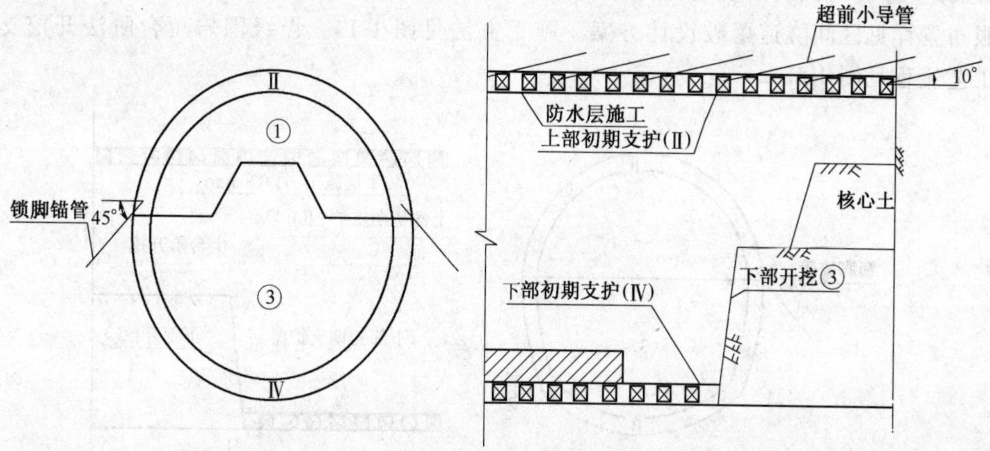

图 1-12　Ⅴ级围岩开挖施工示意图

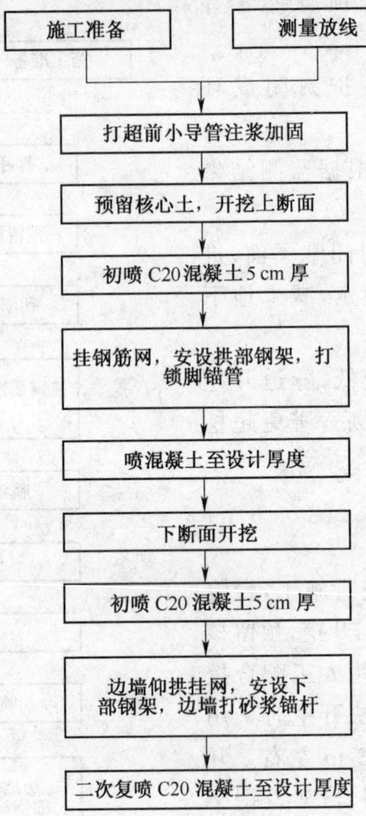

图 1-13　Ⅴ级围岩施工工艺流程

四、Ⅳ级围岩开挖施工

Ⅳ级围岩采用台阶法施工。台阶长度 5～8 m，上断面采用人工开挖，下断面采用松动爆破，以减少爆破对围岩的扰动，上台阶开挖支护循环进尺 1.0 m，下台阶循环支护进尺 2.0 m。炮眼布置详见区间隧道爆破设计方案。施工方法见图 1-14。Ⅳ级围岩短台阶法开挖支护施工工艺流程见图 1-15。

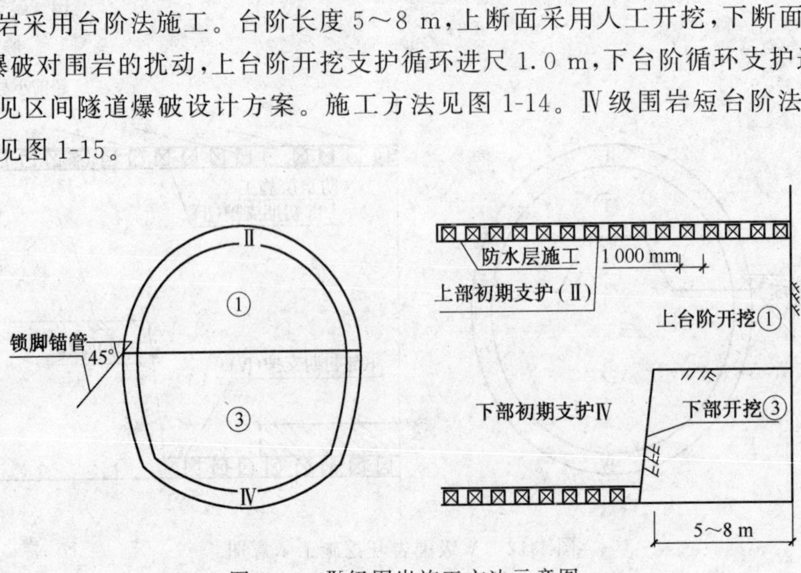

图 1-14　Ⅳ级围岩施工方法示意图

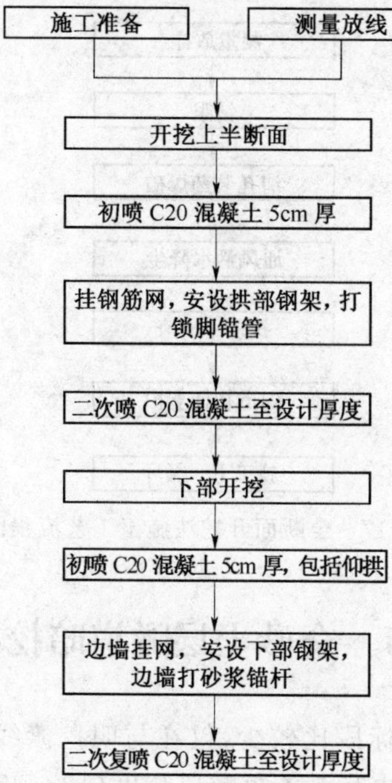

图 1-15　Ⅳ级围岩台阶法开挖支护施工工艺流程图

五、Ⅲ(Ⅱ)级围岩开挖施工

Ⅲ(Ⅱ)级围岩采用钻爆法全断面开挖，采用自制台架配合人工手持风钻打眼，毫秒雷管光面爆破开挖，采用挖机配合装渣，无轨运输。在邻近银田新村居民楼地段采用正台阶法开挖，光面爆破技术，上台阶一次爆破，下台阶一次爆破，开挖循环进尺挖制在 1.0 m 范围内，减少爆破振动对建筑物的影响。隧道在穿越碧海湾高尔夫球场下方时，为加快施工进度确保工期，循环进尺 2 m。

施工方法见图 1-16。施工工艺流程见图 1-17。

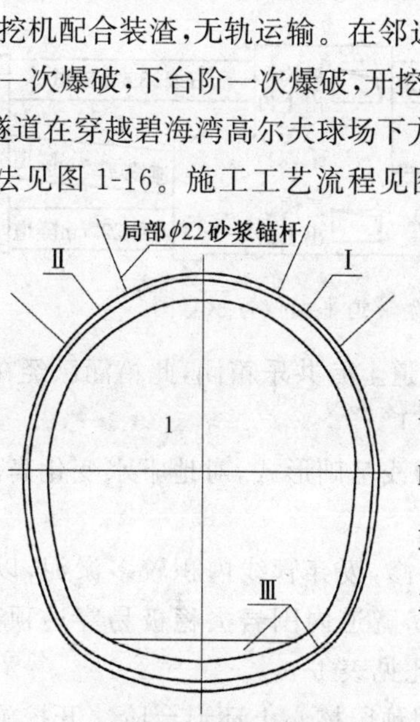

"全断面法"开挖示意

施工工序

Ⅰ—— 全断面开挖。

Ⅱ——断面初期支护。

Ⅲ——隧道二次衬砌及底板回填层施工。

工序：隧道初支背后回填注浆；基面处理；防水层施工；钢筋绑扎；立模；混凝土浇筑及养护。

说明：

1. 本图为"全断面法"施工工序图。适用于Ⅲ级围岩地段。
2. 施工过程中要坚持"弱爆破，短进尺，强支护，勤量测"的施工原则，合理确定循环进尺。
3. 二次衬砌在初期支护变形趋于收敛以后进行，以减少初期支护残余变形对二次衬砌受力的不利影响。

图 1-16　全断面开挖法施工工序图

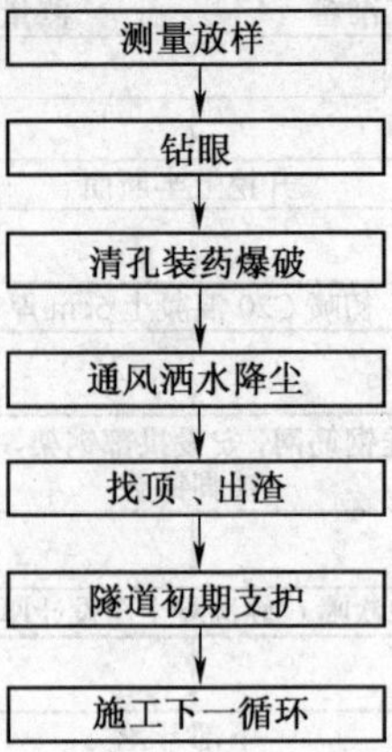

图 1-17　全断面开挖法施工工艺流程图

第二节　全砂土层隧道暗挖技术

隧道洞身处于全砂土层在本标段比较少，仅在与明挖渡线段相连的 5 条短隧道中出现。明挖渡线与西乡站、盾构井相连共有 5 条短隧道长度（12～38.4 m），周边环境复杂，场地狭窄，地质条件极差，施工组织难度大。

平面图如图 1-18 所示。

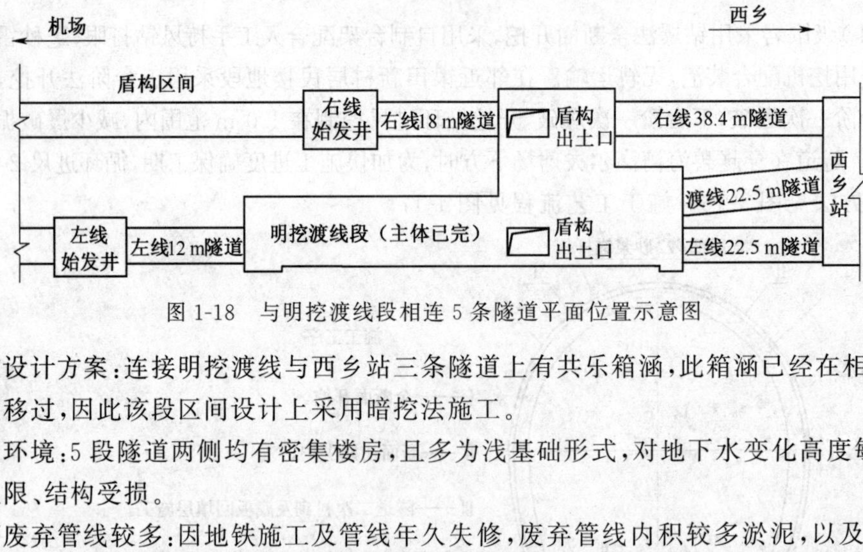

图 1-18　与明挖渡线段相连 5 条隧道平面位置示意图

暗挖设计方案：连接明挖渡线与西乡站三条隧道上有共乐箱涵，此箱涵已经在相邻标段施工期间改移过，因此该段区间设计上采用暗挖法施工。

周边环境：5 段隧道两侧均有密集楼房，且多为浅基础形式，对地下水变化高度敏感，易产生沉降超限、结构受损。

地面废弃管线较多：因地铁施工及管线年久失修，废弃管线内积较多淤泥，以及浅层块石层在隧道顶部形成荷载（水囊状，因隧道开挖扰动），隧道内围岩失稳极易穿透顶部地层，造成地陷或引发较大灾害。明挖段地质初勘与补勘对比见表 1-4。

施工方案：5 条隧道均为浅埋暗挖法施工，采用预留核心土环形台阶法开挖施工。洞身均为软岩，主要为中、细砂及混合花岗岩残积土、全风化。初支支护结构：格栅拱架＋锚管＋钢筋网＋连接筋，超前支护为超前小导管，进洞前均采用大管棚预支护。因附近楼房太近（约 10 m），基础桩为浅基础加上对失水高敏感性，为保护楼房及维稳需要，未采用降水措施。明挖段与始发井间隧道顶部施作了搅拌桩加固，明挖段与西乡站间隧道采用了袖阀管注浆加固。

表 1-4　明挖段(CK31＋589.7～CK32＋200)地质初勘与补勘对比分析

序号	原招标详勘地质	补充详勘地质	分析认识
1	本场地普遍分布有填土，土质不均，局部夹有碎石、块石	场地内分布大量不良地质，主要有地表杂填碎石、块石层、软土层、饱和富水砂层、残积层及全风化层	认为场地不良地质覆盖范围扩大
2	新湖路下为抛填碎石、块石修建，属不稳定土体，易造成局部坍塌，如果采用注浆法对基底土进行加固，水泥浆可能顺着碎石中的孔隙流失，有可能造成地面隆起，对环境和工程都有一定影响	部分地段分布有海沉积及海冲积的软土，具有孔隙比大、压缩性高、抗剪强度低等特点，具触变性、流变性和不均匀性，属不稳定土体，施工中易产生侧向滑动和地面沉降，导致隧道侧壁的变形和失稳	对不良地质认识进一步加深；具有孔隙比大、压缩性高、抗剪强度低等特点，具触变性、流变性和不均匀性。采用矿山法施工隧道存在高度风险
3	本场地普遍存在海冲积的饱和砂层，富水性大，结构松散，属较不稳定土体，透水性强，施工中易发生坍塌、涌水、涌砂、管涌、基底涌水等现象，部分松散饱和砂层为地震液化土，液化等级轻微～严重。在施工过程中，随着地下水向洞身的涌出，砂土中细颗粒也随水流失，造成砂层结构更加松散，渗透性加强，地下水和细颗粒土流失加剧，花岗岩残积土和全风化花岗岩的透水性也相应加强。随着地下水的流失，土体失水固结，引起地面沉降，危及路面、既有建筑物和管道的安全	本场地范围内的主要含水层是砂层、残积层及基岩，砂层结构松散，自稳性差，围岩分级为Ⅵ级，施工中易发生坍塌、涌水、涌砂等现象。在施工过程中，随着地下水向洞身的涌入，砂土中细颗粒也随水流失，造成砂层结构更加松散，渗透性加强，地下水和细颗粒土流失加剧，花岗岩残积土和全风化花岗岩的透水性也相应加强。随着地下水的流失，土体失水固结，引起地面沉降，危及路面、既有建筑物和管线管道的安全	地下水与海水有水力联系，对含水层特性理解进一步说明，并把场地内赋存残积土及基岩纳入透水层中。在同等地质条件下，遇水降一级。 提出了地下水流失危害，也应当增加相应技术措施规避安全风险。目前采用的措施尚难以规避和降低风险

第三节　上软下硬地层开挖技术

在设计图审查期间，因原隧道在新湖路段(1＃井附近)穿越砂层较长，为确保隧道开挖安全，后经设计优化调坡调线，1＃竖井底板标高下调 9 m，3＃井底板下调 7.2 m，致使隧道底板多处处于强风化硬岩中。即隧道整体处于上软下硬围岩中，因此将此开挖技术作为重点。因上台阶多处于混合花岗岩全风化及残积土中，故同软岩开挖方法，下台阶辅以爆破施工。

上软下硬地层主要施工技术方案及措施：

(1)在沿海周边，对填海地层应重新认识，认真做好补勘工作，详细了解隧道施工范围地层情况。尤其注意：1)隧道拱部范围是否存在土石交界情况，即开挖过程中自稳力较差，易出现滑层或涌砂等。2)是否存在洞顶范围的因填海时抛石挤淤造成的淤泥、水囊状地层，受爆破影响易引孔隙增大，进一步引发地质灾害。目前第二种情况还没有找到有效办法处理，只能采用洞内预防、排流疏导，再在地面及洞内采用回填、加固处理。但风险太高。

(2)在隧道上台阶地质情况较复杂的情况下，宜降低上台阶高度，以工作面能正常站人操作即可。如 1＃井西乡方向和 3＃井固戍方向部分地段均进行调整上台阶高度。

(3)上台阶预留核心土应标准。一方面确保掌子面前方土体稳定、安全，另一方面人员进出掌子面施工方便。

(4)严控初支质量和施工组织。包括测量方面：中线、高程、法线控制要准确，防止在软弱破碎地段因欠挖进行换拱而留下安全隐患。格栅拱架一定要严格按照测量放线和相关规范要求架设，防止初支受力不均，引发开裂、垮塌。连接钢筋焊接、钢筋网固定、锚管打设角度及注浆均要重点检查。施工组织上应快速组织开挖及支护，防止围岩变形过大失稳。初支背回填注浆纳入工序管理，要求离开挖面5 m处必须完成初支后回填注浆。

(5)超前地质预报工作。因在隧道内实施长距离超前探孔会影响进度，在特殊地层中暗挖隧道施工经常被疏漏。确实因工期影响制约时，必须在超前小导管打设时进行超前探孔打设，防止前方出现地质突变时无法应对，或者造成掌子面突然坍塌，引发大的地质灾害。一般打设要求：上台阶：长不少于6 m，与隧道轴线成30°外插，拱顶一个，侧帮两个；下台阶：每侧各两个，打设相同。检查有无渗水、涌砂突泥等异常情况。

(6)在隧顶为砂层或者类似砂质黏性土，且富含水，上台阶同时需要爆破时(围岩起伏较大)，应注意爆破参数的选择。因反复爆破振动，对围岩扰动极大，同时对超前支护或加固结构有较大破坏力，注浆效果会明显降低。应注意对加固质量的检查(另行打设探孔)，务必保证每循环开挖前对前方地质了解。爆破方法及参数：宜分多次弱爆破，以振松围岩即可(通过试爆)，再以人工手持风镐或反铲辅助开挖；将土质软岩先行开挖，形成多临空面；尽量减少单段装药量，采用间隔装药等措施。下台阶爆破基本同上台阶，需尽量减弱爆破振动，防止对上台阶围岩扰动过大。

(7) 加强超前小导管注浆质量的控制，保证注浆效果。同时，在爆破后如发现软岩松散、突泥，应采用排、堵结合方式，即排水、堵砂，然后再次加固注浆，防止地层变形过大，引发垮塌。

(8) 完善应急抢险预案，保证应急抢险物资的储备和应急演练，让每个管理人员都清楚在出现紧急情况下的处理措施，防止现场抢险不当而引发更严重的次生灾害。

第四节 岩石地段光面爆破

本标段光爆技术主要用于CK32＋260～CK33＋100之间硬岩整体性较为完好的地段，其余均采用松动爆破形式。炮眼布置如图1-19所示。

主要光爆参数：每循环掘进进尺3.0 m。光爆孔：间距40～45 cm，装药系数0.25～0.3；掏槽孔：10个，装药系数0.7～0.8；掘进孔：间距50～80 cm，装药系数0.5～0.6，炸药单耗0.8～1.2 kg/m^3。

光爆主要注意事项：

(1)外插角按照爆破设计要求控制，防止外插角过大造成超挖。

(2)光爆孔装药时必须使用导爆索传爆，并保证传爆方向正确，防止拒爆。

(3)光爆药卷采用加工好的竹片固定，平稳送入孔内，防止非电雷管脚线(导爆管)磨损，引发拒爆。

(4)炮口必须采用加工好的炮泥堵塞，并不得少于30 cm，以提高炸药爆破效率。

(5)光面爆破需在不同围岩情况下不断总结，优化爆破参数。

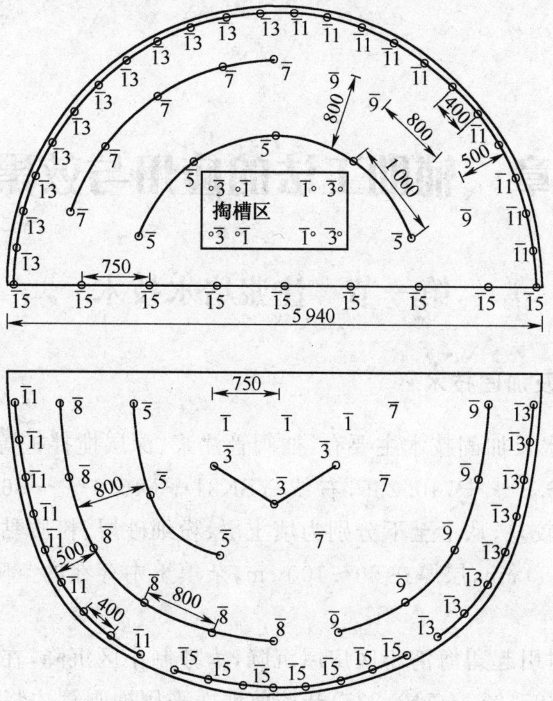

图 1-19　上下台阶炮孔布置图

第五节　超前支护及初期支护

本项目在隧道顶为Ⅳ、Ⅴ、Ⅵ级围岩时，采用超前小导管注浆加固法进行超前支护，注水泥-水玻璃双液浆。主要加固区域为掌子面正前方、正上方以达到改良土体，提高软岩或砂层自稳能力。在超前支护施工时，因前方开挖轮廓线外三角区域经常出现松弛、垮塌，也经常辅以短管棚结合使用。

隧道初支结构为格栅拱架＋钢筋网＋连接筋＋喷射早强混凝土构成。在软岩地层施工时严格遵循浅埋暗挖法“十八字”方针，同时，初支作为第一道防水层，注意加强喷射混凝土质量，做好排、堵结合，在二衬前完成堵漏工作，确保防水质量。

第六节　经验与教训

施工准备期间应充分重视隧道沿线建筑物、设施、管线的调查工作，尤其是排水管，几乎全部存在漏水，在地下形成大小不一、形状不规则的水囊。几乎所有地铁工程都存在保护管线、建筑物的问题，对承包商来说也是比较困难的事，尤其是经常遇到管线、建筑物调查不明，就盲目施工，施工组织稍有不当，即引发社会维稳问题。因此，应将初支背后回填注浆纳入工序管理，初支封闭与下台阶要同步，并进行刚性管理。

第五章　辅助工法的应用与效果评价

第一节　注浆堵水技术

一、地面注浆堵水及加固技术

18 标地面注浆堵水及加固技术主要有：袖阀管注浆、深层搅拌桩等。

左线 ZSK31＋695.3～＋710.235，右线 YSK31＋646.9～＋666.2、YSK31＋589.7～＋628段隧道地质条件较差，从上至下分别为填土层、粉细砂层、粉质黏土层、中粗砂层、残积土层，黏土层在隧道顶部 50 cm，层厚在 50～100 cm，杂填土中存在的空隙水、水囊对隧道开挖产生严重的影响。

明挖渡线段开挖时引起碧海湾小区房屋沉降，为控制小区沉降，在明挖段至盾构始发井之间左线隧道（ZSK31＋695.3～＋710.235）开挖前地面采用袖阀管注浆形成止水帷幕堵水。

对碧海湾小区 11 栋房屋基础、左线隧道 ZK32＋192 塌方处、盾构硬岩处理段、明挖段 18 m隧道（YSK31＋646.9～654.9）均采用地面袖阀管注浆加固。

对明挖渡线段至右线始发井之间暗挖隧道未开挖部分（YSK31＋654.9～666.2），明挖渡线段至左线始发井之间暗挖隧道（ZSK31＋695.3～710.235），均采用深层搅拌桩地面加固。

对周边管线及房屋进行调查，对需要保护管线进行保护，注浆过程中监测管线及房屋是否受注浆影响，以监测数据控制注浆压力。

1. 深层搅拌桩加固

根据同类地层加固成功经验，选用水泥土搅拌桩对未开挖隧道进行预加固改良地层。加固深度至隧道底板下 1 m，以提高地层自稳能力。加固范围为隧道开挖外轮廓线外 1 m。搅拌桩直径为 ϕ550@400，水泥掺入量为 9%～12%。采用四搅二喷工艺。如图 1-20 所示。

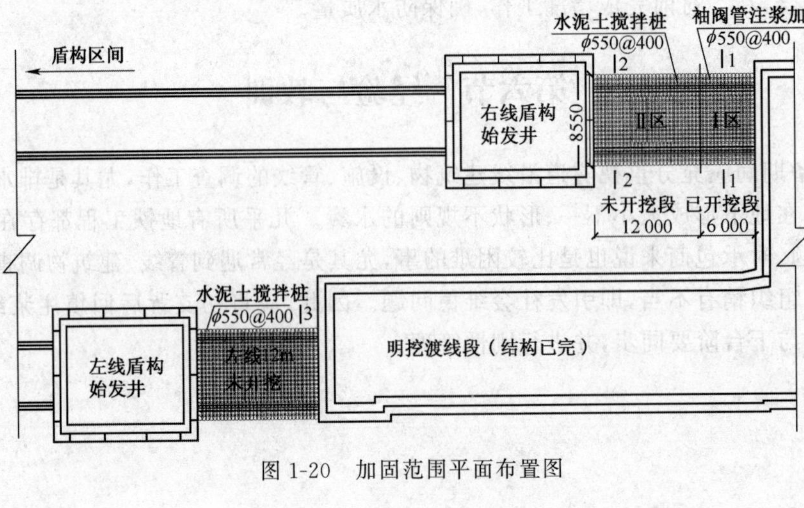

图 1-20　加固范围平面布置图

(1)施工工艺流程

搅拌桩施工工艺流程如图 1-21 所示。

(2)施工工艺及方法

1)施工准备:搅拌桩施工前,备齐施工机械机具和材料,接通电力,施工人员进场,进行需施作喷浆作业地点的地面表皮清除,查明地下线路管道情况后进行场地平整,桩位放线,一切准备就绪后,进行搅拌桩作业。

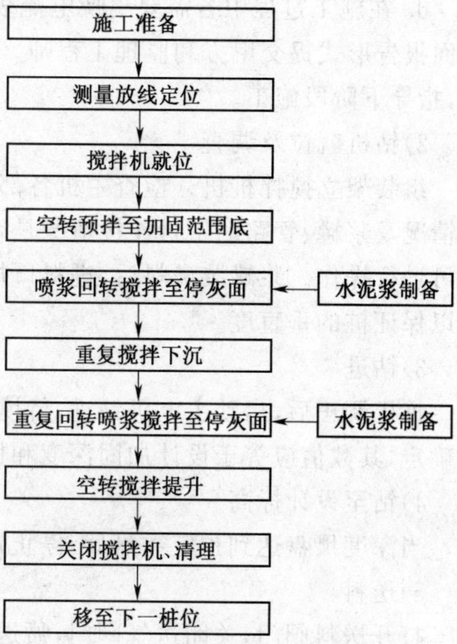

图 1-21 搅拌桩施工工艺流程图

①场地清理:施工前,应按技术规范要求进行场地清理。清理后的场地应整平,填写报验单,经监理工程师验收合格签字确认后,方可进行下道工序施工。

②布桩图:开工前,根据施工设计图画出布桩图。布桩图上应编号并注明施工顺序,验收确认后方可施工。

③测量放样:对设计单位移交的导线点、水准点,施工前会同甲方和监理工程师进行复核,确认无误后使用。测量人员按施工设计图,进行搅拌桩桩位、原地面标高、孔口标高等有关测量放样工作,测量放样记录及布桩图等,应报请甲方和监理工程师复核抽查,并填写测量放样报验单,经甲方和监理工程师审查签认。

④材料:搅拌桩施工采用加固料为水泥,其质量、规格应符合设计要求,并具有出厂质保单及出厂试验报告,确保在有效期内使用,严禁使用过期、受潮、结块、变质的劣质水泥。运到工地的加固料(水泥),应对水泥质量进行抽样检验,抽样试验频率根据规范要求及监理工程师意见定,一般要求每批量 100 t 最少抽检 1 组。试验结果报监理工程师签认后方可投入使用。

⑤水泥土强度试验:施工前应详细了解各施工现场的地质情况,选取有代表性的土层位置,钻孔取出一定数量的试样土进行必要的软土物理性质、含水量、有机质含量试验和水泥土配合比强度试验,以验证软土的性质和设计的水泥土(搅拌桩)强度能否达到要求。试验结果均应及时以书面报告形式提交甲方及监理工程师审查核实,如与原地质钻探资料和设计要求不符,应通知设计方。

⑥施工工艺试桩

a. 搅拌桩施工前必须分区段进行工艺试桩,以掌握适用该区段的成桩经验及各种操作技术参数。成桩工艺试验桩不宜少于 5 根。

b. 工艺试桩前,书面通知监理部门派员参加。工艺试桩结束后,提交工艺试桩成果报告,并经监理工程师审查批准后,作为该区段搅拌桩施工的依据,无监理工程师的指令,不得任意更改。工地技术人员在搅拌桩施工时应向机组下达操作指令,并负责监督执行。

c. 工艺试桩应达到如下目的:

(a)获取操作参数:包括钻机钻进与提升速度,钻进持力层时孔底电流值,送浆时管道压力,搅拌的叶片旋转速度,喷停浆时间等。

(b)喷浆和搅拌的均匀性。

(c)钻进、提升阻力情况及特殊情况施工处理措施等。

d. 在施工过程中若需要更换电流表、喷浆计量仪等影响施工技术参数的设备时，必须以书面报告形式提交甲方和监理工程师。并在监理工程师的监督下试桩，重新确定施工技术参数，指导下阶段施工。

2)钻机就位及调直

组装架立搅拌桩机。检查主机各部的连接，液压系统、电气系统、粉喷系统各部分安装试调情况及浆罐、管路的密封连接情况是否正常，做好必要的调整和紧固工作，排除异常情况后，方可进行操作。浆罐装满料后，进料口加盖密封。安装钻机时，将钻机对准桩位，调平桩机机身以保证桩的垂直度。

3)钻进

桩机调正后，启动主电机钻进，待搅拌钻头接近地面时，启动空压机送气。钻深由深度尺盘确定，其数值应等于设计加固深度和桩机横移槽距地面高度之和。

4)钻至设计标高

当深度尺盘达到预定数量后，停止钻机，钻头反转，但不提升，等待送料。

5)送料

打开送料阀门，关闭送气阀门，喷送加固浆液。

6)提升钻头确认加固浆液已到桩底后提升搅拌钻头，一般在桩底停滞 2～4 min，即可保证加固浆液到达桩底，提升到设计标高时停止喷浆，停止喷浆深度应结合搅拌提升的速度确定。在尚未喷桩的情况下严禁进行钻机提升工作。

7)停止提升

打开送气阀门，然后关闭送料阀，保持空压机运转，搅拌钻头提升到桩顶时停止提升，在原位转动 2 min，以保证桩头的均匀密实。

8)重复搅拌

将搅拌钻头边旋转边向下钻至设计桩底深度，然后再提升出地面进行第二次搅拌。

9)停机

将搅拌钻头提升到地面以上，停止主电机，停止空压机，填写施工记录。

10)桩机移位：利用桩机液压系统，将桩机移到下一个桩位施工。

(3)加固效果评价

搅拌桩机械设备笨重，场地要求较高，在填石层中无法施工，需换填，适用于砂层或黏土层中，进度较快，成本较低，加固效果一般。

2. 地面袖阀管注浆加固

如果路面塌陷或空洞，先回填材料主要为石粉渣。石粉渣较松散，采取从地面注浆对回填的石粉渣进行充填密实，使石粉渣与水泥浆形成一个固结整体。在需要注浆加固位置下花管，不需要加固范围下实管。用水泥浆填充松散土体或地下空洞。

如果是地面注浆，袖阀管应当下至基坑或(隧道)底板下 2～4 m。

采用袖阀管垂直后退式注浆，浆液选用水泥浆，主要是对回填的松散体充填密实。

(1)灌浆孔布置

注浆孔布置应在需要注浆范围内进行布置，间距应根据需要加固地段地质条件、围岩的松散程度、透水性等因数，考虑注浆扩散半径布置。地面注浆加固间距在0.8～1.2 m为宜。如果要达到止浆墙效果，应当设双排咬合为宜，一般间距为0.5 m。具体情况具体布孔。

(2)袖阀管构造

袖阀注浆管为每节长4 m、直径48 mm的硬质塑料管，由钙塑聚丙烯制造而成。注浆管内壁光滑，接头有丝扣，端头有斜口。注浆管分为A、B两种。A注浆管上未开设溢浆孔。B注浆管上每环开有8 mm的溢浆孔12个，每组小孔间距33 cm，其构造如图1-22所示。

在溢浆孔外部紧紧地套着抗爆压力为4.5 MPa的橡皮套，橡皮套在灌浆过程中起到逆止阀门的作用。

为防止橡皮套上下错位，可在橡皮套两边焊以定位环圈，其直径约5 mm左右。袖阀管不应有较大的弯曲，其内壁必须圆滑，橡皮套应紧贴花管。

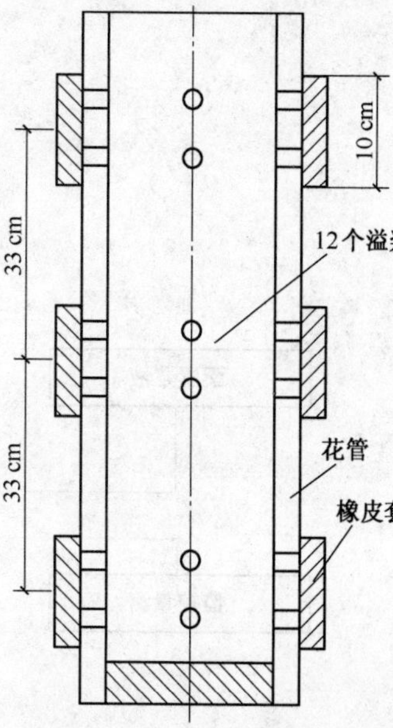

图1-22　袖阀管结构示意图

(3)注浆参数

根据注浆材料及地质条件，结合类似工程的施工经验，选用表1-5所示注浆参数，在施工中坚持先试后作的原则，通过试注浆对各项参数进行修正。

表1-5　注浆参数表

参数名称	参数值	备注
扩散半径(mm)	400～600	
水灰比 $w:c$	1:0.75～1:1	注浆开始取较大值
注浆压力(MPa)	地面以下5 m范围0.3～0.5 MPa； 5 m以下控制在1.0～1.5 MPa	
注浆速度(L/min)	30	

(4)注浆顺序

注浆顺序采取由外到内约束-开放型方式，即先注塌陷深坑最外侧后注中心，隔孔交替进行，以控制浆液扩散范围，保证注浆效果。

其中边排孔采用定量注浆，中排孔到设计灌浆压力后，地层的注浆流量小于1～2 L/min作为结束标准。

(5)袖阀管注浆施工工艺流程如图1-23所示。

(6)注浆材料

注浆材料：水玻璃(35～38Be')及P·O42.5R普通硅酸盐水泥，按体积比1:1进行注浆。

(7)注浆机具设备选择及性能比较

注浆设备主要采用FY-50/70型及W150型单液注浆机。

(8)注浆效果评价

袖阀管注浆不需要大型机械设备，灵活性高，在砂层成孔困难，填石层需下套管，成本比较

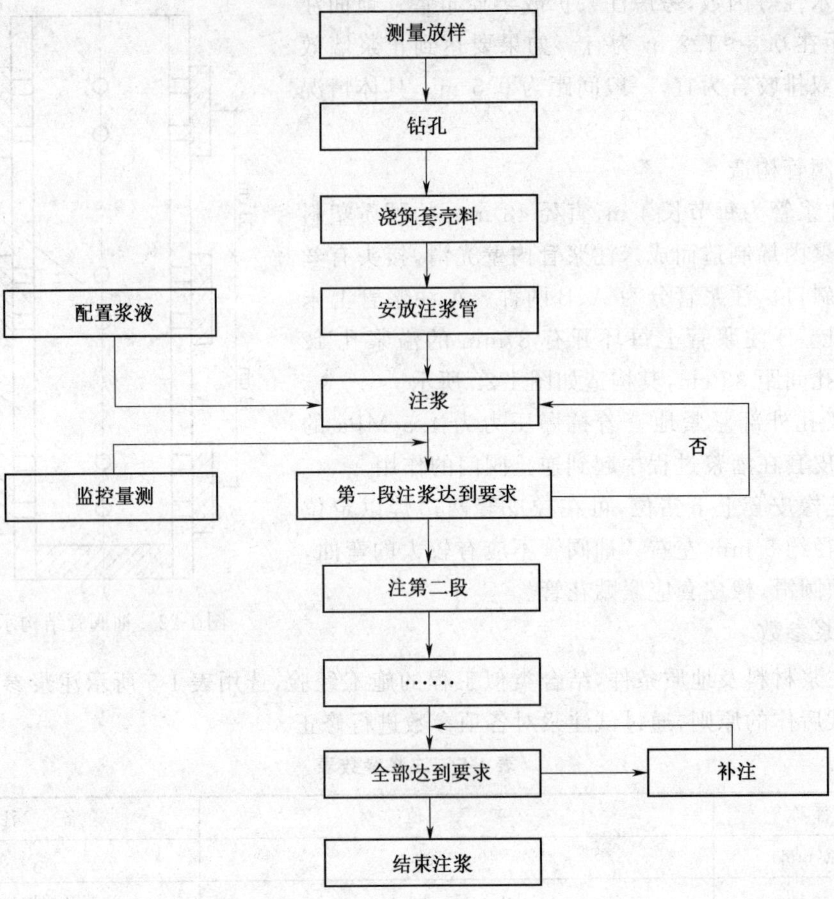

图 1-23　袖阀管注浆施工工艺流程

高，注浆管可以重复注浆，效果比较好。

二、洞内周边注浆堵水技术

隧道围岩较差时，需要在拱部设 $\phi 42$ 超前注浆小导管对地层进行补强注浆，浆液选用水泥-水玻璃双液浆。

1. 施工步骤

画出小导管位置→钻眼→插入小导管→连接注浆管→堵塞孔口空隙→注浆→关闭导管口、拆除注浆系统。

2. 施工方法及工艺

采用 YT-28 钻机沿开挖轮廓线钻孔，外插角度 20°。

其工艺流程如图 1-24 所示。

3. 注浆工艺

(1)注浆施工准备

①按照机具设备配套表配齐钻机、搅拌机、注浆泵、管路、储浆桶以及各种应急材料。

②对注浆泵进行试运转，并对操作人员进行上岗培训。

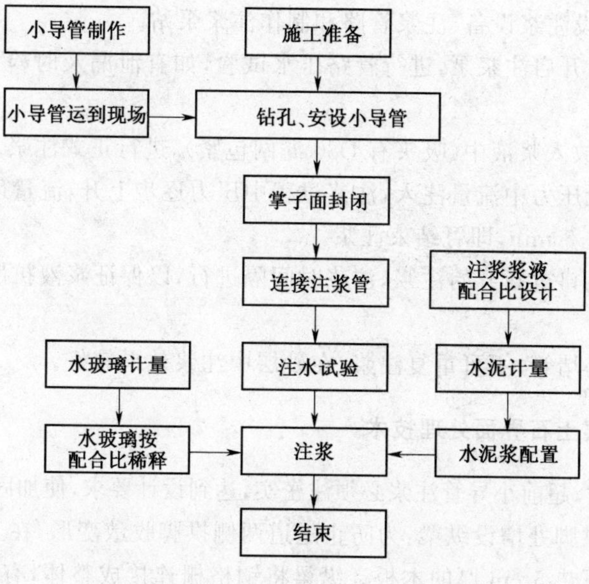

图 1-24　超前小导管施工工艺流程图

③按每循环使用量配齐所有注浆材料。

④进行洞内注浆施工人员技术交底和技术培训。

(2)注浆管加工

按设计材料购置注浆管,将其加工成各类围岩要求的设计长度。注浆管如图 1-25 所示。

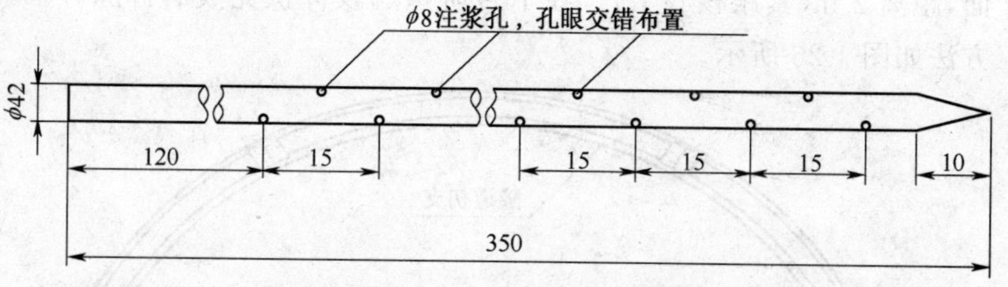

图 1-25　超前小导管加工方法示意图

将前端加工成尖锥状，尾部焊 $\phi6$ 加肋筋。除尾部 10 cm 外，管壁四周钻 $\phi8$ 的压浆孔，以便向围岩内压注浆液。

(3)配浆:小导管注浆用 1∶1 的水泥-水玻璃双液浆。

(4)注浆参数

根据常规砂层的注浆经验,一般注浆参数初步确定如下:

①注浆扩散半径:拱部为 0.5 m,边墙及底部为 0.65 m;

②注浆速度:30～50 L/min;

③凝结时间:30～50 s;

④注浆终压:0.4～1.0 MPa;

⑤配合比:1∶1～1∶0.3(水泥浆∶水玻璃);

⑥单孔注浆量:以现场实验为准,设计数量为参考。

(5)注浆

①按注浆要求安设注浆设备、注浆管路和制作注浆泵站。

②关闭孔口阀门，开启注浆泵，进行管路压水试验，如有泄漏及时检修。试验压力等于注浆终压。

③将注浆泵吸管放入浆液中(吸头有 D80 滤网包紧)，进行正式注浆。

④注浆时，采取低压力中流量注入，注浆过程中压力逐步上升，流量逐渐减少，当压力升至注浆终压时，继续压注 5 min，即可结束注浆。

(6)移至下一个孔口重新开始注浆，注浆时间隔进行，以保证浆液扩散效果。

(7)注浆效果评价

小导管注浆：容易堵管，不可重复注浆，在砂层中注浆效果较好。

三、上软下硬地层土石界面处理技术

(1)施工上台阶时，超前小导管注浆必须注密实，达到设计要求，使加固地层达到一定效果。

(2)上台阶两侧拱脚处增设纵梁：为防止隧道两侧拱脚收敛变形，在上台阶拱脚上 5 cm 设两道纵梁，拱脚位置下垫 5 cm 厚的木板。纵梁将钢格栅连接成整体，有效提高初支结构的抗变形能力。纵梁在拱架定位后及时施作，钢筋现场制安，纵梁喷射混凝土与初支喷射混凝土同时进行。纵梁主筋采用 4 根 Φ22 钢筋，箍筋采用 ϕ6.5 圆钢，间距 10 cm。纵梁主筋与格栅钢架主筋焊接，预留搭接接头，接头采用焊接，长度不小于 10 d，确保纵梁纵向连成整体。

(3)增加临时仰拱，临时仰拱采用 I20b 工字钢(间距与拱架间距一致)＋纵向连接筋＋25 cm 厚 C20 喷射混凝土，纵向连接筋采用 Φ22@800 mm，通长焊接，将工字钢连接成整体。临时仰拱紧跟掌子面，距离 2 m(紧跟核心土)。在下台阶边墙及仰拱完成后拆除。临时仰拱与拱脚连接处施工方法如图 1-26 所示。

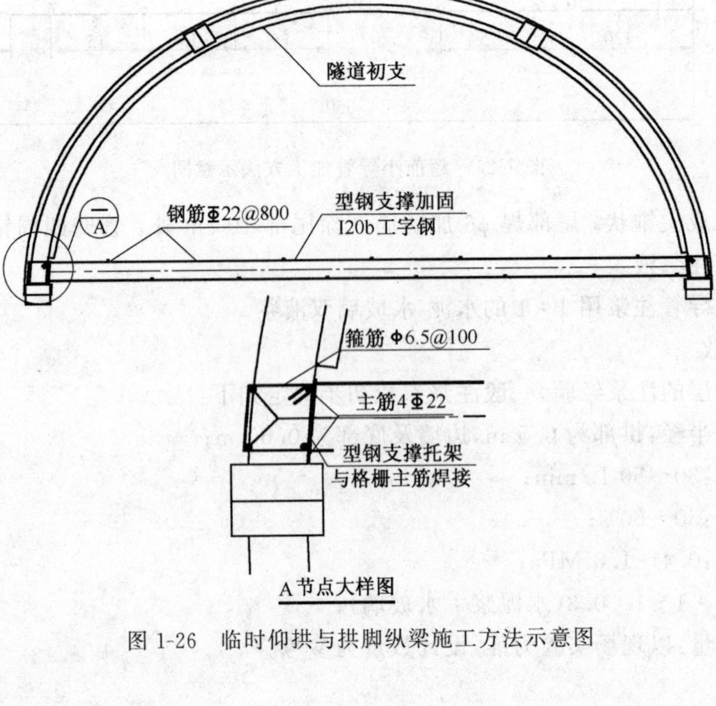

图 1-26　临时仰拱与拱脚纵梁施工方法示意图

第二节　井点降水

根据降水井布设原则和本段隧道地面放线及管线情况，距隧道外轮廓线两侧 1.5～2 m 布设，纵向间距 5 m，隧道两侧布设成梅花形布置。

降水井深度：井深因地层而定，对于地层较差地段，井深应为隧道底深 6～7 m，对于地层较好、打井困难地段，井底应进入中风化地层 2～3 m。根据本区间段详勘地质报告，降水井深度约为 24 m，即入隧道底板。

降水井管径确定：因大型钻机占用施工场地较大，宝安大道、新湖路及辅道道路难于进行交通疏解及封闭道路施工，为此，采用地质钻机(XY-100 型)进行降水井成孔，一是减少占地面积，二是可减少泥浆排放量，少量泥浆存放在泥浆钢池内。降水井直径 $\phi300$，井管采用 $\phi150$PVC 管加工，地面以下 5 m 在管壁上钻孔，直径 $\phi20$，呈梅花形布置，间距 300×300 mm。周边采用豆石滤料填充密实。

第六章　衬砌施工及质量控制技术

第一节　衬砌划段各个台车衬砌完成段统计

本标段前期使用三台模板台车分布在盾构井与3＃竖井之间，为了保证洞通目标，后期增加了两台模板台车。各台车完成段统计见表1-6。

表1-6　台车衬砌段统计

台车编号	施作段落	长度(m)
1＃模板台车	ZSK32＋470～ZSK33＋540	1 070
2＃模板台车	YSK32＋130～YSK33＋560	1 430
3＃模板台车	ZSK31＋998.5～ZSK32＋470，YSK32＋130～YSK31＋968.5	633
4＃模板台车	YSK33＋560～YSK33＋660.25	100.25
5＃模板台车	ZSK33＋540～ZSK33＋660.25	120.25

第二节　衬砌新技术

收口网技术对于衬砌的新应用，不仅减少台车关模和接头混凝土凿毛时间，同时相应提高了混凝土的浇筑质量及施工缝防水效果。

衬砌混凝土浇筑时，采用快易收口网关挡头模，收口网与衬砌钢筋焊，并用Φ16钢筋加工成长度与两主筋间距相同，每隔40 cm左右环向进行加固。

注意事项：(1)加固要牢靠，避免混凝土浇筑过程中出现跑模等现象。(2)浇筑混凝土时，要有专人负责检查，防止漏浆；靠收口网位置捣鼓要适当，避免收口网变形跑位。(3)拆模时应将收口网边两侧10 cm左右进行拆除，避免收口网成为施工缝渗水通道。

第三节　远距离混凝土输送方式

远距离混凝土输送在小断面暗挖区间长隧道衬砌中不可避免，这不仅对设备要求很高，而且加长了工序循环时间，增大了施工风险。本标段由于以下原因对两个区段采用了远距离混凝土输送：第1个区段，从1＃竖井设置输送泵，采用单泵对1＃竖井 YSK32＋280～690区段进行浇筑，泵送距离长达410 m；第2区段，从电缆井设置输送泵，对3＃竖井～ZSK32＋470进行混凝土浇筑，泵送距离长达555 m，采用两台输送泵进行接力输送。

一、长距离输送原因

(1)取消2＃竖井导致1＃～3＃竖井区间过长。

(2)1＃～3＃竖井右线区间前期初支完成后，捡底造成衬砌线路计划调整，1＃竖井西乡方向左线因地质条件极差，衬砌紧跟开挖初支，导致3＃竖井左线西乡方向衬砌滞后开挖距离过长。

二、长距离输送质量控制及经验教训

(1)严格控制机械设备的性能，混凝土浇筑前对泵车及混凝土输送设备进行检查，确保各项设备运转良好，保证混凝土浇筑的连续性；输送管及接头严禁漏浆。

(2)对混凝土的各项指标进行控制，包括混凝土的坍落度、和易性、搅拌时间、运送距离等各项指标在浇筑前进行检查。

(3)选择技术熟练的混凝土工，在浇筑过程中，防止浇筑长时间中断，避免混凝土堵管现象发生，保证混凝土浇筑的连续性。

(4)在施工中，由于长距离及其他因素曾多次出现浇筑连续中断，不仅混凝土的质量不好控制，同时拉长了工序循环时间(期间清理堵塞混凝土输送管、清洗泵车等)，浪费了大量的设备和人力资源。

第四节　衬砌质量控制技术

一、混凝土质量及表观质量控制

混凝土施工主要从混凝土强度、密实度、外观质量、施工缝、保护层厚度及混凝土厚度、净空尺寸方面进行控制。

1. 混凝土密实度控制

采用商品混凝土，混凝土运输车运送至施工现场竖井口，坍落度、和易性经检验合格后再用输送泵泵送入模，台车自身配带的附着式与插入式振捣器振捣密实。对于部分断面厚度较大，混凝土采用分层分段浇筑法，分层厚度为30～50 cm。

混凝土的振捣采用插入式振捣器。本工程防水要求较高，尤其需要注意混凝土结构的自防水，混凝土振捣按照以下要求施工：

(1)混凝土振捣手必须是有经验的技工。

(2) 振捣与混凝土浇筑同时进行，振捣方向与浇筑方向相同。插点采用“行列式”或“交错式”，移动间距不应大于振动半径的1.5倍，不能碰撞防水板、预埋件及钢模板。

(3)拱墙振捣要掌握好时间，振捣时间在10～30 s，以混凝土表面呈水平不显著下沉，不出气泡，表面泛灰浆为准。插入式振捣器要快插入、慢拔出。

2. 混凝土表观质量控制

(1)混凝土坍落度及和易性检查。混凝土开始浇筑前试验员必须对混凝土的各项指标进行测试，保证混凝土在入模时满足各项浇筑指标。

(2)混凝土浇筑前必须对模板表观进行检查，对模板有残留混凝土及表面不涂脱模剂的现象坚决杜绝。

(3)混凝土浇筑过程中配备熟练的操作工人，按照密实度要求进行振捣。

3. 水平施工缝处理

(1)按照设计要求进行止水带安装，并注意对止水带的保护。

(2)做好施工缝凿毛工作，按照斜角拉毛方式对混凝土面进行凿毛，同时用高压水清理施工缝位置浮渣。

4. 保护层厚度、混凝土厚度及净空尺寸控制

在二次衬砌施工前首先对隧道初支净空进行检查，同时对有超欠挖的部位进行处理，保证混凝土厚度；钢筋安装尺寸必须按照设计要求进行制作安装，在安装模板之前必须用混凝土垫块进行保护层控制，防止保护层过小，出现露筋现象。

二、钢筋加工质量控制

(1)严格按照规范设计要求控制好原材质量。

(2)钢筋加工，严格执行设计、验标相关规定，确保质量达标。

(3)钢筋焊接、绑扎质量严格控制。根据防迷流要求，严格按设计要求采用焊接贯通。钢筋与模板间应设置足够数量与强度的保护层垫块，确保钢筋受力主筋的保护层达到设计要求。钢筋施工时对防水层必须采用一定的保护措施，如采用石棉垫板等，以保证防水层不受破坏。

第五节 经验与教训

根据施工中发现及施工完成后出现的问题，特对以下几点进行剖析：

1. 施工中发现的问题

(1)混凝土浇筑过程中，对混凝土质量控制不严格，同时在浇筑过程中出现堵管现象，造成施工冷缝。

(2)施工过程中对防水板保护不够充分，导致部分区段防水板防水效果失效。

(3)钢筋安装过程中尺寸部分区段控制不严格，垫块局部不完整，导致后期钢筋保护层厚度不达标。

以上原因给后期修复工作造成了很大的困难，导致项目成本增加。

2. 施工过程中的经验总结

(1)合理组织施工，保证总体施工顺序，按照计划施工顺序进行，避免实施过程中的工序转换。

(2)严格过程控制，在衬砌过程中保证各项工序之间转换的衔接性，控制各项工序，严格执行报验程序。

(3)加强对材料及机械设备的控制，充分利用现有设备物资。

第七章　防排水施工

第一节　围岩渗漏水处注浆处理

在开挖过程中，周边采用小导管注浆，在富水区饱和残积土中劈裂注浆效果不佳，1＃竖井往西乡方向隧道在注浆过程消耗时间较长，采用 TSS 后退式注浆，每循环大约需要 8～10 h，每次注浆水泥 6～8 t，但是效果不明显，每 2 个循环需要注一次浆，每次注浆管施工长度为 3 m。经过多个循环分析得出，因西乡离海比较近，1＃竖井往西乡方向原来为河床沟谷，隧道顶有砂层、填石层，渗透性较强，并与海水相连通，地下水处于流动状态，注浆时部分浆液被流态水冲失，未达到注浆效果。

隧道上方填石层中存在空洞及水囊，施工过程中不知前方地层情况，只是在上台阶打设 3 个地质钻孔，了解前方地质情况，无法得知隧道顶部情况，如采用其他探测手段，成本花费较高。应加大投入进行地质情况探测，对不良地质地段提前进行处理或加固降低施工风险。

第二节　施工缝、变形缝防水

施工缝、变形缝防水处理是地下工程防水的难点，处理不好就是相互连通的渗水通道，给后期堵漏加大了难度。

水平施工缝设计采用钢板腻子止水带，钢板腻子止水带在混凝土浇筑过程中容易跑位，混凝土浇筑面标高控制不到位，止水带忽高忽低，未置于混凝土中间距部位。下部施工时应当将下半部分保护膜拆除，但在施工过程中往往忽视这一点，要么不拆除要么上下保护膜同时拆除，由于西固区间水量较大，在保护膜拆除后，腻子提前受到水浸泡，就达不到防水效果。钢板腻子止水带接头施工达不到要求的 10 cm，且未打孔并用扎丝绑扎，未用止水夹固定，致使施工效果不够理想。

施工缝凿毛要求将浮浆凿除，露出混凝土粗骨料，凿成网格型，深度在 5～10 mm。凿除过程对钢板腻子止水带进行保护，施工过程有时保护不到位。

环向施工缝采用钢板腻子止水带＋简易收口网施工，施工中有时不拆除收口网，收口网成渗水通道，后期堵漏过程中难以处理。

西固区间变形缝设在区间与西乡站、明挖渡线段与暗挖段、施工竖井与隧道相交处，变形缝宽度 20 mm。变形缝采用钢边橡胶止水带，缝间充填双组份聚硫橡胶和聚苯板。同时，在变形缝处沿隧道环向设置封闭的背贴式止水带，将明挖部分和区间隧道的防水区域分开，形成各自独立的防水区域。

第三节　防水层及排水系统施工

铺设防水层前必须对基面进行处理，对外露的钢筋头切除，对凹凸不平的应修凿及用砂浆抹平顺，不平整度最大为 3 mm，拱部不平整度矢弦比不大于 1/8，其他部位不平整度矢弦比不大于 1/6，阳角和阴角做成圆弧形，$R=50$ mm。初期支护表面有漏水时应进行注浆堵漏，待基面无水后方可进行防水层施工。

如初支面渗水较大，防水板铺设前应进行排水。排水采用 PVC 半管，将剖开面密贴基面并固定，引至边墙脚位置，用防水板焊接成漏斗形引出二衬面，在二衬施工完成进行注水泥浆封堵。

防水板施工时，保证基面平顺，松紧度适宜，焊接牢固。

西固区间暗挖隧道断面形式为马蹄形断面，双缝热合焊机焊接，在暗挖马蹄形断面难以实施，焊接质量难以百分之百地保证。

防水板施工完成后，其他工序施工时必须严加保护，否则极易损坏，导致防水质量下降或完全失效，施工过程中要高度重视。

第四节　防水混凝土施工

西固区间混凝土采用商品混凝土，在施工过程中不得任意加水改变混凝土水灰比。加强与搅拌站联系，确保混凝土数量、质量及生产时间，安排专人在搅拌站值班。

由于区间混凝土浇筑时采用输送泵接力方式施工，输送泵管管扣必须扣紧，避免漏浆，导致混凝土失去和易性，造成堵管。

混凝土浇筑前先用水将输送管疏通，先用 1 m^3 左右等强度砂浆均匀铺设在接茬面，保证接茬面混凝土质量。

台车浇筑混凝土必须分层、对称浇筑。振捣操作人员必须经过培训，捣固点间距、时间、深度控制适宜，确保不出现漏振及过振等现象。

第五节　二衬背后回填注浆堵水

二衬混凝土灌注后 28 天，进行背后回填注浆施工，二衬时预埋回填注浆管。

因防水板与二衬之间存在一定间隙，主要表现为拱部空洞，为保证分区防水效果，做到防水板与二衬之间无空隙，应进行衬砌背后回填注浆。二衬背后回填注浆采用 $\phi42$ 普通钢管，注浆管在二衬混凝土浇筑前埋设，注浆管埋设至防水板，外露 5～10 cm，每根长度为 50 cm，12 m台车二衬每循环在拱部位置环向埋设 3 根，纵向间距 3 m。注浆管用钢管加工而成，一端带丝扣与注浆系统的旋塞连接。待注浆完毕，孔与管间空隙用高标号防水砂浆封堵。

注浆时，由低处向高处，由无水处向有水处依次压注，以利充填密实，避免浆液被水稀释离析。当拱顶渗漏水时，分段留排水孔，以免水压过高抵消部分注浆压力，最后再处理排水孔。

回填注浆压力不宜过高，只要能克服管道阻力和二衬防水板之间空隙阻力即可，压力过高，易造成结构变形，所以注浆压力应控制在 0.3～0.5 MPa。

二衬背后回填注浆可以进行二衬混凝土补强，对主体结构堵水效果比较好，但成本投入较高。

第六节　全过程防水实施总体流程

全过程防水实施总体流程如图 1-27 所示。

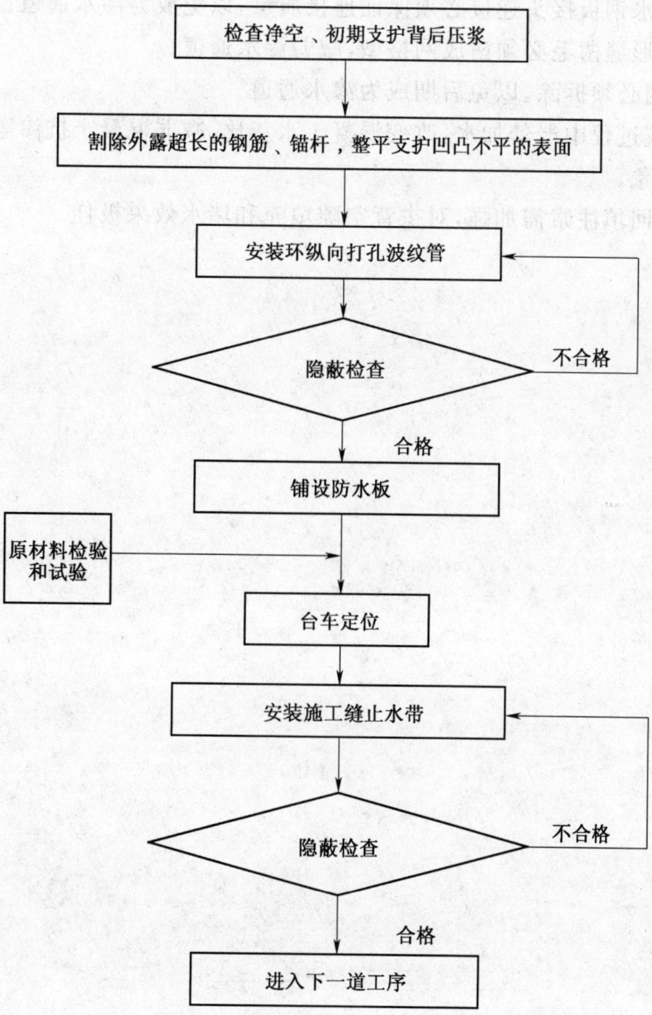

图 1-27　全过程防水实施总体流程示意图

第七节　防排水施工质量控制

(1)初支基面集中漏水部位进行注浆堵水,渗水部位采用防水砂浆或堵漏灵封堵,做到无滴水、漏水、淌水、线状流水,保证基面干燥。

(2)基面外露的钢筋头、铁丝、锚管、排管、锚杆等尖锐物切除锤平,并用砂浆抹平顺,不得出现尖锐物。对基面凹凸不平处修凿并用砂浆抹平顺,不平整度最大为 3 mm,拱部不平整度矢弦比不大于 1/8,其他部位矢弦比不大于 1/6。在基面阴、阳角处和棱角部位须用砂浆抹成圆弧,圆弧半径为100 mm。

(3)防水板铺设松紧度必须适宜,焊缝焊接质量必须满足要求。

(4)防水板后面积水必须引排出来,防止浇筑混凝土时将防水板挤压破坏,水流入正在浇筑的混凝土中而改变水灰比,使混凝土防水等级及强度受到影响。

(5)背贴式止水带必须与防水板焊接牢固。

(6)止水带、止水钢板接头连接必须保证连接质量,以免成为渗水通道。

(7)施工缝、变形缝凿毛必须凿成网格型,减弱渗水通道。

(8)快易收口网必须拆除,以免后期成为渗水通道。

(9)混凝土浇筑过程中严禁加水,改变混凝土水灰比,减弱混凝土抗渗等级及强度,施工中容易发生堵管等现象。

(10)二衬背后回填注浆需加强,对拱背空隙填充和堵水效果极佳。

第八章 监测技术应用及分析

第一节 主要监测项目及控制标准

根据施工图设计，监控量测项目主要有：道路沉降、建筑物沉降及裂缝、洞内收敛及拱顶沉降、爆破振速等。

1＃竖井、3＃竖井及电缆通道竖井开挖过程中对竖井收敛、周边地面沉降及周边房屋沉降进行监测。竖井开挖时对周边建筑物及地表沉降及竖井收敛均在控制范围内。

盾构隧道监测内容有：地表沉降监测、盾构管片已安装地段洞内净空收敛及管片上浮监测；盾构周边建筑物（碧海湾小区、海湾中学、龙年电子厂、正雄电子厂、芙蓉楼、碧海湾洗车）沉降观测。硬岩处理段，爆破时爆破振动速率及周边地表、建筑物沉降监测。

暗挖隧道监测内容有：拱顶下沉和水平收敛监测，地表沉降监测，1＃竖井周边建筑物监测，1＃、3＃竖井及19标竖井井口连续墙沉降及倾斜监测，周边地表沉降、井口收敛监测。

监测时布点方式及方法具体见表1-7和表1-8。

表1-7 竖井监测项目及频率表

序号	监测项目	监测仪器	测点布置	监测频率
1	收敛	收敛仪	沿竖井轴向每10 m 布设1个断面	1～7天：1次/天； 8天～1月：1次/2天； 1～3月：1次/周； 3个月后：1次/月
2	地表沉降	精密水准仪、铟钢尺	在竖井四个方向 各布置3个测点	

表1-8 隧道施工监测项目及频率表

序号	监测项目	监测仪器	测点布置	监测频率
1	收敛	收敛仪	沿隧道中线每25 m 布设1个断面	1～15天：1次/天； 16天～1月：1次/2天； 1～3月：1次/周； 3个月后：1次/月
2	拱顶沉降	精密水准仪、收敛仪		
3	地表沉降	精密水准仪、铟钢尺		
4	地面建筑物 沉降、倾斜	精密水准仪、铟钢尺	建筑物角点位置、变 形缝位置	

第二节 监测成果与针对工法实用性分析

一、建筑物监测

本标段工程范围内由上到下分别为第四系全新统人工堆积层（$Q_4{}^{ml}$）、海积层（$Q_4{}^{m}$）、海冲积层（$Q_4{}^{m+al}$）、坡洪积层（$Q_4{}^{dl+pl}$）、残积层（Q^{el}）、加里东期混合花岗岩（$M_{\gamma 3}$）。隧道主要穿越残积层及加里东期混合花岗岩层。隧道顶埋深约 10～30 m。

第四系全新统人工堆积层由于土质的差异性，具有较强透水性；残积层呈饱和状态，透水性不强，但遇水容易软化；全风化、强风化、中风化有较强透水性，透水性随节理裂隙发育程度而改变。

地层渗透性差异砂层及基岩中的水具承压性，基岩裂隙发育，孔隙水与裂隙水相互连通。

距 FW9 与 FW12 监测点沉降超限最近的钻孔（ZD-XG-005）显示：地表以下 3.0 m 为杂填土、3.0～5.1 m（层厚 2.1 m）为淤泥层，5.1～6.1 m（层厚 1.0 m）为粉砂，6.1～10.1 m（层厚 4.0 m）粉质黏性土，10.1～11.0 m（层厚 0.9 m）为砾砂层，11.0～15.0 m（层厚 4.0 m）为砂质黏性土，15.0～23.0 m（层厚 8.0 m）为全风化混合花岗岩，23.0～33.4 m（层厚 10.4 m）为强风化混合花岗岩，33.4 m 以下为微风化混合花岗岩。碧海湾小区 10 号、11 号、12 号楼距基坑边为 9.78 m，为 8 层住宅楼，基础为 ϕ480 沉管灌注桩基，桩长 15 m，楼房基础底面处于砂质黏性土层上。

1. 建筑物监测点布置

开挖前，按照要求布设了道路及周边建筑物沉降监测点，点位如图 1-28 所示。

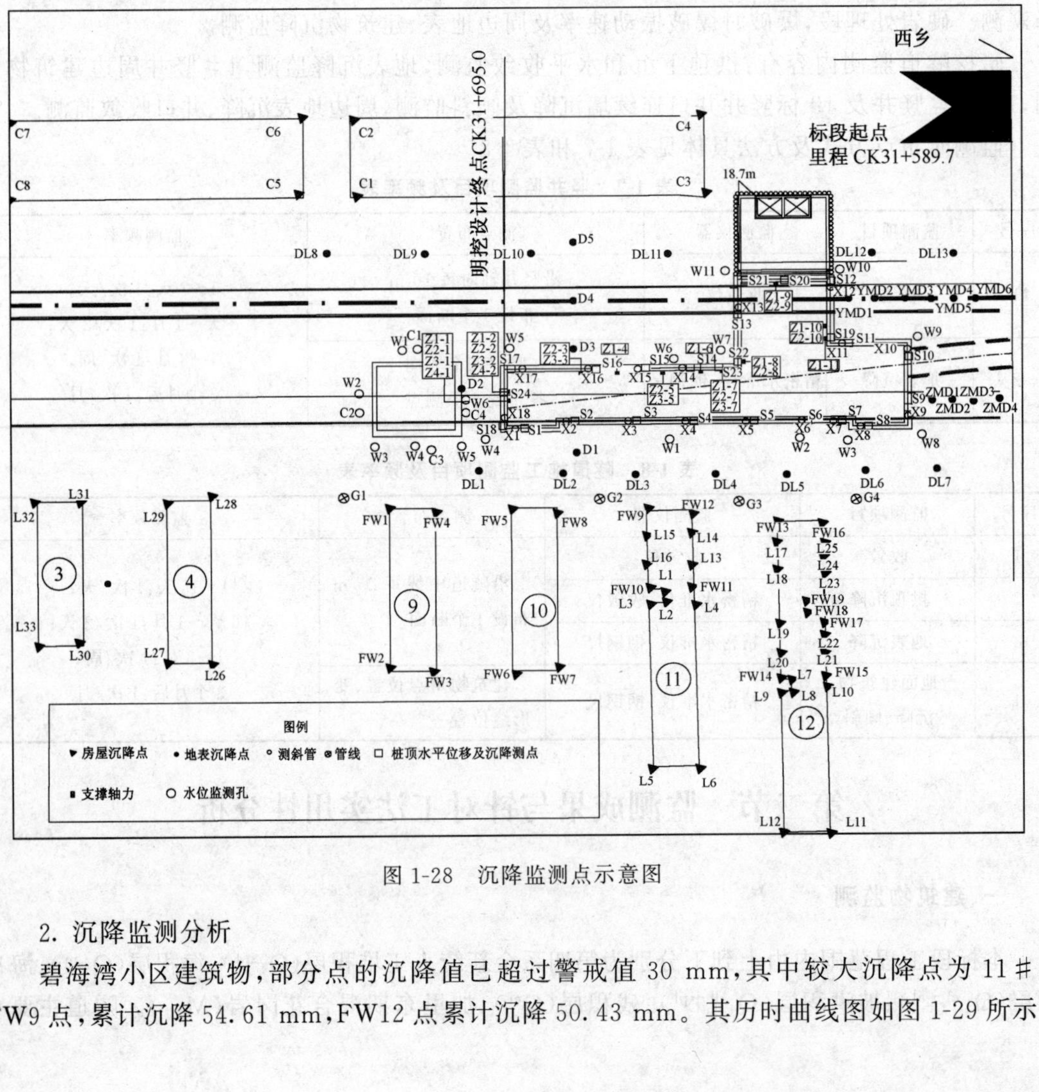

图 1-28　沉降监测点示意图

2. 沉降监测分析

碧海湾小区建筑物，部分点的沉降值已超过警戒值 30 mm，其中较大沉降点为 11＃楼 FW9 点，累计沉降 54.61 mm，FW12 点累计沉降 50.43 mm。其历时曲线图如图 1-29 所示。

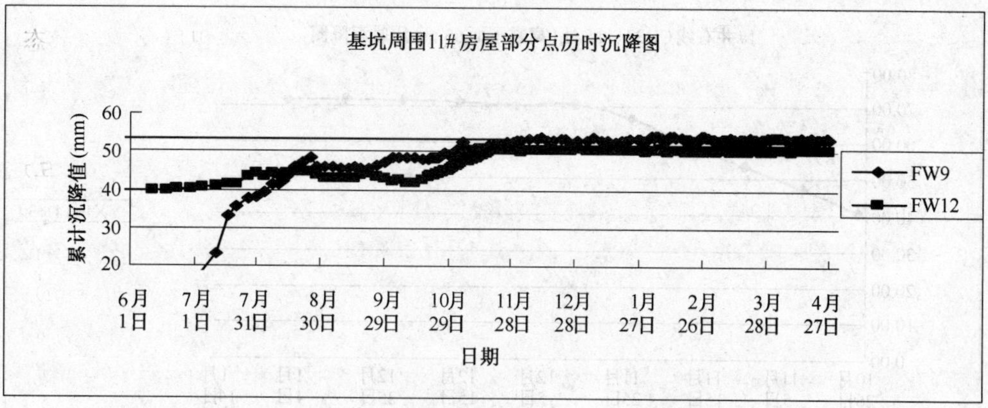

图 1-29　11＃楼 FW9、FW12 点历时曲线图

其他建筑物超过或邻近警戒值的点分别为：9＃楼 FW1 点累计沉降 30.15 mm，FW4 点累计沉降 29.39 mm。10＃楼 FW5 点累计沉降 31.08 mm，FW8 点累计沉降 28.08 mm。12＃楼 FW16 点累计沉降 33.14 mm。以上各点最近两个月的监测变化情况见表 1-9。

表 1-9　楼房超警戒值点四个月变化

楼房＼时间	2009-11-10～2010-04-27		
	点号	累计沉降(mm)	沉降速率(mm/d)
9	FW1	2.20	0.02
	FW4	4.02	0.03
10	FW5	2.91	0.02
	FW8	2.25	0.02
11	FW9	3.24	0.03
	FW12	2.84	0.02
12	FW16	4.91	0.04

由表 1-9 可知，在出现较大沉降之后近四个月内监测得出碧海湾小区建筑物超过警戒线的点变化已经趋于稳定，其余监测点沉降较小，在允许范围内。

截止到 2010 年 4 月 30 日，盾构区间影响建筑物最大沉降点 4＃楼 L2 点，累计最大沉降 16.52 mm，海湾中学累计最大沉降点 B1-33，累计沉降 11.21 mm。建筑物沉降均在允许范围内，变化基本处于稳定状态。

二、隧道监测

1. 1＃竖井

1＃竖井属全风化与强风化交接的地层，根据监测数据，隧道开挖一周内沉降较大，掌子面后 10 m 处拱顶下沉达 30 mm 左右，隧道在仰拱闭合以后，累计沉降值大部分在 50 mm 以内趋于稳定，沉降基本可控。

部分超过警戒值的点，YX1-14 点（里程 CK32＋115）离掌子面 65 m 处，累计沉降 71.64 mm，监测期间沉降历时曲线如图 1-30 所示。

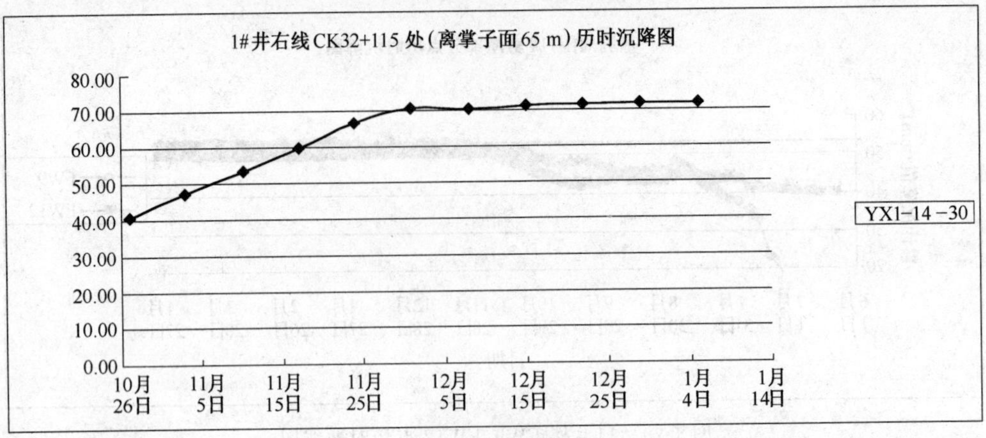

图 1-30　1＃竖井部分超出警戒值历时沉降图

2. 3＃竖井

3＃竖井属于强风化地层，根据监测数据，隧道开挖在一周内沉降较大，大部分点沉降在 15 mm 以内，隧道在仰拱闭合以后，累计沉降值大部分在 30 mm 以内，沉降趋于稳定。

部分超过警戒值的点如 YJ3-30（里程 CK33＋390）处离掌子面 150 m 处累计沉降 73.72 mm，监测期间沉降历时曲线如图 1-31 所示。

3. 明挖段

明挖段 18 m 长隧道，截止到 2010 年 1 月 11 日沉降最大点累计沉降 105.27 mm。

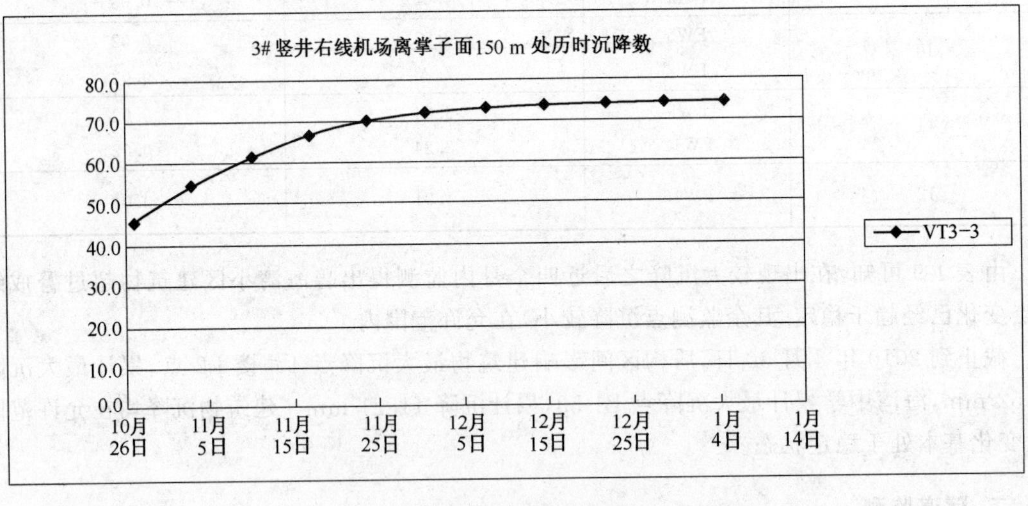

图 1-31　3＃竖井部分超出警戒值历时沉降图

沉降原因分析：隧道上台阶为淤泥质黏土层，承载力非常低，下台阶及底板为砂层，隧道开挖不可避免地要流失地下水，砂层失水后，孔隙比变大，地层固结而引发沉降。采取的施工控制措施：1)尽快封闭隧道的边墙、仰拱，及时施作二衬；2)二衬混凝土达到设计强度后及时进行背后回填注浆；3)尽早施作二衬及防水。

明挖段 18 m 长隧道进洞 1 m 处 MYJ-1 累计沉降 105.27 mm，其历时沉降曲线如图 1-32 所示。

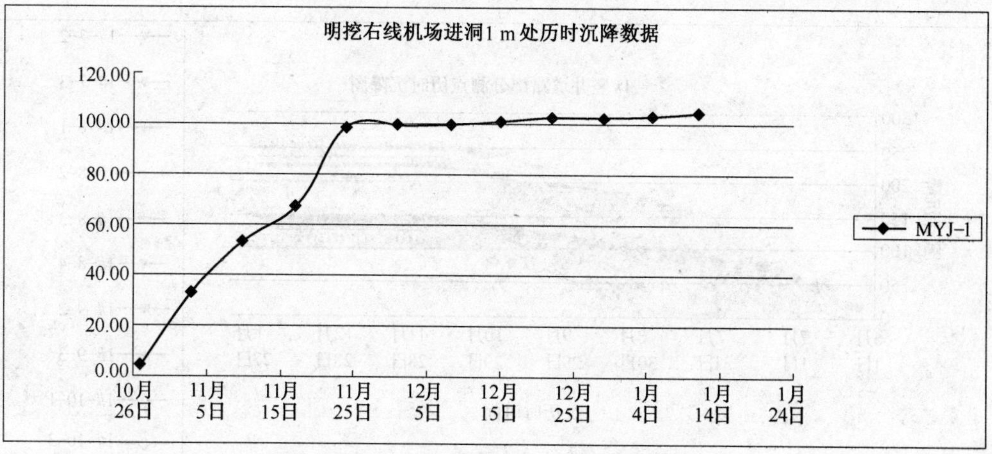

图 1-32　明挖部分超出警戒值历时沉降图

分析原因：10 月、11 月在开挖本段时出现过三次涌砂突泥，因抢险造成初支闭合不及时，累计沉降较大；后期通过注浆加固、增设临时仰拱、边墙及仰拱初支闭合后，沉降明显减小。由以上各图可知，超出警戒值的监测点目前均趋于稳定状态。

三、道路监测

(1)1＃竖井、3＃竖井掌子面附近地段一周沉降 15 mm 左右，累计沉降值大部分在30 mm以内，沉降趋于稳定，沉降处于可控状态。1＃竖井道路 DYX8-1 处累计最大沉降225.42 mm，其监测期间沉降较大点历时沉降曲线如图 1-33、图 1-34 所示。从曲线可以看出监测点已基本趋于稳定状态。

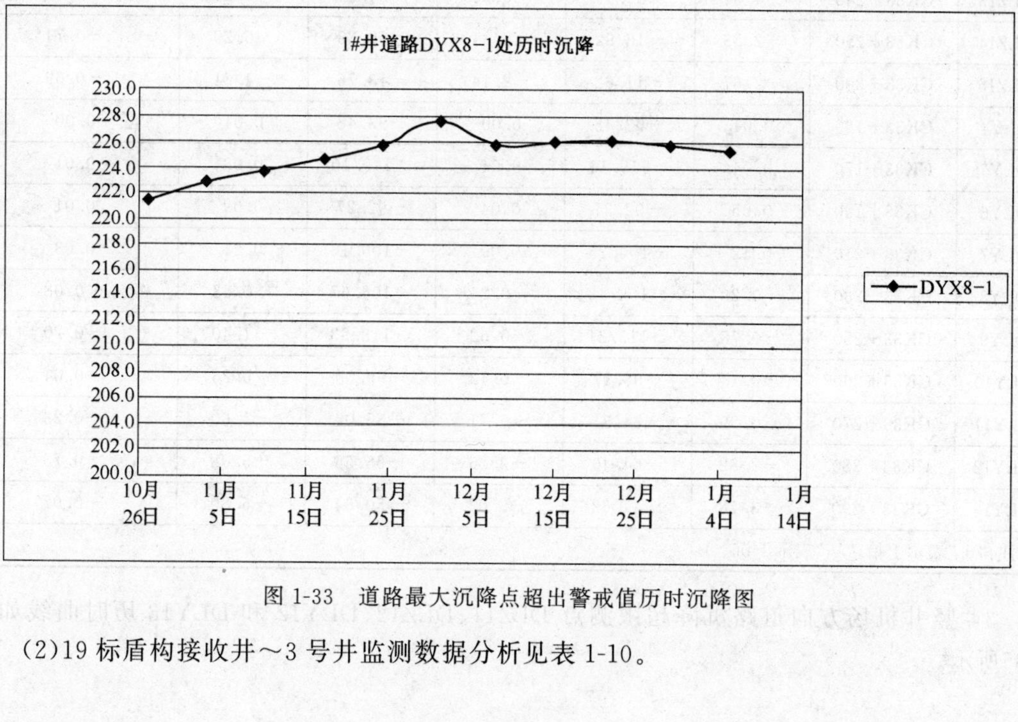

图 1-33　道路最大沉降点超出警戒值历时沉降图

(2)19 标盾构接收井～3 号井监测数据分析见表 1-10。

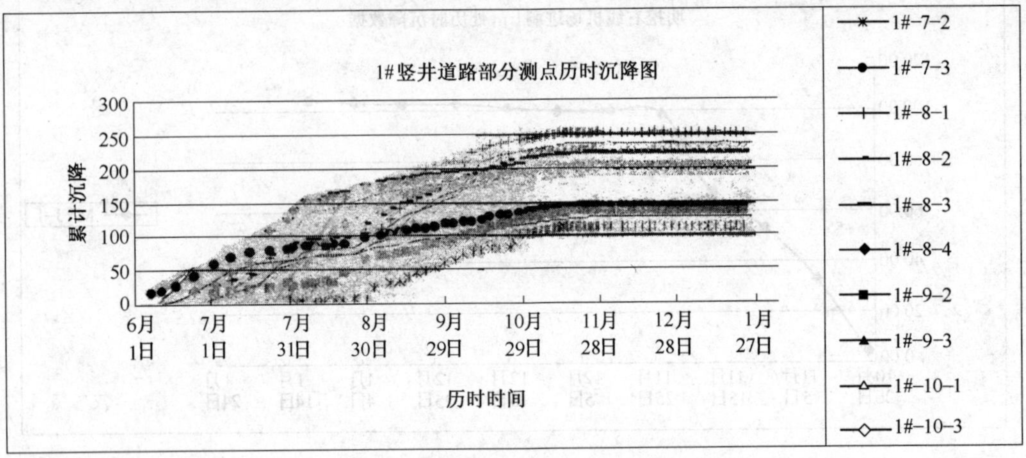

图 1-34　道路部分沉降点超出警戒值历时沉降图

表 1-10　3＃竖井机场方向道路沉降监测数据表

监测日期		8 月 7 日		8 月 11 日		本周累计沉降量（mm）	本周沉降速率（mm/d）
测点编号	里程	本次沉降量(mm)	累计沉降量(mm)	本次沉降量(mm)	累计沉降量(mm)		
DLZ9	CK33＋230	－0.89	－105.78	－0.71	－106.49	－1.60	－0.23
DLZ10	CK33＋250	－0.86	－105.84	－0.69	－106.53	－1.55	－0.22
DLZ11	CK33＋260	－2.24	－71.25	－1.79	－73.04	－4.03	－0.58
DLZ12	CK33＋270	－3.96	－54.35	－3.16	－57.51	－7.12	－1.02
DLZ13	CK33＋280	－4.56	－30.99	－3.65	－34.64	－8.21	－1.17
DLZ14	CK33＋290	－2.89	－16.92	－2.31	－19.23	－5.20	－0.74
DLZ15	CK33＋300	－2.67	－11.62	－2.14	－13.76	－4.81	－0.69
DLY4	CK33＋160	0.01	－93.48	0.00	－93.48	0.01	0.00
DLY5	CK33＋170	0.04	－119.14	0.04	－119.10	0.08	0.01
DLY6	CK33＋190	0.05	－92.31	0.04	－92.27	0.09	0.01
DLY7	CK33＋210	0.12	－100.25	0.09	－100.16	0.21	0.03
DLY8	CK33＋230	－0.29	－106.43	－0.24	－106.67	－0.53	－0.08
DLY9	CK33＋250	－0.78	－113.31	－0.62	－113.93	－1.40	－0.20
DLY10	CK33＋260	－0.14	－98.97	－0.12	－99.09	－0.26	－0.04
DLY11	CK33＋270	－0.89	－84.31	－0.71	－85.02	－1.60	－0.23
DLY12	CK33＋280	－2.82	－64.40	－2.26	－66.66	－5.08	－0.73
DLY13	CK33＋290	－3.78	－47.62	－3.02	－50.64	－6.80	－0.97
备注："＋"表示上抬，"－"表示下沉。							

3＃竖井机场方向道路沉降超限测点 DLZ11、DLZ12、DLY12 和 DLY13 历时曲线如图 1-35所示。

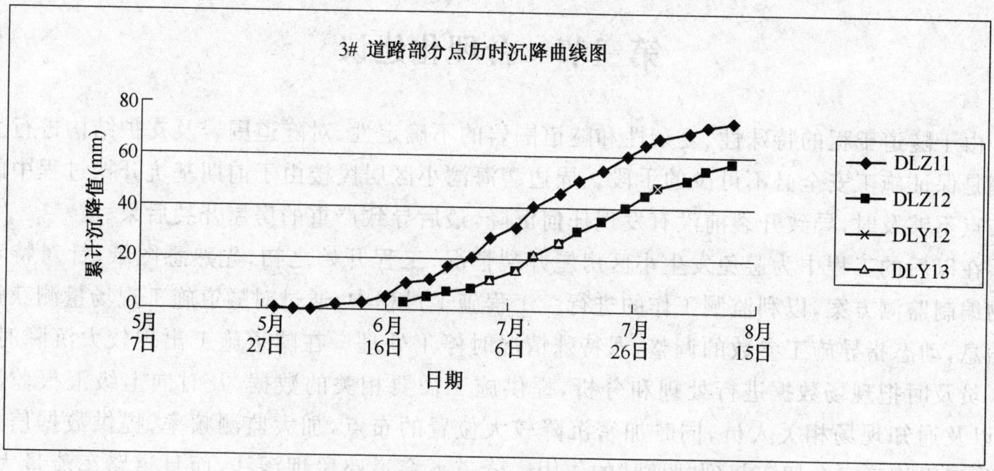

图 1-35　道路部分沉降点超出警戒值历时沉降曲线图

分析：

(1)3＃竖井往机场方向道路沉降大部分测点已超出警戒值。评估图表未全部列出，以沉降累计值较大的点 DLZ11、DLZ12、DLY12 和 DLY13 分析。隧道内拱顶沉降及水平收敛都未达到报警值。

(2)3＃竖井机场方向掌子面里程为：左线 ZDK33＋283.6，右线 ZDK33＋322。

(3)测点 DLZ11 位于里程 ZDK33＋260 位置，2009 年 5 月 29 日开挖隧道 ZDK33＋248 对该点有影响，开始有下沉趋势，2009 年 6 月 19 日进行隧道内 ZDK33＋260 段上台阶开挖，累计沉降值为 10.57 mm；2009 年 6 月 26 日进行隧道 ZDK33＋260 位置下台阶及仰拱开挖，沉降变化至 28.29 mm。该位置虽然完成初支闭合，但沉降还在增加，直至 2009 年 7 月 30 日之后测点变化速率才减缓，累计沉降值达到 66.89 mm，2009 年 7 月 30 日之后趋于稳定，但累计沉降达到 73.04 mm，已超限。

(4)其他测点与测点 DLZ11 相似，在开挖至该位置前大约 10 m 左右位置开始变化，开挖过 30～50 m 位置才慢慢趋于稳定状态。

四、爆破振动监测

右线硬岩处理段进行爆破振速监测，主要监测的项目有：芙蓉楼(距爆破区域 15 m)、龙年电子厂(距爆破区域 23 m)、左线隧道、碧海湾洗车行(距爆破区域 70 m 左右)。从监测数据看，爆破前期震速较大，部分爆破振速超过允许值 1 cm/s。其中芙蓉楼垂向最大振速 8.1 cm/s，径向最大振速 4.0 cm/s，切向最大振速 3.2143 cm/s。龙年电子厂、碧海湾洗车行垂向、径向、切向振速均在允许范围内。左线隧道垂向最大振速 3.5 cm/s，径向最大振速 1.7 cm/s，切向最大振速 1.1 cm/s。从监测数据分析原因：1)药量过大；2)芙蓉楼周边混凝土地面与地表下层砂土层整体性较差；3)地质环境较差。采取措施：调整最大段装药量，加强设施保护。

采取措施调整后，芙蓉楼垂向振速控制在 2 cm/s 以下，垂向、径向振速基本上控制在允许值范围内。龙年电子厂、碧海湾洗车中心、左线隧道垂向、径向、切向振动速率基本上控制在允许值范围内。

第三节　合理化建议

由于隧道工程的特殊性、复杂性和隧道围岩的不确定性，对隧道围岩及支护结构进行变形监测是保证施工安全必不可少的手段。周边碧海湾小区居民楼由于前期基坑开挖过程中的监测布点不够及时，导致开裂前没有发现任何沉降，最后导致严重的房屋开裂后果。

在以后的工程中为避免发生小区房屋开裂情况，工程开始之初，先熟悉图纸，针对特定建筑物编制监测方案，以利监测工作的进行。工程施工过程中，通过对隧道施工现场量测获得量化信息，动态指导施工参数的调整，遇特殊情况时停工处理。在隧道施工出现较大沉降时，监测人员及时把现场数据进行处理和分析，提供施工需要相关的数据，及时向上级汇报监测情况，以及通知现场相关人员，同时加密沉降较大位置的布点，加大监测频率，提供数据信息准确，为工程施工安全切实起到“眼睛”的作用。隧道下穿道路段埋深浅，而且道路车流量大，吨位大，为确保道路不受影响，正常通行，防止发生坍塌，必须增加监测点的密度和观测频率，随时掌握隧道内部和路面的位移变化，为保证道路的顺利通行提供保障。在隧道经过居民楼、学校以及工厂厂房时必须增加监测点的密度和观测频率，随时掌握隧道施工对周边建筑的影响情况，必要时修整施工参数，尽可能使隧道开挖对周边环境的影响减少到最低。

第九章 施工进度及设备投入

第一节 不同地层、不同断面月平均进度指标统计

开挖及初支：Ⅵ级围岩 15 m/月；Ⅴ级围岩 20 m/月；Ⅳ级围岩 30 m/月；Ⅲ级围岩 50 m/月；Ⅱ级围岩 65 m/月。二衬：投入施工的模板台车分别为 12 m 及 9 m，平均每月能浇筑 18～24 组。

第二节 实际进度与计划进度关系

由于受业主管线拆迁和交通疏导影响，导致项目初期进场推迟，实际开工时间较合同要求的开工时间滞后 4.5 个月，使项目后期的工期压力加大。又由于受深圳特殊的地质情况影响，丰富的地下水及流砂使进度严重滞后。

在 2009 年 8 月后，项目部组织专门的人员重新对前期的施工计划进行了调整，在调整每个口施工计划的情况同时，加强对现场的施工管理，至此，除 1＃竖井受客观的地质情况影响严重，部份计划无法完成外，3＃竖井及 19 标新开的工作面每月基本能按计划完成。2010 年 4 月 30 日，按照业主的要求，提前一个月完成二衬施工，满足了深圳地铁 1 号线大工期的要求。

第三节 抢工期时间及抢工期指标

本项目压力最大的阶段在 2009 年 8 月～2010 年 4 月 30 日，项目部在业主年底通车目标的巨大压力下，及时调整施工计划，针对项目的剩余工程量，重新制定相关的计划指标。利用 19 标盾构接收井增加暗挖工作面，隧道的开挖指标由原来的 15 m/月调整至 30 m/月(1＃竖井西乡方面Ⅵ级围岩)，3＃竖井机场方向由原计划的 35～40 m/月调整为 60～65 m/月，二衬由原计划的 171～240 m/月，调整为 216～288 m/月(12 m 台车、9 m 台车)。为保证明挖段周边建筑物的安全，在集团公司领导与地铁公司协商后，将左线 ZSK31＋724.335～＋983.35(259.015 m)、右线 YSK31＋680.3～＋953.35(273.05 m)由原设计的矿山法施工改为盾构法施工。2010 年 4 月 30 日全标段二衬完成，既保证了施工安全，也保证了工期。

深圳地铁 1 号线续建工程土建 18 标合同开工日期为 2007 年 12 月 28 日，合同工期为 491 个日历天。受交通疏导和管线拆迁影响，实际开工日期为 2008 年 3 月 8 日，实际完工日期为 2010 年 4 月 30 日，用时 784 天，超合同规定时间 293 天。

第四节 进度滞后的主要原因分析

(1)受火工品配送影响，晚8:00以后不能进行爆破作业，严重影响隧道开挖进度。

(2)受爆破资质到期影响，火工品停送，同时在春节、五一、国庆等节假期间停送火工品，严重影响隧道开挖进度。

(3)1＃竖井左线西乡方向里程CK32＋192处理隧道塌方，超前地层加固及地面注浆加固，影响隧道开挖进度。

(4)3＃竖井～机场方向隧道围岩较差，涌水、突泥严重，施工难度大、进度慢。

(5)地质条件极其复杂，地下水极为丰富，尤其是1＃竖井西乡方向隧道开挖，经常出现拱顶掉块、拱脚流砂，施工难度大，安全风险高，进度慢且窝工严重。施工难度大造成工人劳动强度高，进场不久即要求提高工资待遇。项目亏损严重，资金运转不畅，工人工资发放有所滞后，大多数工人进场不久后即申请退场，作业人员更换频繁，隧道开挖施工组织不连续，给隧道施工带来极大的管理难度，进度上也受到较大影响。

(6)捡底运距过长(达700 m)，单日出渣量大，导致井口提升压力巨大。为保证开挖进度，捡底进度不理想，对二衬制约较大。

(7)受季节性的强台风、暴雨影响，洞渣受雨水冲刷呈泥浆状，弃土场拒不接收，而井口存渣量又较少，对施工也有一定的影响。

第五节 主要设备机械投入

设备配备遵循原则：根据单项施工技术要求和施工作业条件确定设备选型；按照施工进度计划指标配备设备台数，生产能力留有余地；同时考虑突发性事件所需的工程抢险应急设备。

主要设备配备计划见表1-11。

表1-11 暗挖隧道主要施工机械设备表

序号	机械设备名称	型号规格	数 量	设备来源
1	风钻	Yt28	32	
2	风镐	G10	48	
3	空压机	LGYⅡF20-10/7	3	
4	空压机	4L-20/8	6	
5	喷浆机	PZ-5	15	
6	混凝土拌合机	JZC350	3	
7	双液注浆机	KBY-50/70	6	
8	拌浆机	NJ-600	6	
9	大管棚钻机	YG50型	2	
10	提升机	10 t＋10 t＋10 t	2	竖井提升
11	提升机	10 t	2	竖井提升
12	挖掘机	PC200	3	地面转渣

续上表

序号	机械设备名称	型号规格	数 量	设备来源
13	挖掘机	PC60	10	井下区间装渣
14	微型工程运输车	北汽福田	10	井下运输
15	自卸汽车	15 t	20	地面渣土外运
16	载重汽车	CA1091	2	地面渣土外运
17	模板台车	自制	5	
18	混凝土输送泵	HBT60	4	外租
19	钢筋弯曲机	GQW40	4	
20	钢筋切断机	GQ40A	4	
21	钢筋调直机	GTJ-8/12	4	
22	电焊机	ARC400	48	
23	变压器	315 kVA	5	
24	通风机	37 kW	5	

第六节　对提高生产率的建议

机械的正常保养由各使用单位严格按保养规定执行。机械的维修由专业维修人员完成，尽量做到机械维修保养不占用施工循环时间。

第十章　对周边环境影响情况

第一节　对周边环境影响的情况

西固区间地质条件比较复杂，施工过程中对周边有影响的建筑包括：碧海湾花园小区10＃、11＃、12＃楼，海湾洗车场，海湾中学围墙，景欣花园，华万工业园宿舍楼等，大部分基础型式均为15 m深的沉管灌注桩，且桩底进入为砂质黏性土层、全风化地层，为摩擦桩，对地层变化的影响反映敏感，安全储备系数低，在地层发生变化后，桩周摩擦力损失，造成桩基下沉。施工过程受隧道开挖土体扰动及失水原因影响，个别建筑物产生不同程度的开裂、变形或脱皮。

宝安大道、新湖路对应的隧道里程段属于Ⅳ～Ⅵ级围岩，开挖时渗水量较大，在宝安大道、新湖路旁及人行道上实施降水井降水，导致地下水位降低，引起道路下沉。最大沉降到15 cm左右，造成道路凹凸不平，引起各方高度关注。

场地内市政管线较多，施工前需要将管线准确位置探明，施工中需要对管线进行保护，耗费不少人力财力，部分管线受到不同程度影响。

西固区间2座施工竖井和2个盾构吊出井紧邻居民区或学校，施工过程中通风设备产生的噪声及隧道排出污浊空气；爆破过程中产生的噪声及振动；施工过程中排入城市污水管的经沉淀的隧道内抽水，有时沉淀不彻底而堵塞下水道等。这些因素导致周边居民多次投诉，致使项目部多次进行停工整顿。

第二节　处理措施

1. 碧海湾小区

基坑开挖或隧道开挖前预先进行地表袖阀管注浆加固，封闭小区与基坑间道路，避免重载车长期动荷载对道路下方松散土体产生扰动，从而减少土体向基坑内侧位移。

对基坑与小区房屋间土体进行静压注浆加固，最大限度地减少基坑开挖及换撑期间土体向基坑内侧向位移。静压注浆同时起到止水帷幕作用，可减少基坑内降水引起的地下水损失。

对碧海湾小区已发生沉降开裂的沉降区室内进行修复处理。11＃楼不均匀沉降引起房屋沉降开裂，采用地表补偿注浆法对建筑物进行加固。其原理为通过水泥浆液以一定压力渗透入土体空隙中间，补偿前期造成的土体失水，同时与周边土体进行混合凝结，对土体起到加固强化作用，对房屋基础起到补强作用。

2. 路面沉降

采用物探或钻孔探测路面下方有无空洞，有空洞采取水泥砂浆或水泥浆等方法进行回填。

及时施作初支背后回填注浆，防止背后孔隙造成地层松弛。同时，加强未完全封闭的初支（上台阶）背后注浆压力控制，防止浆压过大造成上台阶初支沉降超限。

加强超前小导管注浆压力和注浆量控制。一是施做好止浆墙,防止窜浆;二是控制注浆压力和胶凝时间,提高注浆加固效果。

第三节　规避的措施

(1)投标时对周边环境、地质条件调查清楚,增加相应的施工措施费用,降低成本风险及安全风险。

(2)对周边建筑物形式进行彻底分析,在基坑、隧道开挖前做相应加固措施。

(3)施工过程中严格执行规范及相应质量标准,以质量保安全。

(4)加强监测,以监测数据为依据指导施工,真正做到信息化施工。

第四节　合理化建议

(1)施工前须详细调查线路周边建筑物结构及基础形式,根据建筑物结构资料,尽早确定处理方案,提前实施。比如地表注浆,可在隧道穿越前提前打设袖阀管,隧道穿越过程根据建筑物沉降情况再适时进行跟踪注浆,由此提高对建筑物沉降处理的反应速度。

(2)建筑物沉降处理措施的选择应与周边环境相结合。部分建筑物周边车流密集,管线情况复杂,若盲目采取地表钻孔注浆,将有可能导致管线的破坏或影响交通,造成恶劣影响。如果确定采用地表注浆加固法,则必须调查清楚施工场地管线分布情况,先施作探孔,再进行钻孔。

(3)关于周边环境的应对问题,应在初步设计阶段即开始介入,尽量在设计图纸上反应环境处理方案,避免施工期间增加大额处理费用。

(4)关于噪声、废气、污水等污染环境现象,应排专人进行跟踪,加大与周边居民的协调力度,及时、认真解决暴露出的问题。

第十一章　施工通风技术

第一节　通 风 技 术

隧道通风采用压入式通风方式，通风机将新鲜空气经风管压入工作面，污浊空气沿隧道流出。新鲜空气从风管出口流出以后，由于空气分子的径向运动，在风流边界上与炮烟等污浊空气相互掺混，发生动量交换，使风速逐渐降低，而射流断面逐渐扩大，风流到一定距离后就反向流出工作面。压入式通风简图如图 1-36 所示。

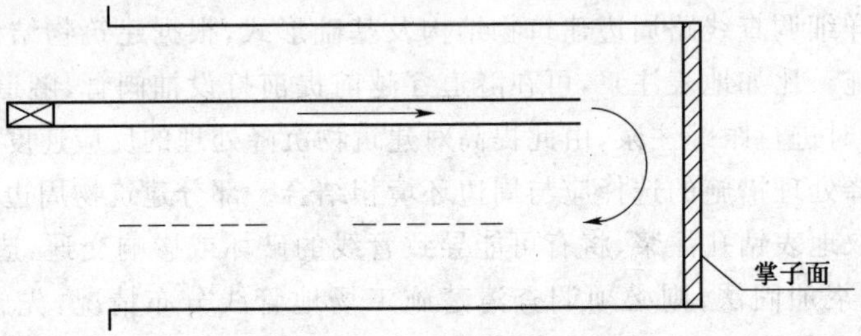

图 1-36　压入式通风简图

隧道施工通风采用在竖井口布置压入式通风机，轴流风机选用 SDA-125BD-2FS37 型，每个隧道开挖工作面各 1 台。风管选用便于装卸和维修的拉链式 PVC 软风管，直径 ϕ1 000 mm，竖井及拐角处采用金属矩型管，隧道内采用软管。隧道内管线布置如图 1-37 所示。

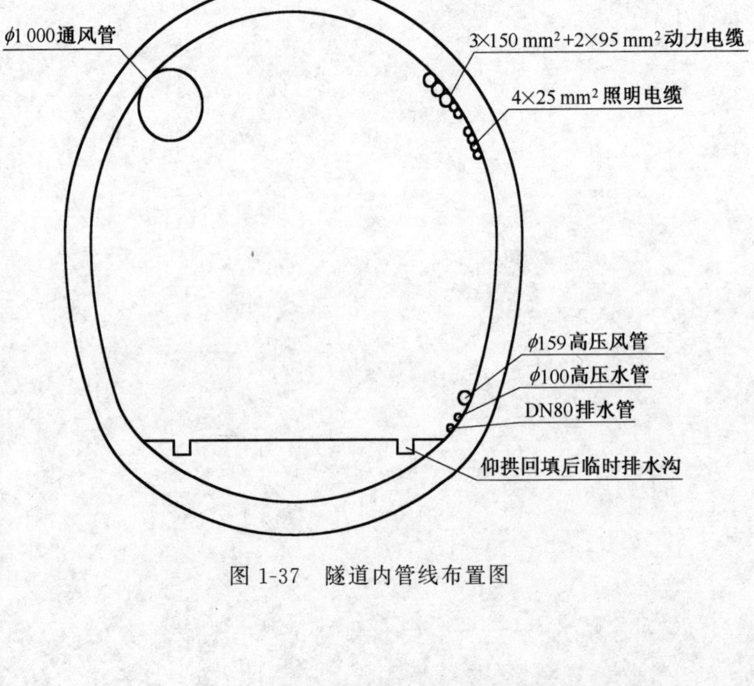

图 1-37　隧道内管线布置图

第二节　通风机效果评价

实践证明，压入式通风的有效射程大，冲淡和排除炮烟的作用比较强，工作面回风不通过风机和通风管，对设备污染小，可以用柔性风管，工作面的污浊空气沿隧道流出，沿途一并带走洞内的粉尘及有毒、有害气体，对改善工作面的环境有利。但是对于长距离隧道掘进时，排除炮烟需要的风量大，通风排烟时间较长，增加开挖、出渣循环时间，从而降低生产效率。同时，长距离通风容易造成回风流，污染整条隧道。施工过程加强通风管理十分重要。

第十二章　工程管理及科研成果

第一节　安全管理措施及评价

一、安全管理措施

(1)本项目工程开工后制定、完善了安全管理制度、安全生产岗位责任制、安全奖罚制度和安全责任目标考核制度等，明确了安全岗位责任，但实际执行和贯彻落实上有一定的困难，“一岗双责”没有全面有效地执行和落实。

(2)积极推行及落实“一岗双责”的管理模式。“一岗双责”是“管生产必须管安全”的具体要求和形式。让每个人在熟悉自己安全生产职责的基础上，全面管理，达到安全责任到人，分工明确，杜绝推诿现象。

(3)高度重视安全教育工作，积极开展班前讲话活动。对每一个入场工人进行三级安全教育和安全技术交底，并根据深圳市建设局的要求办理平安卡。每天上班前，由副经理、领工员或班长对全体工人进行危险源分析、注意事项、相应安全操作规程等进行讲话。

(4)组织进行了危险源辨识，针对不同的危险源和特点制定了预防和控制措施，对重大危险源编制了应急预案，现场准备了必要的应急物资和设备。现场所有相应危险区域或部位均悬挂了安全警示标识牌，同时对重大危险源预防和控制措施及控制责任人进行了公示，现场由管理人员进行过程监督管理控制。

二、安全管理评价

18 标工程标价低，工程地质复杂，施工难度大，安全管理难度大，安全风险高。施工班组人员更换频繁，不少人员安全质量环保意识淡薄，安全质量思想上存在误区，不少管理人员认为安全质量管理是项目领导、专职安全质量管理人员的事，与自己无关，而不充分履行各自的安全质量职责。这无疑给施工安全管理带来一定的不利因素。在整个施工安全管理过程中，项目部不断强化安全管理工作，使安全管理水平得到了提升。

在工程推进过程中，曾发生几次施工险情，由于采取了果断、科学的应急处置措施，未造成人员伤亡和不良的负面影响，为集团、公司在深圳地铁市场赢得了声誉。

第二节　成本管理措施及体会

一、合同主要条件

本工程中标合同金额为 1.35 亿元。合同总工期为 491 日历天。合同主要条件如下：

(1)预付款为中标合同金额的 10%。预付款第一次支付 1 000 万元，三个月以后支付剩余预付款。

(2)不因竖井的位置调整而增加造价和工期。

(3)本工程工料机价格采用《深圳市建设工程价格信息》2007年第九期的信息价，消耗量按《深圳市市政工程综合价格》取定。主材消耗量是投标时投标方便所需，非实际消耗量，工费和机械费根据企业水平做了一定调整，严格按照图纸和施工技术工程规范施工，确保工程质量。单价分析参考的定额为《深圳市市政工程综合价格(2002版)》，个别采用《深圳市建筑工程综合价格(2003版)》，如与投标文件的单价分析不符，则以投标文件的单价分析为准。

(4)误期损害赔偿费为A类每个里程碑项目延误完成赔偿损害：10万元/周；B类每个里程碑项目延误完成赔偿损害：20万元/周；合同工期延误竣工：60万元/周。误期损害最高赔偿费的最高限额：中标合同金额的20%。提前竣工奖励费：每个B类里程碑项目提前一个月以上20万元。

(5)保留金的百分比：5%。

(6)不可遇见的物质条件：本款中的"物质条件"系指承包商在现成施工时遇到的自然物质条件、人为的及其他物质障碍和污染物，包括地下和水文条件，但不包括气候条件。

(7)变更和调整：

1)合同中包括的任何合同内容的数量的改变(但此类改变不一定构成变更)；

2)任何工作内容的质量或其他特性的改变；

3)任何工程部位的标高、位置和(或)尺寸的改变；

4)任何工作的删减，但要交他人实施的工作除外；

5)永久工程所需的任何附加工作、生产设备、材料或服务，包括有关的竣工实验和其他实验、钻孔和勘探工作；

6)实施工程的顺序或时间的改变。

(8)合同价格：合同价格总额为中标合同金额，且是固定总价，但应根据合同规定进行调整。除合同明确规定合同清单项目(如"单价包干"项目、暂列金项目、指定总价项目等)可按合同约定的规则进行调整外，均为招标人在投标截止日期前提出的合同条件、业主要求、图纸等资料(包括现成状况)为基础，承包商按投标承诺实施、竣工并修补其中的缺陷，除非发生了变更，业主将对应的合同清单报价作为固定合同价格支付给承包商，工程变更应按照合同约定进行调整的相应合同价。除非业主要求另有规定，本工程的任何部分应按照承包商已提供的数量(应是符合业主要求的)或已完成的工作(应是合格的)进行支付，测量和估价应按通用条件中的规定进行。

(9)关于施工设计总承包部分，由承包商负责的施工图投标设计有关要求：承包商必须以招标图纸为基础进行施工图投标设计，且报价标也必须以施工图投标设计为基础进行编制。承包商在进行施工图投标设计时不得对防水设计方案、交通疏解与管线改迁方案、总体设计方案、重大施工组织设计方案等产生颠覆性变化。对于临时工程，无论合同提供的图纸显示与否，均由承包商负责设计施工。根据深圳地区地层特点，在其残积土层中可能存在球状风化体，设计施工时需要考虑采取相应的处理措施。隧道穿越砂层，半断面、全断面微风化花岗岩设计时要注意采取相应的措施应对。隧道局部穿越多层的民用建筑群、雨水箱涵和道路，对沉降极为敏感，施工过程需严格控制沉降，设计及施工需充分考虑此风险。

二、成本管理的主要措施

(1)认真领会公司策划会精神,完善项目分包策划,适当转移风险,锁定利润。对于主材,包括钢筋、水泥、混凝土、水玻璃,根据公司管理办法进行统一购买。对于辅材,通过测算,由分包方负责。其优点:一是有效地减小材料的浪费,二是减小项目部管理压力,从而将重点放在现场质量、安全文明、进度以及方案的优化。

(2)项目采用B3管理模式,通过分包方式进行资源配置,加强分包控制和管理,这是工程成败的重要因素。分包单价根据施工方案进行测算,结合深圳当前市场行情、公司正常价格水平确定。对于控制性项目采用模拟招标,力保引进的队伍具有相应的施工能力、良好的施工信誉和履约能力。

(3)根据公司规定,成立责任成本管理小组,以项目经理为组长,总工、副经理、工程部、计财部、办公室负责人为组员。

(4)加强过程管理,确保公平、诚信合作,努力寻求双赢局面。每月及时验工,对协作方人员、设备、材料做好现场记录,对其成本做到心中有数。在出现异常情况时,项目部利用本身的管理优势和管理经验及时进行指导。

(5)提高参建人员的成本管理意识。根据公司管理办法做好每月的成本核算,不仅项目成本核算小组进行核算,现场作业人员也应人人了解合同,从控制成本的角度进行现场管理。

(6)加强管理,做好现场材料的节约。对用剩的边角料,及时组织人员进行清理,对周转材料及时进行清理堆码,有效地减小材料浪费现象。

(7)优化施工方案,多个方案进行比较,在保证施工质量、安全、进度的同时,从成本的角度进行考虑,做到干前先算、边干边算、干完核算,项目成本基本可控,但整个项目赶工费累计增加约700万元。

三、突发事件对成本的影响分析

补勘钻孔表明,隧道上方、地表以下6 m普遍存在杂填块石层,具极强透水性,且地下水与海水存在水力联系。隧道穿越大量富水砂层、残积土及全风化等不良地层,多次出现涌砂、突泥及塌方等状况。隧道沿线正上方分布有雨水、污水管,隧道开挖地层失水下沉,危及管线管道安全,增加费用近2 000万元。

四、周边环境对成本的影响分析

1#竖井到明挖段基坑之间的地质条件复杂,隧道施工极易造成坍塌和地下水流失,给隧道两侧的建筑物带来极大安全隐患。明挖段基坑在施工过程中,碧海湾小区10～12号住宅楼产生了沉降及裂缝。2008年11月21日,深圳市建设局组织6名专家对碧海湾小区房屋和西固区间明挖渡线段基坑及碧海湾花园小区10～12号楼进行了安全评估,参会单位有深圳市建设局质安处、质监站、地铁1号线分公司、铁三院、上海隧道院、深圳市勘察测绘院、深圳市建设工程质量检测中心及项目部。12月6日,1号线分公司再次组织专家对明挖基坑及暗挖隧道施工安全风险进行了评估。先后两次专家会意见均认为暗挖隧道施工会对周边建筑物的基础沉降造成一定的影响,为确保碧海湾花园小区建筑物和基坑的安全,对碧海湾小区房屋侧土体进行注浆加固,注浆长度为7 165.5 m。

第三节　科 研 成 果

依托本项目开发的“复杂地质环境下地铁盾构硬岩段深孔微差爆破施工工法”，获集团级工法、河南省级工法。

施工照片见图 1-38～图 1-49。

图 1-38　全断面钻孔

图 1-39　装药、连线

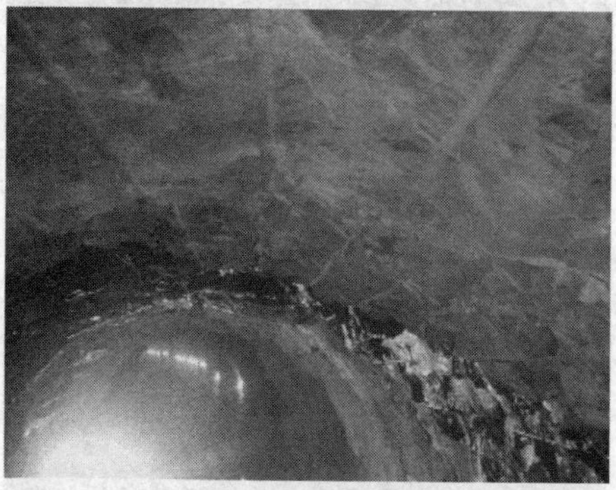

图 1-40　光面爆破效果

图 1-41　隧道出渣

图 1-42　竖井提渣

图 1-43　上台阶预留核心土环形开挖

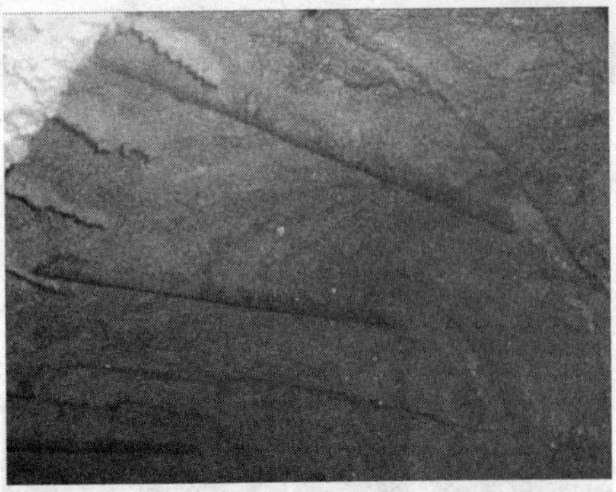
图 1-44　超前小导管

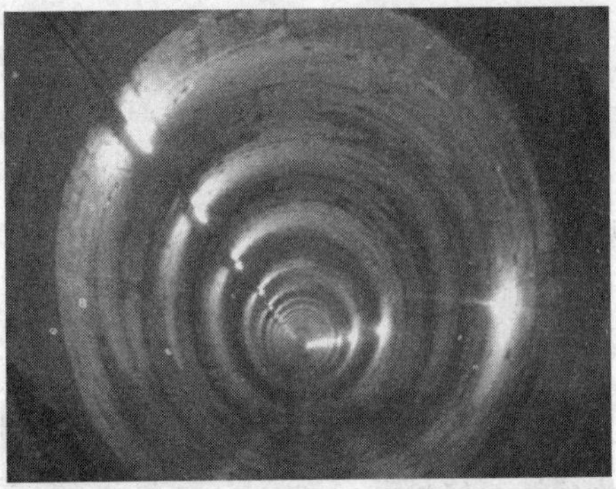
图 1-45　已成型盾构区间

图 1-46　喷射混凝土

图 1-47　模板台架二衬

图 1-48　模板台车二衬

图 1-49　盾构机到达

第四节　工程总结评价

一、项目评价

1. 安全、环保及维稳方面

18 标区间隧道下穿新湖路、高尔夫球场及宝安大道，新湖路两侧民房密集，隧道多处于浅埋软弱地层中，填海地层的复杂性无法预估，重大安全隐患和危险源较多。为此，项目部时时坚持“以人为本”的原则，禁用对环境影响大的设备，避开对环境影响大的时段施工，严格编制和实施各项施工方案及安全文明施工、环保措施，及时排除安全隐患，迅速整改回复各级检查发现的问题。三年多来，依靠轨道办、地铁公司和街道办等，依靠工程保险中的相关程序要求，妥善处理好了对周边建筑和环境的局部不良影响。在工程结束前，完成了碧海湾小区楼房加固及对民房的修缮工作。在施工过程中及时与高尔夫球场和1＃井附近居民沟通，对爆破振动影响的楼房进行了及时修复，未发生投诉等现象。

2. 质量方面

通过各方努力，18标区间隧道在克服环境复杂、工程地质条件极差、周边居民阻工等各种影响情况下，在2010年4月30日前顺利完成轨道办、业主下达的矿山法隧道主体工程全部完成及盾构出洞的节点目标，整个项目工程一次顺利通过验收，工程质量合格率100%，优良率90%以上，未发生一项工程质量事故，总体质量可控。

二、项目管理总结

(1)在投标时应加强对地质及周边环境的详细调查了解，确保报价及后期合同的边界条件对项目及公司有利。

如本标段暗挖隧道关于施工设计总承包部分，由承包商负责的施工图投标设计的有关要求：承包商必须以招标图纸为基础进行施工图投标设计，且报价标也必须以施工图投标设计为基础进行编制。承包商在进行施工图投标设计时不得对防水设计方案、交通疏解与管线改迁方案、总体设计方案、重大施工组织设计方案等产生颠覆性变化。对于临时工程，无论合同提供的图纸显示与否，均由承包商负责设计施工。根据深圳地区地层特点，在其残积土层中可能存在球状风化体，设计施工时需要考虑采取相应的处理措施。隧道穿越砂层，半断面、全断面微风化花岗岩设计时要注意采取相应的措施应对，隧道局部穿越多层的民用建筑群、雨水箱涵和道路，对沉降极为敏感，施工过程需严格控制沉降，设计及施工需充分考虑此风险。

(2)在施工难度大、风险高、多工作面同步平行实施的情况下，不断加强内部管理机制，加大投入，充分发挥各部门协调统一职能，有效调动各部门积极性，有序、快速组织施工才能有效缓解安全、质量、成本压力。

三、技术管理总结

(1)对在建工程中难度大、风险高的项目应在人力资源配置上给予重点倾斜。此类工程可以锻炼、培养人才，但毕竟有适应的过程，易引发管理上种种问题。

(2)设计及施工优化为本项目最大特点。本项目在前期进场后审图时发现，新湖路下隧道埋深浅，穿越砂层较长，在无法改为明挖及盾构法施工的前提下风险较高。后经研究，将1＃竖井和3＃竖井进行下调，避开了软弱地层投入大、施工组织复杂、风险高等问题，尽管降低隧道后遇到上软下硬地层风险仍然较高，但在一定程度上比未调坡调线时安全、质量、成本等方面风险控制难度相对较小。

(3)抢工期阶段对防水及二衬施工质量方面的高要求不易控制，对于身处于地下高水位又存在断层、沿海地层经常出现涌砂突泥现象的隧道来说是个严峻的考验，易造成后期大量缺陷修复问题。故在工期规划时，应实事求是策划工期，防止因抢进度而遗留质量缺陷。

第二篇　深圳地铁 1 号线 7 标暗挖隧道施工技术

第一章　工程概况及重点难点

第一节　工程地理位置及主要工程内容

一、工程地理位置

深圳市地铁 1 号线续建工程土建 7 标段位于深圳市宝安区新湖路下，呈东西走向，标段起于宝安区体育馆，横穿新安六路、西乡河、坪洲路和西乡大道，止于金海路附近。暗挖隧道位于宝坪区间靠坪洲站端，详细工程地理位置如图 2-1 所示。

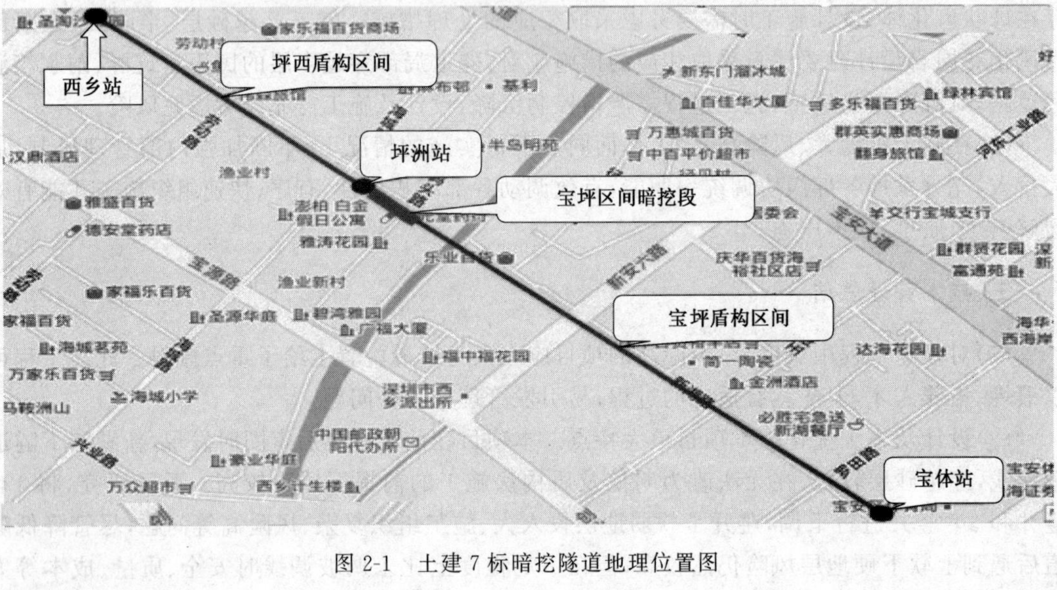

图 2-1　土建 7 标暗挖隧道地理位置图

二、主要工作内容

主要工作内容包括“两站”（坪洲站：214.5 m，西乡站：386.5 m。）、“两区间”（宝坪区间：1 140 m，坪西区间：738 m。）暗挖隧道左右线各 65 m，施工主要内容包括开挖、初支以及导台混凝土施工。标段工作内容构成如图 2-2 所示。

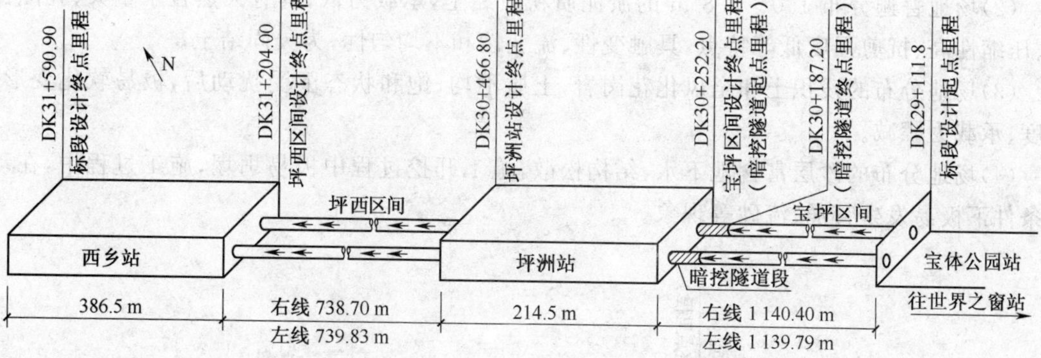

图 2-2　标段主要工作内容构成示意图

三、周围建筑物和管线情况

暗挖隧道工程位于深圳市宝安区新湖路下，所在地区为海积平原，地形平坦，已修建成道路和建筑物。两侧主要建筑物有 8 层宝城新湖花园和宝安区麻布村 20 世纪 90 年代初修建的 3～5 层零星建筑物，场地存在雨水、污水、路灯等地下管线管道及地上架空电线，地下管线管道沿既有道路分布。地下管线分布情况如图 2-3 所示。

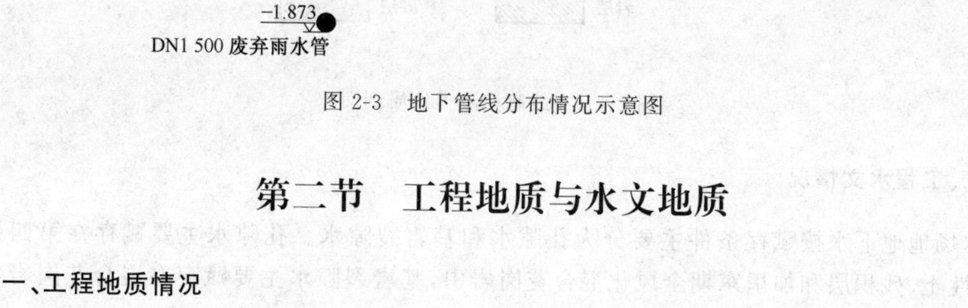

图 2-3　地下管线分布情况示意图

第二节　工程地质与水文地质

一、工程地质情况

地层由上到下主要有：素填土、中砂、砂质黏性土、砾质黏性土、全风化花岗岩、强风化花岗岩、中风化花岗岩和微风化花岗岩。隧道洞身位于全、强、中和微风化花岗岩层，左线中风化岩层侵入隧道最高 4.8 m，右线最高侵入 2.27 m。岩石强度最大为 145.5 MPa（位于该软硬不均地段），洞顶上覆砂质黏性土和中粗砂层。暗挖隧道左右线地质情况分别如图 2-4 和图 2-5 所示。

图中各土层分布情况及特点如下：

(1)场地普遍分布素填土，厚 4～6 m，成分主要为粉质黏土、碎石、砂、块石，土质不均。

(2)场地普遍分布 1.0～3.8 m 的淤泥质粉质黏土，承载力低，具有天然含水量大、孔隙比大、压缩性高、抗剪强度低等特点，具触变性、流变性和不均匀性，为欠固结土。

(3)场地分布的残积土和全风化花岗岩，土质不均，饱和状态下受扰动后，极易软化变形，强度、承载力骤减。

(4)场地分布的砂层富含地下水，结构松散，施工开挖过程中极易坍塌，施工过程中，在动水条件下极易发生管涌、流砂等现象。

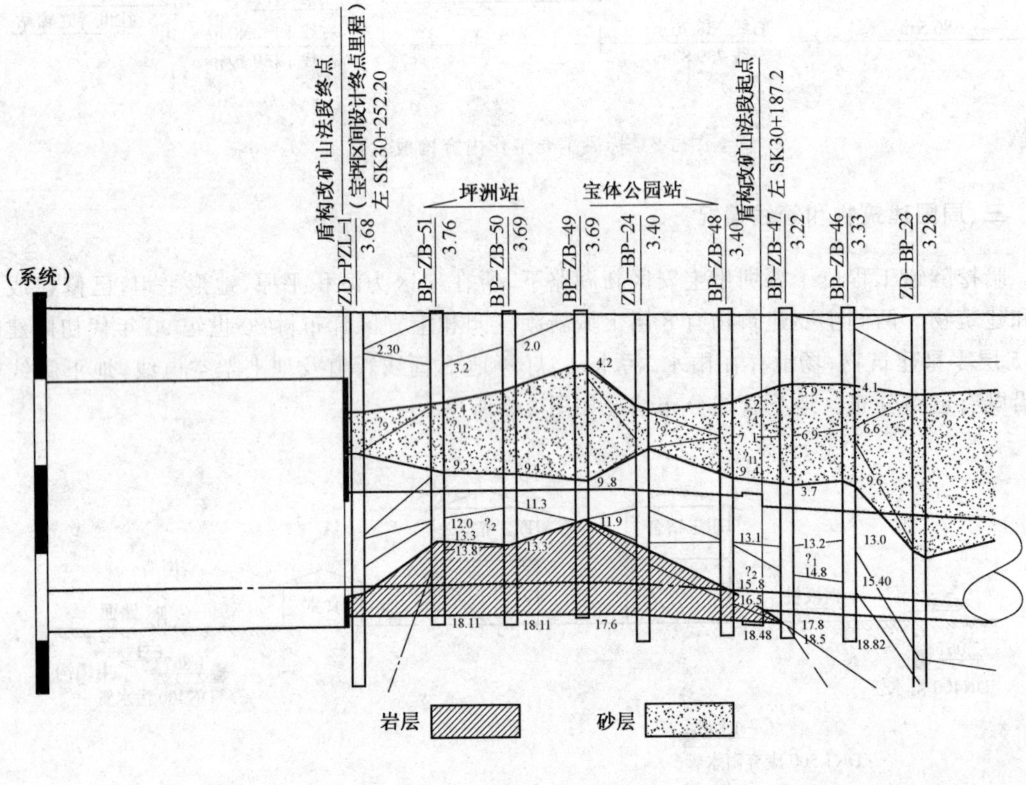

图 2-4　左线暗挖隧道地质剖面

二、工程水文情况

本场地地下水按赋存条件主要分为孔隙水和基岩裂隙水。孔隙水主要赋存在第四系砂层、黏性土、残积层和加里东期全风化混合花岗岩中，基岩裂隙水主要赋存在混合花岗岩强风化～中等风化层中，略具承压性。地下水位埋深 2.1～4.5 m，水位高程 0.36～2.37 m，水位变幅 0.5～2 m。地下水总的径流方向基本按照隧道掘进的反方向流动。

工程所在区域附近有大沙河、新圳河、咸水涌、西乡河等。河流流程短，汇流时间快，加之流域内地表植被破坏严重，形成洪水暴涨暴落的特点，施工区域距海较近，水源补给充分且受潮汐影响明显。

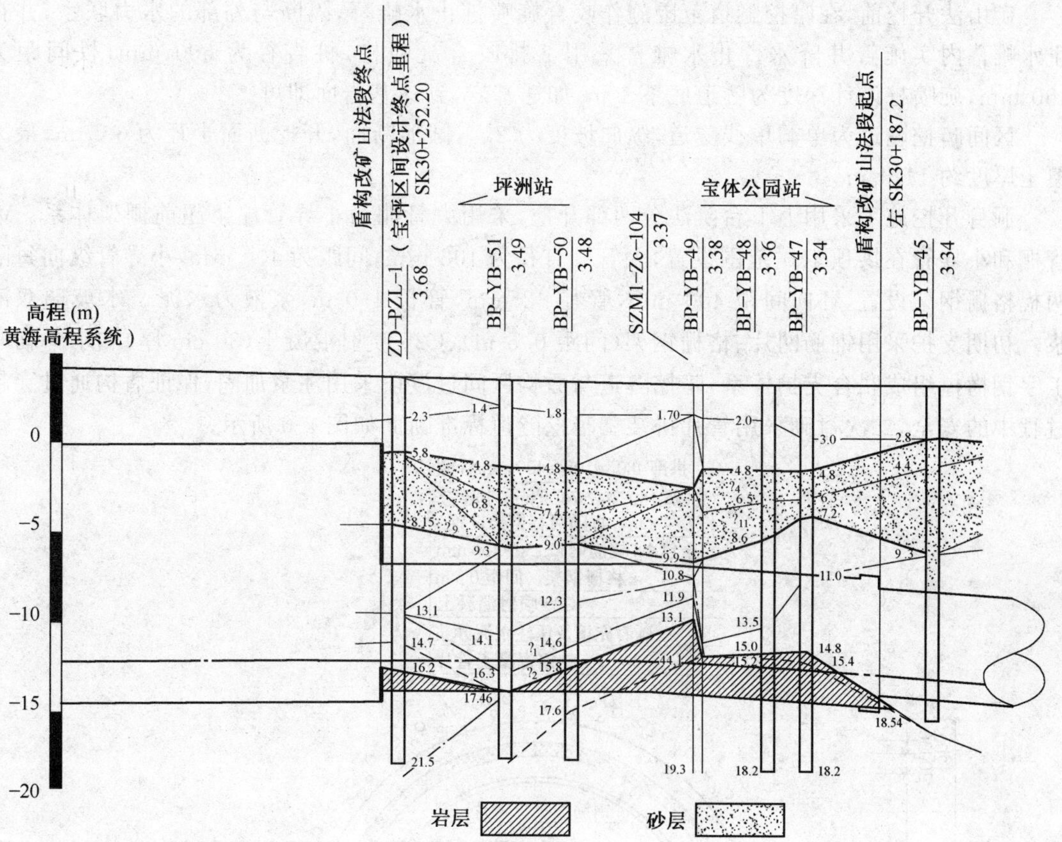

图 2-5　右线暗挖隧道地质剖面

第三节　设 计 情 况

一、工程背景

进场后，立即展开了盾构区间地质补勘工作。补勘结果显示：部分地段特别是宝坪区间靠坪洲站端地层局部岩石进入隧道开挖范围，且岩石的强度较详勘结果高，达 145 MPa，盾构掘进施工非常困难，考虑采用调线调坡来避开该硬岩段的掘进。但由于靠近坪洲站端岩层埋深浅，且距坪洲站比较近，车站标高无法进行较大的调整，所以调线调坡空间较小，仍然无法避开高强度的岩层。2008 年 3 月 8 日，深圳市地铁有限公司 1 号线分公司组织召开了本标段盾构区间施工专家咨询会，根据宝坪区间坪洲到达段附近补勘的工程地质实际情况，并结合地铁 1 号线总体建设工期目标，专家组和有关领导形成一致意见：建议宝坪区间盾构机到达坪洲站 80 m 硬岩段采用矿山法开挖支护，盾构机空推拼装管片通过。

二、最初设计情况

暗挖隧道位于宝安区新湖路下，沿新湖路呈直线型布置，起点紧临码头路，右线起点里程 DK30＋175.20，左线起点里程 DK30＋187.20，终点为本标段坪洲站东端头，左右线终点里程均为 DK30＋252.20，右线长 77 m，左线长 65m。

矿山法开挖前，在暗挖隧道范围施作咬合旋喷桩止水帷幕，隔断与外部的水力联系，并在止水帷幕内实施管井降水。止水帷幕采用2排咬合旋喷桩，桩直径为600 mm，桩间距为450 mm，旋喷桩设计深度为隧道底下1 m，如遇基岩，到达基岩面即可。

区间暗挖隧道为单洞单线隧道，纵向坡度为2‰，圆形断面，开挖断面半径为3.5 m，最大覆土厚度约11.4 m。

洞身开挖施工采用上下台阶法分两部开挖，采用大管棚与小导管注浆超前棚架体系。大管棚和小导管在拱顶180°范围设置，大管棚直径为108 mm，间距为400 mm，小导管纵向每隔两榀格栅钢架设置，环向间距400 mm，管径42 mm，管长4.0 m，浆液为水泥＋水玻璃双液浆。初期支护采用钢筋网片、格栅钢架（间距0.5 m）、C25喷射混凝土（30 cm厚）和水平临时工字钢横撑组成联合支护体系，暗挖隧道与盾构区间过渡段采用注浆加固，保证盾构通过穿越过程中的安全，二次衬砌采用管片拼装。暗挖隧道标准断面如图2-6所示。

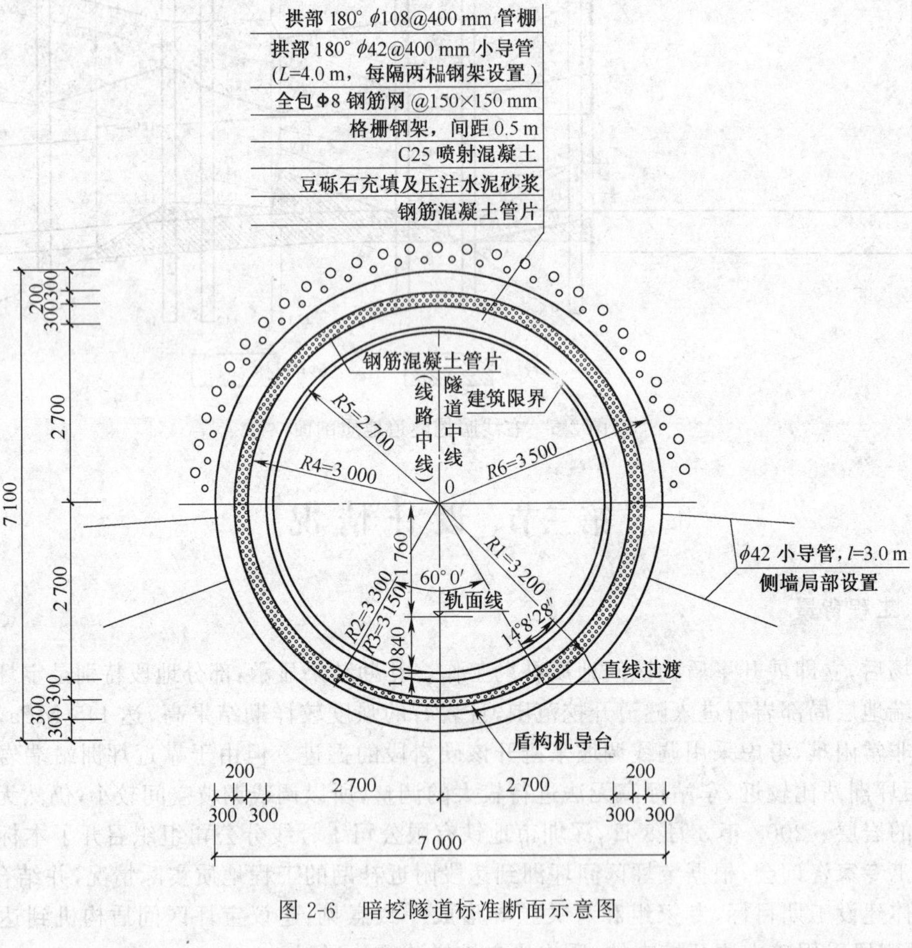

图2-6　暗挖隧道标准断面示意图

三、第一次调整后设计情况

2008年10月12日，结合现场实际条件以及局专家会意见，将原大管棚＋小导管超前支护取消，改为环向间距为300 mm双排小导管超前注浆，小导管每隔一榀施作一环。由于受场地临时设施的限制，原设计止水帷幕无法实现封闭，取消止水帷幕，改为敞开式降水。

四、第二次调整后设计情况

2008 年 11 月 8 日，组织召开第二次局专家会，对方案做如下调整：

(1)将原设计右线暗挖隧道由 77 m 改为 65 m。

(2)在地面施作钢板桩止水帷幕，钢板距隧道开挖轮廓线外 2.5 m 以外，钢板桩伸至岩石面。

(3)暗挖段与盾构区间过渡段 10 m 范围由原设计洞内注浆加固改为回填素混凝土。

第四节　主要合同边界与施工条件

一、主要合同条件

1. 合同形式

盾构区间为设计施工总承包合同。

2. 因成本改变的调整

在合同履行期间，不因劳务、材料费或机械费、承包商自行选择(无论是否需要或是否经过监理工程师同意、确认或批准)的工法工艺(或其任何部分)或其他任何因素改变导致本合同工程施工成本的改变而调整合同价格。

3. 工期方面

(1)各分项、分部工程最晚完成时间即为本合同的里程碑工期，承包商必须满足本合同的里程碑工期，并就采取一切措施，不允许延误。

(2)尽管业主做出了关键工期的要求以及工程的初步计划，但业主有权根据工程客观条件而改变计划，承包商不得因此而向业主提出任何索赔。

二、施工条件

(1)距暗挖隧道最近的建筑物为桩基础形式，其他建筑物均较远，施工过程中地层失水对周边建筑影响较小；管线管道方面，除一根雨水管在隧道上方外，其他管线管道均分布在隧道两侧，且无燃气、光缆等变形敏感以及大断面管线管道。

(2)暗挖隧道施工区域为填海区，地面以下 4～6 m 为混有大量块石的杂填层，隧道上方有较厚砂层，透水性极强；隧道上半断面为遇水软化的全风化花岗岩层，下半断面为中、微风化花岗岩，属于典型的上软下硬地层，开挖难度极大。

(3)坪洲站主体结构和顶板土方回填均已完成，车站暂未交由其他单位施工或使用，坪洲站内外部均可作为暗挖隧道施工场地。

(4)坪洲站东端顶板和中板预留口可以作为暗挖隧道施工人员上下通道，同时亦是施工期间材料、机具和土石方吊运口。

(5)施工所用水电可直接从坪洲站接驳。

三、周边环境

1. 地表建筑物

暗挖隧道上方有四栋临时活动板房，其中一栋为项目部和业主监理办公楼，两栋为职工宿舍楼，一栋为职工食堂，除职工食堂为单层外，其他均为双层。隧道北侧有三栋3～5层工业区住宿楼，南侧有三栋8层宝城新湖花园。

2. 地下管线

暗挖隧道周围管线较多，有给水管、电信管、路灯线和电力管线沟。

施工进度计划安排以满足业主年度节点目标为前提，确保盾构到达暗挖与盾构区间交界处完成暗挖隧道全部施工为原则，对工期进行倒排。

第五节　工程重难点分析与对策

一、工程重点

1. 工期紧

暗挖隧道施工需在盾构机到达前完成开挖初支和导台混凝土的施工，施工工期比较紧迫。

2. 隧道施工过程中测量控制要求高

完成后的暗挖隧道初支必须保证盾构机的顺利通过，盾构空推过该段，主要依靠导台控制盾构机的姿态，对导台施工精度要求较高。

二、工程难点

工程地质条件差。暗挖隧道洞顶上部覆盖5～7 m的砂层，洞身下半断面4～5 m为高达145 MPa的微风化花岗岩，属典型的上软下硬地层。该区域地下水位高，与附近海水形成水力联系，地下水补给充分，工程地质条件极差。开挖过程中，防涌水、涌砂和坍塌是难点。

第二章　施工策划与组织

第一节　组织机构

承担暗挖隧道施工任务的人员主要由项目部管理人员以及引进部分专业协作队伍组成。项目部设项目经理一名，书记、总工程师和生产副经理各一名，下设三部一室，分别为工程部、设物部、计财部和办公室。项目组织机构设置见图 2-7。

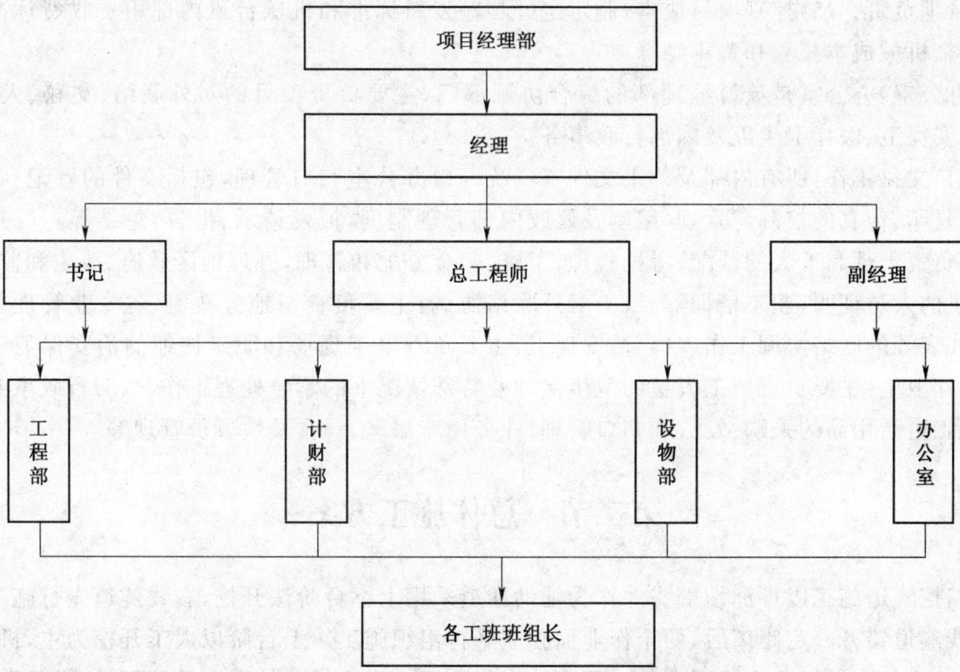

图 2-7　项目组织机构设置框架示意图

各主要人员及部门职责如下：

项目经理：主持全面工作，全面履行项目合同，对工程质量、安全、工期和成本控制负全责；负责项目经理部内部行政管理工作，包括人员调配、财务管理和对外协调等。

项目总工程师：主抓技术工作和质量控制，并负责与监理单位、设计单位、质检站和业主的协调工作，主管工程技术部，协调设计工作。

项目副经理：主抓生产进度、安全、文明施工、资源配置和队伍管理，负责组织指挥施工生产、各生产单位的接口界面协调和内部考核。

工程部：(1)组织设计文件会审，熟悉施工图纸、施工合同和技术规范，根据合同要求，编制实施性施工组织设计。(2)负责工程测量、量测、试验，配合设计、监理的工作。(3)根据工程具体情况,结合项目管理特点,制定技术措施。(4)归口管理变更洽商,建立技术及质量管理日志,做好项目技术档案管理工作。(5)掌握项目各生产单位的工程进展情况,归纳分析影响进度的因素,并提出改进措施。(6)组织重点技术问题攻关,负责技术交底,检查指导作业队的技术工作。(7)编制年、季、月施工计划,监督计划执行情况。

计财部:(1)执行项目成本计划和资金使用计划,协助确定、分解成本控制目标。(2)负责向业主提供按合同文件规定的、必须递交的证明文件,办理与业主间工程款的收取、支付。(3)办理验工计价和内部承包核算。(4)负责合同管理,索赔申请,清算积累,负责与业主代表办理追加金额,处理保险、索赔事宜。

设物部:(1)按施工图、施工组织设计及合同要求,负责材料和设备订货采购、租赁,为项目施工提供保障。(2)编制材料、设备供应计划,经主管经理批准后负责实施。(3)整理保管好一切材料、机电设备的资料和报告证件等,建立管理台账,做好各项材料消耗和库存统计工作。(4)根据项目管理特点,制定物资设备管理标准和实施办法,对工程使用的材料、机电设备的质量和管理负责。(5)控制项目成本,制定定(限)额发料标准和机械台班内部租赁收费标准,办理材料、机械成本核算和费用结算。

办公室:办公室是项目经理部的综合协调部门,主要负责项目的对外联络、文秘、人事劳资、治安保卫、医疗卫生以及内部行政事务。

(1)文秘工作:所有内部及外来文件资料统一由办公室归口管理,包括文件的登记、收发、打印、复印、传真的控制与管理,编制及修改内部管理制度,拟发请示、报告、总结等。(2)人事劳资:负责干部和工人的调配、考勤管理,工资、奖金分配和管理,办理地区政府、业主和监理要求提供的人员证明,职工培训等。(3)对外联络协调:主要负责与地方政府、各专业管理单位、业主代表等的联络协调工作。(4)治安保卫:主要负责施工现场和职工住地的治安保卫工作。(5)医疗卫生:主要负责施工人员的卫生保健及特殊情况下的紧急处理工作。(6)行政事务:办公用品、生活用品的采购、发放和归口管理,业务用车派车,食堂及炊事员管理等。

第二节　总体施工方案

暗挖隧道施工以坪洲站端头井作为辅助通道采用上下台阶法开挖,右线隧道先行施工,当左右线隧道错开一定距离后,两个作业面独立平行组织施工。上台阶以人工开挖为主,机械辅助,人工或斗车转运渣土至下台阶。下台阶岩层采用小型炮机或钻爆法破碎开挖,人工手持风镐进行开挖轮廓面的修整,洞渣由挖机集中清运至车站内,然后利用龙门吊提升至地面临时堆土场或直接装入自卸汽车运至指定弃渣场。洞内采用压入式通风。鉴于本工程的实际情况,施工时上台阶开挖初支施工完成后,开始下台阶施工。

初期支护采用钢筋网片、格栅钢架和喷射混凝土联合支护,喷射混凝土采用潮喷施工工艺。开挖全部完成后,进行交底并分段施作导台混凝土,当导台混凝土以及初期支护达到一定强度后,盾构机空推+管片拼装通过,并在管片背后利用豆砾石和水泥砂浆进行填充。

第三章　暗挖区间开挖、初支施工

第一节　开挖方法的选择

隧道开挖方法的选择，主要以地质条件为主要依据，结合断面大小、周边环境、工期、隧道长度及施工设备、技术水平综合考虑。

本隧道采用上下台阶法施工。上台阶洞身以全风化花岗岩为主，采用人工手持风镐开挖，预留核心土，渣土人工手推斗车运至下台阶。下台阶主要以中、微风化花岗岩为主，岩石强度较高，采用钻爆法开挖，渣土及碎石由挖机集中清运至车站吊渣口吊出外运。钻眼、装渣、运输等机械设备及相应的辅助工具在尺寸、性能和生产能力上相互配合，充分发挥机械设备的正常使用效率和各工序之间的协调作用，并经常维修设备及备有足够的易损零部件，以保证各项工作的顺利进行。

第二节　全砂土地层开挖技术

全砂土地层地质整体性差，开挖难度大，开挖过程中需防止砂层坍塌涌砂、基底遭受浸泡、扰动液化。在根据地层地质及水文特点选择合理的注浆加固方法及注浆参数的同时，还需选择合理的开挖方法。

在开挖过程中遇到全砂层地层时，由于地层较差，采用正台阶法开挖预留核心土。使用此方法，将断面分成上下两个台阶开挖，上下台阶错开长度一般控制在1倍洞径左右。由于砂层自稳性差，透水性强，在开挖过程中应遵循“短进尺、勤封闭”的原则，用超前小导管预注浆稳定工作面，采用格栅钢架进行初期支护，拱脚设置锁脚锚杆，及时跟进下台阶开挖，初期支护封闭，控制沉降。具体开挖程序为：系统小导管超前预注浆稳定工作面→上台阶左右环形开挖预留核心土→格栅钢架进行初期支护→锁脚锚杆设置→临时支撑、仰拱封闭→下断面开挖工作准备→拆除临时支撑、仰拱→下台阶开挖→下台阶初期支护封闭。台阶法预留核心土开挖施工流程见图2-8。

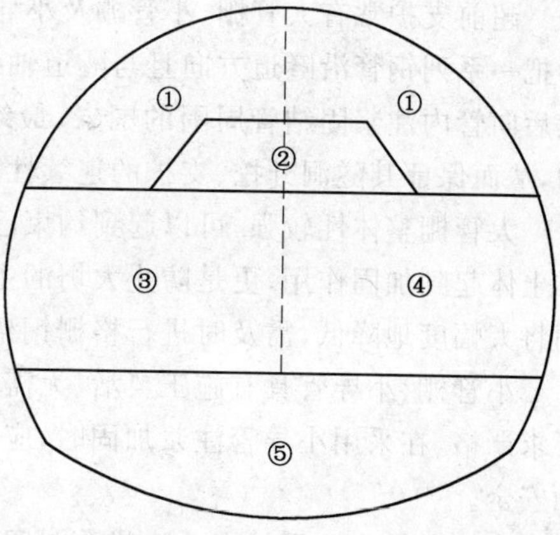

图2-8　台阶法预留核心土开挖施工流程图

注：图中①②③④⑤为开挖顺序。

但总体应注意，上台阶开挖完成后，必须在地层失去自稳能力之前尽快开挖下台阶，使初期支护形成封闭结构，以降低围岩的暴露时间，防止出现涌砂、地表沉降等现象。

第三节　上软下硬地层开挖

上软下硬地层由于土体的不均匀性，岩层起伏变化大，因此在开挖时往往不能按既定台阶高度进行分台阶开挖，而是根据现场的地质情况来确定开挖分层高度，上台阶开挖高度以开挖至岩面且不大于2.5 m的原则进行控制。

本标段由于岩层侵入隧道断面净空较多，且砂层厚，地下水丰富，地质条件较差，因此采用环形台阶法开挖。上台阶砂层采用人工开挖预留核心土，下台阶遇硬岩时挖机无法开挖应采用弱爆破开挖，左、右错台间距控制在1 m左右。开挖后及时进行初喷混凝土封闭围岩，架设钢架和进行锚喷网支护。

上台阶砂层开挖同常规正台阶法开挖，根据自身的土层特点、注浆效果确定开挖面及预留核心土，这里不再赘述。下面仅介绍在市政工程中软硬不均地层的硬岩钻爆处理注意事项：

(1)采用钻爆开挖前需根据地质条件、钻孔机具及爆破器材现状等条件，选择钻爆方法及参数、主要安全技术措施等。

(2)钻爆过程中应加强对爆破振动、地表沉降及爆破噪声等的监测，确保施工安全。

(3)上断面地质条件较差时，为降低下断面钻爆施工对上断面初支体系的扰动，可在上断面初支完成后增设临时仰拱，形成受力整体，控制上断面初支沉降。在下断面钻爆施工前，需提前拆除相应断面临时仰拱。

(4)下断面爆破应左、右错台进行，错台控制在1～2倍岩层爆破进尺即可，防止同一断面爆破对上断面格栅钢架产生较大影响。

第四节　超 前 支 护

超前支护常有大管棚、小管棚及小导管等形式，就是沿着隧洞开挖轮廓边线，用特定的机器把一系列钢管沿隧道方向且与隧道轴线成一定的夹角，按一定次序打入开挖前方的地层内，然后向管内注浆固结管周围的围岩，最终形成一个棚架支护体系，以支撑来自外侧的围岩压力，从而保证其隧洞开挖、支护的连续性和安全性。

大管棚整体性较强，可以起到约束已开挖区管棚及初支变形的作用，同时可以对掌子面前方土体起到加固作用，更是防止大坍的主要措施之一，但是随着开挖进尺的增加，大管棚的作用将大幅度地降低，需及时进行格栅钢架支护。

小管棚、小导管具有施工灵活、无需花费大量精力施作工作室等优点。但对超前注浆效果要求严格，在采用小导管注浆加固时，应根据地层条件，选择合理的注浆参数及方法，确保掌子面安全。

本标段矿山法开挖在止水帷幕封闭并实施降水后进行，超前预加固采用$\phi 42$ TSS型注浆管注双液浆法进行加固。TSS型注浆管注双液浆超前预加固的布置范围、施工方法、工艺流程及施工要点详见本篇第四章辅助工法的应用与效果评价，这里不再赘述。

该方法的特点是：(1)TSS型注浆管具有袖阀管的作用。花管部分溢浆孔上覆盖着贴片，这样可以保证浆液通过溢浆孔进入地层，而地层中的水和砂不能进入注浆管，从而达到注浆管自身具有逆止阀的作用。(2)TSS型注浆管和细水泥-水玻璃双液浆进行注浆施工，浆液在砂层中主要形成均匀渗透扩散，可以较好地均质加固砂层，形成完整的防水帷幕。

类似深圳填海区地层施工时，宜采用大管棚＋超前小导管相集合的方式进行超前支护。

第五节　初期支护

根据围岩级别的分类，初期支护由喷射混凝土、钢筋网、锚杆、钢拱架四种类型组成多种适合于不同围岩条件的结构支护形式，随开挖施工及时施作，是隧道主要受力结构体系，初支基本稳定后方可进行防水层及二次模筑衬砌。

本标段暗挖隧道采用钢筋格栅钢架，厚 300 mmC25 喷射混凝土作为初期支护。格栅钢架纵向间距 500 mm，纵向用 Φ22 钢筋连接，环向间距 1 000 mm，外层挂 Φ6 钢筋网，网格间距为 150 mm×150 mm。

一、初喷混凝土

初喷主要作用为封闭工作面，一般喷层厚度不小于 4 cm，在开挖之后及时进行。

二、注浆锚管

锚管类型为 ϕ42 注浆锚管，采用 YT-28 钻机钻孔，钻孔时确保孔口岩面整平，使岩面与钻孔方向垂直。安装锚管时，对无法密贴托板的岩面进行调整，使托板密贴岩面。锚管采用梅花形布置于边墙部位，间距为 500 mm（纵向）×900 mm（环向）。锚管与钢架对应设置，其尾端与钢架焊接牢固。

注浆锚管施工参照前面的超前小导管施工方法进行施工。

三、格栅钢架及钢筋网施工

（1）钢拱架按设计图纸预先在预制场加工成型，用时运至洞内。钢拱架加工时允许误差为：周边轮廓误差不大于±3 cm，平面翘曲小于±2 cm，接头连接要求每榀之间可以互换。

（2）钢拱架安装时，认真定位，间距误差不大于±5 cm。钢架倾斜＜2°，拱架标高用钢板调整，节与节之间连接紧密，无缝隙。

（3）分片制安，每片钢架与钢架之间采用螺栓连接，纵向用 Φ22 连接筋将每榀钢架连成一体。

（4）钢架拱脚打锁脚锚管，并与拱脚焊牢，若钢架和初喷混凝土之间有较大空隙，用钢板或混凝土垫块塞紧。

（5）钢筋网片在钢筋预制场点焊加工成型，安装固定于钢拱架上，相邻钢筋网片搭接长度不小于 20 cm。

四、喷射混凝土施工

（1）拌制混合料时，称量（按重量计）的允许偏差为：

1）水泥和速凝剂均为±2%；

2）砂、石均为±3%；

3）喷射混凝土不应出现滴水和淌水现象，当出现时应查找原因（例如可采取引排后补喷混凝土的办法)。

(2)喷射混凝土不应有大于0.5 mm的贯通裂缝及大面积(≤400 cm^2)的空鼓现象,当出现时应凿除重喷或采用背后注浆补强。

(3)钢架背后喷射混凝土必须密实,不可留有孔洞,当出现时必须补喷密实。

(4)隧道喷射混凝土基面无遗留残渣堆积物。

(5)网喷支护隧道轮廓尺寸允许偏差应符合设计、规范要求。

(6)喷射混凝土平整度允许偏差为30 mm。

(7)喷射混凝土厚度:每20 m(双线10 m)检查一个断面,每个断面从拱顶中线起,每2 m凿孔检查一个点,断面检查点60%以上喷射厚度不小于设计厚度,最小值不小于设计厚度的1/3,厚度总平均值不小于设计厚度。

第六节　经验与教训

一、端头加固

隧道端头加固是隧道进洞开挖前的准备工作,是施工超前管棚工作室的前提条件。隧道端头加固效果的好坏,直接决定暗挖隧道进洞施工的安全性。常用的端头加固方法有袖阀管注浆加固、旋喷桩注浆加固、搅拌桩加固等。在深圳类似地层中,传统的袖阀管、旋喷桩单一形式一次性加固效果不佳。由于地下水受潮汐影响明显、土层孔隙率较大及块石层较厚等特点,单一形式的一次注浆加固往往不能达到预期的加固效果,存在加固断层、土体加固强度低等缺陷。宜采用组合形式或多次加固的方式,组合形式如搅拌桩+袖阀管、旋喷桩+袖阀管等,不论哪种加固方式,参数的确定和工艺的控制是重中之重。

二、超前支护

深圳市宝安区属填海区域,杂填土层和砂层较厚,地层结构松散、透水性强,开挖过程中极易造成涌水涌砂和坍塌,超前支护长度可增加至3~5 m,支护范围可以根据土层特点进行单、双排布置等,具备条件的情况下大管棚是必要的,传统的水泥浆液在该地层中可注性和效果均不佳,双液浆应是首选。小导管打设应均匀、低平,并尽可能穿越多榀格栅钢架,小导管顶进尽量采用风钻,便于控制其方位。

三、提高工效

掌子面暴露时间的长短直接决定着开挖期间的安全,开挖前作业人员应选好配足,各工序涉及的材料及设备应提前准备好,施工期间合理安排任务,以提高工作效率。另外,隧道开挖过程中的断面净空应及时复核,控制施工质量,避免不必要的返工也是提高工效的一个重要方面。

四、工序无缝衔接

开挖、立拱、喷射混凝土和架设临时支撑必须无缝衔接,紧后工作的准备工作必须在其紧前工作结束前完成。对于暗挖隧道施工机具,如注浆机、风镐、风钻等极易损坏,除储备易损配件、配置专人进行检查维修外,建议在数量上按两倍进行配置,以保证施工连续性,缩短围岩暴露时间。

五、预留沉降量

拱顶沉降与地质情况、初支强度等多方面有关。本标段由于地质条件较差，拱顶沉降监测数据统计显示，拱顶累计沉降值一般均在 40～80 mm，均超过设计控制值 30 mm。施工过程中，及时统计分析监测数据，及时调整预留沉降量，在类似盾构机空推过暗挖隧道时宜适当加大。

六、坚持测量复核制

测量工作的好坏直接影响到工程的质量、安全、进度、成本和施工士气，暗挖隧道内作业环境相对较差且多变，应高度重视测量工作，坚持测量三级复核制。

七、做好洞内抽排水工作

该地层中的黏性土和全风化花岗岩遇水软化并形成泥浆，施工过程中，可埋设临时盲管，将渗漏水点收集起来集中引排，创造一个好的施工环境，提高出土效率，避免长时间浸泡拱脚导致下沉和失稳。

八、临时水平横撑设置

临时水平横撑设置不宜与拱脚高差太大，减小拱脚下掏难度，缩短开挖和拱脚被水浸泡时间。临时横撑应根据地质条件采取不致使支护因未及时封闭产生收敛的措施。拱脚下虚渣必须清除，地层松软时应加设垫板，必要时可用砂浆加固地基。

九、预留核心土

该区域地层松散，自稳能力差，在注浆、开挖过程中掌子面可能会变形或滑坍，预留核心土可以确保开挖期间掌子面的稳定性。

十、早支撑

开挖后应及时施作临时构件支撑，使围岩不致因变形松弛过度而产生坍塌失稳，并承受围岩松弛变形产生的压力——早期松弛荷载。定期检查支撑的工作状况，若发现变形严重或出现损坏征兆，应及时增设支撑予以加强。

十一、少扰动

在进行隧道开挖时，应尽量减少对围岩的扰动次数、扰动强度、扰动范围和扰动持续时间。

十二、经常检查支护

支护应有专人经常进行检查，特别是每次爆破后。如发现初支有破裂、变形以及接头松脱，应立即用安全而可靠的方法进行加固处理，如初支背后注浆、挂网喷射混凝土，必要时还应及时对受损格栅钢架进行更换。

第四章　辅助工法的应用与效果评价

第一节　注浆堵水技术

一、地面注浆堵水加固

本标段矿山法暗挖隧道最初设计在开挖前先施作旋喷桩止水帷幕，并在止水帷幕内实施管井降水。止水帷幕采用 2 排咬合旋喷桩，桩径为 600 mm，桩间距为 450 mm，旋喷桩深度为隧道底下 1 m，如遇基岩，到达基岩面即可。旋喷桩止水帷幕大样如图 2-9 所示。

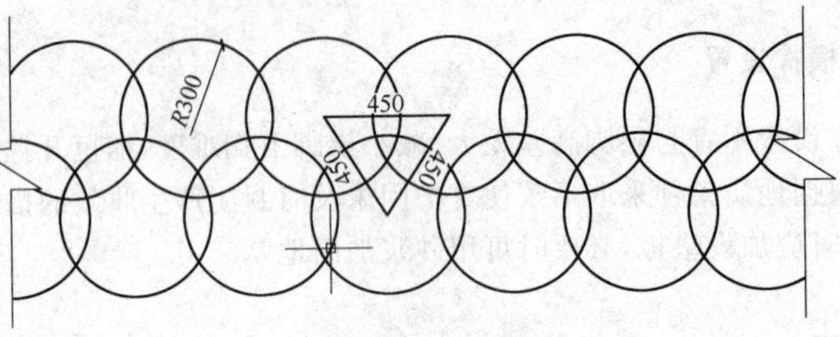

图 2-9　旋喷桩止水帷幕大样图(mm)

1. 施工工艺

止水帷幕桩采用单管旋喷法，施工前，放样所有旋喷桩桩位，探明该范围的地下管线，然后利用地质钻机隔 3 根桩引孔，最后插入旋喷管喷射成桩。单管旋喷桩施工工序流程如图 2-10 所示。

2. 施工方法及技术措施

①测量定位

依据控制桩和设计图，准确放出旋喷桩孔位。

②钻机就位，钻孔

地质钻机就位，钻机安放应保持水平，钻杆应垂直，钻引孔。

③插管，试喷

引孔钻好后，插入旋喷管，进行试喷，确定施工技术参数。注浆材料：普硅 32.5R 水泥，水泥浆(单液)水灰比：1.0，水泥用量 250 kg/m。参考参数见表 2-1。

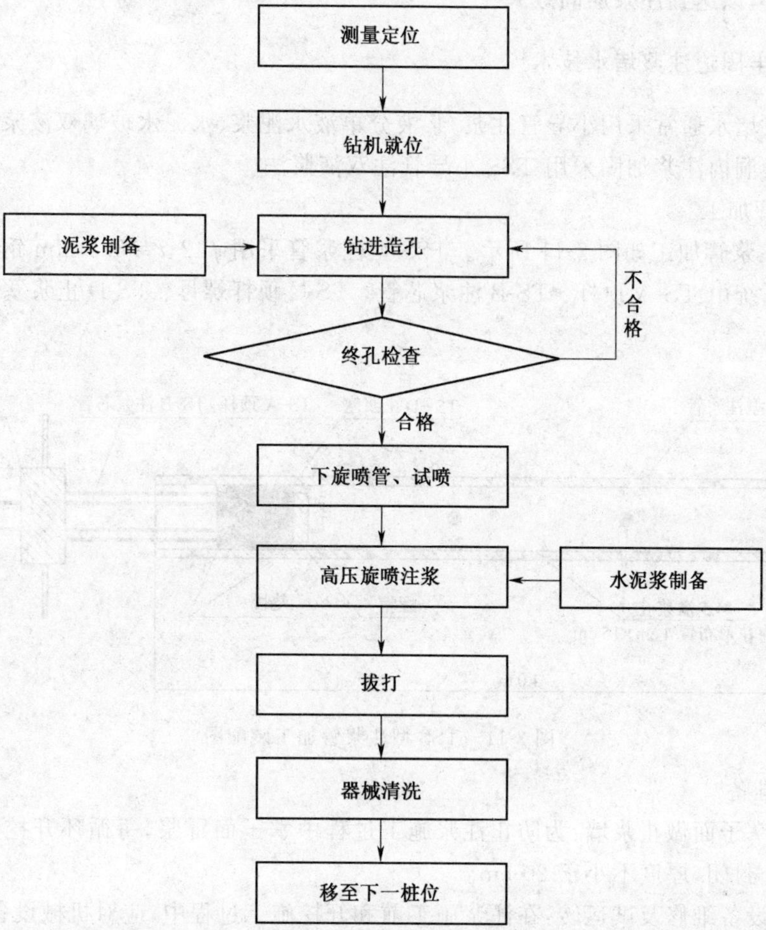

图 2-10　单管旋喷桩施工工艺流程图

表 2-1　高压喷射注浆参数表

序号	参数名称		单位	参数值	备注
1	浆液	注浆压力	MPa	22	单重管
		浆液流量	L/min	80～120	
		喷嘴孔径及个数	mm	1	
2	注浆管外径		mm	42	
3	提升速度		cm/min	25	
4	旋转速度		r/min	20	

此外，地表注浆加固方法还有袖阀管注浆加固、多重管旋喷桩注浆加固、搅拌桩注浆加固等。

在地下水丰富地层进行注浆加固时，尤其是深圳片区地层，地下水受海水潮汐影响明显时，单纯的地面单一注浆往往难以达到加固土体的效果。在实际施工时可先根据隧道开挖施工范围确定注浆加固范围，在加固范围周边施工旋喷桩止水帷幕，再结合其他注浆方式加固土体。进行地面注浆加固施工时，可以反复多次注浆加固土体，在注浆孔的布置上，可以采用梅花形咬合布置,以达到注浆加固效果。

二、洞内半周边注浆堵水技术

洞内注浆堵水通常采用小导管注浆,浆液分单液水泥浆、水泥水玻璃双液浆和改性水玻璃浆液。本标段洞内注浆加固采用TSS小导管注双液浆法。

1. 注浆管加工

TSS型注浆管加工如图2-11所示。TSS型注浆管采用$\phi42$、$t=3.5$ mm钢管制作。其系列配套止浆系统由TS-A顶杆、TS-B注浆芯管、TS-C顶杆螺母、TS-D止浆塞四部分组成。

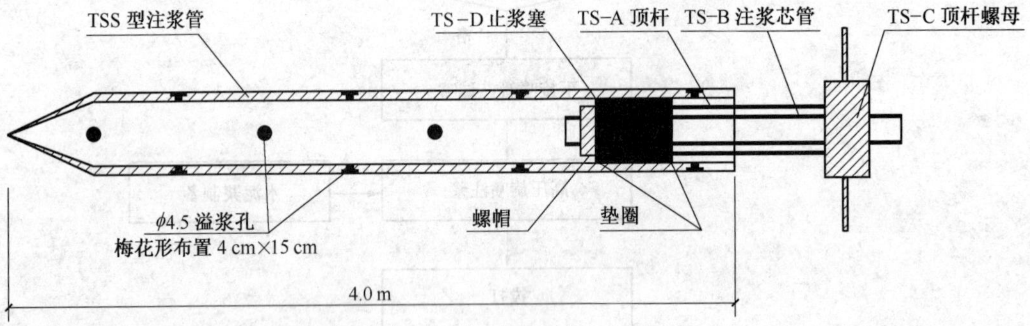

图2-11 TSS型注浆管加工装配图

2. 施工准备

(1)封闭掌子面做止浆墙:为防止注浆施工过程中掌子面冒浆,每循环开挖后对掌子面进行喷射混凝土封闭,厚度不小于20 cm。

(2)机械设备维修及试运转:在注浆施工前和开挖施工过程中,应对机械设备进行检查、维修、保养,使其保持良好的状态。

(3)施工材料准备:施工材料包括TSS型注浆管及其配套的孔内注浆设备和注浆用的水泥、水玻璃、缓凝剂等注浆材料。施工前必须将材料运至工作面附近,每次应备足两个小班的材料,且随用随补充。

3. TSS型注浆管布设

(1)布设范围:注浆管环向拱部180°范围,可采用单环及内外环两种方式,角度则根据现场实际施工条件进行确定。注浆管纵向每1 m布设1环。注浆管布设横断面如图2-12所示,纵断面如图2-13所示。

(2)TSS管安设

①按照布设间距在工作面上将注浆管孔位用红油漆标出;

②利用作业平台,手持风钻用冲击套将TSS型注浆管顶入地层;

③用棉纱+速凝水泥砂浆将注浆管周围封填,以避免注浆施工中沿注浆管周围跑浆。

(3)注浆作业

①注浆参数

注浆参数见表2-2。

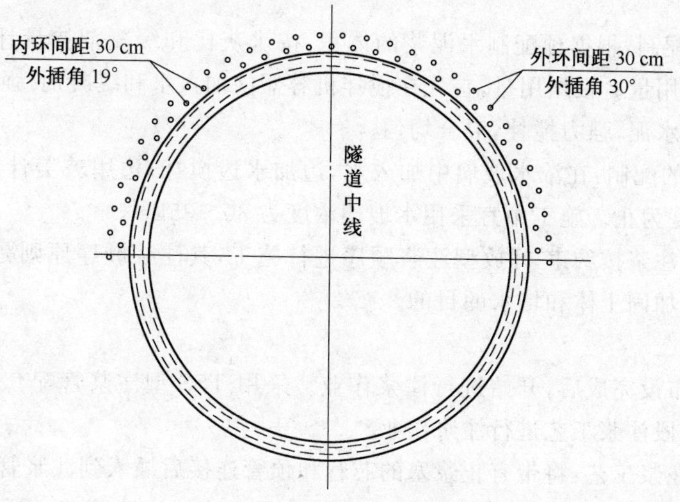

图 2-12　注浆管布设横断面

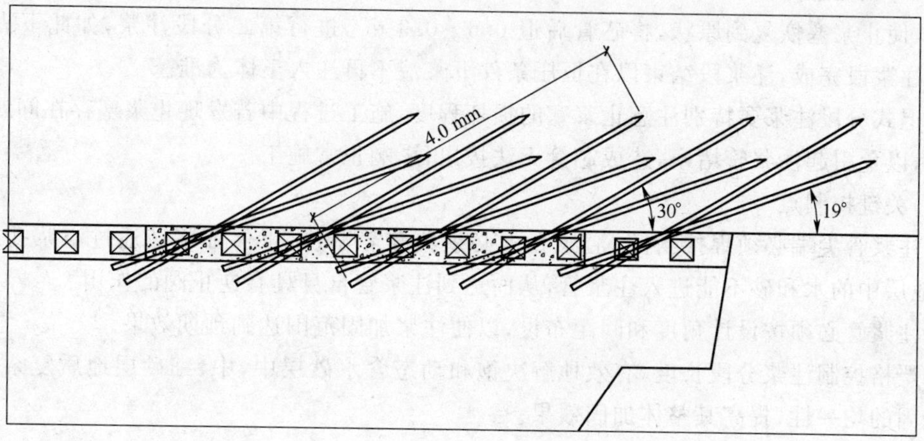

图 2-13　注浆管布设纵断面图

表 2-2　注浆参数表

参数名称	参数值
加固范围	一般为开挖轮廓线外拱部及边墙 0.8～1.5 m,掌子面砂层
注浆管长	4 m,根据施工情况可进行调整
浆材	P. O 42.5 水泥，水玻璃（30～35Be′）
配比	水灰比 $W : C = 1 : 1$；体积比 水泥浆：水玻璃＝1：1
缓凝剂	磷酸氢二钠（为水泥质量的 2.5%）
凝胶时间	45～90 s
扩散半径	0.3～0.5 m
注浆速度	5～30 L/min
注浆分段长	0.7 m
注浆终压	0.5～1.2 MPa

②配制浆液

a. 水泥浆的配制：根据预配制水泥浆的体积，按水灰比和缓凝剂掺量计算出所需要的水泥、水和缓凝剂的用量。根据用量，首先在搅拌机容器内加入水和缓凝剂，强力搅拌，待缓凝剂充分溶解后，加入水泥，强力搅拌，混合均匀。

b. 水玻璃浆的配制：在浓水玻璃中加入水，边加水边搅拌，边用玻美计测试其浓度，达到所需要的稀释浓度为止。施工中宜采用水玻璃浓度为30～35Be′。

③注浆顺序：注浆按约束-开放型注浆顺序进行施工，其注浆顺序原则是从拱脚位置由下向上推进，以达到加固土体和堵水的目的。

④注浆作业

注浆管全部布设完成后，开始进行注浆作业。采用TSS型注浆管配套设备，用双液注浆泵，采取后退式分段注浆工艺进行注浆作业。

后退式分段注浆工艺：将带有止浆塞的芯管和顶管连接后插入到注浆管相应位置，顺时针旋转芯管上的法兰盘，使止浆塞膨胀，以达到止浆效果。连接注浆管路，采用双液注浆泵向孔内注浆，每次注浆分段长选择为0.6～0.9 m。当第一分段注浆完成后，反时针旋转芯管上的法兰盘，使止浆塞恢复到原状，将芯管后退0.6～0.9 m，进行第二分段注浆，如此下去，直至将整个注浆段完成，注浆段结束以在恒压条件下浆液不再注入土体为准。

后退式分段注浆要特别注意止浆塞的损坏程度，施工过程中若发现止浆塞存在问题，应立即更换，以免引起注浆管堵塞，造成芯管无法拔出，影响正常施工。

(4)关键控制点

①注浆管尖端必须焊接封闭，溢浆孔上必须覆盖着贴片，以保证浆液通过溢浆孔进入地层，而地层中的水和砂不能进入注浆管，从而达到注浆管自身具有逆止阀的作用。

②注浆管必须按设计角度和间距布设，以便注浆加固范围达到预期效果。

③严格控制注浆分段长度，有效地解决饱和动态含水砂层中，中、细砂层地质复杂条件下注浆加固的均一性，提高其整体加固效果。

三、注浆机具设备选择及性能比较

主要机具设备见表2-3。

表2-3　注浆施工主要机具设备

项目名称	机具设备	型　号
布管设备	风钻	YT-28风钻
	冲击套	自制
注浆设备	注浆泵	HFV-5D或KBY-50/70型等双液注浆泵
	搅拌机	QV-300/50
	高压胶管	Dg25-Pg16
	混合器	T型
	抗震压力表	16 MPa
	高压球阀	$\phi 25$

四、注浆效果评价

(1)注浆效果检查分施工过程中检查、结束时检查和开挖过程中检查。

(2)注浆过程中检查主要是检查浆液凝胶时间,用现场灌砂模的办法,看浆液凝胶时间是否达到预期要求。

(3)注浆结束时,检查注浆记录,看每孔注浆量是否达到结束标准,孔数是否与设计一致。

(4)开挖时,看开挖边缘是否整齐,以及浆液固砂情况、渗透半径等,以便为下一步注浆参数的修改提供依据。

(5)根据各阶段检查情况,评定合格与不合格。注浆过程结束时,如质量不合格时,应按要求重新返工。开挖时发现质量不好,除在下环改进外,应加强支护措施。

第二节　井点降水

井点降水法即为通过管井用水泵抽吸地下水,使地下水位降低,以达到施工区域一定深度范围内的土壤含水量大大降低,土体抗剪力提高。降水的原则是重点控制对周边环境、地下管线、地下构筑物和周边建筑物基础的沉降影响,经济指标合理,设计可靠。

井点降水法主要包括洞内轻型井点降水和洞外深井降水。

洞内轻型井点降水适用于繁华地区或地面施工不便的地方,降排水受地面场地制约,只能在坑道内施工。该种降水方法能够降低潜水和承压水水位,特别是在降水深度小于 6.5 m 的细颗粒含水地层降水效果最好。

洞外深井降水是在结构周围布设超过基底以下一定深度的井点,通过井管内的潜水泵将地下水抽出,排出到地面排水系统,使地下水位低于基底。深井降水适用于潜水或承压水厚度均较大,降水深度在 15～50 m 范围,渗透系数在 100～250 m/d 的粉土、砂土、砾土等地层。

第三节　钢板桩施工措施

本标段暗挖隧道施工区域地层松散,透水性极强,加上该区域地下水位较高,且距海较近,水源补给充分且受潮汐影响明显,暗挖隧道开挖前,在隧道周边 3 m 外范围内施作Ⅳ型拉森式钢板桩止水帷幕,隔断与外界的水力联系,钢板桩插入深度 12 m,如遇到基岩,钢板桩至岩面即可。在钢板桩施工前将地面下 6.0 m 范围的块石层进行换填,然后采用吊车配液压锤打设钢板桩。钢板桩施工完成后,在止水帷幕内设置降水井,降低地下水位。钢板桩与咬合旋喷桩止水帷幕比较,优缺点主要体现在如下几个方面:

一、优　　点

(1)施工快捷。

(2)整体性强,抗水性好。

(3)同时具备止水和挡土作用。

(4)抗变形能力强。

(5)施工周期较短的情况下,成本较低。

二、缺　　点

(1)施工占用空间大,对外界扰动大。

(2)施工后,钢板桩破坏了土体的整体稳定性,钢板桩施打位置应在开挖轮廓线 2.5 m 以外。

(3)钢板桩对地层的适应性较旋喷桩差。

第五章　监测技术应用及分析

第一节　监测项目与控制标准

一、监测项目

根据设计文件以及相关规范，结合我公司在其他地铁工程中的施工及监测经验，确定靠坪洲站端隧道矿山法施工监测内容见表 2-4。暗挖区段监测对象主要以暗挖隧道中线以外 $H+B$（H 表示暗挖隧道埋深；B 表示暗挖隧道跨度）范围内的地表、建筑物和管线监测为主，对于重要建(构)筑物和管线采取加密测点和加密监测频率的方式进行重点监测。

表 2-4　暗挖隧道监测项目表

序号	监测项目	测点布置原则	监测仪器	监测频率
1	地质及初期支护观察	开挖及初支后	目测记录	开挖后立即进行
2	地表沉降	在线路中线上每 10 m 埋设一个测点；原则上每 30～50 m 布置一个横断面，必要时加密，每个横断面 7～11 测点	莱卡 NA2/GPM3 水准仪，铟钢尺等	距开挖面前后＜2B，1～2 次/天；距开挖面前后＜5B，1 次/2 天；距开挖面前后＞5B，1 次/周
3	建筑物沉降及倾斜	在受影响的建筑物转角处布点		
4	地下管线沉降	隧道纵向方向管线每 10 m 布设一个测点；隧道横向下穿管线布设监测断面，每 10 m 布设一个测点，每个横断面 7～11 测点，必要时加密。其中以煤气管和给水管为主要监测对象		
5	拱顶下沉	每隔 10 m 布置一组拱顶下沉和隧道收敛测点	莱卡 NA2/GPM3 水准仪，挂尺等	
6	隧道收敛		收敛计	
7	水位观测	降水井兼作水位孔	电测水位计	

注：B 为隧道开挖跨度。

二、控制标准

根据有关规范、规程、设计图纸和类似工程经验确定控制标准。控制标准见表 2-5 和表 2-6。对于重要建(构)筑物与地下管线控制标准在监测工作实施前，由建设、设计、监理、施工、市政、监测等有关部门共同商定，列入监测方案，并根据实际监测成果进行调整。

表 2-5 监测项目控制基准表

序号	监测项目		控制标准	标准来源
1	地表沉降		$^{+10}_{-30}$ mm	招标、设计文件及相应规范
2	建筑物沉降		−30 mm	
3	建筑物倾斜	钢筋混凝土结构	3.0‰	
		砖木结构	3.5‰	
4	地下管线沉降		−30mm	
5	地下管线允许不均匀沉降		−30mm	
6	隧道收敛		−30mm	
7	拱顶下沉		−45mm	

表 2-6 各类管线允许不均匀沉降值

管线类型	允许不均匀沉降值	备 注
煤气管(承插式、机械式接头)	1‰L	(1)L 为管线的分节长度。
上水管(承插式、机械式接头)	1‰L	(2)各种管线的沉降值应根据管线接头的连接形式结合盾构施工的沉降槽曲线特征通过计算确定。
下水管(承插式、机械式接头)	1‰L	(3)如有关部门对管线沉降有特殊要求时,以其要求为准

三、监测注意事项

施工监测是施工的“眼睛”,可以准确反映出施工过程中各类监控物的变形值,直接指导施工的下一步行为。根据本工程的施工经验,在监测过程中,关键要做到监测结果的可靠性,才能正确地指导施工。做到监测成果可靠可以从以下几个方面控制:

(1)选择合适的监控量测方法,如对于建筑、地表、管线、拱顶沉降等施工过程中基本都是通过沉降及位移来掌握隧道内变形情况。

(2)监控量测点布置位置正确、合适,并在施工过程中对控制点加以保护。一个控制点往往代表一个面甚至是一片的周边环境受施工影响情况,而一排点则将监控量测控制点连成网,覆盖整个监测范围面域。

(3)关键部位要加密监测,尤其在稳定性较差的地质条件下施工,对于周边建筑、重要管线、基坑墙体位移等监测可以通过加密监测频率来掌握其具体、详细的变形情况。

(4)在保证施工监测需要的同时,监测应方便适用,减少施工过程中受到外界的影响与干扰,最快提供准确的监测信息。

第二节 实测值与控制值对比分析

宝坪区间暗挖隧道从2008年7月开始施工,至2009年7月全部施工完成。截至施工完成,暗挖隧道周边建筑累计最大沉降13.5 mm,小于控制标准30 mm;暗挖隧道上方活动板房累计最大沉降106.8 mm,暗挖隧道上方地表最大下沉98.4 mm,均远大于控制标准值30 mm。由此可见,位于暗挖隧道止水帷幕外侧的周边建筑受暗挖隧道施工影响较小,而位于止水帷幕内侧的活动板房及地表受暗挖隧道影响较大。造成沉降远超过控制标准值的原因主要为以下几个方面：

(1)暗挖隧道范围地层富水厚砂，且存在较厚的块石层，施工降水引起地表沉降明显。

(2)隧道开挖过程中对地表下沉有一定的影响。

截至施工完成，左线洞内拱顶累计沉降最大值 79 mm，右线拱顶累计沉降最大值 92 mm，均超过控制标准值 45 mm；洞内左线累计收敛最大值 19.2 mm，右线累计收敛最大值 29.2 mm，均未超过控制标准值 30 mm。由此可见，在浅埋暗挖隧道施工过程中，尤其是洞身处于较厚砂层中，控制隧道拱顶沉降比较困难，尽管在采取分段开挖、超前注浆、临时立柱支撑等措施后，拱顶沉降值仍超过控制标准值，而且从施工过程来看，拱顶初支施工完成前期沉降速率较大，后期逐渐趋于稳定。

第三节　基本工法适用性、辅助工法针对性评价

一、基本工法适用性

1. 上下台阶开挖法

上下台阶法适用于软岩Ⅳ、Ⅴ级围岩将断面分成上下两个台阶开挖，对地质变化的适应性较强，工序转换较容易，可以在短期内完成开挖工作及初期支护闭合，又可以通过预留核心土来保证掌子面土体的稳定，控制沉降。当然，在开挖过程中也不宜考虑分块过多，以免反复扰动地层，不利于结构安全，同时应在地层失去自稳能力之前尽快开挖下台阶，支护形成封闭结构。通常台阶长度控制在 1～1.5 倍洞径。

2. 上软下硬地层施工要点

在微风化花岗岩侵入隧道净空较高后，采用钻爆法施工虽能达到处理硬岩的目的，但在上软下硬土层中施工应注意以下几点：

(1)钻爆法施工对周边环境影响较大，尤其是对于洞内初支体系，控制不好往往会一定程度上增加初支变形。

(2)对于强度较大的岩层，每循环爆破进尺可控制在 2.5～3 m 左右。本标段由于围岩级别高、围岩上层土体自稳能力差等特点，每循环爆破进尺为 2 m。总之，爆破进尺是关键，应根据岩层断面情况选择合适的爆破药量及爆破进尺。

(3)洞内选择爆破时，应适当拉大上下台阶的距离，台阶步距可控制在 5～7 m，避免爆破对上断面掌子面产生影响。

(4)对于市政工程，爆破施工时，需对爆破振动进行监测，它是检验设计与施工内容正确与否、控制爆破振动危害的有效手段。爆破振动监测系统及处理过程为：CD-1 型检波器→QL-001测振仪→数据处理。

二、辅助工法针对性评价

本标段范围地质为富水、厚砂层，在采用浅埋暗挖隧道辅助工法时，首选应控制好超前小导管注浆加固及施工降排水，根据不同的地质条件，选择合理的注浆参数及施工方法是关键。因此在注浆前，应结合施工地段的地层特征，提前调试注浆参数，直至注浆效果至最理想。在本标段地层中，地下水受海水影响明显，渗透系数极大，注入土体浆液往往没有凝固便被地下

水带走，且地层较差，开挖面基本不能自稳。因此在采用双液浆加固土体时，选择合适的胶凝时间是关键，既要保证浆液能够短期凝固加固土体，又不至于太慢因地下水渗流带走浆液无法达到加固土体的目的；既要保证浆液凝固时间能满足注浆换管时间要求，又不至于因浆液凝固太快导致堵管。

本标段地层条件下，采用水泥水玻璃双液浆，注浆参数见表 2-7。

表 2-7　水泥水玻璃双液浆参数表

参数名称	参　数　值
加固范围	一般为开挖轮廓线外拱部及边墙 0.8～1.5 m，掌子面砂层
注浆管长	4m，根据施工情况可进行调整
浆 材	P·O 42.5 水泥，水玻璃(30～35Be′)
配 比	水灰比　$W:C=1:1$；体积比 水泥浆：水玻璃＝1：1
缓凝剂	磷酸氢二钠(为水泥质量的 2.5%)
凝胶时间	45～90 s
扩散半径	0.3～0.5 m
注浆速度	5～30 L/min

第六章　施工进度及设备投入

第一节　进度统计

一、不同地层、不同断面月平均进度指标统计

隧道为圆形断面，洞身主要位于砂质黏土及上软下硬地层。砂质黏土地层平均进尺 0.5 m/天，上软下硬地层平均进尺 1 m/天。

二、实际进度与计划进度关系

宝坪区间暗挖隧道计划于 2008 年 11 月 17 日完成，实际完成时间为 2009 年 6 月 25 日，实际进度与计划进度相差较大。

三、抢工时间统计及抢工进度指标

为确保业主西乡以东段开通目标，提前做好迎接盾构机过站准备，本工程在 2009 年 3 月～5 月进入抢工阶段，通过提前预注浆、设立节点考核目标、制定奖罚措施等方法进行激励工人的工作激情。在抢工期间，砂质黏土地层日进尺最高 1 m，上软下硬地层日进尺最高 2 m。

四、实际工期与合同工期的关系

合同工期要求左线隧道 2008 年 6 月、右线隧道 2008 年 5 月提供铺轨条件，实际工期严重滞后合同工期。

五、进度滞后的主要原因分析

(1)施工合同要求 2006 年 9 月开工，受市政管线改迁单位场地移交滞后的影响，本合同段实际开工时间为 2006 年 12 月 18 日，已严重滞后，进而影响后续各个节点工期。

(2)由于前期地质勘探不准确，不能准确反映暗挖段地层特点，随着进洞开挖才逐渐对该段地层特点有了准确的掌握，致使暗挖隧道施工方案经过多次调整，在 2008 年 10 月、11 月隧道内停工。地面施作钢板桩止水帷幕及左右线间施作降水井。

(3)2008 年 11 月底对施工队伍进行了调整，施工队伍进退场及新进场工人再培训对施工进度有一定的影响。

(4)隧道地处特殊地质地段，隧道上盖砂层厚 6 m 左右，施工过程中需加强超前注浆固结，部分地段需全断面打设小导管注浆以稳定掌子面；上断面支护调整方案增加临时支撑加固拱顶，每循环施工时间比原方案增加了一倍。

(5)由于地质原因，开挖过程发生多次掌子面涌水涌砂，处理时间较长。

第二节　主要机械设备投入

一、主要机械设备投入

主要机械设备投入见表2-8。

表2-8　主要机械设备投入表

序号	设备名称	型号规格	单位	数量	用途
1	龙门吊	MH5＋5t-24.5	台	1	渣土垂直吊运
2	汽车吊	25t	辆	2	渣土垂直吊运
3	注浆机	KBY50/70	台	3	洞内注浆
4	钢筋弯曲机	GW32	台	2	格栅钢架加工
5	钢筋切割机	GQ40A	台	2	格栅钢架加工
6	交流电焊机	BX3-500	台	10	格栅钢架加工
7	钢筋对焊机	UH100	台	1	格栅钢架加工
8	潜水泵	2.2 kW	台	10	洞内抽排水
9	电动空压机	SL20/100H	台	1	洞内喷浆
10	轴流通风机	SD-1NO50B	台	2	洞内通风
11	发电机	250 kVA	台	1	备用
12	混凝土拌合机	JZC-350	台	2	洞内喷浆
13	混凝土喷射机	PZ-5A	台	2	洞内喷浆
14	自卸汽车	4.5 t	辆	2	渣土外运
15	挖掘机	PC60	台	2	装、转土
16	挖掘机	PC200	台	1	装、转土
17	风钻	YT28	台	6	硬岩爆破
18	混凝土输送泵	HBT60	台	1	混凝土浇筑

二、对提高生产率的建议

(1)加强设备管理,对投入施工的机械设备,在进场前首先组织相关人员对设备进行必要检验及调试,符合要求方允许进场。其次严格按照公司项目相关设备管理制度进行管理,及时掌握设备的使用情况及存在问题。

(2)重视维修保养,确保设备完好运转。通过激励机制调动操作人员的积极性,采取定期检查、内部评比、表彰先进和有奖问答的形式,鼓励他们,以促进对设备的维护和管理。

(3)提高操作人员的操作技能,采取各种措施充分调动操作人员的积极性和创造性,鼓励他们参加各种培训班,提高他们的思想素质和操作与维保技能,让他们参与到设备的日常管理中来,并重视设备的维护保养,延长其使用寿命,从根本上提高设备的使用效益。

第七章　对周边环境影响情况及处理措施

一、对周边环境影响情况

暗挖隧道施工过程通过监控量测数据显示，施工对隧道止水帷幕外周边建(构)筑物及管线未造成影响，隧道周边建筑最大累计沉降值控制在标准值内，施工过程中隧道止水帷幕内活动板房及地表沉降较明显。

二、处理措施

(1)加强洞内超前注浆施工，上台阶开挖成型后及时施做临时支撑加固；进行初支背后回填注浆，通过控制注浆压力和注浆量，充填初支背后空隙，控制土体沉降。

(2)对地面沉降空洞进行袖阀管注浆加固地层，防止沉降进一步扩大。

三、规避的措施

(1)开挖前做好地质补勘工作，准确掌握地质情况，以选择最佳的施工方法。

(2)通过水平钻探等方法探测隧道前方土体特点，做好施工过程中地质超前预报工作，记录每循环的地质情况，以便调整施工参数。

(3)针对本工程的地质状况，在隧道开挖之前对地面进行预先注浆加固，加强隧道顶前方土体强度，并在隧道周边施做止水帷幕及预降水，减小开挖过程土体含水率，再通过洞内超前注浆，提高掌子面及拱顶的土体的自稳性，以控制地表的下沉。

(4)下断面钻爆施工需控制最大单段装药量，并进行爆破监测，确保隧道处于安全状态。

四、合理化建议

(1)深圳市宝安区属填海区，地层条件异常复杂、地下水丰富且补给充分，采用矿山法施工，具备降水条件的情况下，开挖前降水是必要的。

(2)在类似地层采用矿山法施工时，有条件的情况下尽量施作大管棚，在合同条件允许的情况下，可通过地面对隧道开挖一定范围内进行预加固。

(3)该地层注浆效果很难达到理想效果，充分考虑几种组合模式的注浆形式，单纯的小导管注浆很难满足要求，并且应加大预加固范围。

(4)开挖过程中临时支撑是必需的，特别是对沉降变化敏感区域。

(5)加强施工监测，在施工监测单位的选择上慎重，对监测数据要及时进行分析，对监测数据变化异常的，第一时间采取最保守的控制措施。

(6)提前做好地质勘探工作，详细了解、掌握暗挖段地层特点，编制相对应的科学合理的施工方案和施工工艺。

五、施工照片

施工照片见图 2-14～图 2-25。

图 2-14　钢板桩止水帷幕施工 1

图 2-15　钢板桩止水帷幕施工 2

图 2-16　小导管加工 1

图 2-17　小导管加工 2

图 2-18　小导管组件 1

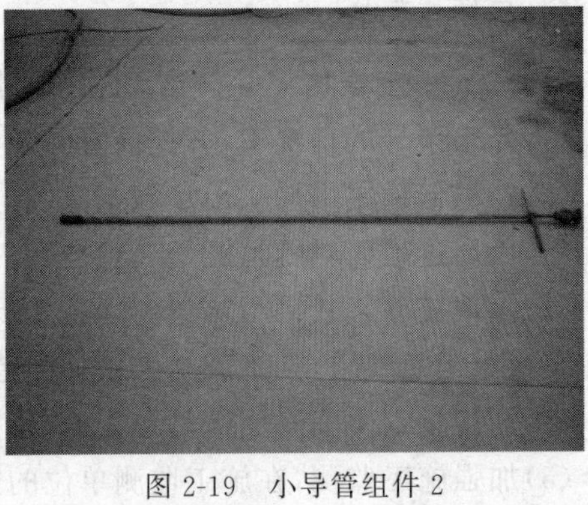

图 2-19　小导管组件 2

图 2-20　小导管注浆 1

图 2-21　小导管注浆 2

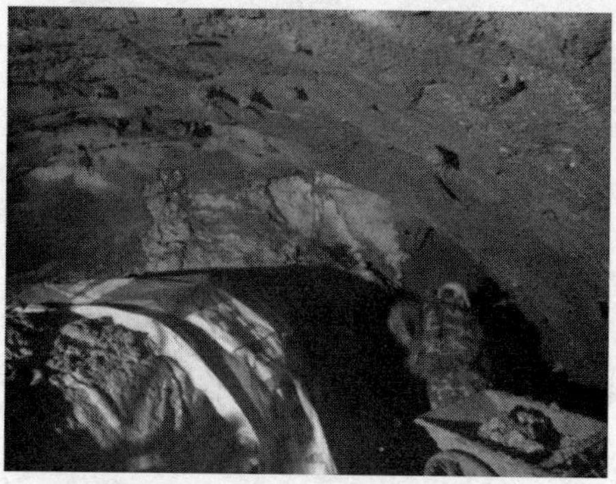

图 2-22　上断面土方开挖施工 1

图 2-23　上断面土方开挖施工 1

图 2-24　锁脚锚管施工图

图 2-25　断面初支施工

第三篇　深圳地铁 2 号线 2201 标施工技术

第一章　工程概况及重点难点

第一节　工程地理位置及主要工程内容

本标段由一站(世界之窗站)、一折返线(站后折返线)、一联络线(1、2 号线联络线)及一并行段(站南并行段)组成,如图 3-1 所示。

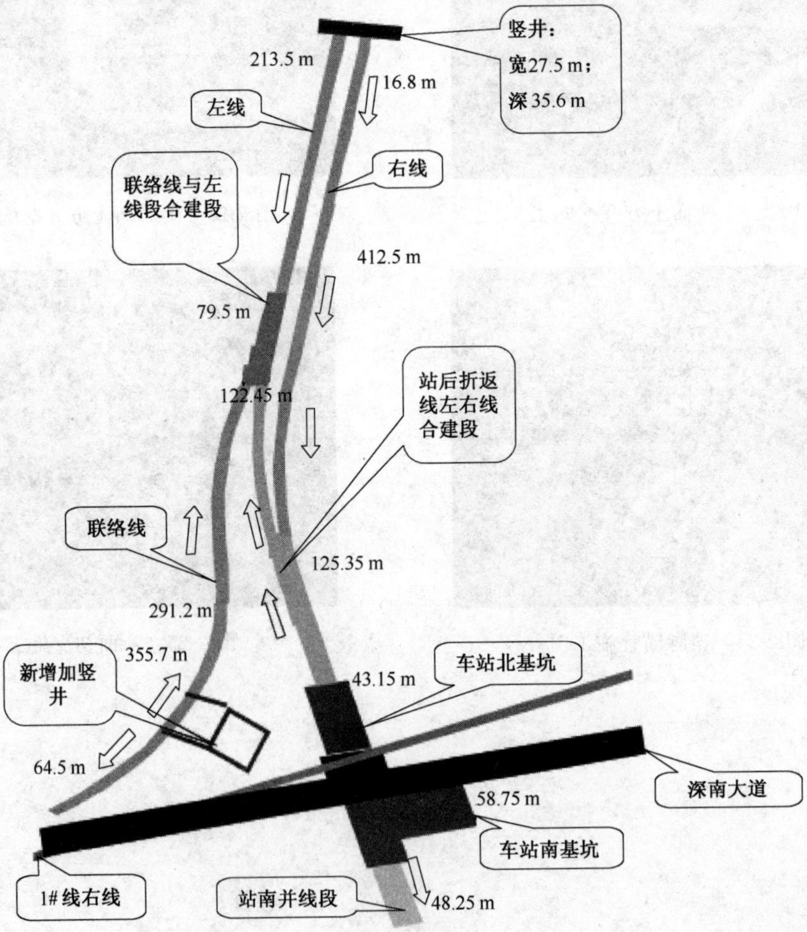

图 3-1　标段范围及施工示意图

站南并行段隧道：隧道为单洞双线大断面隧道，长48.25 m，设两种断面型式，开挖面积114.8～129 m^2，跨度13.9～15 m。拱顶覆土15～16 m。隧道采用复合式衬砌，喷锚构筑法施工，双侧壁导坑法开挖支护。采取地面旋喷注浆、超前大管棚、全断面深孔注浆、超前小导管注浆等辅助措施。

站后折返线及联络线：站后折返线长554.65 m，包括单洞双线段、左线与联络线单洞双线段、左右线分离单洞单线段、小间距隧道段、施工竖井一座。联络线长422.87 m，包含单洞单线段、左线与联络线单洞双线段。

第二节　工程地质与水文地质

一、工程地质

线路经过地段，覆土表层为第四系人工堆积的（$Q_4{}^{ml}$）素填土，其下为新近沉积（$Q_4{}^{al}$）黏土、冲洪积（$Q_4{}^{al+pl}$）黏土、坡积（$Q_{3-2}{}^{dl}$）黏土、坡洪积层（$Q_4{}^{dl+pl}$）黏土、粉质黏土、海洪积层（$Q_4{}^{m+al}$）黏土、淤泥质黏土、粉质黏土、中砂、粗砂、砾砂，残积（Q^{el}）砂质黏土、砾质黏土，下伏基岩为燕山晚期粗粒花岗岩（$\gamma_5{}^3$）。

1. 人工堆积层（$Q_4{}^{ml}$）

素填土（①1）：褐黄、褐红、灰黑等色。主要由黏性土混少量砂砾组成，结构松散～稍密，层厚0.3～1.0 m。

2. 新近沉积层（$Q_4{}^{al}$）

黏土（②1）：灰黑、灰褐色、灰黄等色。新近沉积，湿，可塑，含少量砂砾，层厚3.5 m。

3. 第四系全新统冲洪积层（$Q_4{}^{al+pl}$）

黏土（⑤1）：浅黄、灰黄、褐黄等色。隐斑状结构，可～硬塑，层厚1.4～6.6 m。

砾砂（⑤2）：灰白色、浅黄等色。成分为石英质，稍密，饱和，不均匀含黏性土。

4. 第四系上更新统坡积层（$Q_{3-2}{}^{dl}$）：

含砾黏土（⑦）：褐红、褐黄、灰黄夹灰白等色，隐斑状结构，可～硬塑，层厚3.5～7.8 m。

5. 坡洪积层（$Q_4{}^{dl+pl}$）

黏土：褐黄色、褐红色，坚硬～可塑，混砂砾，具似斑状结构。层厚1.6～9.0m。粉质黏土：褐黄色、紫红色，坚硬，混砂砾，具似斑状结构，层厚0.8～4.9 m。

6. 海洪积层（$Q_4{}^{m+al}$）

黏土：主要为褐黄色、深灰色、灰白色，坚硬～软塑，混砂砾。局部夹砾砂薄层，层厚0.5～3.5 m。

淤泥质黏土：灰黑色、黑色，软塑～流塑，混砂砾，局部含大量腐殖质或朽木，有臭味，层厚0.5～3.8 m。

粉质黏土：主要为褐红色、灰白色、褐黄色间灰黑色，坚硬～流塑，混砂砾，层厚1.0～4.2 m。

中砂：主要为灰白色、褐黄色，松散～中密，饱和，混黏性土，层厚1.2～2.3 m。

粗砂：灰色、灰白色，松散，饱和，混黏性土，层厚0～5.1 m。

砾砂：主要为灰白色、褐黄色，松散～中密，饱和，混黏性土，层厚 0.7～5.7 m。

7. 第四系中更新统残积层（Q^{el}）

砂质黏土（号⑧1）：褐红、灰黄夹灰白等色，由下伏粗粒花岗岩风化残积而成，层厚 7.5～22.2 m。

砾质黏土（⑧2）：褐黄、褐红、灰黄夹灰白等色，由下伏粗粒花岗岩风化残积而成，层厚 3.55～31.70 m。

8. 燕山晚期侵入岩（$\gamma_5{}^3$）

粗粒花岗岩：系场地内下伏基岩。主要矿物成分为石英、长石及黑云母等，粗粒结构，块状构造。据其风化程度可将其分为以下四个层（带）：

(1)全风化岩（$⑨_1$）：褐黄、褐红、灰白、肉红夹褐黑色。层厚 1.0～17.2 m，厚度变化大。

(2)强风化岩（$⑨_2$）：褐黄、褐红、灰白、肉红夹褐黑色。风化剧烈，裂隙发育。厚度变化较大，层厚 0.8～19.8 m。

(3)中等风化岩（$⑨_3$）：褐黄、浅肉红、灰白色夹灰黑色。裂隙发育，埋深起伏很大。

(4)微风化岩（$⑨_4$）：灰白色夹肉红色，裂隙稍发育。埋深起伏很大。

本标段地质纵断面设计情况分别如图 3-2、图 3-3、图 3-4 所示。

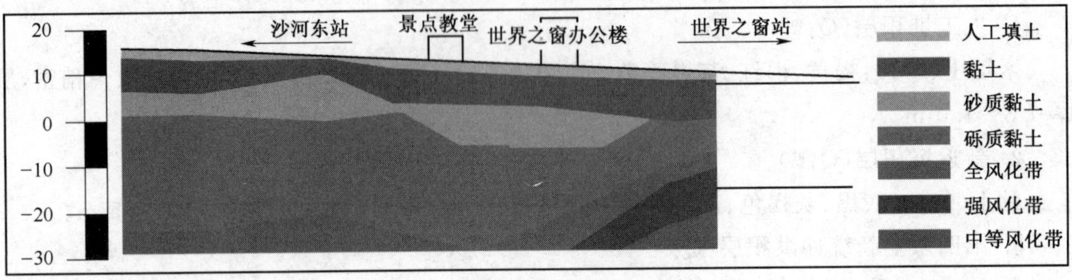

图 3-2　站前并线地质纵断面图

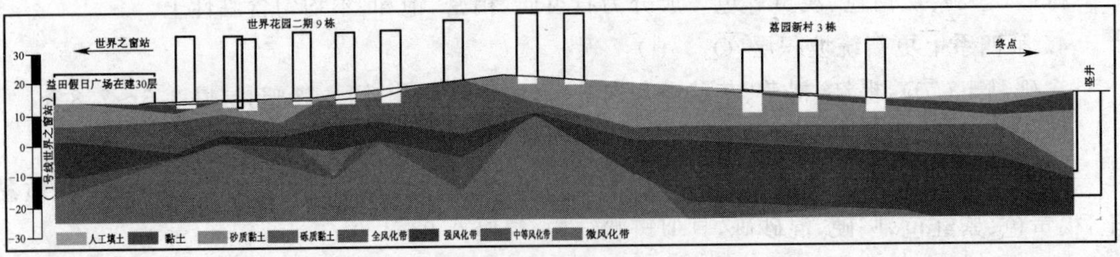

图 3-3　站后折返线地质纵断面图

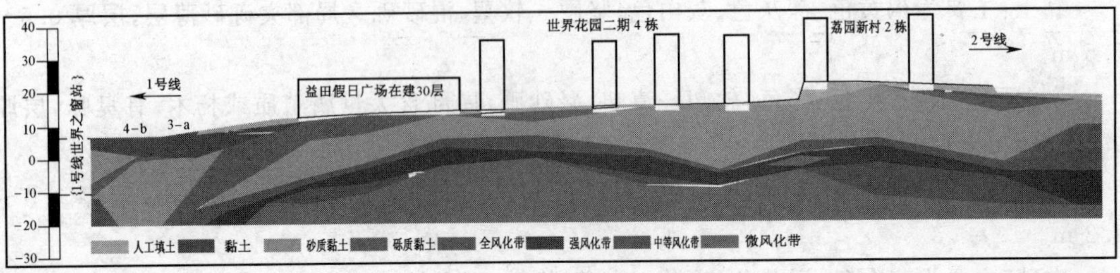

图 3-4　联络线地质纵断面图

二、水文地质

按地下水赋存条件，孔隙水主要赋存在第四系坡积层、残积层和全风化花岗岩中。基岩裂隙水主要富存在花岗岩强风化层～中等风化层中，略具承压性。地下水位埋深 1.1～6.0 m，水位高程 6.60～17.11 m。地下水总的径流方向为由南向北。地下水的排泄途径主要是蒸发，主要补给来源为大气降水。

场地内地下水水位以上土壤对混凝土不具腐蚀性，对钢筋混凝土结构中的钢筋无腐蚀性，对钢结构无腐蚀性；地下水水质对混凝土具弱腐蚀性，对钢筋混凝土结构中的钢筋无腐蚀性，对钢结构具弱腐蚀性。

第三节　设 计 情 况

一、平、纵断面布置

(1)站南并线段区间左、右线线间距由 8 m 向车站内 5 m 渐变，经 R＝1 500 m 右偏曲线，直线进入车站，经 R＝450 m 右偏曲线接站后折返线。站后折返线区间左、右线线间距由车站内 5 m 渐变至 13 m，线间距在 5～8 m 段为单洞双线隧道，其余以左右线分离形式抵达竖井。左右线纵坡均采用－3.0‰单面坡。

(2)1、2 号线联络线以 R＝200 m 的曲线从 1 号线右线接出，然后以 R＝300 m 的圆曲线与折返线左线相接。LDK0＋71.609～LDK0＋276.840 段位于 R＝200 m 的圆曲线上，此段下穿益田假日广场预留通道；LDK0＋276.840～LDK0＋320.751 段位于直线上，LDK0＋320.751～LDK0＋492.679 段位于 R＝300 m 的圆曲线上。其中 LDK0＋427.312～LDK0＋492.679 与站后折返线左线合建。联络线纵坡采用－28.0‰、－12.766‰及－3.0‰单向坡形式。

二、典型断面型式

1. 世界之窗站站前并行线段(站南暗挖区间)

区间隧道为单洞双线大断面，覆土 15～17 m，复合式衬砌结构，分两种断面型式，为喇叭口 E 型隧道(YDK14＋759～YDK14＋773)和喇叭口 D 型隧道衬砌(YDK14＋773～YDK14＋807.25)，开挖面积 114.8～129.2 m^2，跨度 13.9～15.0 m。在站南并线段中的 YDK14＋759～YDK14＋809.15 段设置 300 mm 厚分隔墙。典型断面如图 3-5 所示。

2. 站后折返线

站后折返线包括单洞双线隧道(长 125 m)、小间距隧道(长 122 m)、单洞单线隧道(长228 m)。

断面型式：按不同围岩级别、不同跨度、不同结构形式进行设计，分为单线 A、B、C、D、E、F 和喇叭口 A、B、C、D、E、F、G 及小间距隧道共 14 种暗挖隧道断面。

单线典型断面、小间距隧道典型断面和喇叭口型断面如图 3-6、图 3-7、图 3-8 所示。

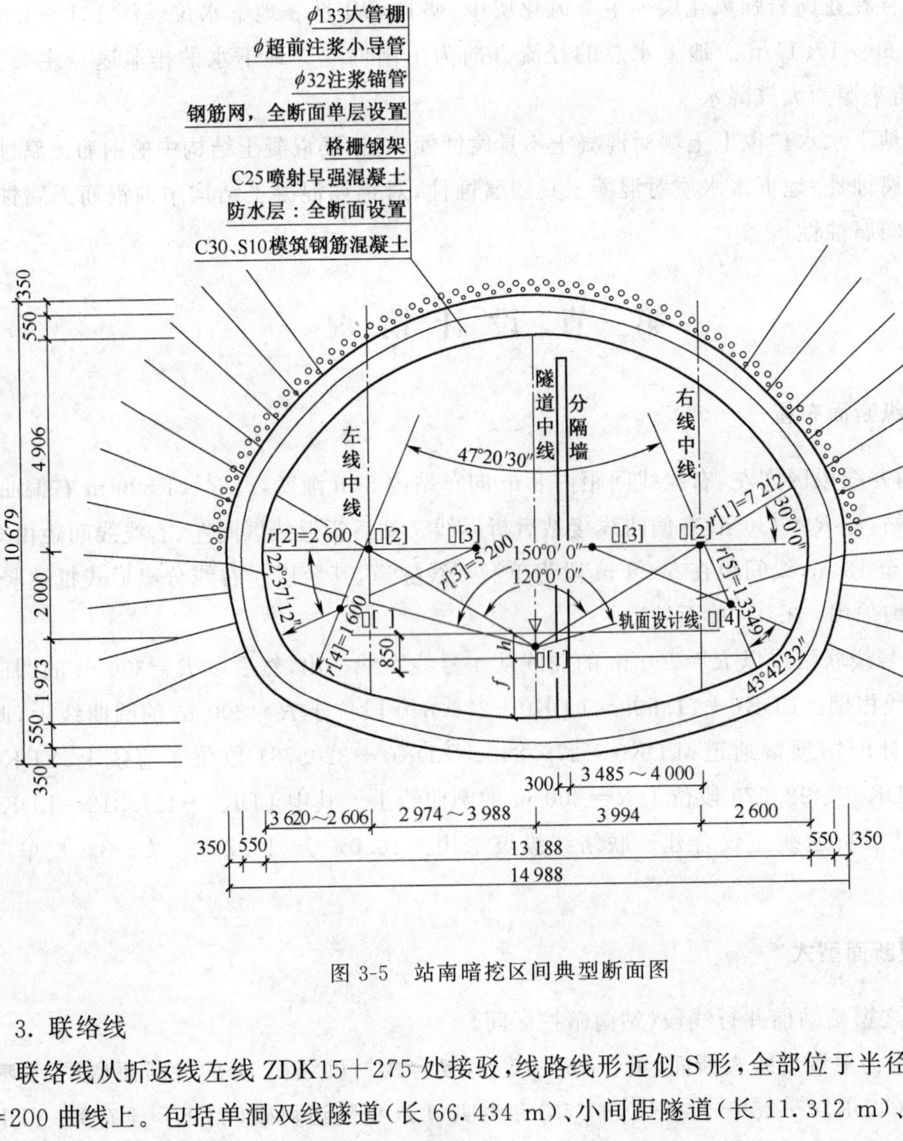

图 3-5 站南暗挖区间典型断面图

3. 联络线

联络线从折返线左线 ZDK15+275 处接驳，线路线形近似 S 形，全部位于半径为 $R=300$、$R=200$ 曲线上。包括单洞双线隧道(长 66.434 m)、小间距隧道(长 11.312 m)、单洞单线隧道(342.0 m)。

断面型式：有单线 A、B、C、D、E、F 和矩形暗挖断面。

4. 结构防水

区间隧道防水等级为二级，顶部不允许滴漏，其他不允许漏水，结构表面可有少量湿渍。耐侵蚀性系数不小于 0.8。防水设计以混凝土结构自防水为主，并设全包柔性防水层，采用复合纤维的塑料防水板(通过纤维使防水层与二衬粘结)。变形缝采用带注浆花管的中置式止水带止水，施工缝设置水膨性止水胶。

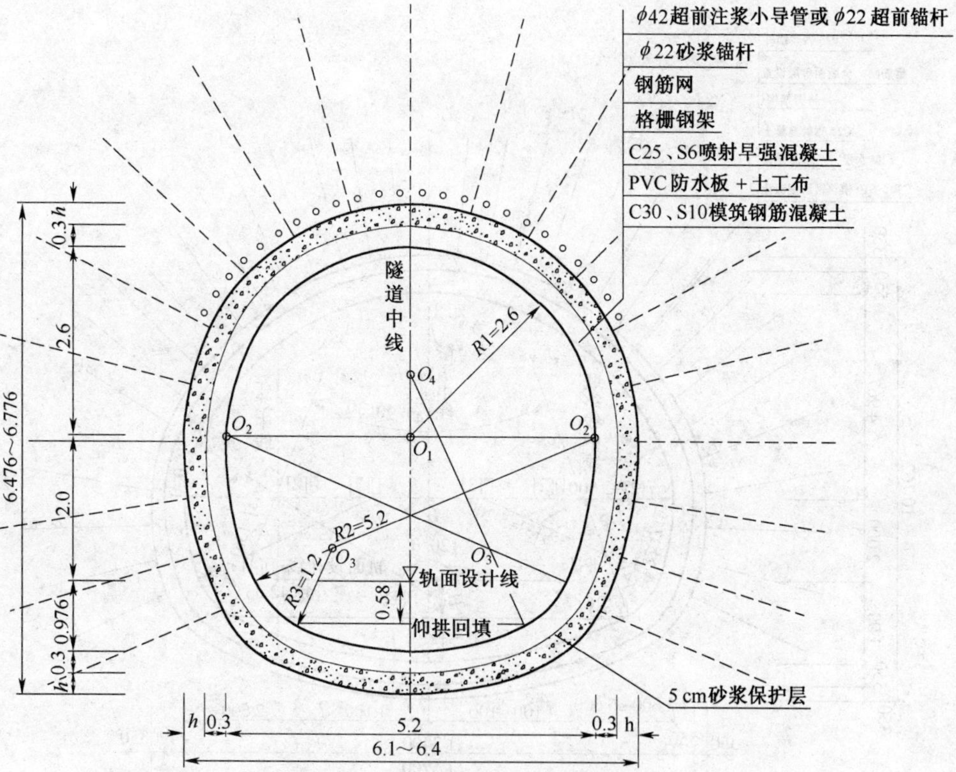

图 3-6　区间单线典型断面图

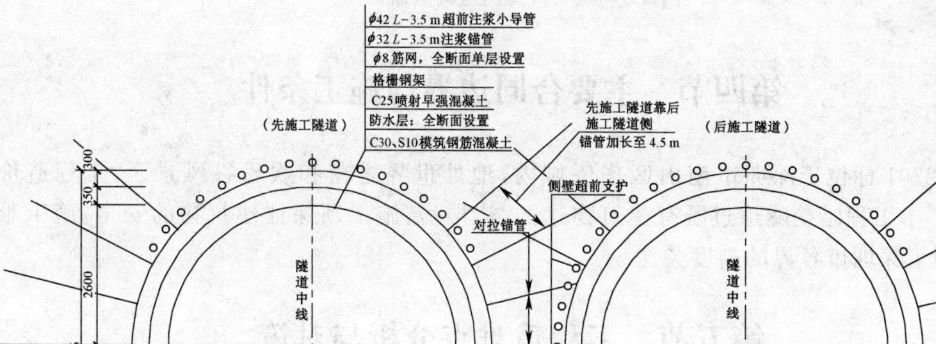

图 3-7　小间距隧道典型断面图

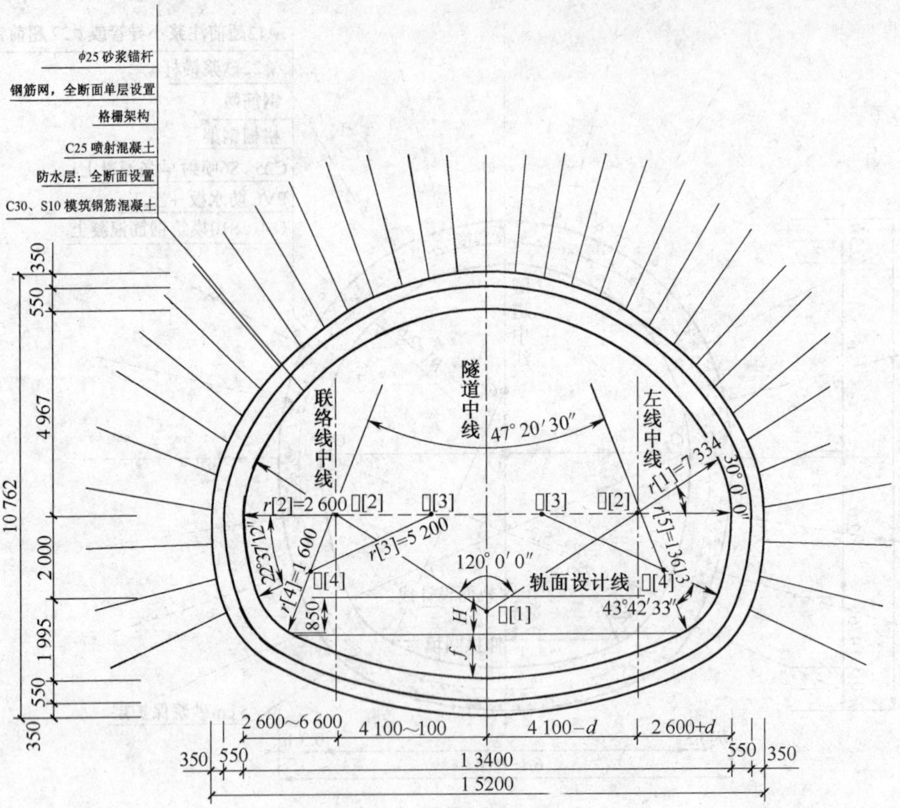

图 3-8　喇叭口型隧道典型断面图

第四节　主要合同边界与施工条件

深圳 2201 标位于深圳市南山区华侨城内，地处世界之窗和欢乐谷风景区，工程造价约 1.6 亿元。本工程暗挖隧道过既有建筑物达 20 栋楼房，施工须保证建筑物的安全，施工难度极大，受到了深圳市各界的高度关注。

第五节　工程重难点分析与对策

一、站南暗挖区间隧道下穿世界之窗景区办公楼和教堂施工沉降控制

站南暗挖区间隧道位于砾质黏土层和全风化的粗粒花岗岩层，地下水位高，地质条件差，施工为保证隧道上方建筑物安全，需采取措施控制沉降。主要措施包括洞内全断面深孔预注浆、超前管棚、地面高压旋喷注浆和袖阀管跟踪注浆加固。

该段采用双侧壁导坑法施工开挖，施工中加强监控量测，以信息化指导施工。施工前设置预警值，确保施工及地表建筑安全。

1. 地面旋喷桩加固

(1)加固范围

在地面房屋空隙处，即 YDK14＋799.133～YDK14＋807.25、YDK14＋776.181～YDK14＋781.987、YDK14＋754.00～YDK14＋761.785 范围采用 ϕ600 间距 450 单管旋喷桩加固，在开挖轮廓线外 3～6 m 范围形成连续的全断面加固体。为确保施工安全，对建筑基础外扩一定范围以内全部加固，可以抑止差异沉降。具体范围见图 3-9、图 3-10。

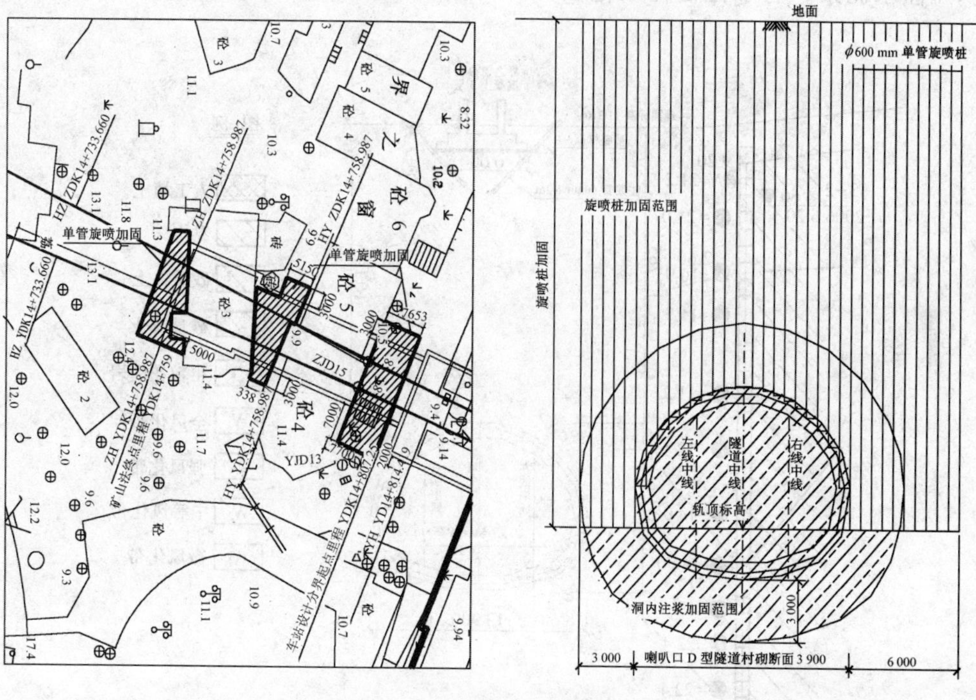

图 3-9 旋喷桩加固范围

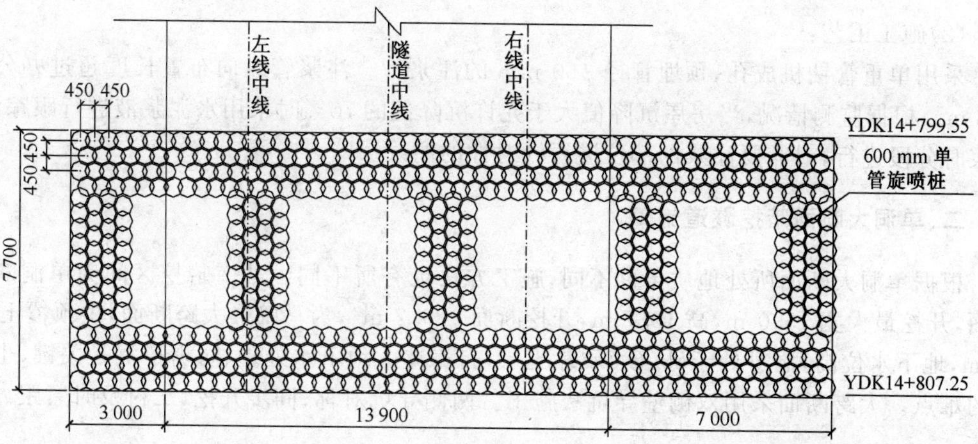

图 3-10 旋喷桩加固范围

(2)注浆参数

旋喷桩水泥浆液采用 P.O 32.5 水泥，掺量按 15%考虑，水泥浆液的水灰比 0.8～1.5；注浆压力大于 30 MPa；高压水的压力应大于 20 MPa。

(3)施工工艺

清场→机具就位→钻孔→灌入喷射管→喷射注浆→拔管和冲洗。

2. 袖阀管跟踪注浆

(1)加固范围:在房屋天然基础四周按水平间距 2 m 预埋 ϕ60 mm 注浆袖阀管,根据监测情况必要时采取跟踪注浆措施对房屋基础进行保护。ϕ60 mm 注浆管从办公楼、教堂四周施设斜管,压注水泥浆。为了控制注浆范围,必要时注水泥-水玻璃双浆液。加固断面图见图 3-11。

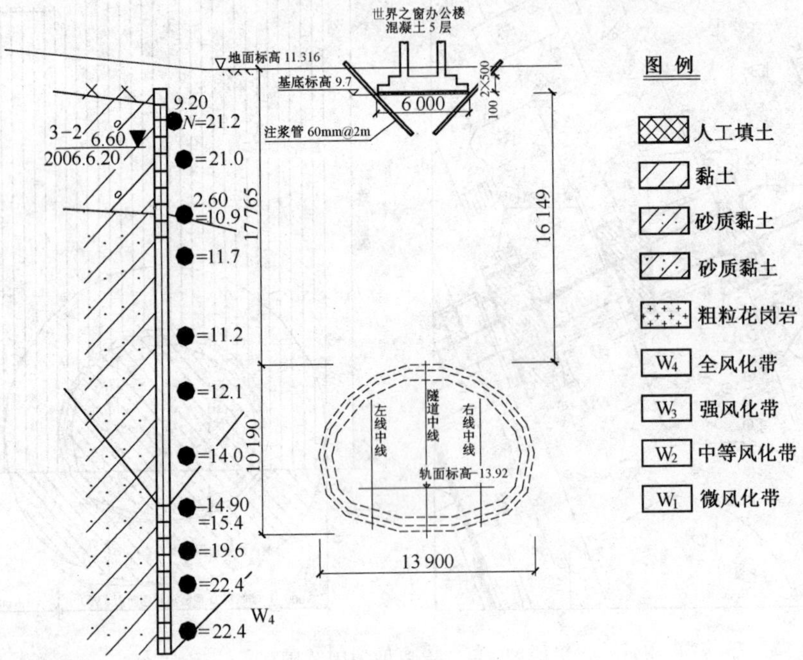

图 3-11 袖阀管跟踪注浆断面图

(2)施工工艺:

采用单重管钻机成孔,预埋管径 ϕ60 mm 的注浆管。注浆管纵向布置长度超过办公楼基础 3 m。根据监测情况,当房屋沉降值大于允许沉降值的 70%时采用水泥浆液进行跟踪注浆。注浆时分段进行,对需要注浆的部位进行针对性的注浆。

二、单洞大断面暗挖隧道施工

根据单洞大断面所处地质条件不同,施工方法也有所不同。站南暗挖区间为单洞双线大断面,开挖最大宽 15.0 m,高 10.7 m,开挖断面 129.2 m^2,为马蹄形大跨断面,拱顶覆土 13～18 m,地下水位高,洞身处于砾(砂)质黏土层,自稳差。地下水处理、防坍控沉是关键,也是工程的难点。大跨断面采用双侧壁导坑法施工。两侧导坑对称、同步开挖,二衬及时紧跟。对策如下:

(1)建立以"防坍、控沉"为核心的技术控制原则。"防坍"是指把可能存在坍塌隐患降至最低,杜绝坍塌事故发生;"控沉"是指针对不同环境特征建立不同的沉降控制标准,施工中严格执行,从而控制沉降在规定范围之内。

(2)建立以"防坍、控沉"为核心的施工优化组合,选择双侧壁导坑法施工,分部、分块开挖施工,大断面分解为小断面,降低施工难度,减小跨度同时严格控制开挖部序和步距。根据周边环境具体情况及具体信息,做好针对性预防措施,尽量采用人工开挖,缩短循环进尺。施工二衬时,严格控制一次拆除临时支撑的长度,必要时采取临时换撑措施。

(3)严格按照施工步骤开挖,各分部分块错开一定安全距离,左右导坑错开 6~8 m,上下台阶长 8~10 m 左右。

(4)加强隧道超前支护及初期支护,每榀格栅钢架拱脚或节点处安设锁脚锚管,并及时注浆。围岩特别软弱时,拱脚处采用扩大基础或支垫型钢等措施,增大拱脚承载力。

(5)初支背后埋设回填注浆管,及时进行回填注浆,保证初支背后的密实,减小沉降。

(6)全过程进行信息化管理,加强过程监测,实施动态化施工。根据量测结果,确定二衬施作时机。

(7)隧道拱部采用非开挖导向钻机施作 ϕ133 mm 超前长管棚,管棚内设钢筋骨架,采用钻机直接将钢管打入,管内灌浆,探棒回取工艺施工,加固岩层,充填管体。

(8)地面深层旋喷与洞内全断面深孔注浆结合,形成止水帷幕,保证洞内无水施工。

(9)在地表房屋天然基础四周利用预埋袖阀注浆斜管加固建筑物基础,进行动态跟踪注浆。

三、站后折返线、联络线下穿建筑物施工沉降控制

折返线从密集的房屋群下方穿过,大多数房屋基础型式为扩大基础或天然基础。世界花园八期为桩基础,桩基与隧道间净距约 11 m,持力地层为中风化岩;下穿益田广场段,隧道顶距离益田广场地下室底板较近(仅 1.857 m 净距),联络线下穿既有人行通道(3-a、4-b)段,隧道顶距离通道底板较近(仅 1.8 m 净距)。为保证隧道穿越地段地面建筑物的安全和正常使用,严格按要求施工采取相应辅助措施,必须减少施工过程中地层过度沉降的影响。

(1)采用洞内全断面深孔预注浆、超前大管棚及超前注浆小导管对隧道围岩进行预加固。加强施工中的超前支护,保持隧道掌子面的稳定,阻断地下水的流失,及时施作隧道衬砌,以尽量减少区间隧道的变形,达到控制地层产生过大变形和保证既有建筑物安全的目的。同时在施工过程中加强对房屋群的监测,监测警戒值应按相应的规范和规程允许值从严确定。

(2)下穿益田广场段,根据情况采用大管棚及超前小导管对隧道拱顶及侧墙外地层进行超前支护,防止隧道开挖时周边土体坍塌。站后折返线 YDK14+960.15~YDK15+014.25 下穿益田广场段隧道在拱部 150°范围设置 ϕ108 大管棚,大管棚从车站基坑内 YDK14+958.25 处施设 56 m 长管棚,浆液选用水泥浆液。

(3)下穿既有人行通道(3-a、4-b)段,采用洞内全断面深孔预注浆、超前大管棚及超前注浆小导管对隧道围岩进行预加固。1 号、2 号联络线下穿 1 号线 3-a、4-b 段,位于 R=200 圆曲线上,地质条件差,为防止上部结构物下沉,隧道拱部 120°范围设置 ϕ108 大管棚,浆液选用水泥浆液。采用对向施作方式打设,在 LDK0+118~LDK0+126.5 设管棚工作室,从 LDK0+118 向线路反方向打设 24 m 大管棚;从联络线起点 LDK0+071.609 向线路方向打设 24 m 大管棚。

(4)地表动态跟踪注浆技术

本工程合同工期紧张、周边环境复杂,建筑均匀沉降及差异沉降要求严,如在洞内加强施

工措施必然对工期产生影响，故在地表采用动态跟踪注浆技术，通过多台注浆设备、多注点动态注浆可以对建筑物加固及加快施工进度。动态注浆工艺采用"WSS 二重管无收缩双液注浆"施工工法。

四、小间距暗挖隧道施工

站后折返线由单洞双线合修段向左右分离单洞单线段过渡时，隧道线间距渐变段形成小间距隧道，小间距隧道共两段，长 52.312 m，平面位置如图 3-12 所示。

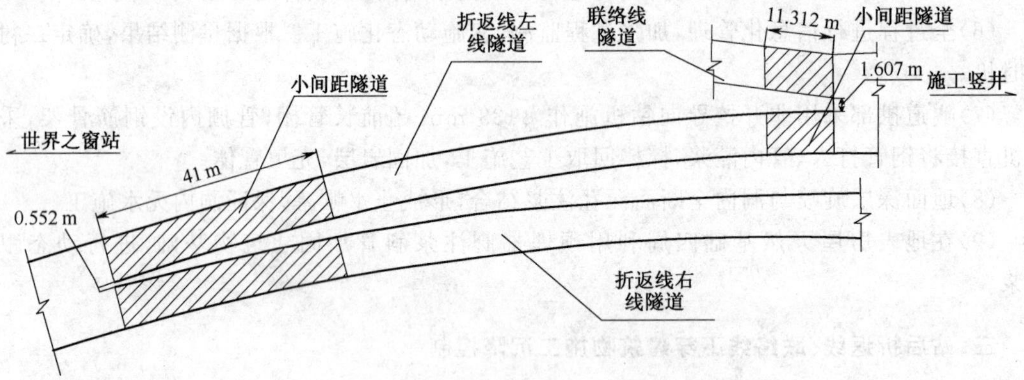

图 3-12 小间距隧道平面布置图

小间距隧道施工严格控制施工开挖步序，加强监控测量，反馈支护和围岩的变形信息，现场做到设计、施工相互配合。

(1)间隔施工：两隧道采用间隔施工，即先施工一侧隧道，再施工另一侧隧道。加长小间距隧道的隔墙侧锚管。两隧道间的锚杆施作时形成对拉锚杆，同时采用小导管对两隧间的土柱进行注浆加固。

(2)控制开挖进尺长度，尽量减少对地层的扰动，同时密切监视先施工的隧道。需要爆破施工时采用控制爆破技术，减少爆破对隧道的影响，后施工的隧道将掏槽区远离先开挖隧道的一侧，以减轻掏槽爆破时爆源对已施工完的隧道的振动影响，然后对预留光爆层进行光面爆破。掏槽区所在区域(Ⅰ区)、中间层(Ⅱ区)、预留光爆层(Ⅲ区)厚约 1 m。

(3)注浆加固：在后施工一侧的隧道进行之前，在先施工一侧的隧道向后施工的隧道一侧进行注浆加固。注浆采用 $\phi 42$ 小导管，浆液采用水泥浆。

(4)加强初期支护：先施工一侧的隧道将系统锚杆加长至 6 m，后施工的隧道将伸入隧道内的锚杆弯曲并与格栅连接牢固。

(5)加强监控量测：在施工另一侧隧道时，及时对先施工一侧的隧道进行监测，并将监测数据及时反馈到施工中。如果施工中后施工洞出现拱部变形过大，立即采取增加系统锚杆、隧道内设置横竖支撑等加固措施，同时加密监测频率。具体方法见图 3-13。

五、正线与联络线喇叭口段施工

折返线左线与联络线喇叭口段，包括小间距隧道和大跨大断面隧道，根据施工总体安排，受工区和作业面的制约，喇叭口段需从小断面向大断面突变。为确保施工安全，施工过程中需对小间距隧道、大跨大断面隧道采取合理的处理措施。具体处理措施如下：

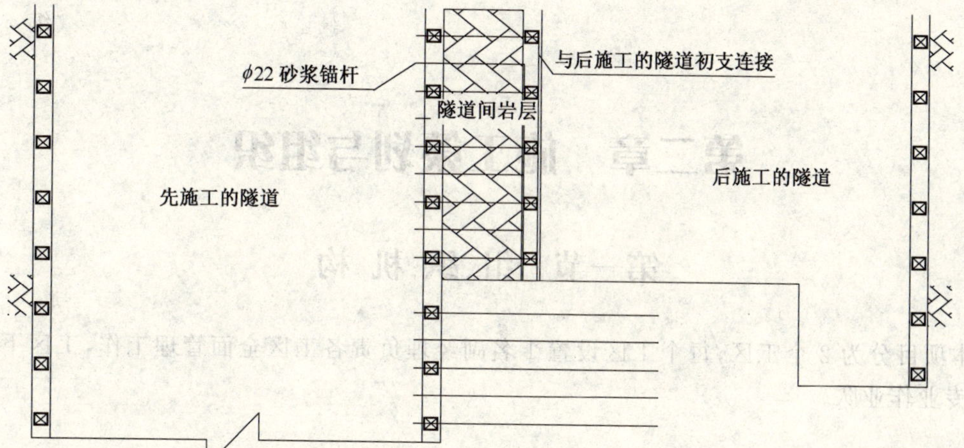

图 3-13　水平小间距隧道锚杆夹持示意图

(1)临时仰拱保护措施：施工上导洞时，对仰拱部分预先超挖 20 cm，采用细砂回填，同时对拱脚设锁脚锚杆或扩大基础，在进行下部开挖时，保证临时仰拱的安全。

(2)临时支撑的架设应考虑监测及方便爆破的原则及时施作。

(3)临时中隔壁保护措施：采取分次分区微振微差爆破，对后施工分块临近中隔壁处预留人工修凿部位，保证中隔壁安全。

喇叭口段施工顺序见图 3-14。

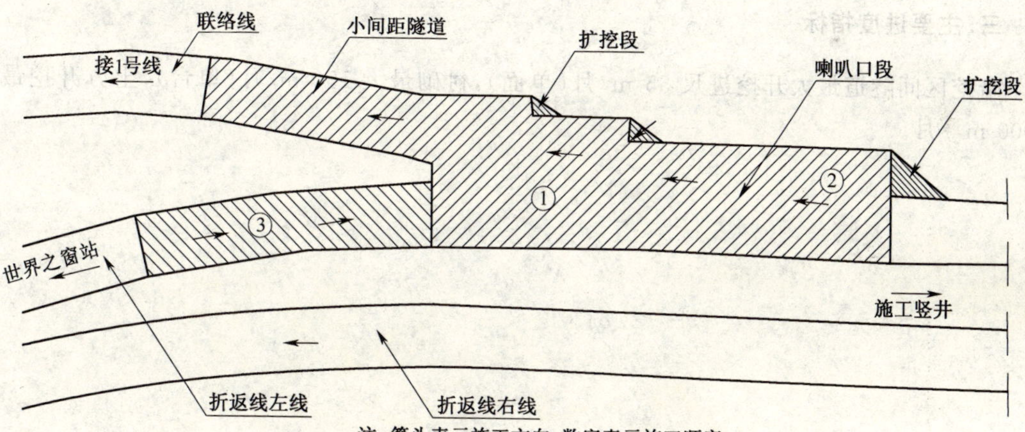

注：箭头表示施工方向，数字表示施工顺序。

图 3-14　喇叭口段施工顺序图

第二章　施工策划与组织

第一节　组 织 机 构

本项目分为 2 个工区，每个工区设置 1 名副经理负责各工区全面管理工作，工区下设置 11 个专业作业队。

第二节　参建方对项目的需求和期望

一、质量指标

质量评定合格。

二、安全指标

全标段未发生因工死亡事故，无重伤、火灾及重大机械事故，年负伤率在 1.2‰以下。

三、主要进度指标

暗挖区间隧道最大开挖进尺 55 m/月（单面），衬砌最大 150 m/月（单台），土方开挖最大 9 000 m^3/月。

第三章　竖井施工技术

第一节　竖井开挖、初期支护与止水措施

第一道钢筋混凝土腰梁及对撑以上土体采用挖掘机配合人工进行开挖，一次开挖成型，土方由挖掘机直接装入自卸汽车外弃。竖井锁口至地面以下 24m 范围内的土方采用人工开挖，由上而下分层施工，渣土由人工装入吊桶，通过龙门吊提升至地面渣场。地下 24 m 以下范围采用浅眼微差控制爆破施工，采用 YT-28 手持式凿岩机打眼，炮孔直径 40 mm，炮孔布置成梅花形，垂直钻孔。掏槽方式为直眼螺旋掏槽，采用中心掏槽眼、辅助眼、周边眼相结合的布孔方式。爆破方法为光面爆破。开挖工程中若出水量较大，则采用 $\phi42$ 钢花管进行桩间注浆止水，确保完工后结构内表面无明显渗水。

第二节　竖井垂直提升系统设备配置与效率统计

龙门吊安装要求如下：

龙门吊立柱采用圆钢管，主梁采用箱形结构，两端横梁及中间压梁采用工字钢。龙门吊拼装采取钢板栓焊连接，便于拆装。立柱直接座在预设基础上，提前预埋钢板与立柱进行栓焊连接。主梁布置时需考虑吊斗及吊钩同时工作时的设备间隙，使之避免互相干扰，同时保持吊装时与井壁的安全距离。

为确保龙门吊整体刚度，立柱用剪刀撑连接，并保证构件间栓焊牢固。

预留口需设上下步梯，并在孔口周围设安全围栏及踢脚，防止井口坠物。

龙门吊布置见图 3-15。

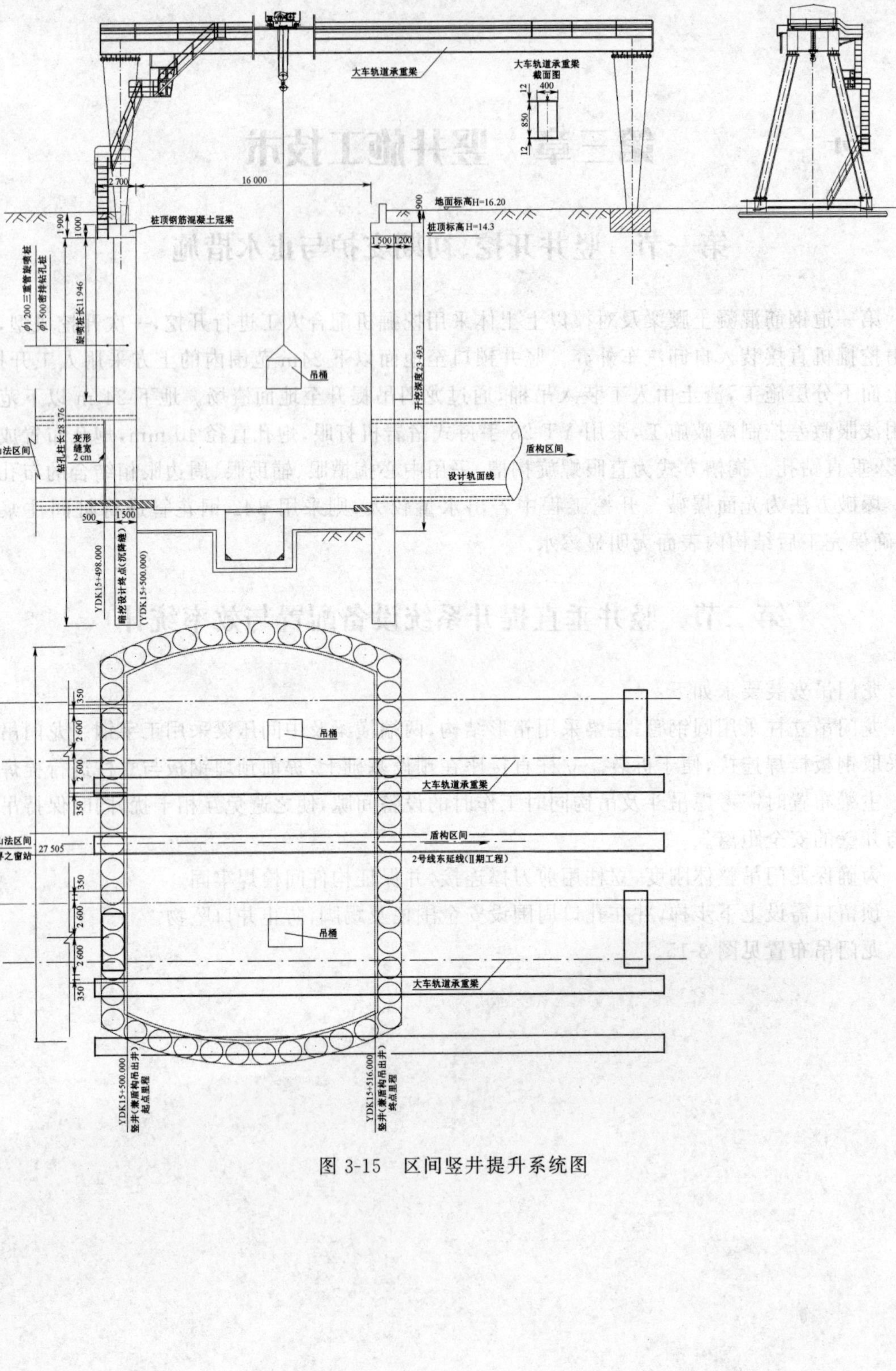

图 3-15 区间竖井提升系统图

第四章 暗挖区间开挖、初支施工心得与体会

第一节 开挖方法的选择及机械化配套

区间隧道采用“弧形导坑台阶法”施工，台阶长度控制在 6.0～8.0 m 左右。

隧道开挖轮廓线应充分考虑施工误差、预留变形和超挖因素的影响，避免欠挖，严禁超挖。开挖过程中预留核心土，留心观察掌子面地质情况变化，并做好施工记录。洞内应备有抢险物资。开挖后及时进行初期支护。对停工时间较长的开挖作业面，作网喷混凝土封闭。

施工工序见图 3-16。

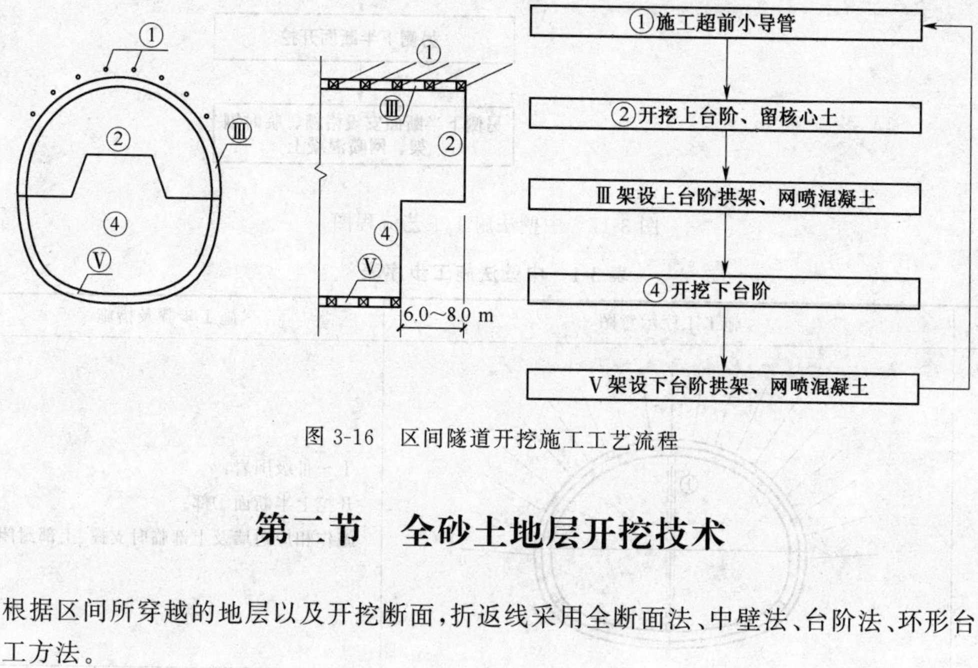

图 3-16 区间隧道开挖施工工艺流程

第二节 全砂土地层开挖技术

根据区间所穿越的地层以及开挖断面，折返线采用全断面法、中壁法、台阶法、环形台阶法的施工方法。

一、中壁法施工

采用中壁法施工时，遵照“超前支护、分块开挖、及时支护、保持距离、及时封闭”原则，提前施工超前支护，先上后下开挖，及时进行初期支护或临时支护，相互间保持一定距离，尽早封闭。

采用自制台架配合人工手持风钻打眼，人工装药，塑料导爆管非电毫秒雷管起爆。一般周边眼采用导爆索起爆，以减小起爆时差，各分块不得同时起爆。采用人工开挖辅以斗容 0.15 m^3 小型挖掘机，无轨运输。循环进尺按 1 榀钢架间距来控制。

具体施工工艺流程见图 3-17,施工步序见表 3-1。

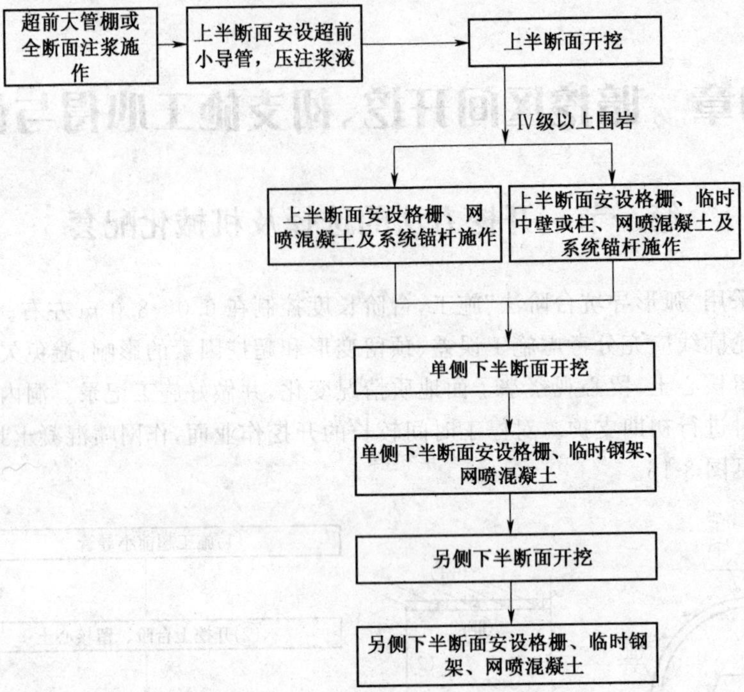

图 3-17　中壁法施工工艺流程图

表 3-1　中壁法施工步序表

序号	施工工序示意图	施工步骤及措施
1	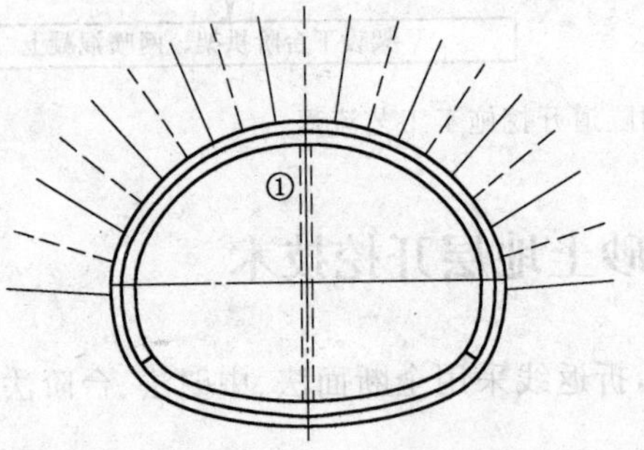	Ⅰ～Ⅲ级围岩： 开挖上半断面①部； 施作相应边墙及上部临时支撑、上部封闭成环
2	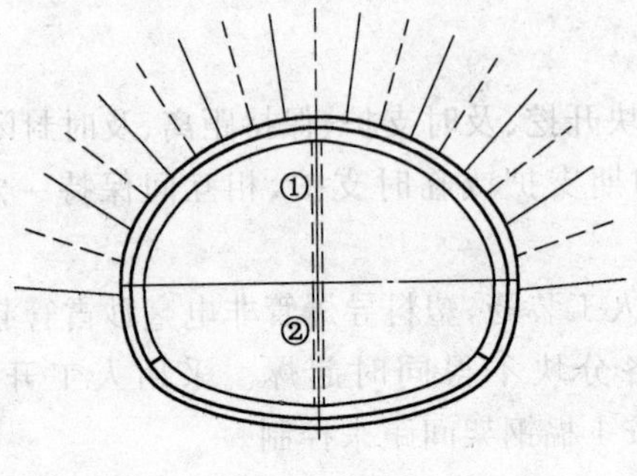	Ⅰ～Ⅲ级围岩： 开挖下半断面②部； ①与②部开挖间距保持 5～10 m； 施作②部相应边墙及下部临时支撑、封闭仰拱

续上表

序号	施工工序示意图	施工步骤及措施
3	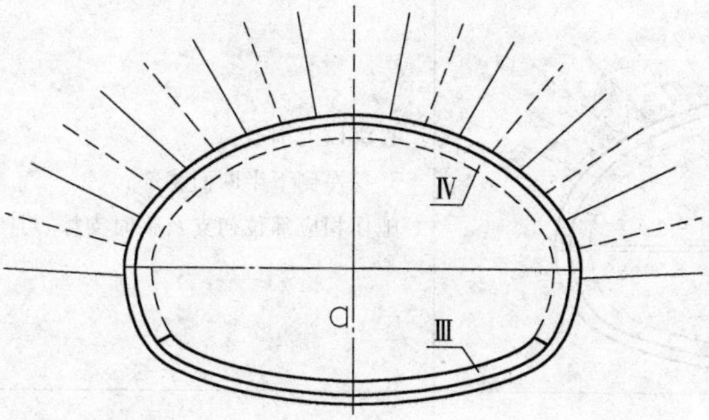	Ⅰ～Ⅲ级围岩： 拆除上下半断面临时立柱； 先作Ⅲ部相应边墙及下部仰拱二衬，再施作Ⅳ部相应上半部二衬
4	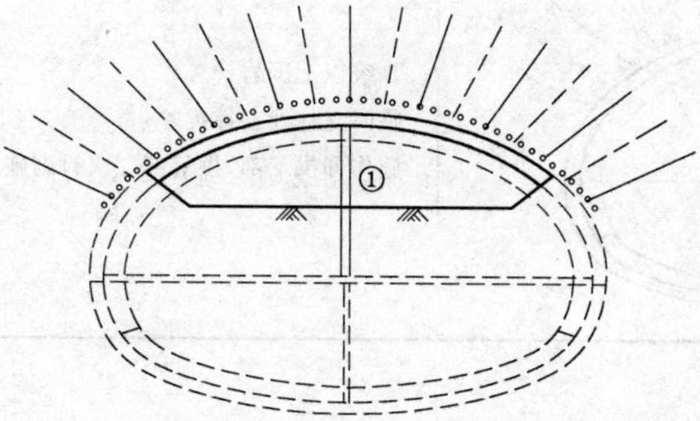	Ⅳ级以上围岩： 施工上半断面超前支护； 开挖上半断面①部； 施作相应拱部位初支及临时支撑
5	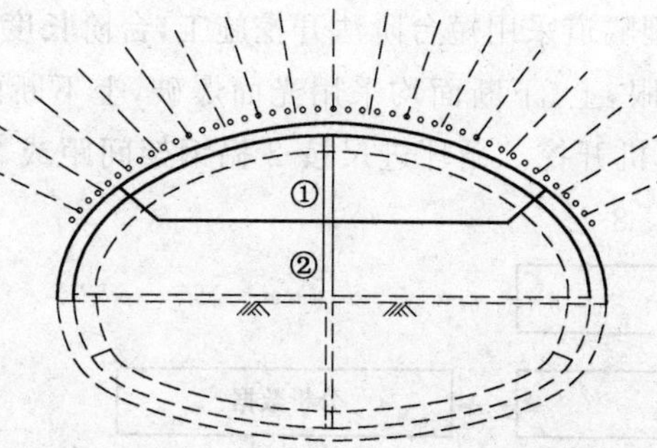	Ⅳ级以上围岩： 开挖上半断面②部； 施作相应部位初支及临时支撑、及时封闭
6	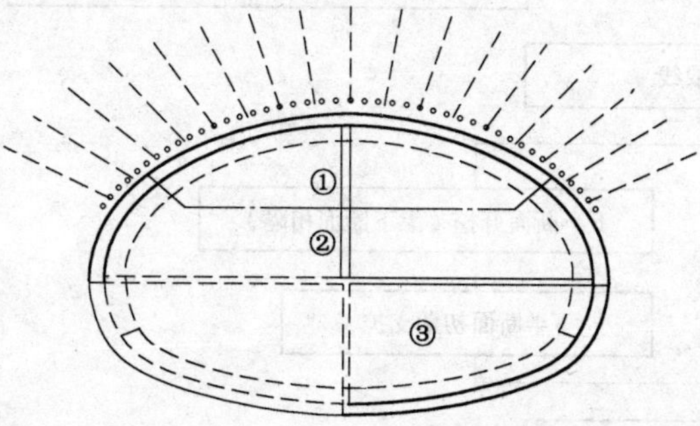	Ⅳ级以上围岩： ①、②部与③部开挖间距保持 5～10 m； 开挖右侧下半断面③部； 施作相应部位初支，及时封闭

续上表

序号	施工工序示意图	施工步骤及措施
7	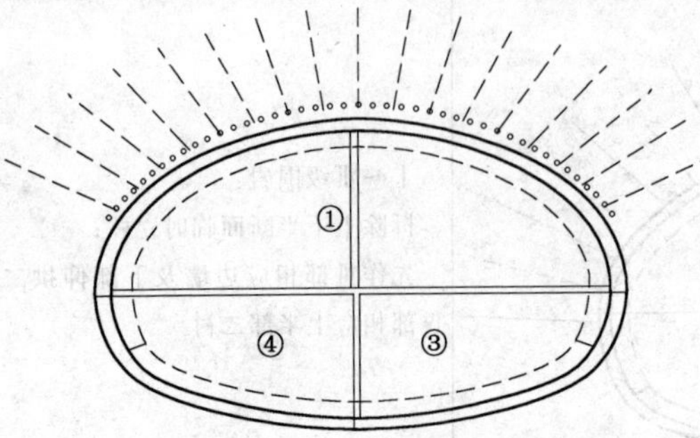	Ⅳ级以上围岩： 开挖左侧下半断面④部； 施作相应部位初支及临时支撑、封闭成环
8	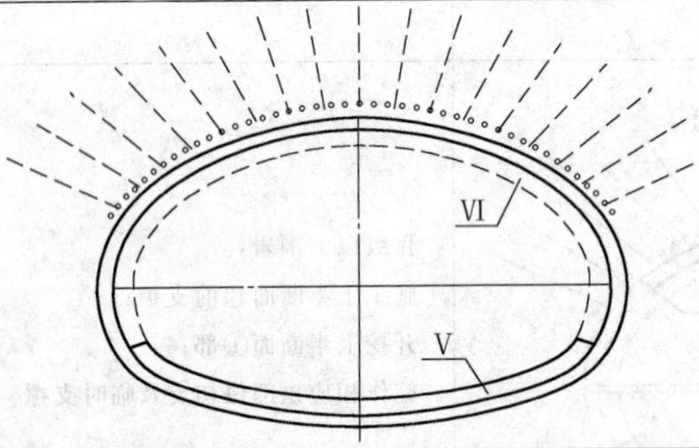	Ⅳ级以上围岩： 临时立柱及支撑拆除； 施作仰拱Ⅴ部，拱Ⅵ部二次衬砌施工

二、台阶法施工

Ⅲ级、Ⅳ级围岩段、喇叭口 B、C、F、G 型隧道采用短台阶法开挖施工，台阶长度控制在 3 m 左右。采用自制台架配合人工手持风钻打眼，上、下断面均采用光面爆破，上下断面分时微差错开起爆。采用斗容为 0.15 m^3 小型挖掘机开挖。循环进尺按 2 榀钢架间距或 2.0 m 来控制。施工工艺流程见图 3-18，施工步序见表 3-2。

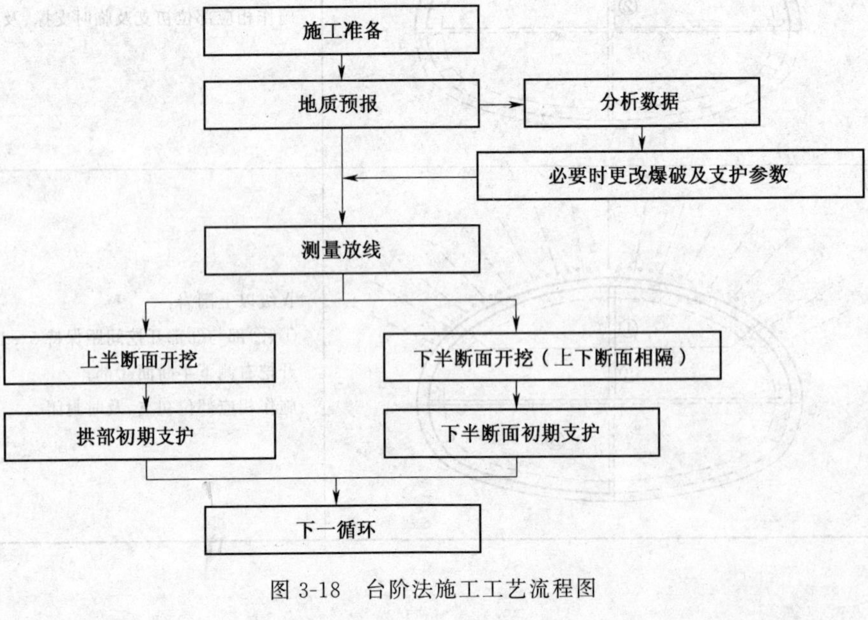

图 3-18　台阶法施工工艺流程图

表 3-2　台阶法施工步序图

序号	施工工序示意图	施工步骤及措施
1	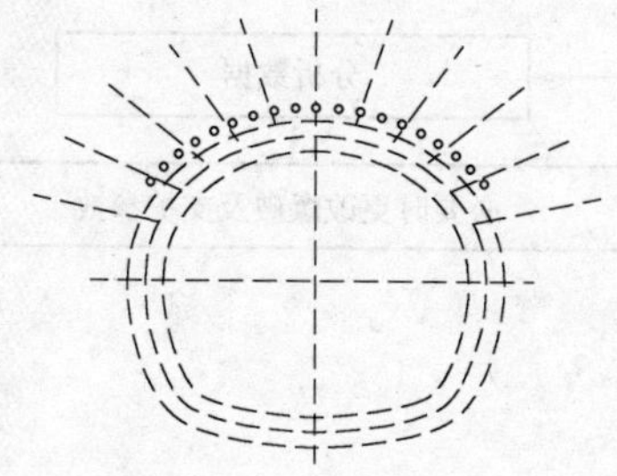	拱部安设超前支护;预注浆
2	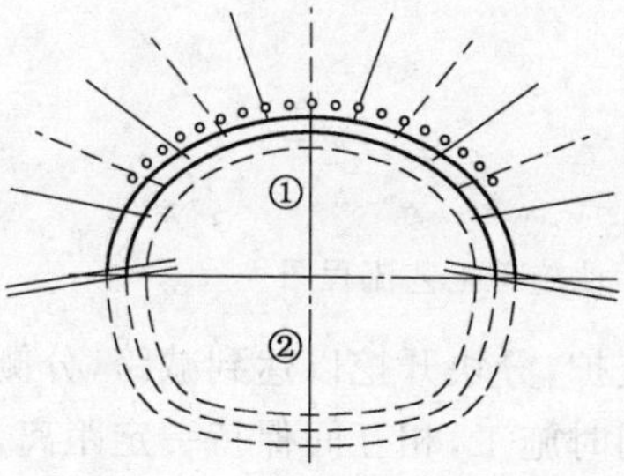	开挖上台阶①; 施作拱部初支; 打锁脚锚杆
3	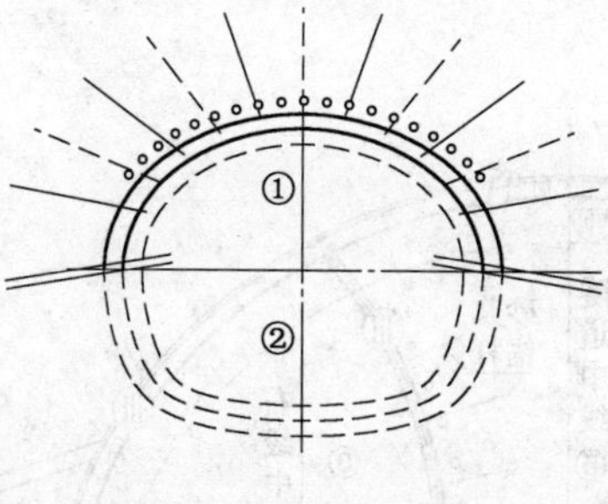	①部与②部开挖间距保持 5 m 左右; 开挖②部土体; 施作边墙、仰拱,初期支护封闭成环

三、全断面施工

Ⅲ级、Ⅳ级围岩段,单线 A、B、C、D、E 型隧道采用全断面法开挖施工。采用自制台架配合人工手持风钻打眼,断面均采用光面爆破,采用斗容为 0.15 m^3 小型挖掘机开挖。循环进尺按 2 榀钢架间距或 2.0 m 来控制。施工工艺流程见图 3-19。

四、环形台阶法施工

单线小间距隧道采用环形台阶法开挖,其施工流程、步序同台阶法。

五、双侧壁导坑法

站南暗挖大断面隧道采用双侧壁导坑法施工。施工遵照"超前支护、分块开挖、及时支护、

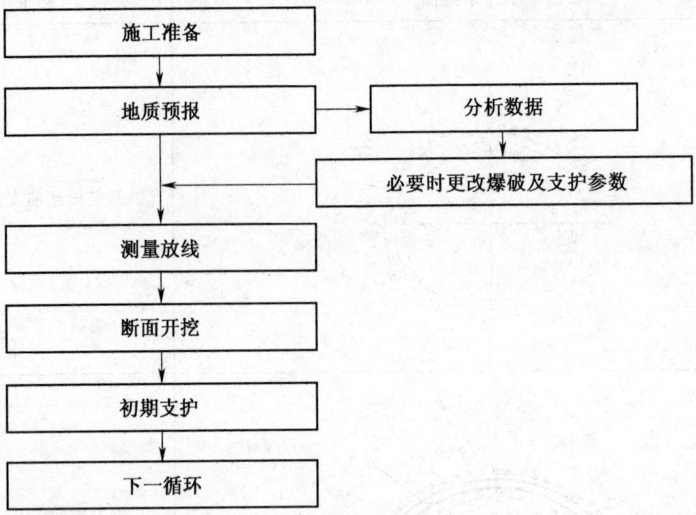

图 3-19　全断面法施工工艺流程图

保持距离、及时封闭”原则，即提前施工超前支护，分块开挖以达到减跨，分侧先上后下开挖，及时对分块进行初期支护或临时支护，各分块同时施工，相互间保持一定距离，各小块尽早封闭。

开挖以人工为主，辅以 0.15 m^3 小型挖掘机，四轮车运输，每循环进尺为一榀格栅间距，各分部保持一定距离相互跟进。施工步序见图 3-20，施工开挖见图 3-21。

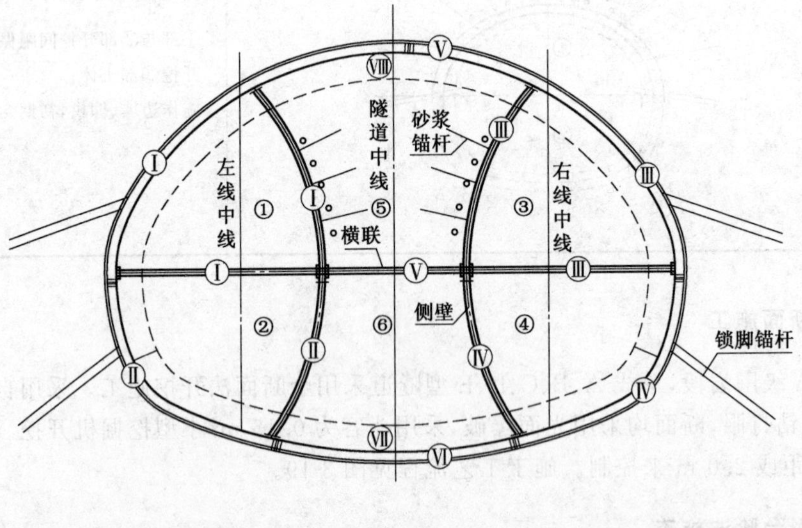

注：1. 开挖步骤如图所示，每一步开挖后立即初喷约 40 mm 厚混凝土，然后挂网、架立钢架、打设锚杆，钢架与喷层间隙楔紧，架立钢架后，立即分层续喷混凝土至设计厚度。

2. 图中①、②、③……表示开挖顺序；Ⅰ、Ⅱ、Ⅲ……表示支护顺序。

图 3-20　双侧壁导坑法施工步序图

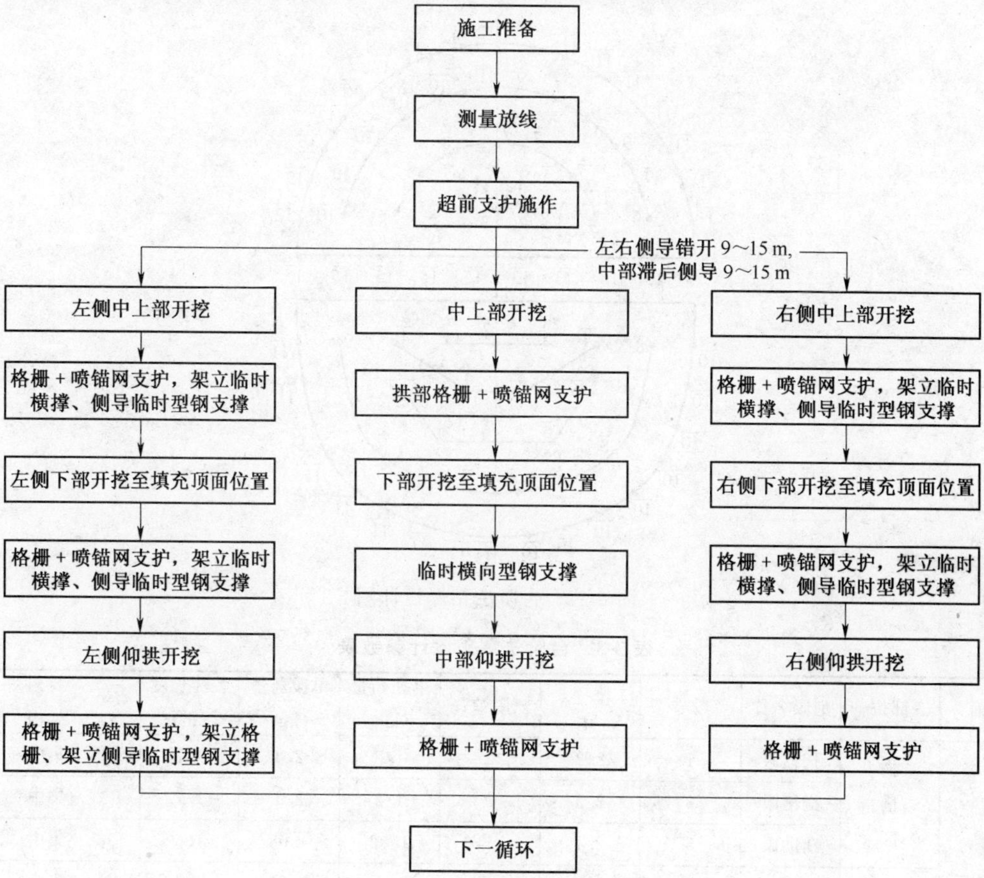

图 3-21　双侧壁导坑开挖图

第三节　岩石地段光面爆破

一、钻爆设计

折返线、联络线隧道围岩为Ⅲ级、Ⅳ级时，采用钻爆法开挖。在确保地面建筑物安全的前提下，针对工程地质情况和地面环境条件，参考我公司在该地质条件下隧道施工中所形成的光面爆破技术以及在城市地下工程钻爆施工中总结出的减振降噪技术，进行钻爆设计。在复杂地质条件下，有必要作导坑超前，预留光爆层人工剥除的方案。

1. 爆破器材

雷管选取用国产Ⅱ系列 15 段非电毫秒雷管。选用乳化炸药爆破。

2. 掏槽方式

采用直眼掏槽，上半断面采用菱形掏槽方式，设有两空孔。

3. 孔网参数

由于双侧壁法中各导洞钻爆设计孔网参数与台阶法基本相同，在此仅以台阶法Ⅲ级围岩的钻爆设计孔网参数说明。

台阶法隧道钻爆设计孔网参数见图 3-22 及表 3-3。

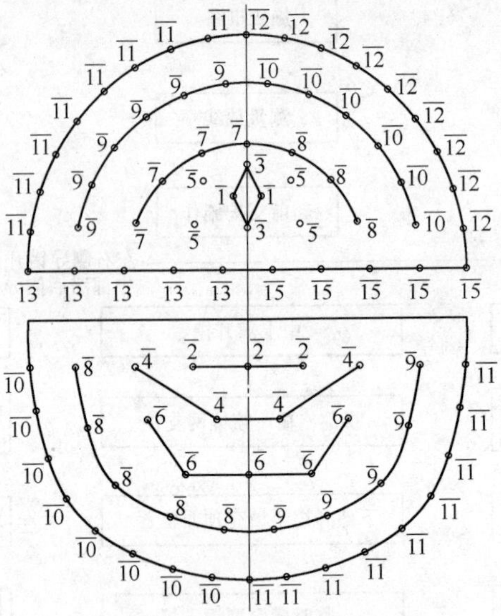

图 3-22　台阶法钻爆设计图

表 3-3　台阶法爆破设计参数表

断面	部位	炮眼名称	段号	眼深 M	眼数	单孔药量（kg）	单段药量（kg）	装药长度（m）	装药结构
上断面	掏槽区	掏槽眼	1	2.2	2	1.2	2.4	1.7	集中
		掏槽眼	3	2.3	2	1.2	2.4	1.7	集中
		辅助眼	5	2.1	4	1.02	4.08	1.6	集中
	掘进区	掘进眼	7	1.8	4	0.9	3.15	1.4	集中
		掘进眼	8	1.8	3	0.9	2.7	1.4	集中
		内圈眼	9	1.7	6	0.72	4.32	0.4	集中
		内圈眼	10	1.7	6	0.72	4.32	0.4	集中
	边部	周边眼	11	1.7	8	0.36	2.88	0.4	间隔
		周边眼	12	1.7	9	0.36	3.24	0.4	间隔
	底部	底板眼	13	1.8	5	0.63	3.15	0.5	集中
		底板眼	15	1.8	5	0.63	3.15	0.5	集中
下断面	中部	掘进眼 1	2	2.3	3	0.72	2.16	1.5	集中
		掘进眼 2	4	2.3	4	0.81	3.24	1.5	集中
		掘进眼 3	6	2.3	5	0.81	4.05	1.5	集中
	边部	辅助眼 1	8	2.2	5	0.72	3.6	1.2	集中
		辅助眼 2	9	2.2	5	0.72	3.6	1.2	集中
		周边眼 1	10	2.2	5	0.48	2.4	1.7	间隔
		周边眼 2	11	2.2	5	0.48	2.4	1.7	间隔
	底部	底板眼 1	10	2.2	3	0.72	2.16	1.2	集中
		底板眼 2	11	2.2	4	0.72	2.88	1.2	集中

4. 周边眼装药结构

为了控制振速及保证成形质量，上下断面均采用光面爆破。周边眼孔装药采用间隔不耦合装药，见图 3-23。

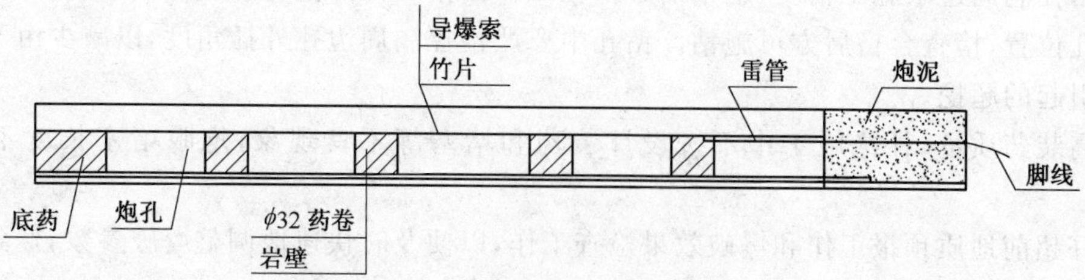

图 3-23　周边眼装药示意图

5. 爆破网路

设计爆破网路为孔内同段，孔外微差的非电微差起爆技术。为减小爆破振动叠加对地层及建(构)筑物的伤害，非电毫秒雷管一般隔段使用，相邻起爆段间隔时间应大于 50 ms。

6. 隧道爆破技术综合参数

爆破技术综合参数见表 3-4。

表 3-4　爆破技术综合参数表

岩石级别	周边眼间距 E (cm)	周边眼最小抵抗线 W(cm)	相对距离 E/W	周边眼装药参数 (kg/m)
Ⅲ级围岩	50～60	60～80	0.8～1.0	0.25～0.3
Ⅳ级围岩	45～65	60～80	0.8～1.0	0.2～0.25

二、减振方案

采用上下台阶法分部开挖，上、下台阶均采用光面爆破技术，上下断面分时错开爆破，减少振动。采用中壁法施工时，采用光面爆破技术，分次爆破。控制单段药量，控制爆破规模以达到控制原点振速的目的。对复杂环境软硬不均地层爆破，可采用对软弱岩层预加固或铺助措施后控制爆破。

掏槽区尽量位于底部，以加大掏槽区爆源距地表的距离。周边光爆孔按设计间距布置，并在施工中根据爆破效果来调整炮孔间距、深度及装药量。

单段允许药量的限制。根据萨氏公式，$v=k(Q^{1/3}/R)\alpha$，并参考我集团公司在实际施工中利用 CRAS 测震系统所测得的经验数据 k 及 α 的数值，经回归后为 $k=120$，$\alpha=2.0$。以质点允许振速$[V_{max}]=2.0$ cm/s 作为最高控制标准，本区间隧道埋深在 15 m 左右，经计算掏槽区最大段装药量要求控制在 4.7 kg 以内。

三、控制超欠挖技术措施

掏槽炮眼的眼口、眼底间距允许偏差为 5 cm；辅助炮眼眼口排距、行距允许偏差均为 10 cm；周边炮眼间距允许偏差为 5 cm，外斜率不大于孔深 3%～5%，眼底不超过开挖轮廓线 10 cm。周边炮眼至内圈眼的排距允许偏差为 5 cm。除掏槽炮眼外，其他炮眼须在同一垂直面上。

严格周边眼小药卷间隔装药结构，药卷分半进行间隔装药，防止药卷集中孔底造成超挖。

严格控制周边眼起爆顺序，在满足爆破振动速度要求前提下，周边眼尽可能安排少段次起爆，以减少由于起爆不同步引起的超挖。

严格控制周边眼施工精度，施钻前必须在工作面按设计开挖轮廓线放线，并按爆破设计标出周边孔位置，检查合格后方可施钻。钻孔中要严格控制周边孔外插角度，以减少由于外插角过大而引起的超挖。

提高装药质量，杜绝施工中不按设计装药和堵塞等不良现象，炮眼堵塞长度不宜小于 20 cm。

作好超前地质预报工作和爆破效果检查工作，以便及时快速地调整爆破参数，达到控制超欠挖的目的。

第四节 超前支护

一、大管棚

为防止钻进中地下水及泥沙涌出，确保管棚打设质量，确定施工分两步进行：

(1)开孔：用专用开孔钻机开出长 300～1 000 mm 的 ϕ130 孔位，然后导向墙中预埋 ϕ127、长 200 cm 管棚孔口管导向管。站南暗挖区间利用车站基坑，在围护桩上用专用钻孔机钻孔，并预埋导向管。

(2)成形：用 $\phi108\times8$ mm 钢管做钻具，前端装有导向探头的导向专用钻头，采用泥浆护壁，利用有线导向仪监控，随钻进加尺(方位、角度发生变化时，随时进行修正)，将棚管依次打入。同时将钢管接口焊接严密，直至达到设计长度。

二、全断面深孔注浆

在确定实施前，钻 5～6 个超前水平钻孔以探明地下水发育情况。超前钻孔起点在预测突水处以前 5～10 m，其终点超过突水段 5 m。按照设计孔位及角度施作注浆孔，孔位由工作面向开挖方向呈辐射状，钻孔布置成圆形圈。

采用 TXU-75A 钻机钻孔，SYB-60/60 型注浆泵。全断面深孔注浆每 30 m 为一循环，并设 5 m 止浆墙或止浆岩盘。钻至设计长度后可开始压浆。注浆顺序为先中间孔后周边孔。注浆压力控制在 0.3～0.6 MPa。

三、超前小导管注浆

区间隧道穿过的地层主要为砾质黏性土层，拱部设超前小导管注浆加固地层。超前小导管采用 ϕ42、3.5 mm 钢管，注浆管一端做成尖形，另一端焊上铁箍，在距铁箍端 0.5～1.0 m 处开始钻孔。钻孔沿管壁间隔 100～200 mm 呈梅花形布设，孔位互成 90°，孔径 6～8 mm，以便向土体内压注浆液。

注浆钢管沿开挖轮廓线布置，环向间距 0.3m，外插角 7°～10°。注浆压力一般为 0.4～0.6 MPa。每两榀格栅钢架排管一次。注浆液为水泥-水玻璃双液浆，水泥浆水灰比 1.25∶1～0.5∶1，水玻璃浓度使用范围为 30～45Be′，水泥、水玻璃浆液体积比为 1∶1～1∶0.3。

第五节　初 期 支 护

初期支护的施作包括格栅钢架的架立、钢筋网片的挂设、纵向联结筋的连接焊接以及喷射混凝土。格栅架立按照技术交底严格控制间距，保证标高、中线和里程同步。每节之间的螺栓应上齐拧紧，格栅主筋与土体之间应有 4 cm 的保护层，钢筋网和纵向连接筋应与格栅钢架焊接牢固。

喷射混凝土采用湿喷工艺，施工时严格按配合比施工，控制喷层厚度，喷射混凝土表面大致平整圆顺。喷射作业应分段、分片、分层由下而上依次进行，严禁使用回弹料充填格栅。

第五章　辅助工法的应用与效果评价

第一节　小导管注浆加固技术

一、注浆工艺及注浆材料

当隧道从Ⅵ级围岩中穿过时，采取大跨以上掌子面注浆止水加固措施。Ⅵ级围岩的稳定性差，遇水流塑性大，不利于掌子面的稳定。开挖上台阶之前，对上部排管注浆。注浆管采用 $\phi 32\times 3.25$ 普通水煤气管，$L=5.0$ m，间距 0.75 m，梅花形布置。纵向每 3.5 m 排设一次。注浆材料为水泥-水玻璃双液浆，注浆压力 0.3～0.6 MPa，注浆方式为全孔一次注浆。注浆管布置见图 3-24。

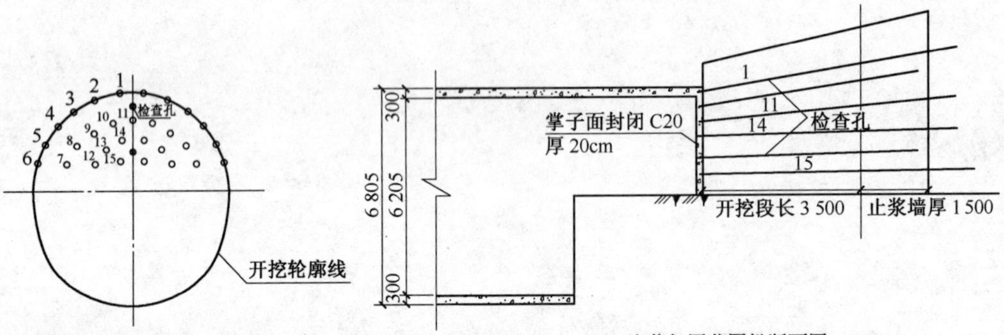

(a) 掌子面注浆孔布置示意图　　(b) 注浆加固范围纵断面图

图 3-24　注浆加固示意图

第二节　其他(钢板桩、搅拌桩等措施)

一、锁脚锚管

区间隧道采用台阶法施工，台阶长 6～8 m，为保证上台阶的稳定和控制沉降，在每榀格栅钢架起拱线附近的两拱脚处各设两根锁脚锚管。锚管为 $\phi 32$、$t=3.25$、$L=2.5$ m 的钢花管，压注水泥-水玻璃双液浆加固拱脚土体。

二、初期支护背后回填注浆

初支背后回填注浆具有堵水、加固围岩和控制地层沉降等多重作用。可根据开挖过程中监控量测结果来布置背后注浆管，一般在拱顶或、塌方(或超挖)严重的地方及地表沉降变形较大的地方设置，环距 2～3 m，每环 3 根。通过注浆填充初支与围岩之间的空隙，因此背后注浆管的设置具有灵活性。注浆管采用 ϕ32、t=3.25 mm 钢管，长度 1 m 左右。浆液采用 1∶1 的水泥浆液，注浆压力应控制在 0.3～0.4 MPa，不超过 0.5 MPa，防止压力过高引起初期支护变形开裂。

第六章　衬砌施工及质量控制技术

第一节　衬砌新技术

暗挖隧道结构为马蹄形断面，由初期支护、防水层及二次衬砌组成复合式结构。其中二次衬砌为钢筋混凝土结构，衬砌厚 350 mm，钢筋以 $\phi25$、$\phi22$、$\phi20$、$\phi18$、$\phi16$、$\phi12$ 为主，外保护层为 50 mm，内保护层为 300 mm，混凝土等级为 C30S10。

一、施工工艺流程

施工工艺流程见图 3-25。

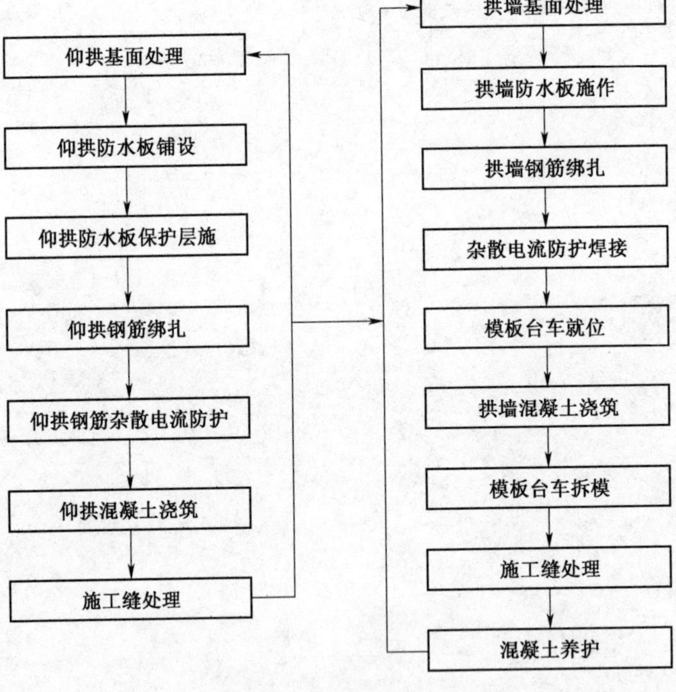

图 3-25　二次衬砌施工工艺流程

二、二次衬砌施作要点

1. 基面处理

在初期支护施作完成并满足二次衬砌施作条件后，拆除初支期间临时支撑，将仰拱底部淤泥及污水清理干净，同时对初支渗漏水部位进行局部回填注浆止水，注浆材料为水泥-水玻璃双液浆。

工程部测量组对全线初支断面进行净空复核，对侵限部位进行处理，保证二次衬砌厚度及净空要求。

割除外露的拱部超前注浆管、回填注浆管、起拱线部位的锁脚锚管、钢筋头等突出物，凿除初支喷射混凝土明显凸起部分，并用砂浆找平，以保证初支表面圆顺。

为保证初支渗漏水能顺利排出，不影响防水板铺设及底板混凝土浇筑，在初支仰拱底部铺设盲沟，采用 ϕ50PVC 管，管体梅花形布置渗水孔，具体布置见图 3-26。

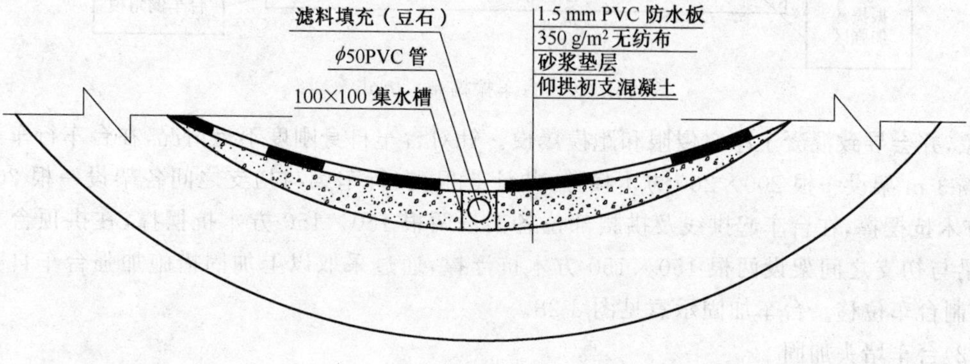

图 3-26　仰拱底部盲沟示意图

2. 模板台车脱模剂的涂抹

模板台车脱模剂涂抹质量直接关系到二次衬砌表观质量的好坏，由于绑扎好的二次衬砌钢筋与台车模板间空隙狭小，作业人员无法进入，导致脱模剂涂抹不均匀，有漏涂现象，同时脱模剂严重污染钢筋，脱模后混凝土表观质量不理想，存在大量蜂窝麻面。

为此，项目部经过认真研究，通过自制模板台车脱模剂涂抹专用设备，以改善脱模剂涂抹质量。经现场试用，自制涂抹设备使用方便快捷，构造简单实用，出油均匀，减轻操作人员劳动强度，节约机油，同时避免污染钢筋，机油涂抹效果好，模板表面无漏涂，成功地解决了台车脱模剂涂抹的难题。

3. 混凝土浇筑振捣

二次衬砌厚度为 350 mm，采用 C30S10 商品混凝土。由于内层钢筋保护层较小（仅有 3 cm），石子粒径过大，塌落度过小及台车浇捣口位置限制，混凝土在流动过程中易在钢筋处发生石子堆积，导致混凝土不易振捣。后通过现场试验确定石子粒径以 1～2 石（5～20 mm）、塌落度以（18±2）cm 更为适宜。同时为保证混凝土振捣密实，确定附着式振动器加装为 12 台，并对浇捣口下部采用插入式振捣器加强振捣，具体布置方式见图 3-27。

确定浇筑振捣程序为：混凝土浇筑分为 50 cm 一层，分层振捣，每层开动 3 次，每次开动附着式振动器 1～2 min，在浇捣口以下部位只开动下部两台附着式振动器，并采用振捣棒由 3 个浇捣口插入振捣加强，在混凝土浇筑至浇捣口上部后，每次振捣将上部 4 个附着式振动器全部打开。

4. 模板台车及堵头加固

（1）台车加固

在台车混凝土浇筑过程中发现，台车在混凝土压力作用下会发生自身拱梁变形和摆动、浮

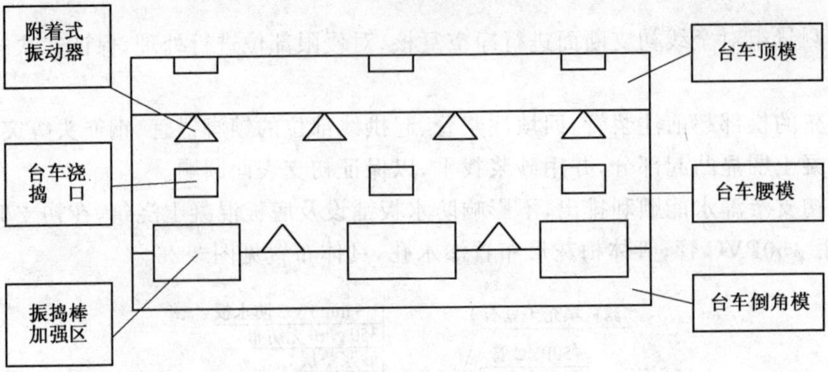

图 3-27　台车振捣布置方式

动现象,并会导致混凝土净空侵限和跑模爆模。针对台车自身刚度不足情况,在台车行车梁之间每隔 3 m 架设一根 200×200 方木横撑,共计 3 根,在行车梁与初支之间各架设一根 200×200 方木抗摆撑,在台车起拱线及拱腰部位各架设两根 150×150 方木抗摆撑,在拱顶台车两根纵梁与初支之间架设两根 150×150 方木抗浮撑,通过采取以上加固措施加强台车自身刚度,限制台车位移。台车加固示意见图 3-28。

(2)台车堵头加固

台车堵头安设牢固是保证二次衬砌混凝土施工质量的前提。为确保堵头牢固,在钢筋绑扎完后杂散电流防护焊接时将纵向连接筋搭接头加焊 $5d$,台车就位后将堵头外一圈环向钢筋与纵向钢筋所有搭接点焊牢固,同时在台车端头肋板处间隔 1m 环向焊接 U 形卡。U 形卡由 2 cm 钢板加工而成,用于卡住堵头板的背板,与二衬钢筋共同受力,形成整体,确保台车堵头牢靠稳固。详见图 3-29。

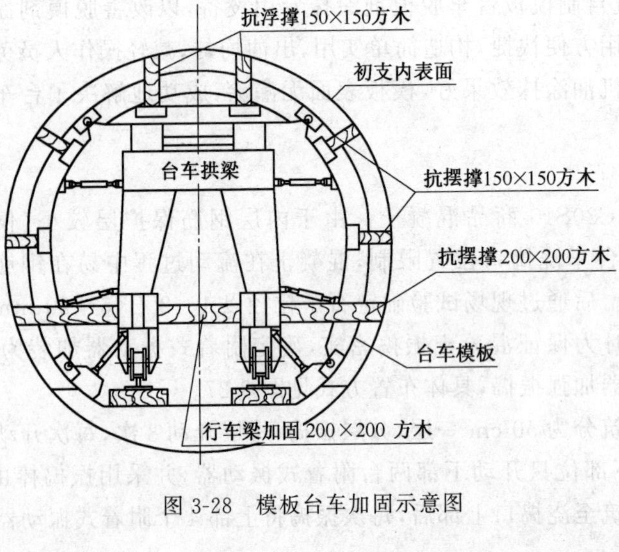

图 3-28　模板台车加固示意图

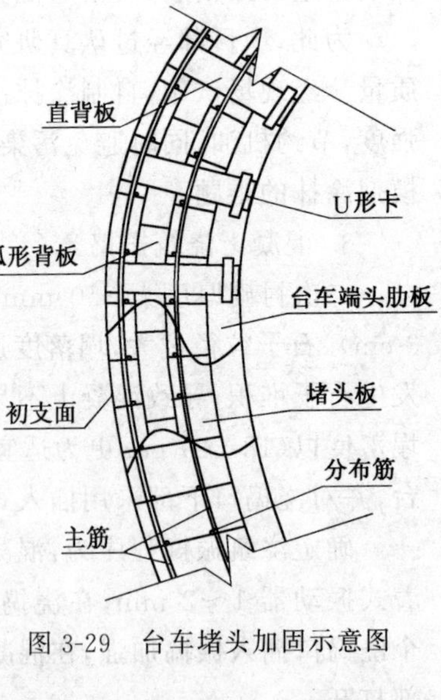

图 3-29　台车堵头加固示意图

第二节　衬砌混凝土质量控制技术

本工程混凝土工程量大,其性能指标依据不同的结构部位有不同的要求。因此,必须采取有效的措施保证混凝土的强度、抗渗等级、防腐性能满足设计要求，并具有良好的抗裂性能。本工程混凝土均采用商品混凝土。

一、组织保证

建立混凝土质量保证机构，项目部设混凝土质量控制管理小组，由项目技术负责人负责，相关职能部室和作业队为小组成员，负责对生产工班进行技术交底、质量教育及工艺监督。混凝土质量控制见图 3-30。

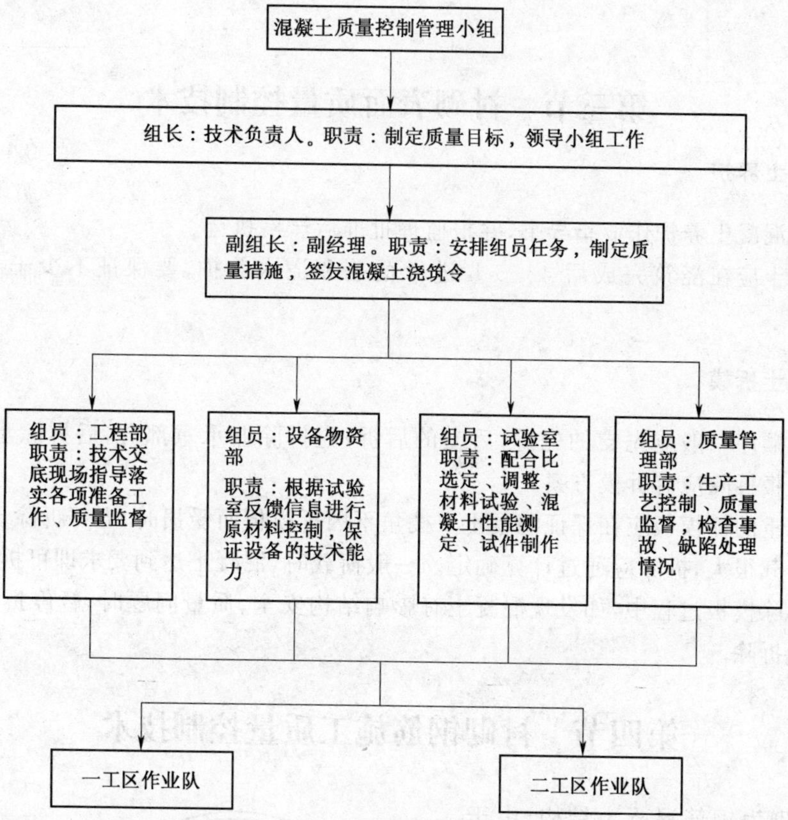

图 3-30　混凝土质量控制组织机构及职能

二、技术保证

本工程混凝土施工严格按照《混凝土结构工程施工及验收规范》(GB 50204—2002)中有关规定进行控制。

1. 原材料控制

混凝土是由各组成材料合成的人工复合材料，不仅各生产工序的工艺操作对其质量产生影响，而且各组成材料的质量情况也影响混凝土的质量。所以，各组成材料的质量控制，是混凝土质量控制的重要环节，也是确保混凝土质量控制的基本内容。各组成材料如水泥、砂、石料、水和外加剂的选材和性能指标必须严格执行相关技术标准、规范。

2. 混凝土配合比控制

项目部提出要求，商品混凝土供应站试验室提供混凝土配合比，自检后，报监理及业主审核批准后方可使用，未经试验人员允许，配合比不得改动。

3. 混凝土拌制

本工程现浇混凝土采用商品混凝土，在混凝土生产时派专人检查以下事项：

(1)拌制混凝土时，材料的偏差不得超过下列规定：水泥、水、外加剂为±1%；各种集料为±2%。

(2)勤测骨料含水率，据此调整施工配合比。雨天施工时，增加检测次数。

(3)混凝土搅拌过程中始终注意其稠度(坍落度)，若稠度与原定的不符，立即查明原因予以纠正。

第三节　衬砌表面质量控制技术

一、混凝土养护

(1)编制混凝土养护作业指导书，并报监理批准后严格执行。

(2)混凝土应在浇筑完成后 4～5 h 进行覆盖和浇水养护，要保证不少于 14 d 的养护时间。

二、混凝土拆模

(1)拆模顺序一般应先支的先拆，后支的后拆；先拆除非承重部分，后拆除承重部分。重大、复杂的模板拆除应有拆模方案。

(2)不承重的侧模板应在保证混凝土及棱角不因拆模板而受损时，方可拆除。

(3)若荷载很大，拆除应通过计算确定。一般荷载时，混凝土达到要求即可拆除。

(4)在拆除模板过程中，如发现混凝土有影响结构安全、质量问题时，暂停拆除，经过处理后，方可继续拆除。

第四节　衬砌钢筋施工质量控制技术

二次衬砌为钢筋混凝土结构，由于钢筋绑扎基面为已施作好的防水板，拱墙钢筋悬空架立无法准确定位，很难控制钢筋绑扎净空，因此在二次衬砌开始施作时出现钢筋保护层侵限的质量问题，通过现场摸索，将钢筋绑扎控制改为五寸台法，达到了精确控制钢筋位置的目的，同步控制每隔 5m 吊线一次。具体方法见图 3-31。

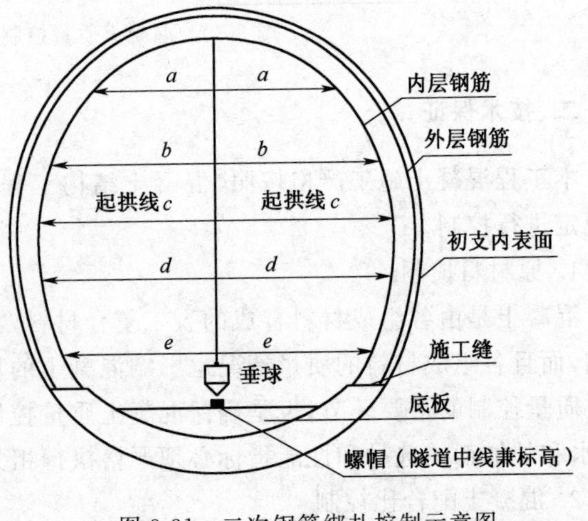

图 3-31　二次钢筋绑扎控制示意图

通过钢筋绑扎后净空检查发现，由于拱部钢筋自重下垂，使得拱顶钢筋在绑扎好后会自动下沉约 3 cm，因此，在绑扎控制过程中将拱顶钢筋抬高 5 cm，保证拱顶钢筋净空。

第五节　防排水处理分析

一、施工缝、变形缝防水

二次衬砌施工中施工缝处理是重点，在混凝土浇筑过程中注意加强施工缝处振捣，保证施工缝处混凝土密实，在拆模后将施工缝浮浆层全部凿掉，凿毛完毕后将施工缝用高压水清洗干净。

施工缝采用两道缓膨型止水条，以往施工中止水条预留槽用木条模型，安设困难且质量难以保证，后改用止水条专用橡胶模具，安设方便，槽体平顺，保证了止水条安设牢固、连续。

二、二衬背后回填注浆堵水

二衬背后回填注浆具有堵水、填充空隙、控制地层沉降等多重作用。根据衬砌分段布置背后注浆管，一般设在拱顶及侧墙处，管距 3～5 m。通过注浆填充衬砌背后空隙。注浆管采用 $\phi 32$，$t=3.25$ mm 的钢管，注浆管在二衬混凝土浇筑前埋设，注浆管埋设至防水板。注浆液采用1∶1的水泥浆液，注浆压力应控制在 0.3～0.4 MPa，不超过 0.5 MPa，防止压力过高引起衬砌结构变形开裂。

第七章　施工通风技术

第一节　通 风 方 式

区间通风采取压入式通风，采用多级变速隧道专用通风机和隧道专用拉链式软风管，既可调节功率适应不同阶段通风要求，又达到节能的目的。

第二节　通风机配置及通风管布置

左线和联络线、站北左右线合修暗挖段、折返线右线各配置 1 台 2×37 kW 轴流通风机，共四台通风机，其中左线和联络线线路 650 m 长，隧道中部加 1 台 1×37 kW 轴流通风机接力。风管采用 ϕ1000 拉链式软管。通风机采用 SFD-Ⅲ-No. 10 型，电机功率 2×37 kW，风量 750～1 450 m^3/min。

通风机安装在洞口处明挖基坑内，单洞双线隧道两风机间错开距离不小于 15 m，以免形成污风循环，影响相互通风效果。

不同外径的风机与风管连接时用过渡节过渡，过渡节长度以 3～5 m 为宜。通风机装有保险装置和接地装置，当发生故障时能自动停机。风机布设场地保持干燥平整，采取防雨措施。

第三节　施 工 通 风

一、通风管布设要求

通风管吊挂平直、拉紧吊稳、接头严密，避免出现褶皱，垂直交接处要避免死弯。

风管末端到工作面的距离保持在 10～15 m 内，以确保通风效果。通风管安装接头严密，减少漏风损失，转弯半径不小于风管直径的 3 倍。在台车门架适当位置安装同直径刚性风筒连接，按施工要求设闸阀及三通接头备用。

成立专门的通风班组进行施工通风设备安装、管理。通风管要及时检查、拆换、修补，以减少漏风。

加强对隧道内的空气质量监测，根据监测结果及时调整通风量，为确保员工职业健康安全创造有利条件。

二、区间通风标准

开挖工作面进风（按体积计）：氧气（O_2）不得低于 20%；二氧化碳（CO_2）不得超过 0.5%。洞内每立方米空气中，粉尘最高容许浓度：含 10%以上游离二氧化硅的粉尘为 2 mg；含 10%

以下游离二氧化硅的粉尘为 10 mg；含 10％以下游离二氧化硅的水泥粉尘为 6 mg。洞内有害气体最高容许浓度：一氧化碳不超过 30 mg/m³；氧化物换算二氧化氮不超过 5 mg/m³。

1、2 号线联络线通风采用混合通风方式，压入风利用折返线左线管路，同时折返线与联络线合修段安设抽出式通风管路。通风机型号、风管直径同站后折返线。

站南暗挖区间站南区间断面大，暗挖长度较短，依靠自然通风，局部配以风扇，可满足施工要求。

第八章 工程管理

第一节 对周边环境影响情况及处理措施

一、对周边环境影响情况

站南暗挖区间下穿世界之窗办公楼及教堂，站后折返线、联络线下穿益田假日广场、18栋浅基础密集居民区楼群。站南暗挖区间地质软弱，站后折返线和联络线地质较硬，基础沉降控制要求高，建筑物沉降（尤其是差异沉降）要求严格控制，对楼群保护必须确保万无一失。鉴于建筑物的基础均为浅基础，房屋结构较差，个别楼已经受到过周边施工的扰动，且本工程地质的突变性大、含水丰富，建筑物可能出现沉降超限或建筑物不均匀沉降超限。

二、合理化建议

(1)成立以项目经理助理为负责人、项目技术负责人和工区主任参加的建筑物、管线保护小组，熟悉各种建筑物、管线所处位置，管材及联结方式，学习管线保护的基本知识。

(2)建立与各管线管理单位的联系卡片，遇到突发事件能及时联系。

(3)根据管线的重要程度，建立距离不等的安全区域，挂牌明确标识并严禁施工机械设备碰撞。

(4)施工时加强对各种管线路的监测工作，制订正确的保护措施和控制位移值。一旦出现管线破裂或断裂等突发事件时，应及时协同本区主管部门采取关、堵等方法进行抢修，防止事态进一步恶化。

(5)对各类管线都应结合现场环境及工程施工特点分别制定相应的应急处理措施，并取得相应管理单位的认可。

第二节 安全管理措施

(1)安全保证措施：

1)成立安全管理组织机构；

2) 建立安全保证体系；

3) 建立安全生产保障体系，落实安全生产责任制。

(2)建立安全隐患排查制度，进行定期及不定期的隐患排查。

(3)加强应急救援演练。

(4)确定安全管理目标和安全防范要点。

(5)制定施工安全技术措施。

施工照片见图 3-32～图 3-49。

图 3-32　施工现场

图 3-33　召开第一次工地会议

图 3-34　世界之窗车站场地

图 3-35　土方开挖

图 3-36　基坑石方爆破

图 3-37　人工孔桩开挖

图 3-38　孔桩钢筋绑扎

图 3-39　钢支撑架设

图 3-40　管线原地保护

图 3-41　脚手架搭设

图 3-42　顶板钢筋绑扎完成

图 3-43　灌注混凝土

图 3-44　车站成品

图 3-45　洞内进行拉拔试验

图 3-46　双侧壁导坑法施作

图 3-47　铺设防水

图 3-48　竖井进行开挖

图 3-49　合建段进左右线隧道

第九章　案例分析

案例一、站南暗挖初支开裂

事由：站南右线上导洞节点处出现一条长 1.5 m、宽 2 mm 的水平裂缝，造成世界之窗办公楼安全隐情。

1. 事件分析

①未严格执行施工方案及技术交底。

②过程控制质量把关不严。

③监控、量测不及时、不到位。

④管理人员及作业人员责任心不强，执行力过差。

2. 经验与教训

①施工前制定详细可行的方案和交底，作为指导正确施工的前提。施工中应严格执行方案、交底，对存在的问题及时改正和纠偏，任何人不得私自更改已上报的方案。施工后应及时小结，找出不足，提供类似经验。

②现场设专职技术人员对关键工序和部位进行值班，确保施工质量。

③监控、量测应及时、准确，数据应及时提交技术负责处理。

④强化人员的责任心和执行力，制定有效的奖罚来约束人员。定期或不定期地进行质量、安全业务培训。

案例二、荔园新村小区房屋注浆抬升险情

1. 事由

因注浆，致使 4＃楼个别点局部抬升，墙体出现少量龟裂。

2. 事件分析

①对房屋构造与周边管线未调查清楚；

②与小区业主沟通过少；

③监控、量测反馈信息过缓，未有效地指导施工。

3. 经验与教训

①应做好开工前的各项准备工作，调查清楚管线走向、埋深。做到有序、有组织、有安排地施作。

②设专人对外协调，及时与小区业主沟通。解决处理小区业主提出的问题，上报有关单位及部门。

③强调监测在施工中的重要性，及时分析、处理监测数据，有效地指导过程施工。

第四篇　深圳地铁 2 号线 2222 标暗挖隧道施工技术

第一章　工程概况及工程重难点

深圳地铁 2 号线东延线土建 2222 标位于深圳市福田区，包括“四站三区间”七个子单位工程。区间采用盾构法施工，车站除了香梅北站Ⅱb、Ⅱc 过街通道采用矿山法暗挖外，其他均采用明挖顺筑法工。

第一节　工程地理位置及主要工程内容

一、工程地理位置

香梅北站Ⅱb、Ⅱc 过街通道设于香梅路与侨香路交叉路口的西北侧，分别下穿路口位置的侨香路及香梅路。

二、主要工程内容

香梅北站Ⅱb、Ⅱc 过街通道暗挖段的施工，总长 82.1 m。其中Ⅱb 过街通道暗挖段总长 32.4 m；Ⅱc 过街通道暗挖段总长 49.7 m。Ⅱb、Ⅱc 过街通道暗挖段总平面图如图 4-1 所示。

第二节　工程地质与水文地质

一、地形地貌

原始地貌为台地及其间沟谷区，地形较平坦，局部略有起伏。

二、工程地质

车站范围上覆地层主要为第四系全新统人工填筑土(Q_4^{ml})、冲洪积(Q_4^{al+pl})黏性土、砂层、残积黏性土层(Q^{el})，下伏基岩为燕山期(γ_{53})花岗岩，局部见震旦系(Pzl)花岗片麻岩。

通道各土层岩性特征见表 4-1。

Ⅱb 过街通道洞身范围内主要为〈8-2〉、〈8-3〉可塑、硬塑状砾(砂)质黏土层，地质条件较差。如图 4-2 所示。

Ⅱc 过街通道洞身范围内主要为〈5-1-2〉软塑状粉质黏土、〈5-2-4〉粗砂，拱部主要为〈1-1〉素填土层，地质条件极差。如图 4-3 所示。

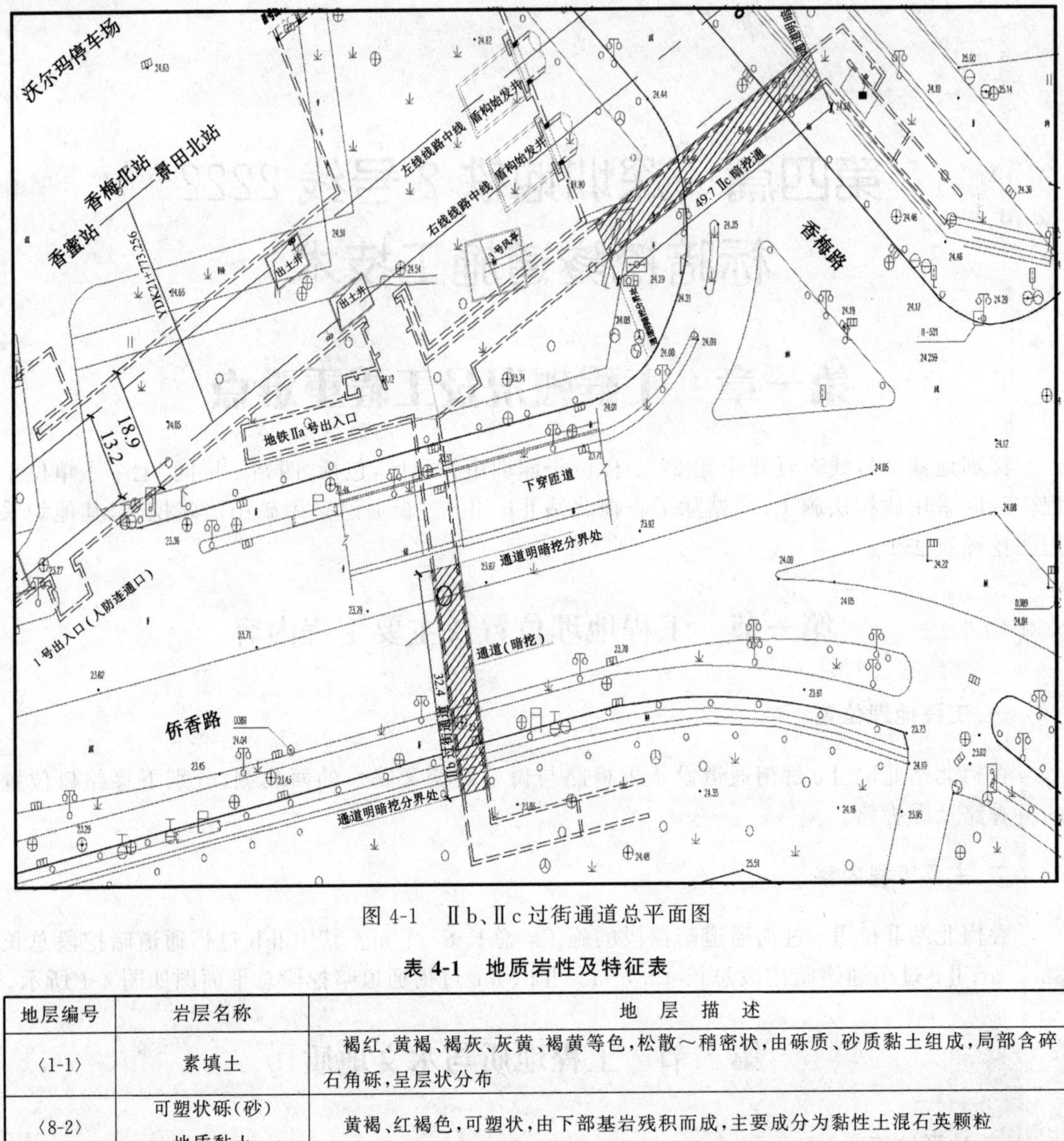

图 4-1　Ⅱb、Ⅱc 过街通道总平面图

表 4-1　地质岩性及特征表

地层编号	岩层名称	地　层　描　述
〈1-1〉	素填土	褐红、黄褐、褐灰、灰黄、褐黄等色，松散～稍密状，由砾质、砂质黏土组成，局部含碎石角砾，呈层状分布
〈8-2〉	可塑状砾(砂)地质黏土	黄褐、红褐色，可塑状，由下部基岩残积而成，主要成分为黏性土混石英颗粒
〈8-3〉	可塑、硬塑状砾(砂)质黏土	红褐、褐黄、灰白、黄褐色等，可塑状。质地不均匀，含少量石英粒，由下伏花岗岩残积而成。遇水软化、崩解
〈9-1〉	全风化花岗岩层	褐黄、褐红、灰白、肉红等色，原岩结构基本破坏，尚可认辨。裂隙极发育，偶尔夹强风化岩块或角砾
〈21-1〉	全风化花岗片麻岩层	褐黄、褐红、灰白、灰色，原岩结构基本破坏，除石英外其余矿物风化呈砂土状、黏性土状
〈1-2〉	填石层	红褐、灰、灰褐等色，稍密，饱和。以碎块石为主，石质成分花岗岩。呈透镜状分布在地表
〈5-1-2〉	软塑状粉质黏土	灰白色，软塑状，不均匀含砂约 25%
〈5-2-4〉	粗砂	灰白、褐黄色，稍密～中密，饱和。分选性差，偶夹薄层黏性土
〈9-2-1〉	强风化花岗岩	褐黄、褐红、肉红夹灰白等色。岩石风化强烈，岩芯呈砂土状、坚硬土柱状，风化不均匀，夹约 5% 角砾状强风化碎石，手可折断，遇水软化崩解
〈9-2-2〉	强风化花岗岩	褐黄、褐红、红褐及灰褐等色。岩石风化强烈，岩芯呈半岩半土状，风化不均匀，碎块大都手可折断，遇水软化崩解，局部夹有中等风化致密岩块

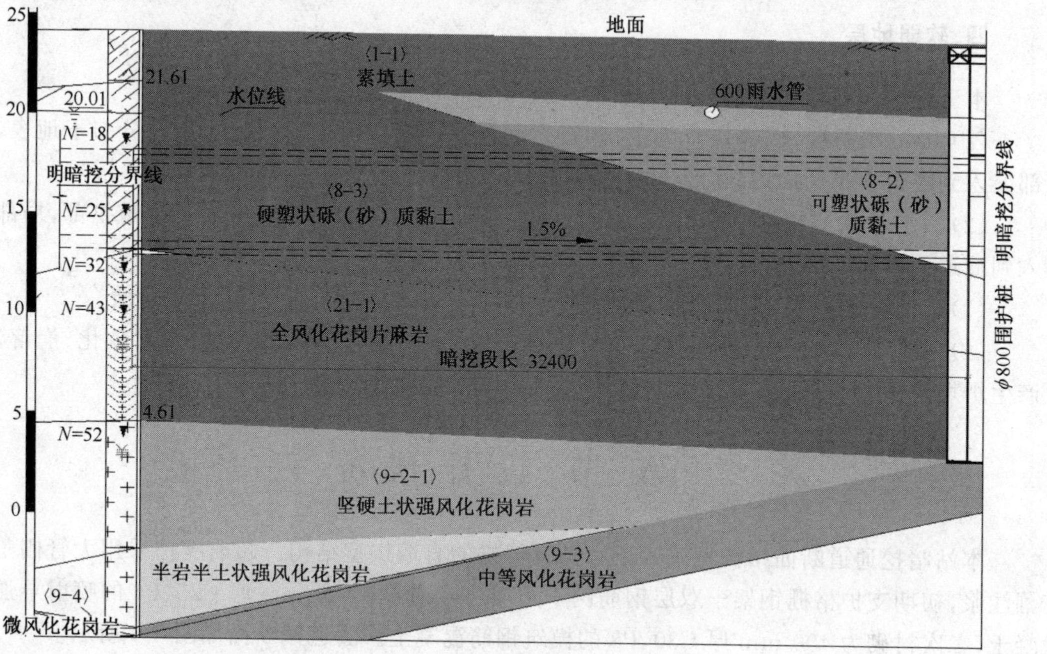

图 4-2　Ⅱb过街通道地质剖面图

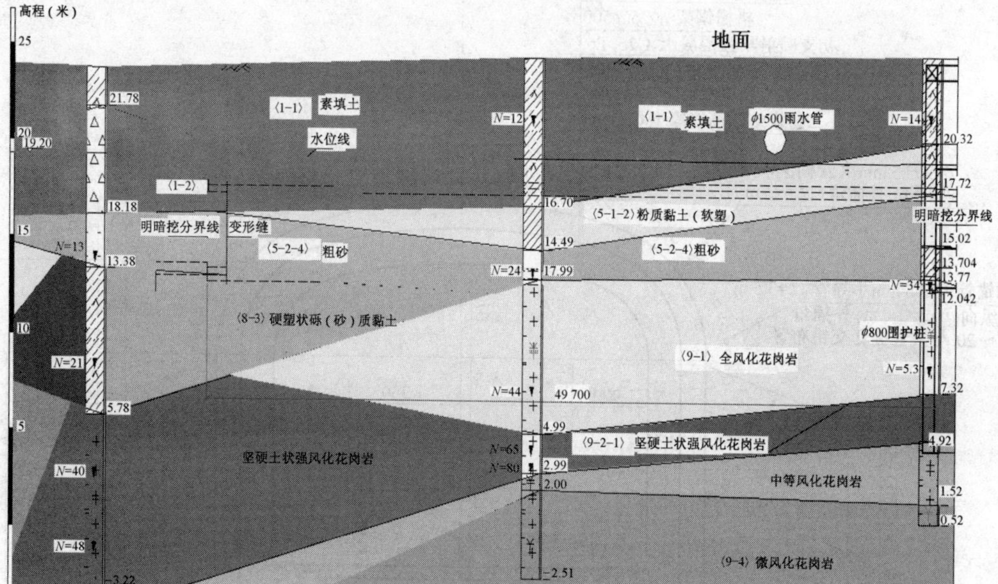

图 4-3　Ⅱc过街通道地质剖面图

三、水文地质

通道范围内地下水主要有第四系孔隙水、基岩裂隙水。第四系孔隙水主要赋存于残积层的砾（砂）质黏土层及洪积砂层中，岩层裂隙水较发育，广泛分布在花岗岩及花岗片麻岩的中～强风化带，构造节理裂隙密集带中。

四、软弱地层

本工程的主要软弱地层有：

(1)〈1-2〉填石层，以碎块石为主，碎石之间存在较大空隙，结构松散，主要分布于地表，局部突入到隧道上半断面内，易产生坍塌险情。

(2)〈5-1-2〉软塑状粉质黏土，自稳能力差，特别是遇水则塌，主要分布于隧道拱部，局部突入到隧道上半断面内，易产生坍塌险情。

(3)〈5-2-4〉粗砂层，分选性差，偶夹薄层黏性土，遇水易产生流沙、涌水等险情。

(4)〈8-2〉、〈8-3〉可塑、硬塑状砾(砂)质黏土层，干硬状态下强度较高，遇水软化、崩解，易产生坍塌险情。

第三节　设 计 情 况

本站暗挖通道断面结构型式为三心圆带仰拱的直墙拱型结构。超前支护采用大管棚＋帷幕注浆，初期支护格栅钢架＋双层钢筋网＋边墙注浆锚管＋300 mm 厚 C25、P6 的喷射早强混凝土，二次衬砌为 400 mm 厚 C30、P8 的模筑钢筋混凝土。隧道横断面如图 4-4 所示。

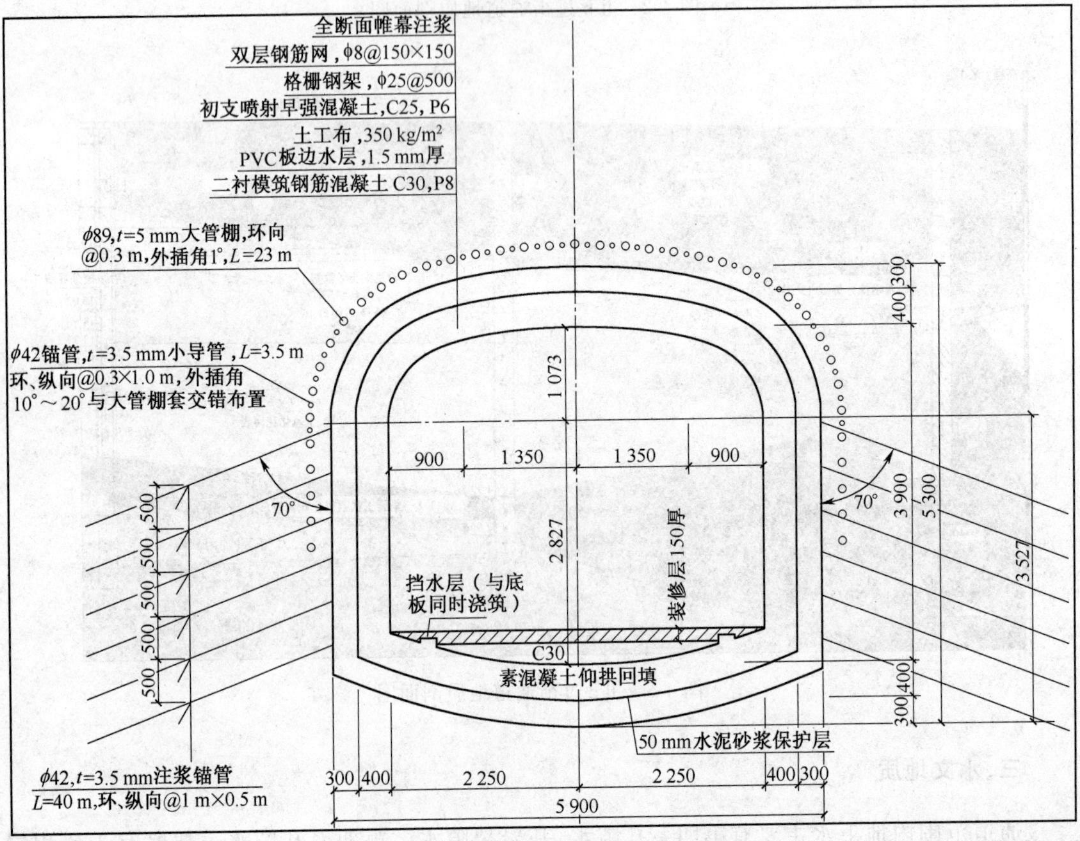

图 4-4　Ⅱb、Ⅱc 过街通道断面图

围岩预加固及预支护设计：端头土体加固采用 ϕ800 三重管旋喷桩进行加固，暗挖段隧道

两端进洞段采用 $\phi 89$ 大管棚＋$\phi 42$ 小导管支护。

暗挖通道下穿侨香路和香梅路，地面车流量较大，隧道埋深较浅，属于超浅埋暗挖隧道。隧道洞身和隧道拱部地层条件较差，属于Ⅵ级围岩，且隧道拱部有地下管线，因此需采取辅助措施对隧道周边地层进行加固处理，以保证隧道施工及管线安全。辅助措施为超前水平注浆＋拱部大管棚的预加固。

隧道降水采用管井降水，沿暗挖通道初支外轮廓 3 m 每 10 m 设置一个降水井，降水深度为隧道开挖底部 2 m。

暗挖通道的初支和二衬之间设置土工布和 PVC 防水板，施工缝为水膨性聚胺脂止水胶，变形缝为带注浆管的中置式止水带和背贴式止水带。

第四节　主要合同边界与施工条件

一、施工条件

1. 交通条件

本工程下穿香梅北路及侨香路，所处地段交通方便，进场大门直接设于侨香路边上。

2. 场地条件

施工场地利用现有香梅北站围挡内硬化场地，场地宽阔，且紧邻侨香路，便于材料堆放及转运，场地条件良好。

3. 施工用水、用电

施工用水、用电利用业主在香梅北站现场提供和水、电接驳口直接接驳。

二、主要合同边界

1. 安全要求

安全生产必须实现“六无”：

(1)无因公死亡事故，年重伤率不大于万分之五；

(2)无拆迁工程事故和设备安装工程重伤以上(含重伤)事故；

(3)无触电、物体打击、高空坠落等事故；

(4)无重大机电设备事故、重大交通事故及火灾事故；

(5)无因施工造成地表沉陷及由此导致交通中断、通信中断、漏水、漏气等重大事故；

(6)无 10 人以上集体中毒事故。

2. 质量要求

合格。

3. 文明施工要求

贯彻文明施工的要求，推行现代化管理方法，科学组织施工，做好现场文明施工的各项管理工作并承担责任。

4. 环保要求

执行《中华人民共和国国家标准建筑施工场界噪声限值》、《广东省建设项目环境管理条例》、《深圳经济特区环境保护条例》和《深圳经济特区环境噪声污染防治条例》等有关法规的规定，依法文明施工，尽可能减少施工期对居民生活的影响。

5. 工期要求

本项目承担的暗挖隧道施工属于车站附属结构。但根据深圳市轨道办的要求，暗挖区间必须于 2010 年 12 月 31 日前完成二次衬砌并集中移交安装装修单位。

第五节　工程重难点分析与对策

一、工程重难点分析

(1)城市主干道下浅埋暗挖隧道近距离下穿各种管线，如何减小管线及路面沉降、确保安全是本工程的重点。

Ⅱb 暗挖通道下穿侨香路，需要下穿侨香路区段长度约为 23 m，其余部分位于施工围挡内；Ⅱc 暗挖通道下穿香梅路，需要下穿香梅路区段长度约为 30 m，其余部分位于施工围挡内。Ⅱb 覆土主要为素填土及砂质黏土；Ⅱc 拱顶覆土主要为素填土，覆土厚度约为 5.8～6.7 m，为Ⅵ级围岩。道路下方有燃气、雨水管线及电力管线，其中燃气、电力管线距离拱顶距离约为 4.8～5.7 m，雨水管距离拱顶仅 1.5 m。

(2)隧道防渗、防塌是本工程的重点。

Ⅱb、Ⅱc 通道虽然总长度只有 82.1 m，但地质条件复杂，特别是Ⅱc 过街通道，由已经施工完成的出入口基坑条件来看，围岩含水量大、地质软弱、施工风险高，故防渗防坍尤为重要。

二、工程重难点对策

(1)通过超前大管棚及注浆对管线下方土体进行初次加固

隧道设计 ϕ89 大管棚共计 39 根，管棚间距为 150 mm，预先在管棚通过管线下方土体的滑动面范围内增设溢浆孔，确保水泥浆液密实。通过大管棚及水泥浆液的粘合作用对管线下方的土体进行初次加固。

(2)通过全断面帷幕注浆对管线周围土体进行二次加固

全隧道采用超前水平帷幕注浆，注浆加固范围为开挖范围外 2.5 m。通过此方法对管线周边土体进行二次加固，同时对管棚注浆不饱满的部位进一步加固，封闭渗水通道，防止地下水流失，确保在管线下方周边土体的稳定和无水状态下施工。

(3)通过超前小导管对管线下方土体进一步加固

隧道拱顶采用 ϕ42 超前小导管，单根长度为 3.5 m，通过打设超前小导管与大管棚形成网格体系，进一步加强对管线下方土体的加固确保隧道周边围岩的稳定，从而确保了隧道安全下穿管线。

通过采取上述对策措施，隧道成功下穿侨香路的 ϕ600 雨水管线。隧道收敛变形在允许范围内，对管线无不良影响。

(4)每循环开挖进尺严格控制在 50 cm，严禁冒进。

(5)加强监控量测，将设计拱顶沉降及周边收敛的监测由设计上的 10 m/环调整为 5 m/环，确保检测数据的准确性。如发现检测数据异常，立即封闭掌子面并因地制宜采取超前注浆等措施进行加固。

第二章　施工策划与组织

第一节　组 织 机 构

为安全、优质、按时完成本标段暗挖隧道施工任务，项目部经理、总工、副经理及管理人员均选派有类似工程经验、懂技术、会管理的专业人员。施工组织机构图见图 4-5。

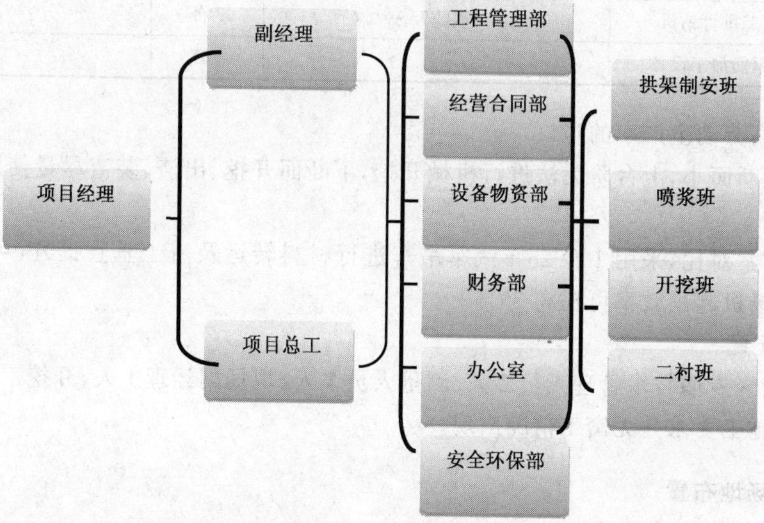

图 4-5　施工组织机构图

第二节　施工总体顺序及方案

一、总体施工目标

本隧道总体施工目标为：通过合理的施工技术方案方法、科学的组织规划实现工期最短、成本最省、安全可控、效益最大化。

本隧道分两个阶段进行施工，施工场地利用车站南侧施工场地，设拱架加工厂、水泥砂石料堆放场、钢筋堆放及加工场等临时设施。

二、资源配置

1. 机械设备投入

(1)主要机械设备投入表

用于本标段的主要机械设备表见表 4-2。

表 4-2　主要机械设备投入表

序号	名　称	型号、规格	数量	备　注
1	反铲挖掘机	PC60	1 台	
2	自卸汽车	20 m^3	2 台	
3	空压机	LS16-100＋AC12.5 m^3	1 台	
4	风　镐		8 台	
5	风　钻	YT-28	4 台	
6	地质钻机	XY-1 型	2 台	
7	电焊机	交流 BX3-500	4 台	
8	双液注浆泵	KBY50/70	2 台	
9	旋喷桩机	三重管	2 台	
10	二重管钻机	TXU-75A	2 台	
11	钢筋加工设备		1 套	

(2)对提高劳动生产率的建议

①本隧道断面小，上台阶无法进行机械开挖，下断面开挖、出渣、装渣尽量使用 PC60 挖机进行施工。

②经过方案对比，采用 1 台 25 t 汽车吊车进行材料转运及渣土垂直提升，可极大提高机动性，相比卷扬机起吊效率可提高 20%。

2. 人员配置

本隧道投入专职技术管理人员 2 人、测量人员 3 人、现场副经理 1 人、开挖工 15 人、普工 5 人，人员满足施工要求并无窝工情况出现。

三、施工场地布置

施工场地布置如图 4-6 所示。

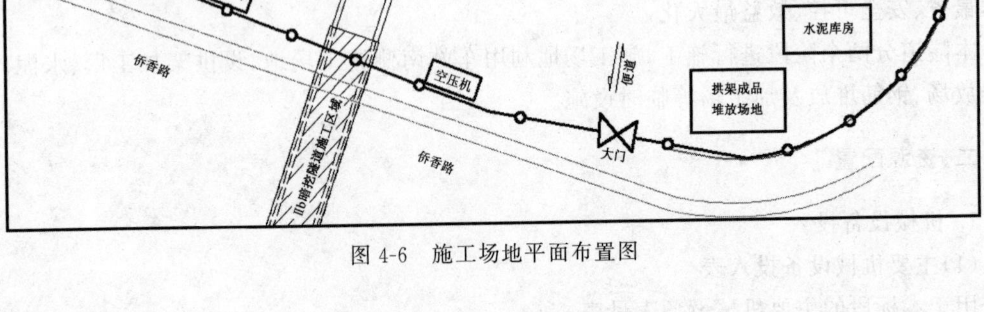

图 4-6　施工场地平面布置图

四、总体施工方案

Ⅱb 暗挖隧道总长 32.4 m，由南向北独头开挖。渣土由人工转运至洞口，挖机与吊车配合由洞口预留的出土孔吊出，格栅拱架由出土孔垂直运输至掌子面。

Ⅱc 暗挖隧道总长 49.7 m，由西向东独头开挖。渣土由人工转运至洞口，挖机与吊车配合由洞口预留的出土孔吊出，格栅拱架由出土孔垂直运输至掌子面。

首先进行Ⅱb 暗挖隧道开挖初支施工，待Ⅱb 暗挖隧道开挖初支完成后进行Ⅱb 暗挖隧道二次衬砌施工，同时进行Ⅱc 暗挖隧道开挖施工，最后进行Ⅱc 暗挖隧道二次衬砌施工。

第三节　项目突发事件的应急措施

为防止隧道突发事件的发生，我项目部专门制定了暗挖隧道施工应急预案，对隧道施工过程中可能遇到的孤石、涌水、涌泥、路面塌陷等风险均制定了相应的措施及手段。另外，我项目还准备了充足的应急物资，确保快速反应，第一时间排除险情。

一、坍方险情的处理措施

详细观测坍方范围、形状、坍穴地质、水文情况，应先加固连接未坍方地段，防止坍方发展。

(1)小坍方时可利用坍塌间隙时间，首先加固坍体两端洞身，并抓紧喷射混凝土或锚喷联合支护，封闭坍穴顶部。也可在坍方上架设临时支撑，待支稳顶部，再边清渣边换正式支撑。

(2)坍方未形成通顶时，首先要用方木或工字钢对顶部立即进行加固、支撑，对坍体面埋设注浆管，抓紧喷射混凝土(在混凝土内可适当增加早强剂，达到快速凝固的目的)或锚喷联合支护，待喷射混凝土达到一定强度和坍体面稳定后立即进行注浆加固，待稳定后再进行开挖作业。

(3)坍方通顶时，应先对坍方路面及时进行封闭，在四周设立警示标志同时支护陷穴口，防止继续坍陷，必要时立即用土进行回填夯实，抓紧对坍方面喷射混凝土，待喷射混凝土达到一定强度和坍体面稳定后立即进行注浆加固，待稳定后再进行开挖作业。

(4)处理坍方同时，应加强排水工作。

二、涌水、涌泥险情的处理措施

隧道开挖过程中的水源主要是地表水，通过流砂地段时土体含水量大，应加强防水，做好排水沟(或安装管、槽)。对有可能发生突然大量涌水、流砂地段，应在开挖面上布置超前钻孔，加强注浆等措施。如涌水、涌砂较小时，则应首先采取封、堵措施，控制流水、流砂后，缩短钢架间距、增加钢筋网，及时喷射混凝土使结构封闭成环，待初支稳定后进行径向注浆。如涌水、涌砂较大时，配足抽排水设备，及时撤离人员和机械设备，疏通排水通道，及时喷射混凝土使之封闭施工断面，待封闭稳定后进行注浆加固，以防止四周建筑物发生沉降、变形。

三、路面塌陷

若发现路面塌陷或路面沉降变形过大现象，立即停止洞内作业并封闭掌子面、疏散交通并与道路管理部门第一时间取得联系进行交通疏解。同时对塌陷部分进行清理并进行回填封堵。

四、管线变形超限

若检测中发现管线变形超限制，第一时间停止开挖并从地表与地面对管线下方土体进行加固，确保管线变形收敛并稳定后方可进行隧道开挖。

五、组织机构

1. 组织机构

为加强对突发事故的救援，项目部成立应急救援领导小组。

组长：项目经理；

副组长：项目书记、项目总工、项目副经理；

组员：施工现场技术员、安全员、工程管理部、设备物资部、经营合同部、财务部、办公室正副职、值班电工、施工班组长。

2. 工作职责

(1)对项目的突发事故实行统一领导，贯彻“预防为主、安全第一、处置得当”的原则。防范工作立足现场、落实措施，处置突发性事故要把握时机、果断决策，防止事态的扩大和蔓延。

(2)实施预防坍塌等事故应急预案：建立工作制度，定期分析，研究工作动态，发现坍塌事故隐患，采取果断措施，及时予以整改，消除各类安全隐患。

(3)掌握现场工作动态，熟悉、了解处置已发事故的业务知识，及时传递、反馈信息。发生事故后迅速与有关部门密切配合，协助查明事故的原因、性质，预测事态的发展趋势，为领导决策提供依据。对突发性事件可能危及的重点、要害部位和设施应当采取果断的防范、补救措施，防止损失和影响的扩展。

第四节 进度统计

一、不同地层、不同断面月平均进度指标统计

本标段隧道断面一致。不同地层月进度指标见表 4-3。

表 4-3 Ⅱb 出入口月进度指标表

地 层	部 位	月进度(m)
硬塑状砂质黏土	开挖初支	32.4
可塑状砾质黏土	开挖初支	32.4

二、实际进度与计划进度关系

实际进度与计划进度的关系见表 4-4。

表 4-4 Ⅱb 出入口计划进度与实际进度对照表

分项工程	计划工期	实际工期
Ⅱb 过街通道暗挖段开挖初支	32 天	30 天

第三章　暗挖区间开挖、初支施工

第一节　开挖方法及机械化配套

本项目施工的Ⅱb、Ⅱc 过街隧道断面较小，面积为 31 m^2，全隧无石方爆破，故采用上下台阶人工配合机械开挖，上下台阶距离控制在 3～5 m，开挖顺序如图 4-7、图 4-8 所示。上台阶采用人工开挖，预留核心土进行施工，下台阶采用一台 PC60 挖机开挖出渣。渣土用 1 台25 t 汽吊垂直提升至地面，渣土经翻晒处理后用于Ⅱa 出入口顶板土方回填。本隧道采用自然通风。

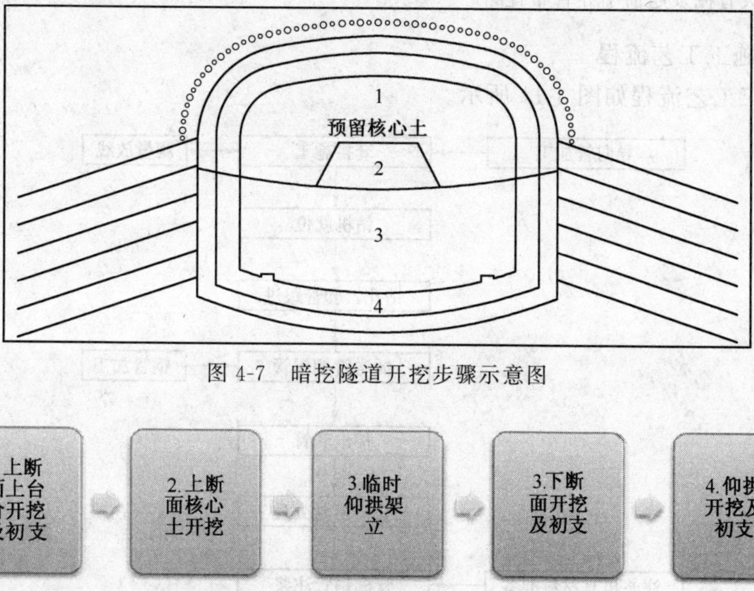

图 4-7　暗挖隧道开挖步骤示意图

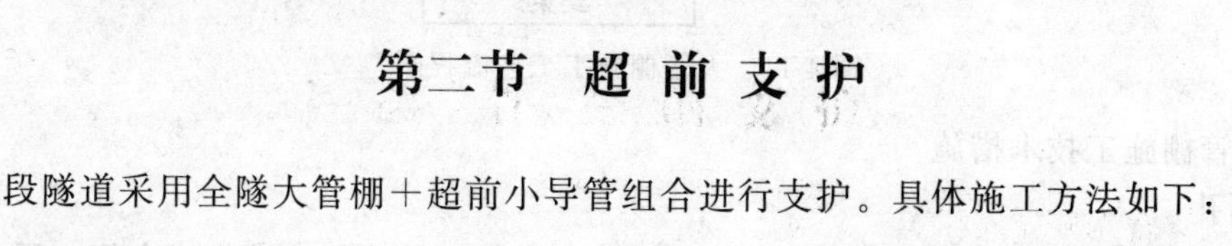

图 4-8　暗挖隧道开挖流程图

第二节　超 前 支 护

本标段隧道采用全隧大管棚＋超前小导管组合进行支护。具体施工方法如下：

一、大管棚施工

1. 大管棚设计参数

大管棚设计参数为：钢管直径 ϕ89 mm，壁厚 5 mm，长 23 m，环向间距为 300 mm，39 根，外插角 1°，注水泥浆，大管棚间套打 ϕ42、t＝3.5 mm 的小导管，其布置见图 4-9 和图 4-10。大管棚采用无缝钢管,钢管之间用丝扣连接,丝扣螺纹段长度大于 150 mm;相邻两根钢管的接头要错开,其错开长度 2 m。

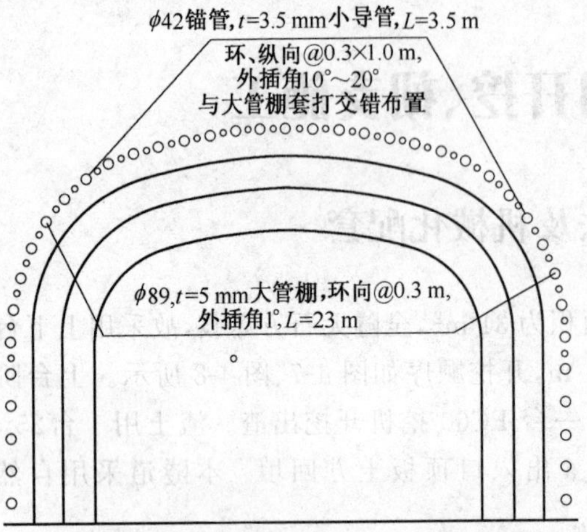

图 4-9　大管棚及超前小导管布置图

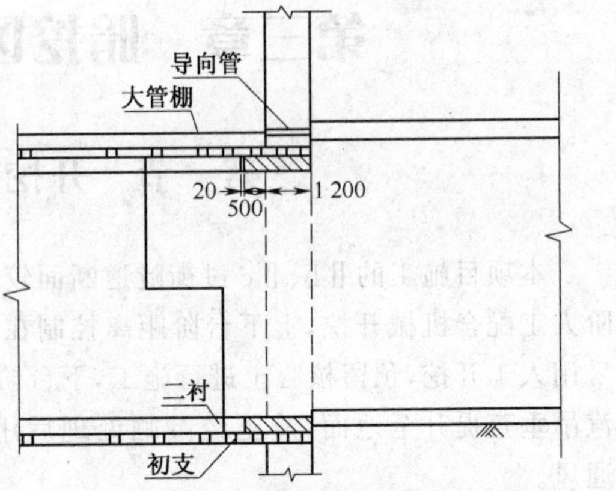

图 4-10　大管棚进洞示意图

2. 大管棚施工工艺流程

大管棚施工工艺流程如图 4-11 所示。

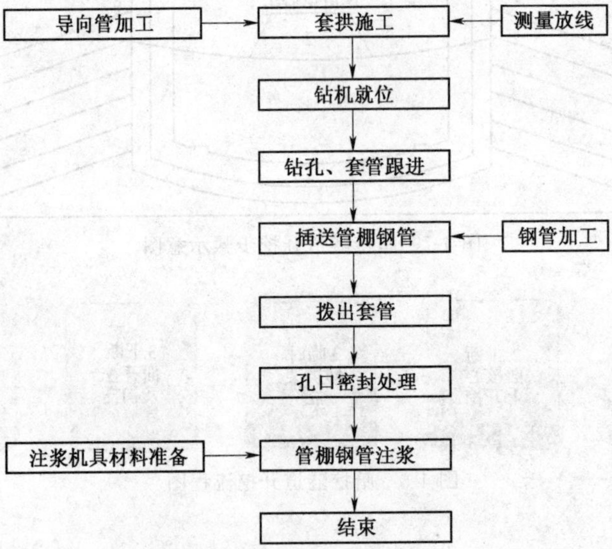

图 4-11　大管棚施工工艺流程图

3. 大管棚施工技术措施

(1)钻孔

①搭设钻孔平台架,钻机就位,充分考虑钻机沿拱弧线钻孔移位升降时方便。平台上满铺木板,搭设牢固,钻孔时钻机不得晃动。

②钻机就位后,精确测定钻杆方向和角度满足设计要求后方可开钻,开孔时,低压慢转。在钻进过程中始终注意套管及钻杆角度的变化,并保证钻机不移位。

③钻孔直径 ϕ150 mm,采用套管跟进钻进,以减少钻孔的下垂量,有效地保证钻孔的方

向。如果在施工过程中检查发现钻孔的下垂超过 1°，则换用孔内有线导向跟管钻机进行钻孔。

④钻孔由高孔位向低孔位顺序进行，遇卡钻、坍孔时注浆固结后重钻。

⑤钻孔偏位时，采用注浆固结重钻或特殊钻头重钻纠偏。

(2)下管

①管棚钢管预先加工，每管节长度 2～4 m，沿钢管纵向钻设 ϕ8～10 mm 注浆孔，梅花形交错布置，间距 150 mm。管节采用厚壁钢管箍丝扣连接。

②下管前按设计对每个钻孔的钢管进行配管和编号，以保证同一断面上钢管接头数不超过 50%。

③下管及时、快速，以保证在钻孔稳定时将钢管送至孔底，采用钻机配合机械顶管。

④下管后采用钻机配合拔出套管。

(3)注浆

①施工过程中，每钻完一个孔，随即安设该孔的钢管并注浆，然后再进行下一孔的施工。

②注浆前需对管口外侧进行密封处理，并在封堵塞上设注浆孔及排气孔。

③先将孔内泥砂清干净(可用高压水冲洗)，再进行注浆。

④管棚注浆采用水灰比为 0.6∶1～1∶1 水泥浆，注浆压力控制在 0.6～1.5 MPa。

⑤水泥采用 P. O 32.5R 普通硅酸盐水泥，使用前必须无受潮、无结块，并且有出厂质保证明，经试验检验合格后方可使用。

⑥水泥浆必须充分拌和均匀，每次投料后拌和时间不得少于 3 min，分次拌和必须连续进行，确保供浆不中断。

⑦水泥浆从搅拌桶中倒入贮浆桶前，需经筛过滤，以防出浆口堵塞。贮浆桶内的水泥浆应经常搅动以防沉淀。

⑧制备好的水泥浆不得停置时间过长，搅拌时间超过 4 h 的水泥浆液不宜使用。

二、超前小导管施工

小导管采用 ϕ42 无缝钢管，δ=3.5 mm，长 3.5 m，环向间距 30 cm，施工时拱部 180°范围内布置超前小导管，注浆材料采用水泥-水玻璃双液浆。

1. 注浆材料及注浆参数

(1)浆液选择：按照设计要求，注浆材料采用水泥-水玻璃双液浆 $C:S=1:0.6\sim1:1$(体积比)。

(2)注浆参数：根据常规的注浆经验，一般注浆参数初步确定如下：

①注浆扩散半径：拱部为 0.5 m，边墙及底部为 0.65 m；

②注浆速度：30～50 L/min；

③注浆终压：0.4～1.0 MPa；

④配合比：$C:S=1:1$(体积比)；

⑤单孔注浆量：以现场实验为准，设计数量为参考。

注：根据现场试验确定最终注浆参数。

(3)注浆加固施工工艺流程见图 4-12。

2. 主要施工技术措施及注意事项

(1)测量放线定出孔位。

(2)注浆管制安。

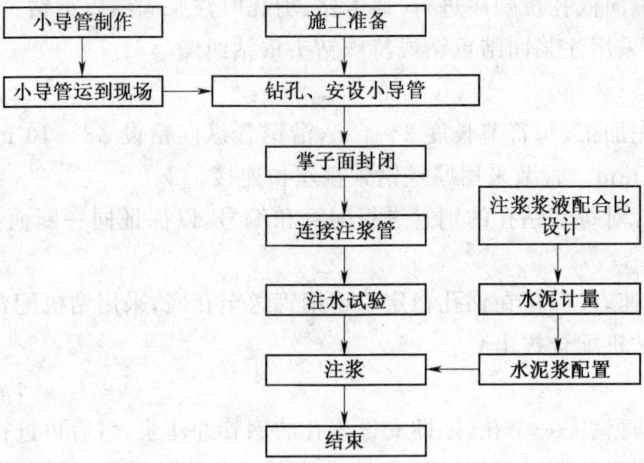

图 4-12　超前小导管施工工艺流程图

注浆导管需预制，采用 $\phi42$ 钢管，壁厚 $t=3.5$ mm、长 2.5 m 的钢管加工制作成注浆花管。

(3)风钻钻孔

钻孔时利用已进行初期支护的喷混凝土作为止浆墙，在止浆墙上用红油漆标出孔位及孔号，其误差小于 10 mm。钻孔中作好钻孔记录，以利于注浆作业。

(4)注浆花管安设

注浆花管如出现坍孔安设困难，应采用风钻加垫板继续顶进，直至设计孔深位置。

(5)注浆施工中应通过现场试验对布孔方式、注浆参数及浆液配比作进一步试验调整，并在以后注浆施工中根据现场实际情况进行适当调整，以确保注浆效果。

(6)注浆施工中做好注浆记录，及时了解注浆压力和流量变化情况并进行综合分析，判断注浆效果是否满足设计要求。

(7)注浆时加强对周边环境及地下管线的巡视监测，防止意外情况发生。

(8)注浆结束标准：注浆压力逐步升高、当达到设计终压并继续注浆 10 min 以上。

第三节　初 期 支 护

暗挖隧道初期支护采用砂浆锚杆、钢拱架、钢筋网、锚喷初期支护，在每步开挖后及时进行，主要有初喷、打设锚杆、安装钢拱架、挂网、喷射混凝土等工序。

一、初喷混凝土

初喷作用为封闭工作面、防止风化，一般喷层厚度不小于 4 cm，在开挖之后及时进行。

二、钢拱架及钢筋网施工

(1)钢拱架按设计图纸预先在预制场加工成型，用时运至洞内，钢拱架加工时允许误差为：周边轮廓误差不大于±3 cm，平面翘曲小于±2 cm，接头连接要求每榀之间可以互换。

(2)钢拱架安装时，认真定位，间距误差不大于±5 cm。钢架倾斜＜2°，拱架标高用钢板调整，节与节之间连接紧密，无缝隙。

(3)分片制安，每片钢架与钢架之间采用螺栓连接，纵向用Φ22连接筋将每榀钢架连成一体。

(4)钢架拱脚打锁脚锚管，并与拱脚焊牢，若钢架和初喷混凝土之间有较大空隙，用钢板或混凝土垫块塞紧。

(5)钢筋网片在钢筋预制场点焊加工成型，安装固定于钢拱架上，相邻钢筋网片搭接长度不小于20 cm。

三、注浆锚管

锚管类型为ϕ42注浆锚管，采用YT-28风钻钻孔，安装锚管时，托板必须密贴开挖面。锚管采用梅花形布置于边墙部位，间距为500 mm(纵向)×900 mm(环向)。锚管与钢架对应设置，其尾端与钢架焊接牢固。

注浆锚管具体施工方法参照前面的超前小导管施工方法进行施工。

四、喷射混凝土施工

(1)拌制混合料时，称量(按重量计)的允许偏差为：

1)水泥和速凝剂均为±2%。

2)砂、石均为±3%。

3)喷射混凝土不应出现滴水和淌水现象，当出现时应查找原因(例如可采取引排后补喷混凝土的办法)。

(2)喷射混凝土不应有大于0.5 mm的贯通裂缝及大面积(≤400 cm^2)的空鼓现象，当出现时应凿除重喷或采用背后注浆补强。

(3)钢架背后喷射混凝土必须密实，不可留有孔洞。

(4)隧道喷射混凝土基面无遗留残渣堆积物。

(5)网喷支护隧道轮廓尺寸允许偏差应符合设计、规范要求。

(6)喷射混凝土平整度允许偏差为30 mm。

(7)喷射混凝土厚度：每20 m(双线10 m)检查一个断面，每个断面从拱顶中线起，每2 m凿孔检查一个点，断面检查点60%以上喷射厚度不小于设计厚度，最小值不小于设计厚度的1/3，厚度总平均值不小于设计厚度。

第四节　经验与教训

在施工过程中质量进度可控。为方便、快速形成封闭初支结构，对拱架进行了重新分段，缩短上台阶的高度并在地质条件允许的情况下取消核心土及临时仰拱，安全、顺利完成下穿侨香路、香梅路段开挖支护施工，且拱顶沉降、周边收敛均在允许范围内。施工过程中取得的经验如下：

(1)利用进出口两端基坑开挖取得的地质资料，Ⅱb暗挖隧道取消了临时仰拱，施工过程中变形量未超警戒值。

(2)利用进出口两端的基坑开挖施工，积累地质资料与影像资料并与设计图纸比较后制定可行的优化方案。

(3)重视监测数据，并根据监测数据对支护参数进行适当的调整。

第四章　辅助工法的应用与效果评价

第一节　注浆堵水技术

一、洞内超前全断面注浆技术

1. 设计概况

设计采用深孔＋浅孔相结合，对通道全断面实施超前帷幕预注浆，注浆范围为通道开挖轮廓线外不小于 3.0 m。采用水泥-水玻璃双液浆，水泥水灰比：$W:C=0.6:1\sim1:1$，水泥水灰比、水泥水玻璃配合比根据实际地质情况及注浆的不同时段现场试验确定。当地层可灌性差时应改为超细水泥-水玻璃双液浆。

每 6 m 为一个循环注浆。

浆液扩散半径：$R\geqslant1.0$ m；注浆压力：设计注浆压力（终压值）为 0.8～2.0 MPa，达到注浆终压并继续注浆 10 min 以上。注浆量通过洞口试验段试验确定。

2. 全断面注浆

(1)施工工艺

以三重管钻机注浆为主，地质钻机钻孔注浆为辅。三重管钻机注浆工艺流程见图 4-13。

①注浆材料

注浆材料采用水泥、水玻璃。

②注浆参数

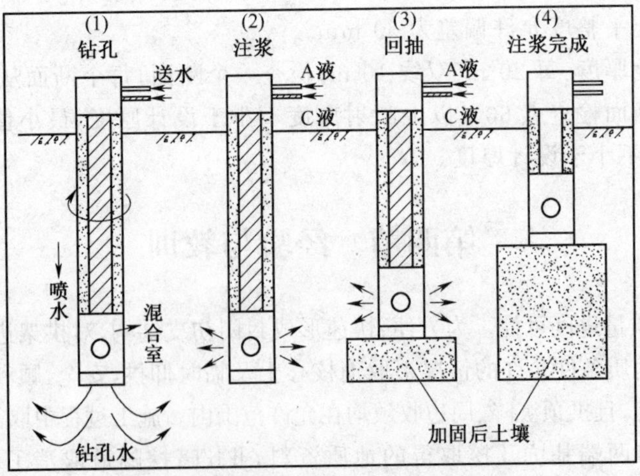

图 4-13　注浆施工工艺流程图

注浆压力：采用 0.8～2.0 MPa，注浆时根据实际注浆止水效果进行调整。

(2)施工步骤

①超前探水

在确定实施前，钻 5～6 个超前水平钻孔以探明地下水发育情况。超前钻孔起点在预测突水处以前 5～10 m，其终点超过突水段 5 m。

②孔位布置

按照设计孔位、角度施作注浆孔。孔位由工作面向开挖方向呈辐射状，钻孔布置成圆形圈，终孔形成邻圈子互咬。孔位布置见图 4-14。

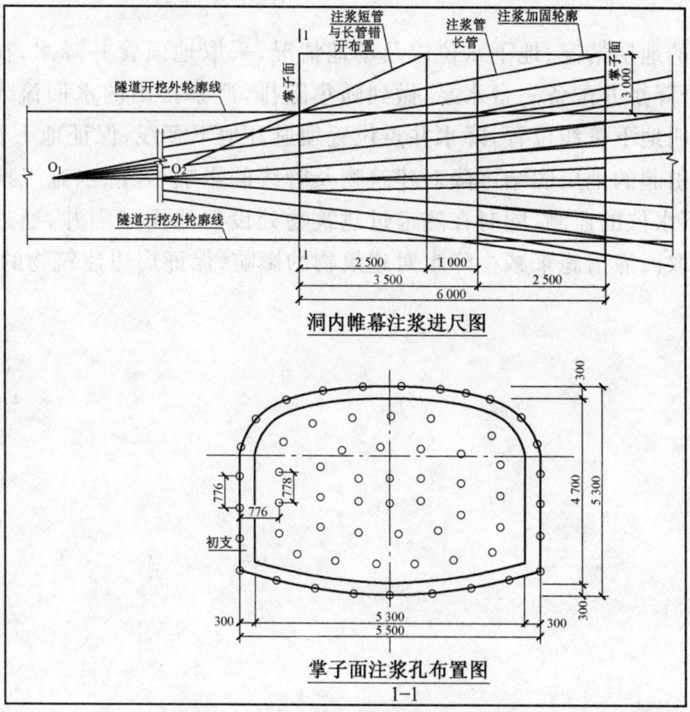

图 4-14　注浆范围及孔位布置图

③压浆

注浆顺序为先注外圈、后内圈，同一圈由下而上间隔施作，钻杆每次拔出长为 20～50 cm。

(3)注浆结束标准和注浆效果评定

①注浆前在止浆墙或止浆岩盘内埋设 ϕ80 无缝钢管作为孔口管，孔口管长 3 m，孔口外露 0.2～0.3 m。

②注浆压力逐步升高，当达到设计终压并继续注浆 10 min 以上。

③单孔注浆量与设计注浆量大致相同，注浆结束时的进浆量 一般在 20～30 L/min 以下。

④检查孔工作面预注浆每段按 15%控制，并检查量测孔内的涌水量。

⑤预注浆及围岩注浆后，必须在分析资料的基础上进行注浆效果检查。可采取钻孔取芯法对注浆效果进行检查。或进行压水试验，当检查孔的吸水量大于 1.0 L/(min · m)时，必须进行补充注浆。或采取连续测流量的方法，当所测流量小于设计涌水量时，则注浆效果满足要求。注浆结束后注浆钻孔及检查孔应封填密实。

二、注浆效果评价

(1)注浆施工完毕后，开挖过程中无线状流水，局部有渗漏，大部分干燥无水，堵水效果明显。

(2)地层注浆加固效果明显，从开挖面看，注浆加固浆脉明显，监测反馈拱顶沉降及地表沉降速率明显减少。

第二节　井点降水

根据本隧道的地层情况、地下水位以及场地情况，采取地面管井降水，在隧道进出口处均设置降水井，每个降水井配备一台水泵，做到随集随排，严禁排出的水回流入降水井。管井降水施工前必须探明地下管线位置，降水井点位置须避开地下管线，保证地下管线的安全。为避免地面井点降水引起的地层固结沉降对建筑物及管线的影响，在降水施工期间加强对建筑物沉降、倾斜及地下水位的监测，同时在隧道过建筑物处设置地面回灌井，通过对建筑物及管线附近的地下水采取回灌措施来减少降水对建筑物的影响，保证周边建筑物的安全。

第五章　衬砌施工及质量控制技术

第一节　衬砌混凝土质量控制技术

本标段隧道衬砌区段划分为每段 9 m。隧道断面较小，长度短，从成本角度考虑，不使用模板台车，而采用满堂脚手架体系＋组合钢模板施工。商品混凝土由设置于地面的混凝土输送泵泵送入模，最长泵送距离约 45 m。

混凝土采用 C30S8 商品混凝土，先浇仰拱，拱墙衬砌适时紧跟，分层对称灌注，插入式捣固器振捣。

混凝土施工时的注意事项如下：

(1)商品混凝土到现场后，核实其技术参数是否相符，并在现场测试混凝土坍落度，制作混凝土抗压、抗渗试件。

(2)开始泵送混凝土时，先用水润湿输送管，然后用砂浆润滑管路，并检查管路的接头密封是否良好。

(3)混凝土灌注前对模板、钢筋预埋件、预留孔洞及施工缝、变形缝的止水条、止水带等进行检查，清除模板内杂物，验收合格后方可灌注。

(4)混凝土从低处向高处分层对称连续灌注，如必须间歇时，其间歇时间不得超过 30 min。

(5)混凝土灌注过程中，用插入式振捣器振捣，尤其在预埋件处、钢筋密集处及其他特殊部位应事先制定措施，严禁不振或漏振。

(6)混凝土灌注过程中，随时观察模板、支撑体系、防水板、钢筋预埋件、预留孔洞等情况，发现问题及时处理。

(7)在二次衬砌时，沿拱部预留 ϕ42 检查孔，纵向检查孔间距 1 m，环向拱部布置 3 孔。当混凝土灌注时用锥形铁棒堵塞孔，并在混凝土终凝前将此棒拔出，以检查拱部混凝土是否密实。此孔在二衬后，作为回填注浆时用。

(8)混凝土强度达到 2.5 MPa 后，方可拆模。

(9)混凝土终凝后及时进行洒水养护，结构混凝土养生期不少于 14 d。

第二节　衬砌外观质量控制

(1)本工程使用 P2015、P3015 两种型号的组合钢模。安装前必须涂刷脱模剂。

(2)严格控制混凝土保护层，防止露筋。

(3)加强振捣，防止过振、漏振。

(4)把好混凝土质量控制关，不合格混凝土坚决清理出场。

第三节　衬砌钢筋质量控制

(1)钢筋各项材质必须合格,并符合各项规定要求。

(2)严格按设计要求进行下料,做到钢筋数量、长度、直径符合设计要求。

(3)钢筋绑扎符合设计和规范要求,位置准确,不漏筋,搭接长度满足设计和规范要求。绑扎过程中严格要求操作人员提高工作责任心,不损坏防水板,尽量减少现场焊接。必须现场焊接时,在防水板上面加垫石棉板等隔热层,以免防水板被烧坏。

(4)同一根钢筋长度在 $30d$(d 为钢筋直径)且小于 500 mm 的范围内只准有一个接头,且同一断面内钢筋接头数量符合规范及设计要求。绑扎钢筋或焊接接头与钢筋弯曲处相距长度不小于 10 倍主筋直径,也不能在结构最大弯矩处。

(5)绑扎或焊接成形的骨架或网片,必须架定牢固,在安装和灌注混凝土时不得松动和变形。钢筋与模板、钢筋与防水层间设置足够数量和强度的混凝土垫块,以保证钢筋的保护层厚度。

(6)所有预埋件、预留孔必须和钢筋骨架固定在一起,以免灌注混凝土时移位。双层钢筋之间应设置足够强度和数量的钢筋墩筋,确保钢筋网格的定位准确。

第六章　施工防排水处理

第一节　施工缝、变形缝防水

一、隧道衬砌施工缝施工

(1)环向施工缝浇筑混凝土前,将其表面凿毛、清理干净,涂刷水泥净浆或混凝土界面处理剂并及时浇筑混凝土。

(2)水平施工缝浇筑混凝土前,将其表面浮浆和杂物清除,先铺净浆,再铺 30～50 mm 厚的 1∶1 水泥砂浆或涂刷水泥基渗透结晶混凝土介面剂,并及时浇筑混凝土。

(3)施工缝防水采用一道水膨性止水胶加一道注浆管,如图 4-15、图 4-16 所示。

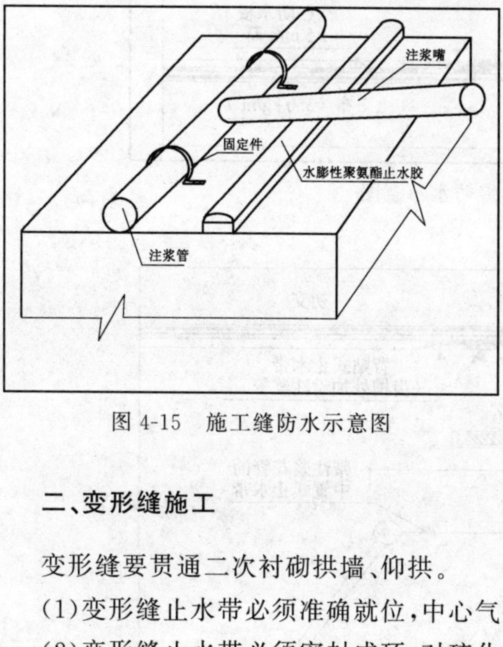

图 4-15　施工缝防水示意图

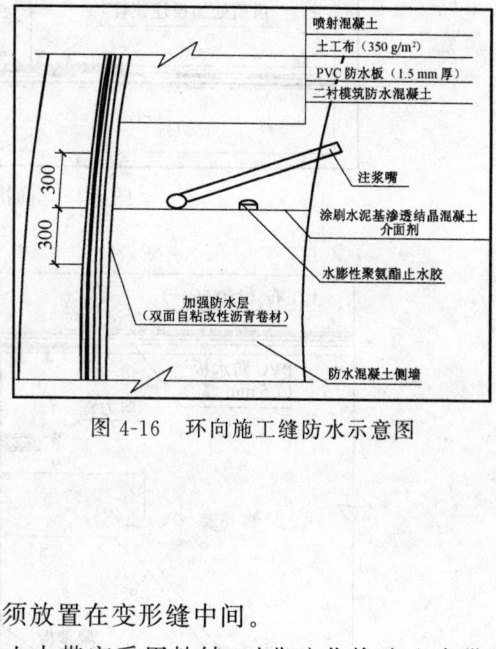

图 4-16　环向施工缝防水示意图

二、变形缝施工

变形缝要贯通二次衬砌拱墙、仰拱。

(1)变形缝止水带必须准确就位,中心气孔必须放置在变形缝中间。

(2)变形缝止水带必须密封成环,对硫化橡胶止水带宜采用粘结,对非硫化橡胶止水带宜采用小型硫化机现场硫化。

(3)缝间衬垫材料采用聚氨酯发泡板。

(4)边墙及拱顶内侧必须留 30 mm×80 mm 的凹槽,待结构施工完毕后,安装不锈钢接水槽。为增加接水槽的变形适应性,接水槽的固定可采用一端固定、一端滑动固定的固定方式。

(5)在混凝土浇筑前应检查止水带有无破损,如破损应进行修补。

(6)止水带的接头部位不得留在转角部位,止水带在转角部位的转角半径不得小于 20 cm。

(7)注浆管露出结构表面 3～5 cm，并做好口部保护，待结构稳定且水位恢复后，如有渗漏，可通过注浆嘴进行注浆止水。注浆液可根据情况采用超细水泥或其他化学浆液。注浆嘴间距为 2～4 m。变形缝防水如图 4-17、图 4-18 所示。

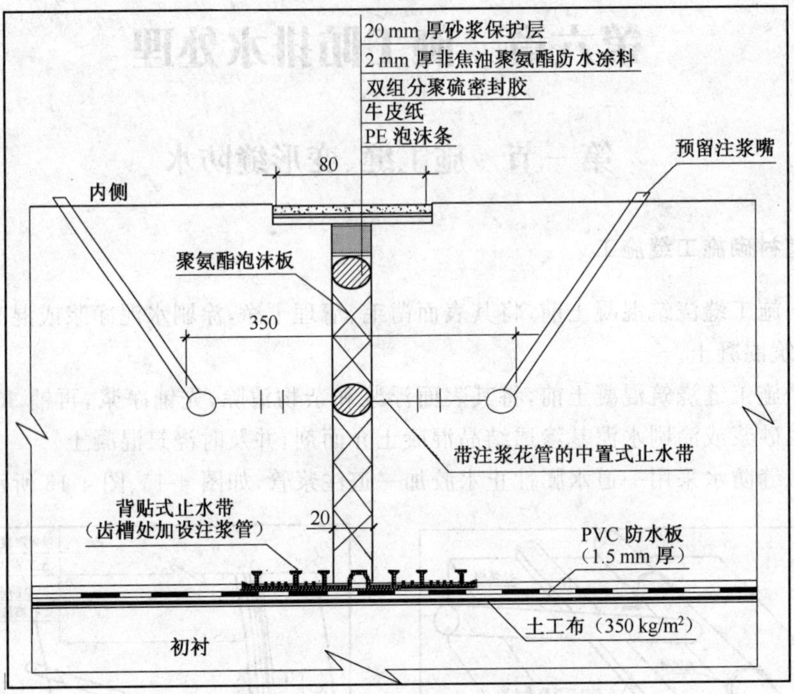

图 4-17　仰拱变形缝防水示意图

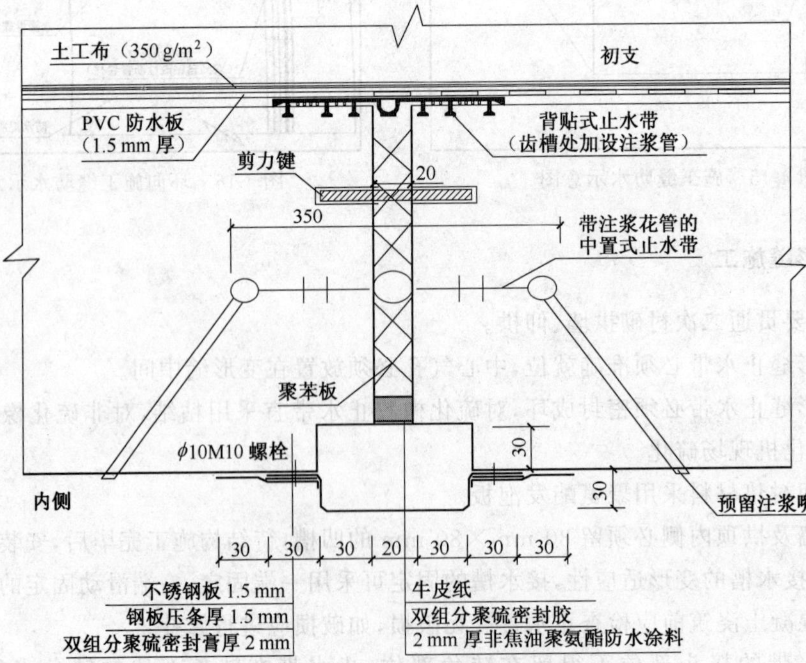

图 4-18　拱墙变形缝防水示意图

第二节 防水层及排水系统施工

设计防水层全包式柔性防水层，采用无钉铺设。防水等级为一级。

一、初支基面处理

(1)初支基面集中漏水部位注浆堵水，渗水部位施作防水砂浆刚性防水层，确保基面无明显渗漏水。

(2)清除残渣。

(3)拱墙部分自拱顶向两侧将基面外露的钢筋头、铁丝、锚管、排管等尖锐物切除锤平，并用砂浆抹平顺。

(4)对基面凹凸不平处修凿并用砂浆抹平顺，不平整度最大不超过 3 cm。拱部不平整度矢弦比不大于 1/8，其他部位矢弦比不大于 1/6。

(5)保证隧道二次衬砌厚度误差在规范允许范围内，否则对基面进行凿除处理。

(6)基面处理完，并经检查验收合格后，方可进行下一道工序施工。

二、防水层施工措施

用射钉固定土工布于已达到要求的基面上，再用热风枪把 1.5 mm 厚的 PVC 防水板通过热合的方法焊贴在固定垫衬的圆垫上，进行无钉铺设。

(1)防水板环向铺贴，搭接不小于 150 mm，环与环之间连接采用双焊缝，焊缝宽度不小于 10 mm，且均匀不得有假焊、漏焊、焊焦、焊穿等现象。

(2)铺设仰拱防水层时，先固定仰拱中间部位，然后由中间向两侧逐排固定防水板，固定间距 1.2～1.5 m，在仰拱与边墙相接部位预留防水板搭接。

(3)铺设拱墙防水板时，从拱顶向两边铺设，固定点与固定点之间需留足够的空余量，固定点成梅花形布设，拱部间距 0.5～0.7 m，边墙间距 1.0～1.2 m。

(4)防水板焊缝质量检查，用 5 号注射针与压力表相接，用打气筒向双焊缝中间空腔充气，当压力达 0.15 MPa 时停止，保持该压力时间不少于 2 min，说明焊缝良好。每 3 m 焊缝充气检查一条，检查时，不扎透防水层。

(5)防水板的检查必须认真仔细，工班自检和质检员检查均合格后，再报监理检查，经监理确认合格后方准进行下道工序施工，否则重新施作。

三、隧道排水系统

隧道防排水遵循“防、排、截、堵结合，因地制宜，综合治理”的原则，采取切实可靠的设计、施工措施，达到防水可靠、排水畅通、经济合理的目的。根据设计本隧道二次衬砌采用防水混凝土，抗渗等级不低于 S8。初期支护与二次衬砌间设防水层。二次衬砌环向及纵向施工缝均设一道注浆管、一道遇水膨胀止水胶和混凝土界面剂防水。变形缝除辅助防水层外再设置两道各自成环的止水带：第一道止水带为变形缝中部设置带注浆管的橡胶止水带(中心带气孔型)，第二道止水带为二衬外侧加设一道背贴式止水带(止水带齿槽处加设注浆管)、填缝材料、嵌缝材料。

第三节 防排水施工管理

(1)开工前工程部施工技术人员认真熟悉相关的施工技术规范、质量评定表格、各分部工程的技术参数,编制技术交底文件。

(2)认真熟悉设计图纸,并与现场实际情况比较,根据现场具体情况,理顺施工思路,并根据现场实际情况优化设计方案。

(3)施工过程中严格按照施工方案及施工技术交底进行施工,并教育现场施工人员提高对防水工程的认识,起到锻炼队伍、提高管理水平的作用。

第七章　监测技术应用及分析

第一节　监测项目与控制标准

一、监测项目

根据设计文件以及相关规范，结合我单位在深圳地铁工程中的施工及监测经验，制定监测内容，见表 4-5。

表 4-5　监测项目表

序号	监测项目	监测仪器	测点布置	精度	监测频率	备注
1	洞内外观察	目测	观察开挖面状况		每次开挖后	若遇特殊情况，监测频率可适当调整
2	路面沉降	精密水准仪，铟钢尺	纵向每 10 m 一个断面	0.1 mm	开挖 1～15 d，1～2 次/d；16～30 d，1 次/2 d；1～3 个月，1 次/周；4 个月～竣工，1 次/月	
3	管线沉降	精密水准仪，铟钢尺	沿管线每 5 m 一个测点	0.1 mm		
4	隧道拱顶沉降	精密水准仪，铟钢尺	纵向每 5 m 一个断面	0.1 mm		
5	洞内水平收敛	收敛仪	纵向每 5 m 一个断面	0.01 mm		

二、控制标准

监测项目控制标准见表 4-6。

表 4-6　监测标准表

序号	监测项目	允许变形控制值 U_0(mm)	变形警戒值(mm)	变形平均速率控制值(mm/d)	变形最大速率控制值(mm/d)
1	路面沉降	30	24	2	5
2	管线沉降	30	24	2	5
3	拱顶沉降	30	24	2	5
4	水平收敛	20	16	1	3

三、测点埋设

1. 地表沉降观测点

在进行沉降测点的埋设时，先用冲击钻在地表钻孔，然后放入沉降测点，测点一般采用

ϕ20～30 mm、长 300～400 mm 半圆头钢筋制成。测点四周用水泥砂浆填实固牢。每 5 m 一个断面布置,并根据监测数据适当加密。

2. 隧道监测点

隧道监测点采用预先加工好的 Φ8 钢挂钩焊接于拱架之上。每 5 m 一个断面布置,并根据监测数据适当加密。

第二节 实测值与控制值对比分析

隧道自 2010 年 7 月 26 日开始施工,8 月 22 日隧道贯通。监测数据自 7 月 27 日开始累计,截止 9 月 18 日,历时 54 天,各项监测数据表明隧道变形已非常稳定。

一、路面沉降

隧道横穿侨香路,路面上每间隔 10 m 布设一个断面的沉降点,每个断面 7 个测点,测点间距 3～4 m,以中间点为对称点两边排开,中间点位于隧道中线位置上。根据监测结果,沉降较大点基本上均处于隧道中线上方及其附近处,变化最大点累计沉降 9.04 mm,均未超过警戒值。各测点累计沉降变化见表 4-7。

表 4-7 路面沉降累计变化表

测点	与洞口距离(m)	累计变化量(mm)	变形速率(mm/d)
LM1	3	−1.70	−0.03
LM2		−3.34	−0.06
LM3		−3.89	−0.07
LM4		−7.51	−0.14
LM5		−6.28	−0.12
LM6		−3.07	−0.06
LM8	13	−2.28	−0.04
LM9		−4.30	−0.08
LM10		−9.04	−0.17
LM11		−6.58	−0.12
LM12		−6.66	−0.12
LM13		−5.25	−0.10
LM14		−2.15	−0.04
LM15	23	−3.89	−0.07
LM16		−6.00	−0.11
LM17		−5.61	−0.10
LM18		−6.12	−0.11
LM19		−5.40	−0.10
LM20		−4.68	−0.09

选取具有代表性的测点,绘制测点变化历时曲线图,如图 4-19 所示。

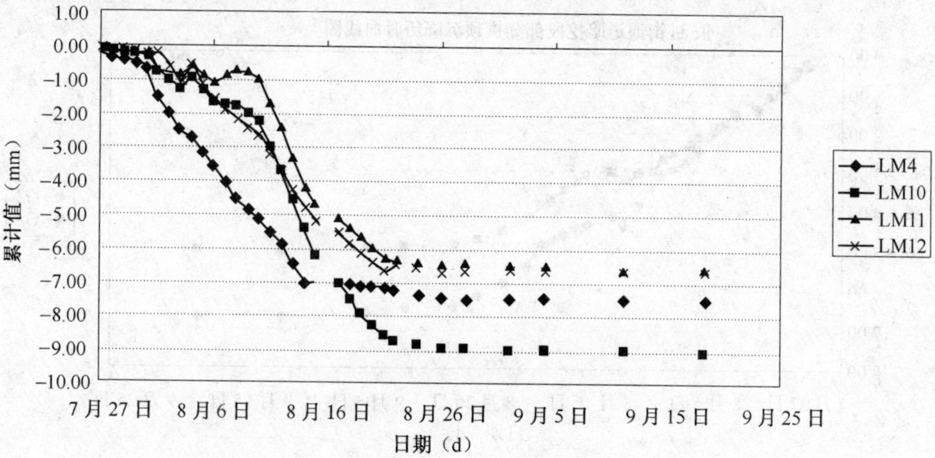

图 4-19　Ⅱc 通道暗挖段部分路面沉降点历时曲线图

二、管线沉降

侨香路南侧绿化带地下主要埋有一根直径 600 mm 的雨水管，该雨水管呈东西走向，横跨隧道上方，埋深约 4 m，管底与隧道顶部仅 1.5 m。因此，隧道开挖时需对管线进行变形监测，保证管线安全。依据现场实际情况，沿管线走向布设一个断面的观测点，一共 7 个观测点，点间间距 3～4 m，中间点位于隧道中线上，两边点对称排开。监测结果表明，变化趋势与路面沉降点相似，隧道中线附近变化较大，变化最大点累计沉降 6.72 mm，均未超过警戒值。各测点累计沉降见表 4-8。

表 4-8　管线沉降累计变化表

测点	与进洞口距离(m)	累计变化量(mm)	变形速率(mm/d)
G1	24	−5.33	−0.10
G2		−6.72	−0.13
G3		−4.85	−0.10
G4		−5.06	−0.10
G5		−2.95	−0.06
G6		−2.58	−0.05
G7		−2.21	−0.04

选取具有代表性的测点，绘制测点变化历时曲线图，如图 4-20 所示。

三、隧道拱顶沉降及周边水平收敛

隧道周边位移和拱顶下沉是监控量测中最重要的内容。隧道周边位移和拱顶下沉量测相对容易实现，且量测数据可以直接用于围岩的稳定性分析和判断。

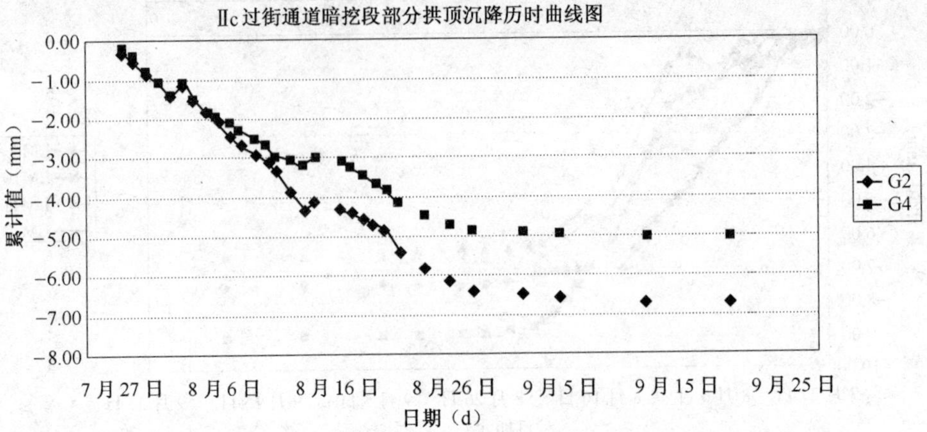

图4-20 Ⅱc过街通道暗挖段部分拱顶沉降历时曲线图

隧道周边位移量测，即收敛变形量测，与拱顶下沉量测通常布置在同一个断面内，故这两项监测内容可以合并在一起处理。

依据施工图设计并考虑现场实际情况，沿隧道纵向每隔5 m布设一组观测点，拱顶沉降点位于隧道中线位置上，同一断面上下台阶开挖时各布设一对收敛观测点，上台阶观测点布设在起拱线位置，下台阶观测点布设在离拱脚1 m位置。监测数据表明，观测点在开挖时变形较大，随着掌子面往前推进，变形逐渐减小直至趋于稳定，拱顶沉降变形最大点累计沉降3.77 mm，水平收敛变形最大点累计收敛3.166 mm，均未超过警戒值。各测点累计变形情况见表4-9。

表4-9 拱顶沉降及水平收敛累计变化表

序号	测点号	测线	与进洞口距离(m)	水平收敛(mm)	拱顶下沉(mm)
				累计量(mm)	累计量(mm)
1	2b-1	上测线	1	-3.025	-3.44
		下测线		-2.062	
2	2b-2	上测线	6	-3.166	-3.77
		下测线		-2.416	
3	2b-3	上测线	11	-2.216	-3.42
		下测线		-1.716	
4	2b-4	上测线	16	-1.800	-2.95
		下测线		-1.082	
5	2b-5	上测线	22	-1.311	-1.97
		下测线		-1.318	
6	2b-6	上测线	28	-1.197	-1.79
		下测线		-1.042	

选取具有代表性的测点，绘制测点变形历时曲线图，拱顶沉降、水平收敛变形历时曲线图，如图4-21、图4-22所示。

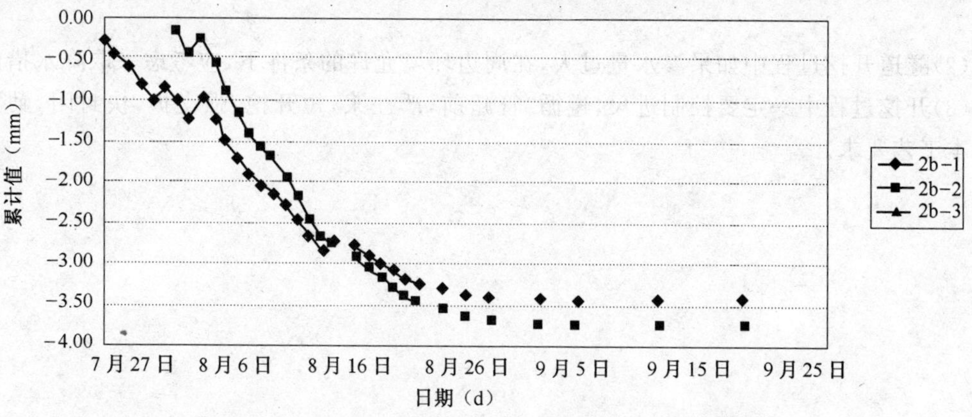

图 4-21　Ⅱc 过街通道暗挖段部分拱顶沉降历时曲线图

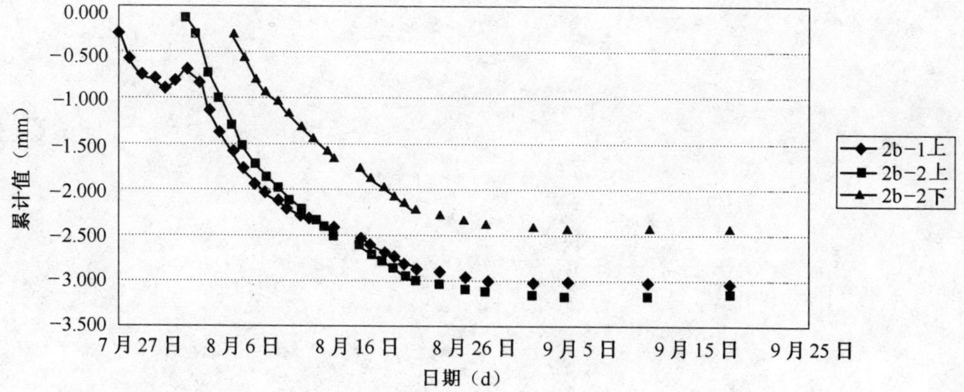

图 4-22　Ⅱc 过街通道暗挖段部分周边收敛历时曲线图

第三节　基本工法适用性、辅助工法针对性评价

本隧道施工所采用的基本工法是上下台阶法，该工法主要适用于单洞小断面隧道，这也正符合该隧道的断面形式。从施工情况及监测数据可以看出，该工法适用性较强，操作起来简单，能较好地控制施工进度，同时也能保证施工的安全，出现问题可以及时处理。

该隧道辅助工法主要包括三个方面：

(1)大管棚配合超前小导管注浆加固地层，同时起到止水的作用。

(2)全断面帷幕注浆加固，注浆效果较好。

(3)增设临时仰拱，采用钢格栅作为支护方式，刚度和强度均满足要求，较好地抵抗了土体开挖后的初期变形。

第四节　合理化建议

根据该隧道的监测情况及分析，提出以下几条可以作为以后施工参考的建议：

(1)隧道开挖前，根据地质状况采取超前支护方式，建议浅埋暗挖隧道软弱地层采取大管棚配合小导管注浆的方式，大管棚能够抵抗上部土体变形，小导管注浆起到较好的堵水效果。

(2)隧道开挖过程中如果渗水量过大,在周边环境允许的条件下,应考虑采取降水措施。

(3)开挖过程中一定要控制进尺,遵循"管超前,严注浆,短开挖,强支护,快封闭,勤测量"的基本工艺要求。

第八章　工程管理

第一节　对周边环境控制情况及处理措施

一、对现状道路的影响

Ⅱb 暗挖通道下穿侨香路，需要下穿侨香路区段长约 23 m，其余部分位于施工围挡内；Ⅱc 暗挖通道下穿香梅路，需要下穿香梅路区段长约 30 m，其余部分位于施工围挡内。由于采用下穿方式通过，对道路交通无影响。

二、对周边建筑物的影响

Ⅱb 出入口周边建筑主要为香蜜湖 1 号住宅小区，与暗挖施工区域最小距离约为 35 m，隧道贯通后该建筑物沉降为 3 mm；Ⅱc 通道周边建筑物主要为福田外国语学校教学楼，与暗挖施工区域最小距离约为 40 m，该建筑为 5 层结构属低层建筑，隧道贯通后该建筑物沉降为 1 mm。

三、对现状管线的影响

Ⅱb、Ⅱc 出入口均需要下穿沿香梅路、侨香路布置的燃气、雨水管线及电力管线，其中燃气、电力管线距离拱顶距离约为 4.8～5.7 m，雨水管埋深较深，距离拱顶仅 1.5 m。由于设计支护参数较强且施工过程中较好控制了进尺并及时支护，Ⅱb 隧道上方管线变形控制在 5 mm 以内。

第二节　安全管理措施及评价

一、安全管理措施

1. 安全保证措施：

(1)成立安全管理组织机构。

(2)建立安全保证体系。

(3)建立安全生产保障体系，落实安全生产责任制。

2. 建立安全隐患排查制度，进行定期及不定期的隐患排查。

3. 加强应急救援演练。

4. 确定安全管理目标和安全防范要点。

5. 制定施工安全技术措施。

二、安全管理评价

(1)施工过程有效控制险情的发生。

(2)一般安全隐患一天内整改完成，重大安全隐患及整改困难部分在 3 天内整改完成。

(3)未发生人员伤亡事故及地面塌陷事故。

第三节 管理经验分析

一、项目管理总结

我项目部在本隧道的施工过程中，项目管理心得体会主要有以下几个方面：

1. 项目部对作业队伍的管理

(1)开工前务必与分包单位签订明确的劳务合同，明确施工内容及单价，避免施工过程中扯皮影响工期。

(2)隧道施工中严格执行三级安全教育制度及群众安全员制度。采用项目管理与施工班组内部管理相结合的方式确保施工安全。

(3)严格实行一岗双责制度，现场技术员、施工员、工班长协同配合，提高对问题的预见性，将可能出现的问题消灭在萌芽中。

2. 项目部内部管理

(1)对项目部管理人员明确分工，准确划分每个管理人员的管理范围及职责，所有责任落实到个人。

(2)开工前制定严格的内部管理制度，奖罚并存，提高项目管理人员的工作责任感。

二、施工技术总结

(1)加强技术管理，制定严格的质量管理制度。

(2)首先选择合理的施工方案，对施工方案及施工技术交底结合现场实际情况反复推敲，并在确保施工安全的情况下适当调整开挖支护参数，提高施工效率。

(3)设计图纸中的降水井布置为全隧每隔 10 m 一口。为避免破坏路面，Ⅱb暗挖过街通道开挖过程中取消了路面范围内的降水井，因通道较短且Ⅱb暗挖隧道两端无富水层，故仅在明暗挖分界线处设置了降水井，并在洞口处各设置疏干井 1 口。经施工实践证明降水效果良好。

(4)为提高降水效果，释放地下水压力，在进出口围护桩桩间打设泄水孔进行排水，施工过程中证明此方法是此类工程施工行之有效的一种降水方法。

(5)施工过程中全过程跟踪，提前发现并预知可能出现的问题并提前制定应急预案。

(6)在对施工班组的技术及质量管理过程中，加强沟通，奖罚分明，提高作业人员的质量意识。

(7)现场发现违规现象时，以批评教育为主，处罚为辅。

(8)加强测量工作，提高测量人员对隧道施工的认识，防止测量事故的发生。每次测量过后必须进行测量交底。

(9)现场所有管理必须留下书面及影像管理痕迹。

三、以后类似项目可借鉴之处与应避免发生的问题

(1)深圳地区降水丰富，水量大，施工时必须做好施工降水及排水措施，制定切实可行的防汛应急预案。

(2)若水量较大,在洞口处设置疏干井,防止拱底长期泡水引起拱架整体下沉。

(3)若因特殊原因无法进行开挖时,必须在掌子面上打设超前锚杆并喷混凝土封闭。

施工照片见图 4-23～图 4-34。

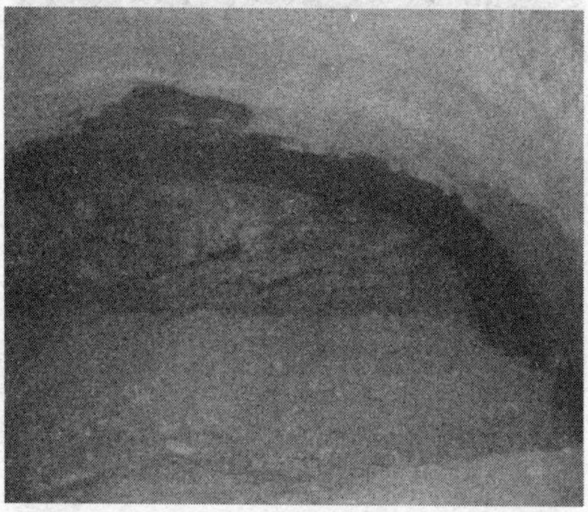

图 4-23 隧道开挖

图 4-24 断面成型

图 4-25 注浆施工

图 4-26 全断面注浆

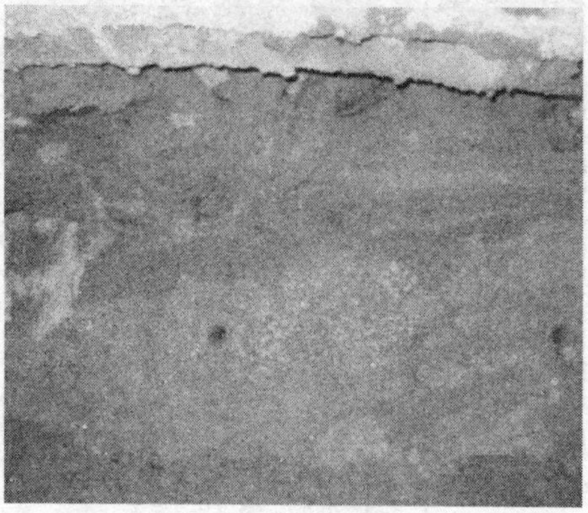

图 4-27 注浆效果

图 4-28 仰拱钢筋

图 4-29　下断面开挖

图 4-30　防水层施工

图 4-31　洞门破除

图 4-32　仰拱钢筋

图 4-33　二衬内模骨架

图 4-34　变形缝防水

第五篇　深圳地铁 3 号线 3101-1 标施工技术

第一章　工程概况及重点难点

第一节　工 程 概 况

一、工程地理位置及内容

深圳地铁 3 号线 3101-1 标(地铁 3 号线老街站换乘综合体)工程位于广东省深圳市罗湖区东门商业区,东侧紧邻深圳市永新商业城,西侧为广深铁路和建设路,南侧为既运营地铁 1 号线老街站,北侧为解放路。

3 号线老街站位于解放路南侧地下,呈近东、西向布置,与 1 号线老街站交角为 19°,换乘综合体位于 1、3 号线之间。已开通运营的地铁 1 号线老街站为左右线重叠设置站,侧式站台,站台位于远离换乘综合体一侧。为满足地铁 1、3 号线老街站通过换乘体平面换乘的要求,需对 1 号线老街站站台实施倒边改造,倒边后的站台在换乘综合体范围又存在长度不足问题,另需在邻近永新商业城地下室结构以下的地基土层中开发空间实施站台扩建。站台扩建工程是通过在永新商业城地下室结构底板下的饱和富水砂层中,暗挖一横断面积 45.5 m^2、长 53 m 的隧道,在隧道内先对永新商业城的 6 根桩基实施主动托换加固,再施工柱列式人工挖孔桩围护结构与 1 号线地铁站形成合围,最后在隧道内采用盖挖逆作法完成老街站两层站台结构的扩建。工程位置如图 5-1 所示。

工程范围及工作内容:

从换乘综合体负二层结构内的东南角围护桩处开洞门施作一条隧道,隧道东沿老街站连续墙自西向东掘进,在永新商业城地下室底板下揭露 6 根被托换桩基,从而在该隧道内对桩基实施托换工作。构筑扩建站台的基坑围护结构,最后向下采用盖挖逆作法施作站台主体结构。

二、工程地质及水文状况

深圳地域呈东西宽、南北窄的狭长地形,地势总体东北高、西南低。站址范围属冲洪积平原地貌,地势平坦,地面标高为黄海高程 4～5 m。

1. 工程地质

站区范围内主要地层为第四系全新统人工堆积层(Q_4^{ml})、海冲积层(Q_4^{m+al})、第四系残积层(Q^{el})、下伏震旦系花岗片麻岩(Z),局部为燕山期花岗岩(Y_5^3)侵入体。工程典型地质纵断面见图 5-2。

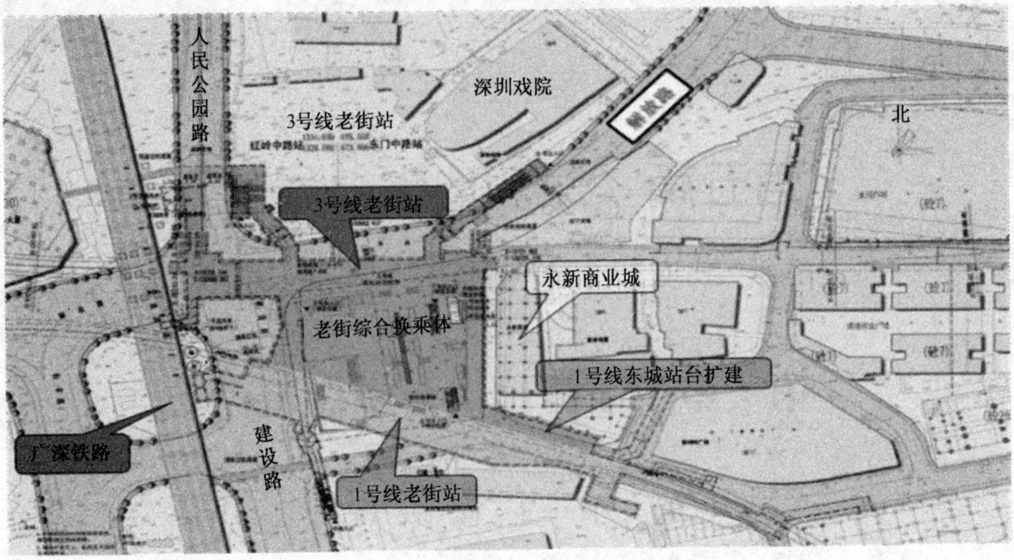

图 5-1　深圳地铁 3 号线老街站换乘综合体工程平面图

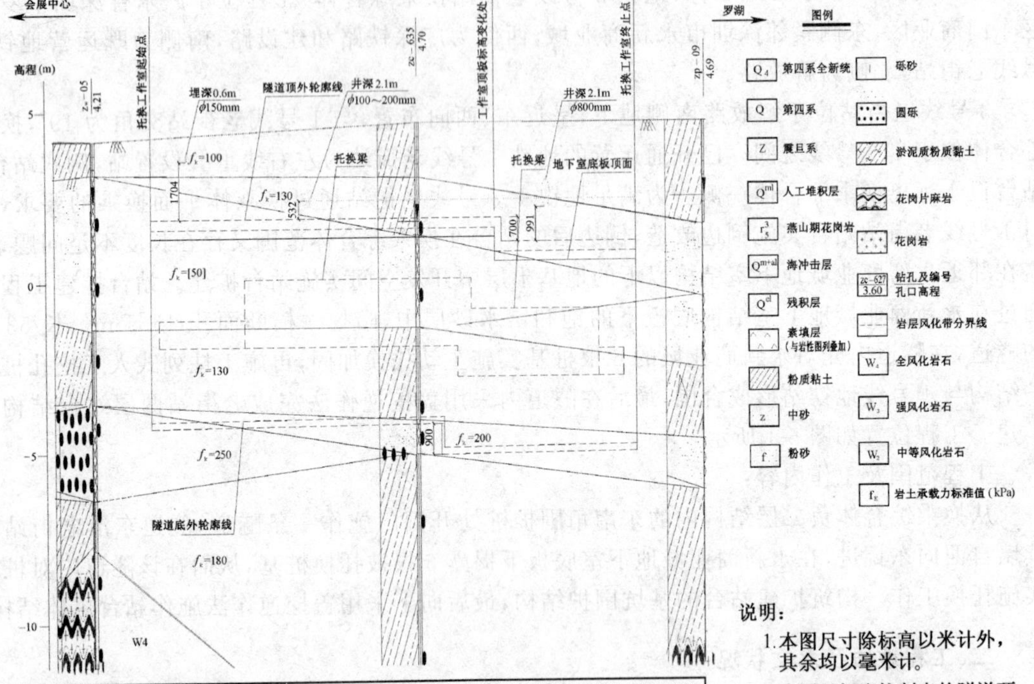

工程地质概况		海冲积平原，表覆第四系全新统素填土（粉质粘土），粉质粘土，粉砂，中砂，砾砂，圆砾，第四系残积层粉质粘土，结构松散；下伏震旦系花岗片麻岩，局部为花岗岩侵入体，且局部已混合岩化。第四系孔隙潜水及基岩裂隙水，主要含水层为第四系砂层，基岩裂隙水略具承压性，含水量较丰富。						
断面型式	型式		A型	A型渐变至B型	B、C型	D型	B、C型	
	长度(m)		6.092	4.553	20.568	6.0	15.171	
施工方法(m)			短台阶法					
隧道顶标高(m)								
隧道底标高(m)			−4.388		−4.294　−5.194			−5.130
隧道设计坡度			设计起点	3‰		3‰		设计终点

说明：

1. 本图尺寸除标高以米计外，其余均以毫米计。
2. 本图只标注控制点的隧道顶、隧道底标高。
3. D、E型断面型式隧道底比A、B型断面型式低900mm，施工时废水泥浆及隧道内集水均采用泵排。

图 5-2　地质纵断面图

本区域地表以下主要为杂填土层、粉质黏土、粉砂、砾砂、淤泥质粉质黏土、残积土及花岗片麻岩等，其中粉质黏土、粉砂、淤泥质粉质黏土呈流塑～软塑状，砂层和淤泥质粉质黏土层自稳能力低，为不良地质。地下水水位常年位于地表以下 1.2～2.0 m，砾砂层中的地下水与邻近的布吉河存在较强的水力联系，岩土体的水文地质参数具有较大的离散性和不确定性，具有很高的空间变异性。该区域地表下层有较厚的砂层，最小厚度为 3 m，最大厚度 4.6 m，暗挖隧道主要位于砂层中，并自西向东 27 m 范围内有一层 1.7～0 m 的圆砾层，砂层和淤泥质粉质黏土层自稳能力低。

2. 水文地质

本场地地下水按赋存介质分为第四系孔隙水和基岩裂隙水。

第四系孔隙潜水主要赋存于第四系砂层、圆砾层中。其中砂层为主要含水层，具强透水性；残积层具弱透水性，并相对隔水。基岩裂隙水主要赋存于基岩风化带中。

三、设计情况

1. 隧道断面尺寸的确定

永新商业城桩基托换工作隧道断面的形状及大小是由隧道所处环境特点及隧道内桩基托换作业基本操作空间决定的，同时考虑隧道在托换、基坑开挖、主体结构等施工期间的安全性、可行性，以及既有建筑(构)物容许沉陷、结构受力及变形的需要确定结构横断面的合理拱轴线及结构尺寸。隧道为异形断面，面积约 45.5 m^2，长 53 m，拱部采用半径为 8 m 的微型拱，两端(局部一端)分别与 1 号线老街站连续墙及永新商业城地下室侧墙锚接，隧道底部宽 6.5 m，净高 5.5～5 m。

2. 隧道构筑要素

永新商业城桩基托换工作隧道采用浅埋暗挖法及喷锚构筑法进行施作，以锚管、钢筋网、喷射混凝土和钢架为主要支护，并辅以大管棚和小导管超前预支护。隧道断面型式根据工程地质和水文地质条件，以及与周边邻近建筑(构)物的相互影响关系进行设计，采用 A、B、C、D 型 4 种暗挖隧道断面。隧道平面位置见图 5-3，断面形式见图 5-4。

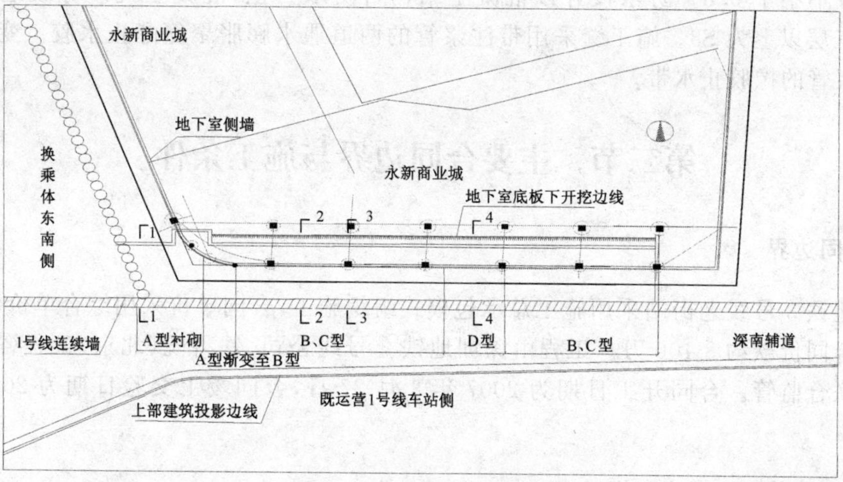

图 5-3 暗挖隧道平面位置

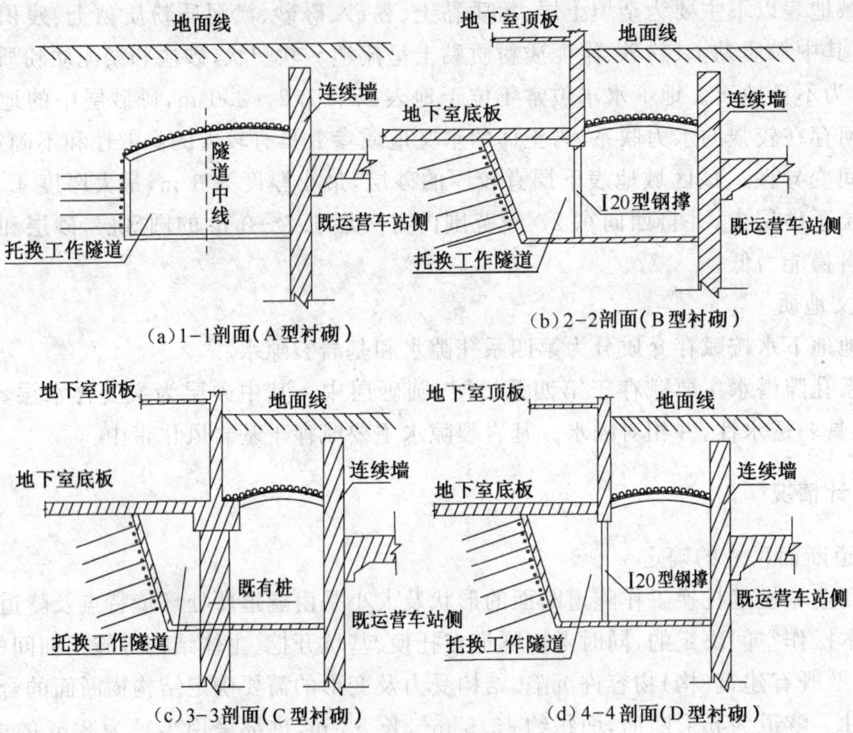

图 5-4　暗挖隧道断面形式图

1. 结构设计

本工程东端站台扩建工程结构为单跨双层结构，长 50 m，开挖深度 23 m，顶板覆土厚度 10 m，标准宽度为 3.8 m，与换乘综合体站台层相接。结构北侧与围护桩、南侧与改造叠合梁柱形成刚性结构连接。采用暗挖顺作法施工。

2. 防水设计

结构防水等级为一级，结构不允许出现渗水，内衬表面不得有湿渍，在侵蚀性介质中混凝土耐蚀系数不小于 0.8。防水设计以混凝土结构自防水为主，混凝土抗渗等级地下四层为 S10，地下三层以上为 S8。施工缝采用带注浆管的两道遇水膨胀聚氨酯止水胶。变形缝采用中部带注浆管的橡胶止水带。

第二节　主要合同边界与施工条件

一、合同边界

深圳地铁 3 号线老街站采用施工总承包模式组织施工，合同单价采用综合单价包干形式，暗挖隧道合同价款约 3 100 万。工程由深圳地铁 3 号线公司、铁科院（北京）工程咨询有限公司全过程联合监管。合同开工日期为 2007 年 3 月 27 日，合同竣工交验日期为 2009 年 6 月 30 日。

二、施工条件

老街站 1 号线东端站台扩建暗挖隧道工程位于戴斯酒店正下方、换乘综合体东南角，工程位于富水砂层中，地质情况复杂，地下管线繁多，施工场地极其狭窄，出土口只能和换乘综合体共用。

第三节　工程重难点分析与对策

一、隧道开挖过程中如何确保永新商业城结构安全是本工程的难点也是重点

1. 重难点分析

(1)土方开挖会对永新商业城桩基承载力造成影响，引起不均匀沉降，造成永新商业城结构开裂。

(2)桩基托换并破除永新商业城的桩基础，要控制桩基托换引起的沉降差在允许的范围内。

(3)基坑施工紧邻1号线车站北侧墙，基坑变形会引起一号线车站侧移。

2. 措施、对策

(1)采用袖阀管注浆工艺对隧道基底面注浆加固，且开挖过程中对商业城桩底、桩间注浆加固。

(2)采用主动托换技术，托换新桩比原桩深2.5 m以上，托换梁与托换新桩、原桩均平行布置。用四托换新桩对一根原桩托换，并实施预压力，技术上有保障。

(3)加强施工监测，制定应急预案。

二、隧道开挖过程中减小1号线老街站侧向位移，保证1号线老街站正常运营是工程第二个难点和重点

1. 重难点分析

(1)扩建工程施工随土方开挖卸载，1号线老街站结构承受侧向偏压力，从而引起侧向位移。

(2)1号线老街站北侧墙破除时，1号线车站的结构受力体系发生转换。

(3)1号线老街站北侧墙紧邻轨行区，破除施工时要确保地铁列车运行是重点。

2. 措施、对策

(1)控制基坑变形措施：

盖挖逆作法是控制基坑变形的有效办法，也是控制1号线老街站侧移的技术保证。

(2)北侧墙破除的结构加强、保护措施：

采用金刚石钻钻孔、金刚石绳锯切割，降低噪声及振动，减少对既有和新建结构的影响；施工分段、有序、及时进行；环框梁柱混凝土浇筑选择1号线列车停运时间施作，尽量减少列车运行产生的振动对混凝土浇筑质量的影响。

第二章　施工策划与组织

第一节　组 织 机 构

为保证优质、安全、快速、经济完成本工程，按照“管理干部职责分明、权限到位，工人一专多能，特殊工种持证上岗”原则，组建精干高效的项目经理部，接受公司委托履行合同，全面负责本项目工程的实施。

根据工程规模和技术特点，项目经理部配项目经理 1 名、项目技术负责人 1 名、项目副经理 2 名，同时设专家顾问组、安全生产领导小组、质量管理领导小组。下设 3 部 1 室：工程管理部、设备物资部、财务部、综合办公室。下设暗挖隧道施工作业工区，配工区主任、技术主管各 1 名，按每个工区工程情况配置专业施工作业队。本项目管理组织机构见图 5-5。

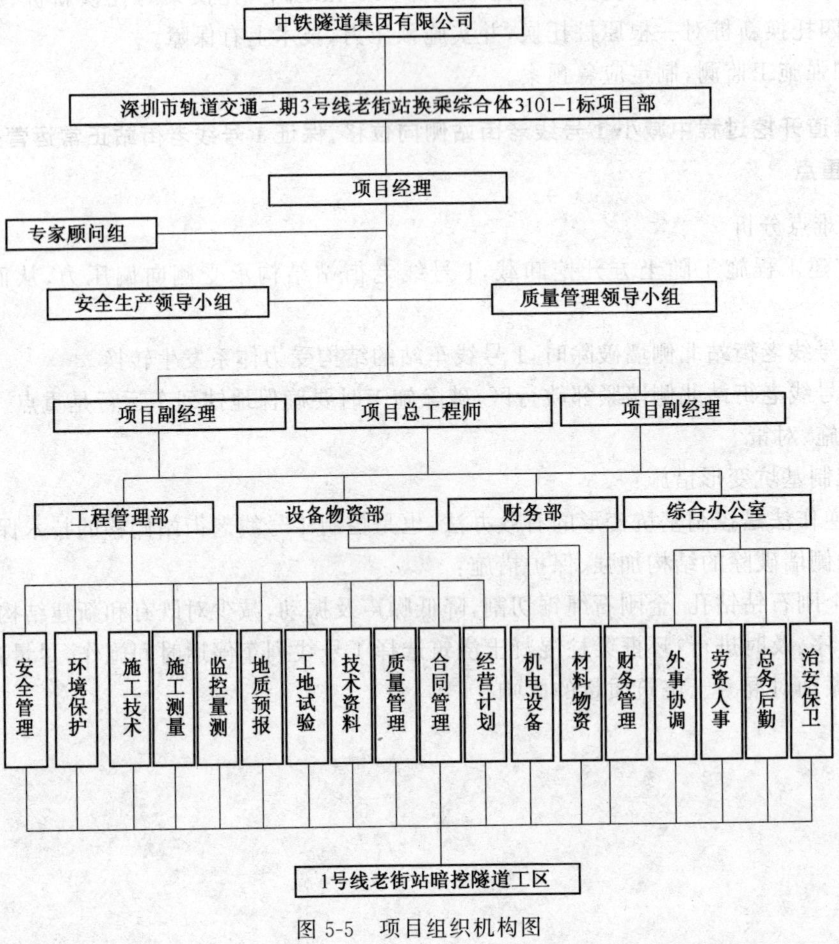

图 5-5　项目组织机构图

第二节　工程施工总体安排

一、总体施工顺序

暗挖隧道施工沿老街站连续墙在永新商业城地下室底板下形成桩基托换工作隧道，隧道为异形断面，面积约 45.5 m^2，长 53 m。在隧道内对永新商业城地基土进行注浆加固，并对永新商业城 6 根桩基实施主动托换，以及构筑扩建站台的基坑围护结构，最后向下采用盖挖逆作法施作站台主体结构。施工方案见表 5-1。

表 5-1　东端站台扩建工程施工步序

序号	图　示	说　明
1	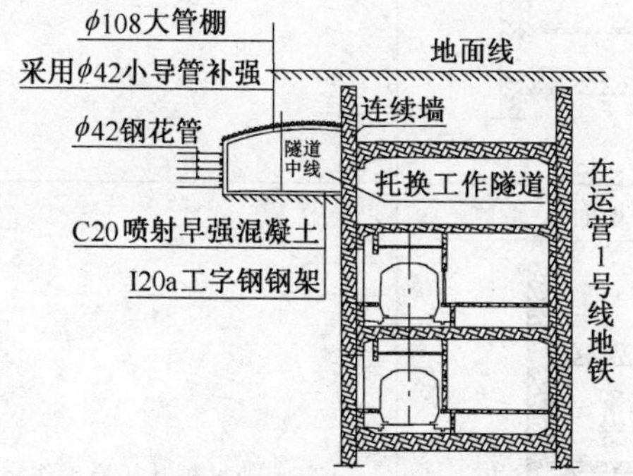	自换乘综合体负二层结构内的东南角围护桩位置开洞门施作暗挖隧道，隧道沿 1 号线老街站连续墙自西向东掘进，在隧道进入永新商业城地下室底板。下前的断面形状如左图所示，隧道三面为锚喷构筑法施作，拱顶及隧道底初支与 1 号线连续墙锚接
2	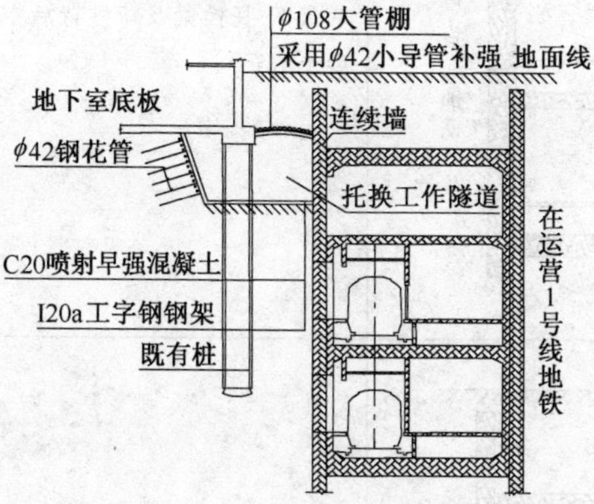	随着隧道的掘进，隧道进入永新商业城地下室底板下后的断面形状如左图所示，地下室底板下隧道左侧壁采用土钉墙放坡支护，永新商业城与 1 号线老街站间的隧道拱顶初支分别锚接于两边的侧壁上
3	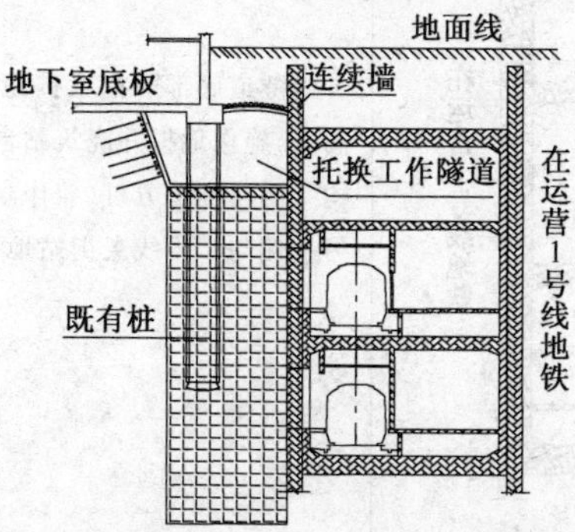	隧道掘进完成后，在隧道内向下对既有桩基周边土体及即将施作的人工挖孔桩桩周土体进行注浆加固，竖向加固至强风化地层

续上表

序号	图　示	说　明
4	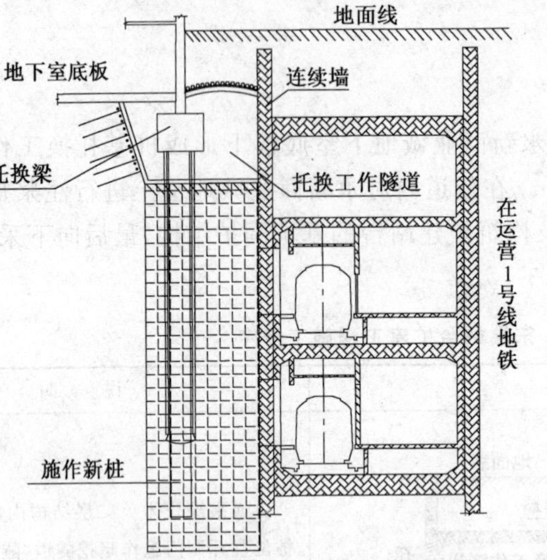	在隧道内施作人工挖孔方桩(托换新桩及扩建站台围护桩)及托换梁,对永新商业城 6 根桩基实施主动托换,使这 6 根被托换桩所承受的上部荷载转移至托换新桩上
5	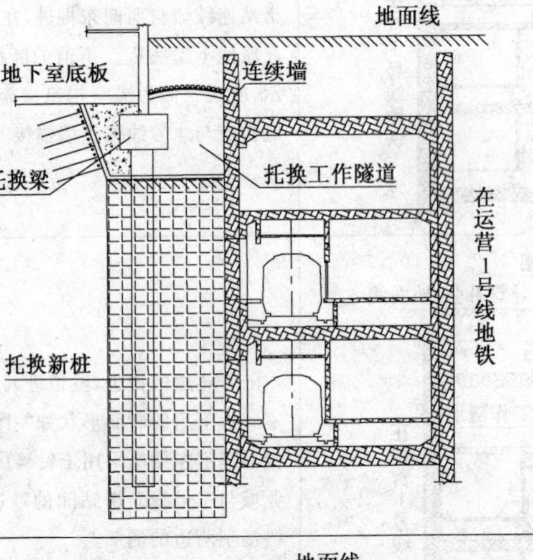	永新商业城桩基托换工作完成后,对地下室底板下、托换梁及新桩背后空间采用 C20 混凝土填充
6	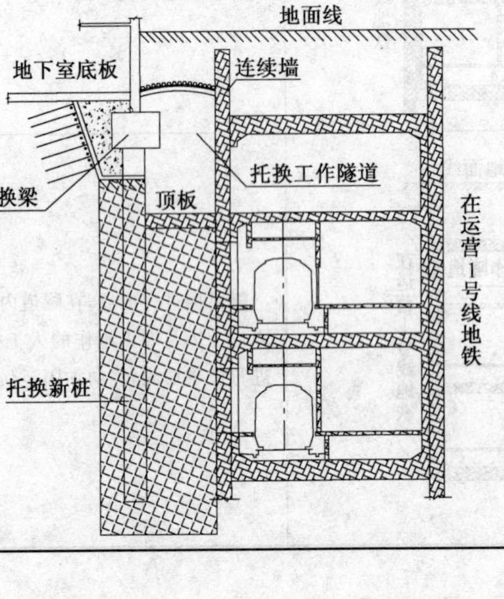	由隧道底部开挖至扩建站台结构顶板底标高处,施作地模并浇筑站台结构顶板。顶板结构一侧与围护方桩(兼作永久侧墙)刚性连接,另一侧与 1 号线老街站地下连续墙临时连接

续上表

<table>
<tr><th>序号</th><th>图　　示</th><th>说　　明</th></tr>
<tr><td>7</td><td>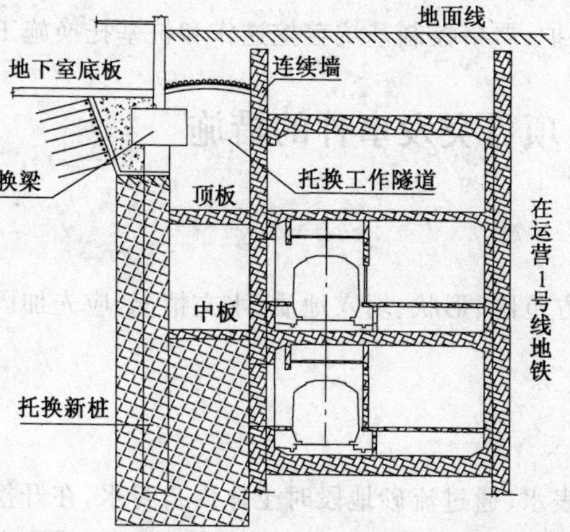
</td><td>自换乘综合体负三层开洞门以盖挖顶板下土方，施作地模并浇筑站台结构中板，中板结构一侧与围护方桩（兼作永久侧墙）刚性连接，另一侧与 1 号线老街站地下连续墙临时连接</td></tr>
<tr><td>8</td><td>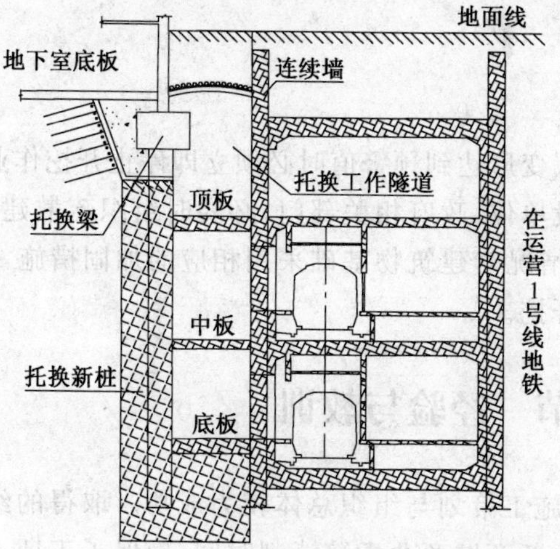
</td><td>自换乘综合体负四层开洞门以盖挖中板下土方，施作地模并浇筑站台结构底板，底板结构一侧与围护方桩（兼作永久侧墙）刚性连接，另一侧与 1 号线老街站地下连续墙临时连接</td></tr>
<tr><td>9</td><td>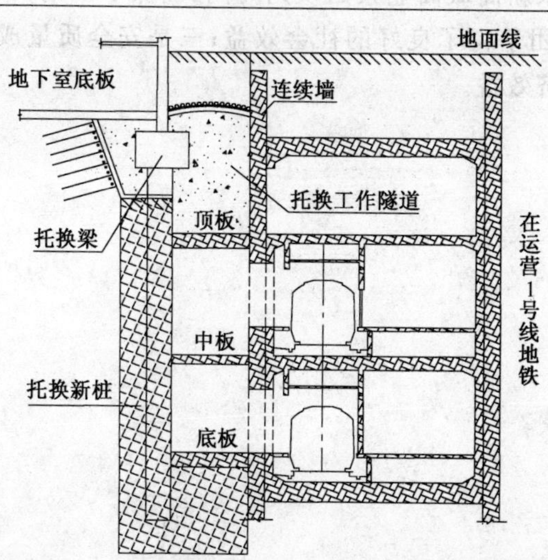
</td><td>待对既运营 1 号线车站站台道边改造工程完成后，结构板分别与 1 号线既有结构有效连接。顶板以上托换工作隧道内 C20 素混凝土填充</td></tr>
</table>

二、施工组织原则

以暗挖隧道、1号线连续墙破除及桩基托换施工为重点，按照“多作业面、大平行、小流水”原则组织施工；加强临近建（构）筑物保护，严格控制基坑盖挖逆作和桩基托换施工。

第三节　项目突发事件的措施

一、处理坍塌措施

处理坍塌事故前必须详细观测坍方范围、形状、坍穴地质、水文情况，应先加固连接未坍方地段，防止坍方发展。

二、处理涌砂、涌水措施

隧道开挖过程中的水源主要是地表水、通过流砂地段时土体内自身水，在开挖过程中加强防水，做好排水沟（或安装管、槽）。对有可能发生突然大量涌水、流砂地段，采取在开挖面上布置超前钻孔、加强注浆等措施。

三、处理周边建筑物沉降、变形措施

隧道开挖过程中若周边建筑物沉降、变形达到预警值时必须立即停止开挖作业，及时与永新商业城管理部门取得联系，并报告建设单位、政府相关部门，必要时组织疏散建筑物内和可能影响区域内的人员。根据沉降、变形情况对建筑物基础采用相应的加固措施，加强观测频率，待建筑物沉降稳定后方可进行隧道开挖。

第四节　经验与教训

老街站东端站台扩建暗挖隧道工程施工策划与组织总体较为成功。取得的经验有：一是将原明挖变更为暗挖，节约了长时间与永新商城商业索赔谈判时间，确保了工期；二是为业主节约了将近一个亿的商业赔偿金，为集团争得了良好的社会效益；三是安全质量成本控制较好，为企业取得了较好的社会效益和经济效益。

第三章 竖井施工技术

由于隧道正上方为戴斯酒店商铺，无法设置竖井，经设计优化将竖井设置在换乘体结构内，即在换乘体负一层板预留一个土方提升及材料下放的垂直运输通道作为隧道开挖竖井，竖井没有防水具体要求。

第一节 竖井垂直提升系统设备配置与效率统计

竖井垂直提升系统主要由型钢提升架配两台电动葫芦组成。提升架、电动葫芦及效率见表 5-2。

表 5-2 竖井提升设备配置及效率统计表

序号	设备名称	设备型号、规格尺寸	效率统计	备注
1	型钢提升架	立柱采用 ϕ200 mm 加厚钢管，联系梁采用工 30b，斜杆采用 I 20b，轨道采用 I 40b 型钢组成	—	
2	电动葫芦	CD-10 双胞胎快速提升葫芦，提升高度 45 m，提升速度 14 m/min	16 m^3/h	
		CD-10 提升葫芦，提升高度 30 m，提升速度 7 m/min	8 m^3/h	
3	料斗	1.3 m×1.3 m×1.3 m	—	
4	液压抓斗机	PC-200 液压抓斗，抓斗容量 0.4 m^3	24 m^3/h	

第二节 竖井安全管理措施

竖井安全管理主要是提升系统的安全管理，是贯穿于整个竖井施工过程中的一个重大危险源，安全专项措施主要有以下几点：

(1)提升井架起重机操作人员必须经培训考试合格并取得特种作业人员操作证，严禁无证开机。

(2)做好提升机械的日常维护保养和运转记录，遇到机械故障及时处理。

(3)作业时现场指定专人分别在井口和井下负责起吊指挥，操作司机和指挥人员通过对讲机、专业手势进行沟通。

(4)井下设警戒区域，由井下指挥人员进行警戒，在作业范围 5 m 区域外拉上反光警戒带，作业人员统一穿反光衣。

(5)起吊长直钢筋时，规格必须统一，严禁长短参差不一，严禁一点吊，严禁钢筋碰撞电气线路或配电箱等设施。

第三节　经验与教训

原设计施工竖井位于戴斯酒店门前，将导致酒店及商铺全部停业。扩建工程由明挖改为从换乘体东南角暗挖，施工竖井由戴斯酒店门口改为与换乘体出土口共用，节约了资源，通过现场合理的施工组织协调，加快了施工进度，为项目取得了更大的经济效益。

永新商业城桩基托换工作隧道穿越地层主要为粉质黏土及粉砂层，具有强度低、难自稳、灌浆加固可注性差等特点，特别是位于永新商业城地下室底板下的隧道部分，地层的超前加固受桩基的影响会存在盲区及不到位的地方，在隧道开挖过程中易出现流水涌泥、失稳坍塌等问题，必须研究制定专门的加固方案，坚持先检验再掘进的施工原则。每循环注浆完毕均取芯检验，达到预期注浆效果后，方能进行隧道开挖作业，否则需再次补注浆。在隧道掘进阶段，对于局部的注浆盲区及效果不良区域辅以小导管注浆补充。

第四章　暗挖区间开挖、初支施工心得与体会

第一节　开挖方法的选择及机械化配套

总体施工方法为浅埋暗挖法。严格按 CRD 工法组织施工，分四个部分开挖，及时支护，及时封闭。隧道开挖采用人工手持风镐开挖为主，PC-50 反铲开挖为辅。“CRD”工法分步施工如图 5-6 所示。

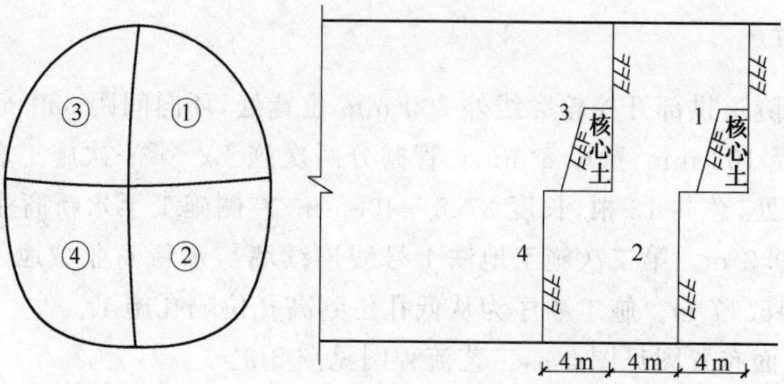

图 5-6　“CRD”工法分步施工示意图

具体施工顺序是：①预加固管棚施作区→②施作管棚并注浆→③隧道全断面注浆→④施作洞门→⑤开挖→⑥初喷混凝土→⑦挂网→⑧立钢架→⑨打锚管→⑩复喷混凝土。“CRD”法开挖支护施工工艺流程见图 5-7。

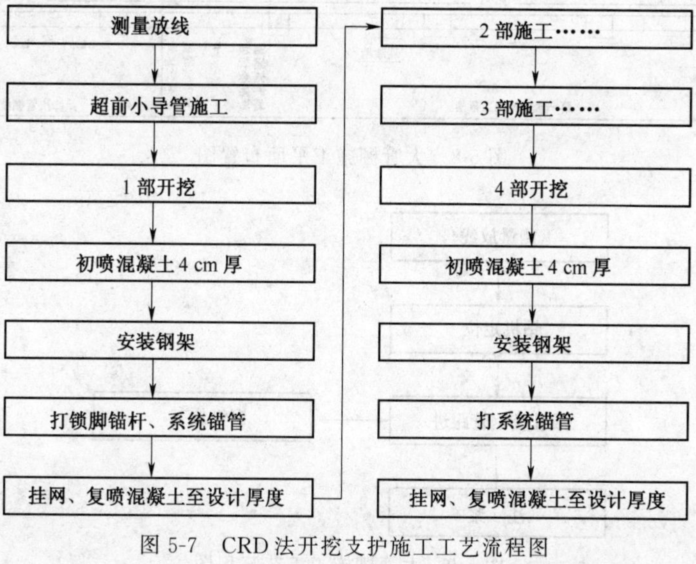

图 5-7　CRD 法开挖支护施工工艺流程图

第二节　全砂土地层开挖技术

该区域地表下层有较厚的砂层，最小厚度为 3 m，最大厚度 4.6 m，暗挖隧道主要位于砂层中，并自西向东 27 m 范围内有一层 1.7～0 m 的圆砾层，过砂层的开挖首先通过大管棚、全断面注浆、超前小导管注浆措施对土体加固，土体的稳定主要取决于管棚、全断面注浆的加固效果。

第三节　超 前 支 护

由于隧道拱顶及洞身基本在砂层中穿过，砂层透水性很强，加上复杂的周边环境，故设计采用大管棚和小导管作超前支护。

一、大管棚设计

大管棚布置在隧道拱部开挖轮廓线外 200 mm 位置处，环向间距 350 mm，外插角 1°。设计参数为：钢管直径 108 mm，壁厚 8 mm。管棚分两次施工。第一次施工右侧洞口段至暗挖隧道拱顶标高变化处，总共 13 根，长度 37.5～40.5 m；左侧施工至永新商业城侧墙处，总共 9 根，长度为 7.2～10.3 m。第二次施工地铁 1 号线连续墙与永新商业城地下室侧墙之间的隧道拱部管棚，长度 15.17 m。施工顺序为从低孔位到高孔位隔孔施工。

大管棚施工平面布置图见图 5-8，工艺流程图见图 5-9。

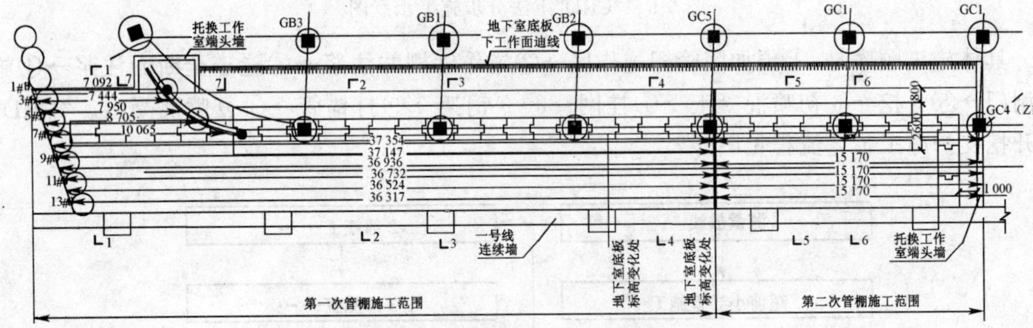

图 5-8　大管棚施工平面布置图

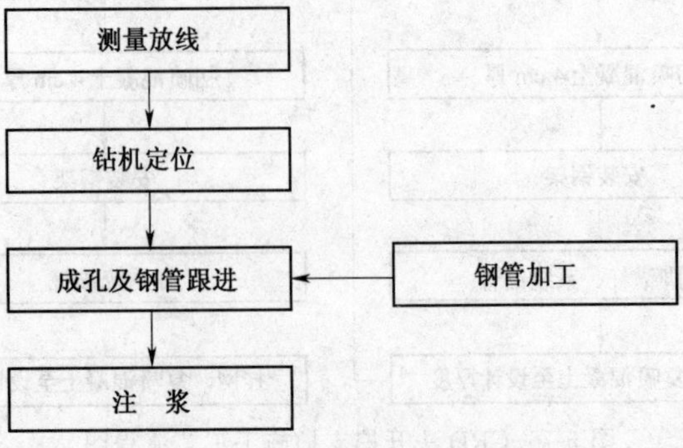

图 5-9　大管棚施工工艺流程图

二、全断面注浆

隧道全断面注浆采用长短结合的方式加固地层，采用超细水泥-水玻璃双液浆。加固范围：拱顶上 1.5 m，地下室侧 2 m，隧道底板下 4 m 范围。隧道全断面注浆布置见图 5-10。

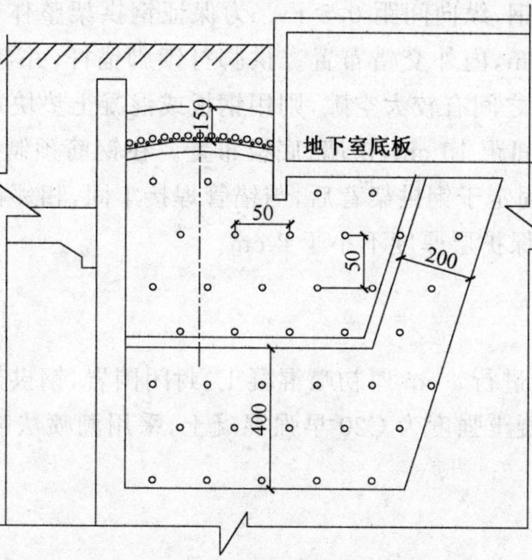

图 5-10　隧道全断面注浆图

注浆在砂层、全强风化地层的挤密效果不明显，常见扰动效果大于加固效果，有时注浆不合理，越注浆加固效果越不好。因此，必须控制对地层的扰动，强调注浆过程的控制，实现注浆扩散的交联。全断面注浆工艺流程见图 5-11。

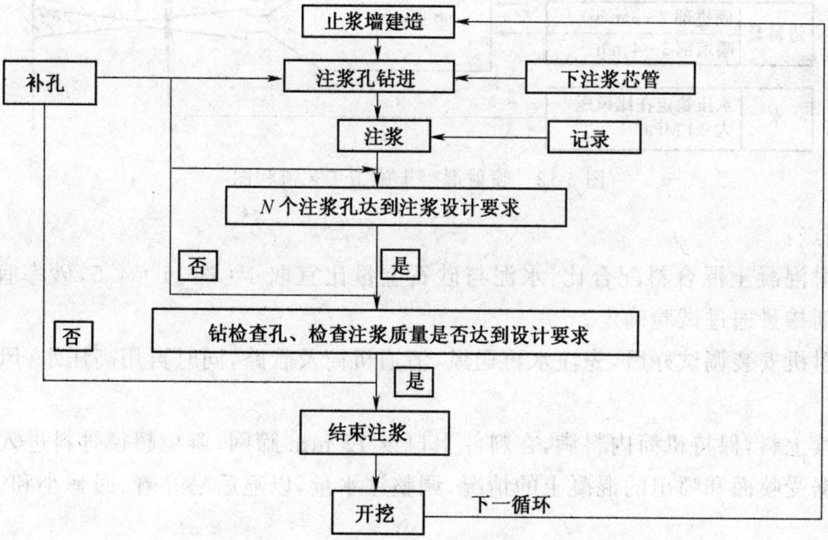

图 5-11　全断面注浆施工流程图

第四节　初 期 支 护

本工程暗挖隧道初期支护采用系统锚管、工字钢架、钢筋网、锚喷支护联合支护体系，初期支护在每步开挖后及时进行，主要有初喷、安装钢架、打设锚管、挂网、复喷混凝土等工序。

锚管类型为 $\phi 42$ 钢花管，管内注纯水泥浆。采用风钻钻孔，钻孔时确保孔口岩面平整，使岩面与钻孔方向垂直。安装锚管时对不平整的岩面用垫板调整，使垫板可以密贴岩面。锚管采用梅花形布置方式，长 3.5 m，纵、环向间距为 0.5 m×0.7 m。

钢拱架采用 I20a 工字钢，纵向间距 0.5 m。为保证钢拱架整体受力，工字钢架之间焊接 Φ22 连接筋，环向间距 50 cm，内外交错布置。拱脚打锁脚锚杆，并与钢拱架焊牢。在安设过程中，若拱架和初喷混凝土之间有较大空隙，则用钢板或混凝土垫块塞紧。

钢筋网采用 Φ8 钢筋，间距 15 cm，拱墙、底板布置。在钢筋预制场点焊加工成网片，网片规格为 1.2 m×2 m，安装固定于钢拱架背后，与锚管焊接牢固，相邻钢筋网片搭接长度不小于 1～2 个网格。喷射混凝土保护层厚度不小于 2 cm。

四、喷射混凝土施工

隧道开挖成形后，立即进行 4 cm 厚初喷混凝土，封闭围岩，钢拱架钢筋网安设好后复喷混凝土至设计厚度。喷射混凝土强度为 C20 早强混凝土，采用潮喷法喷射。施工工艺流程见图 5-12。

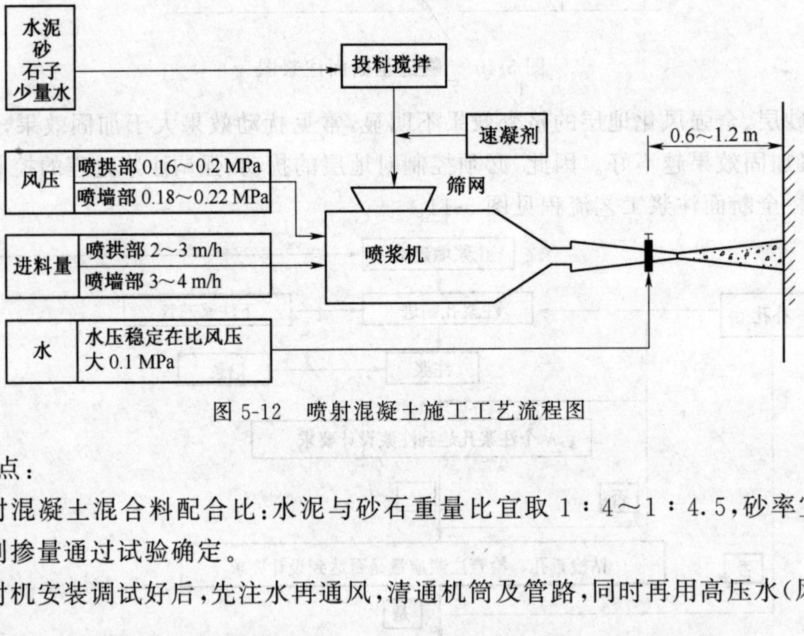

图 5-12　喷射混凝土施工工艺流程图

施工要点：

(1)喷射混凝土混合料配合比：水泥与砂石重量比宜取 1∶4～1∶4.5，砂率宜取 45%～55%，速凝剂掺量通过试验确定。

(2)喷射机安装调试好后，先注水再通风，清通机筒及管路，同时再用高压水(风)清洗(吹)受喷表面。

(3)连续上料，保持机筒内料满，在料斗上口设 12 mm 筛网，避免超径骨料进入机内。

(4)根据受喷面和喷出的混凝土的情况，调整注水量，以喷后易黏着、回弹小和表面湿润光泽为度。

(5)喷射应分段、分片进行。先墙后拱，自下部起水平方向旋转移动往返一次喷射，然后上移。

(6)喷嘴口至受喷面以 0.6～1.2 m 为宜。喷射料束以垂直受喷面为最好。风压和喂料量，根据喷射部位、机型等条件进行调整。一般工作风压 0.16～0.22 MPa，喂料量 3～4 m^3/h。

第五章　辅助工法(注浆堵水)的应用与效果评价

一、由隧道底板向下注浆堵水加固技术

根据暗挖隧道地质情况，钻孔注浆采用袖阀管竖向后退式注浆工艺对暗挖隧道底板进行注浆加固。

(1)注浆加固范围：挖孔桩开挖轮廓线外 2 m，挖孔垂直深度 25 m 左右，并应超过挖孔桩深度 3～5 m，在挖孔桩周边布置 2～3 排孔。

(2)浆液扩散半径 0.8～1.0 m，开孔和终孔间距控制在 1.2～1.5 m。注浆压力 0.8～1.5 MPa。检查孔个数应达到整个钻孔数量的 5%以上，仅对个别检查孔取芯检查。

二、洞内水平深孔注浆技术

工作隧道穿越地层主要为粉质黏土及粉砂层，该地层在隧道开挖过程中受水侵害极易滑坍失稳，另隧道开挖过程中的大量失水将对既有永新商业城桩基(摩擦桩)承载带来影响，从而反应到建筑结构柱的差异沉降，将直接危害到永新商业城和周边环境的安全，所以隧道开挖对地下水的处理坚持以堵为主的原则。为有效改良隧道开挖范围的地层条件，提高围岩自稳能力及尽量消除潜在的周边地层失水隐患，在隧道掘进前方实施钻注一体的全断面深孔注浆加固地层，浆材为超细水泥-水玻璃双液浆。加固范围分别为：拱顶以上至大管棚部位，地下室底板下隧道的侧壁外 2 m，隧道底板以下 4 m 范围，每循环注浆完毕均取芯检验，达到预期注浆效果后，方能进行隧道开挖作业，否则需再次补注浆。在隧道掘进阶段，对于局部的注浆盲区及效果不良区域辅以小导管注浆补充。

三、注浆工艺及注浆材料

(1)止浆墙施作

施作止浆墙的目的是为使掌子面外层能承受一定压力，在注浆过程中，浆液不会从掌子面串漏，从而保证注浆效果。

在深孔注浆钻孔施工之前，先将整个掌子面喷混凝土封闭，喷射混凝土强度 C25，厚度 300 mm。喷混凝土前挂设 $\phi 8$@150 mm×150 mm 钢筋网片。

(2)钻孔施工

钻孔前测量合理布孔，避开既有桩，对于桩背后注浆盲区及效果不良区域辅以小导管注浆补充。

(3)注浆施工

浆液采用超细水泥浆和超细水泥-水玻璃浆，超细水泥浆初凝时间控制在 2～4 h，超细水泥-水玻璃浆凝胶时间控制在 1～3 min。浆液扩散半径为 0.4～0.6 m，开孔间距控制在0.5 m 左右，终孔间距控制在 0.7～1.0 m。注浆压力不宜过高，只要能克服管道阻力和土体之间空

隙阻力即可，压力过高易引起地表及管线变形。注浆压力宜控制在 0.8～1.0 MPa。

(4)注浆效果检测

注浆施工完毕后，为探明注浆加固效果，需采取一定的检测手段对注浆结果加以评定，从中找出不足，加以改进，不断提高注浆技术水平。

钻探取芯法：从取出的岩芯可以直观地观察并判断浆液扩散半径，且通过对岩芯做室内三轴强度试验、剪切试验等，准确评价是否满足设计要求，从而判定注浆效果的好坏。

根据开挖后实际情况进行判断法，此方法为钻探取芯法的补充，可以调整完善下一循环的施工，改进注浆参数。

四、注浆机具设备选择及性能比较

注浆机具采用 KBY-50/7-11 型，浆液流量为 50 L/min，设计压力为 0.5～7 MPa，驱动功率为 11 kW，设备外形尺寸为 1 600 mm×720 mm×700 mm，设备重量为 300 kg。

该设备体积小、重量轻、灵活可靠、经济实用。配有双抗振压力表监测系统，注浆压力可以调整，采用分体式控制阀，且具有完备的防淋水装置，是地下工程注浆的得力助手。

五、注浆效果评价

东端站台扩建暗挖工程注浆主要有大管棚、超前小导管及袖阀管注浆施工工艺，工程总体注浆效果良好，隧道开挖过程中土体失水较少，永新商业城沉降可控。

第六章　施工工序过程中防排水分析

一、围岩渗漏水注浆处理

鉴于本隧道非常软弱的地层条件及特别复杂的周边环境，隧道施工总的指导原则是“不明不进、步步为营、稳步推进”，必须依据隧道前方明晰的环境条件、采取针对性的技术措施、实施有效的工艺控制来确保万无一失的施工效果。隧道开挖对地下水的处理原则是“以堵为主、适量排放”，掘进中严格遵照符合本工程特点及管理要求的“管超前、严注浆、超前探、分部挖、快封闭、短进尺、强支护、勤量测”二十四字方针组织施工。

二、施工缝、变形缝防水

按照施工工序在结构横向柱跨的1/4～1/3范围内、纵向不大于2跨纵向柱距分别设置施工缝。施工缝尽量避开地下水和裂隙水较多的区段。在与1号线老街站混凝土接缝基面处凿毛冲洗干净，待干燥后，在断面中间设置两道遇水膨胀聚氨酯止水胶，再设一道$\phi 12$注浆管。暗挖隧道工程不设置变形缝。

三、防水层及排水系统施工

扩建工程主体结构顶板、底板外防水采用膨润土防水毯，侧墙采用水泥基结晶渗透防水涂料。由于扩建工程侧墙采用人工挖孔桩施工而成，在人工挖孔桩外侧增加一道200 mm厚的内衬墙结构。结构采用防水混凝土施工，使结构又增加了一道坚实的防水线。防水构造见图5-13。

四、防水混凝土施工

混凝土结构自防水是工程防水的主要防线。围护结构人工挖孔桩混凝土抗渗标号为S10，扩建工程主体结构混凝土抗渗标号地下四层为S10，地下三层以上为S8。混凝土结构自防水主要是由防水混凝土依靠自身的特性在混凝土结构浸水一定深度而不致透过。通过加入高效减水剂，减少混凝土收缩，增强其抗裂性能，并采取一系列措施保证混凝土施工质量。

目前地铁车站防水几乎都采用混凝土自防水，要求对混凝土的塌落度控制在8～12 cm，塌落度如此低的混凝土目前国内地泵输送远距离能力很难达到，需要随时调整地泵的位置，避免长距离输送混凝土，由此施工场地布置频繁改变，增加了现场管理难度。

五、全过程防水实施总体流程

1. 底板防水施工步骤(图5-14)
2. 顶板防水施工步骤(图5-15)
3. 侧墙防水施工步骤(图5-16)

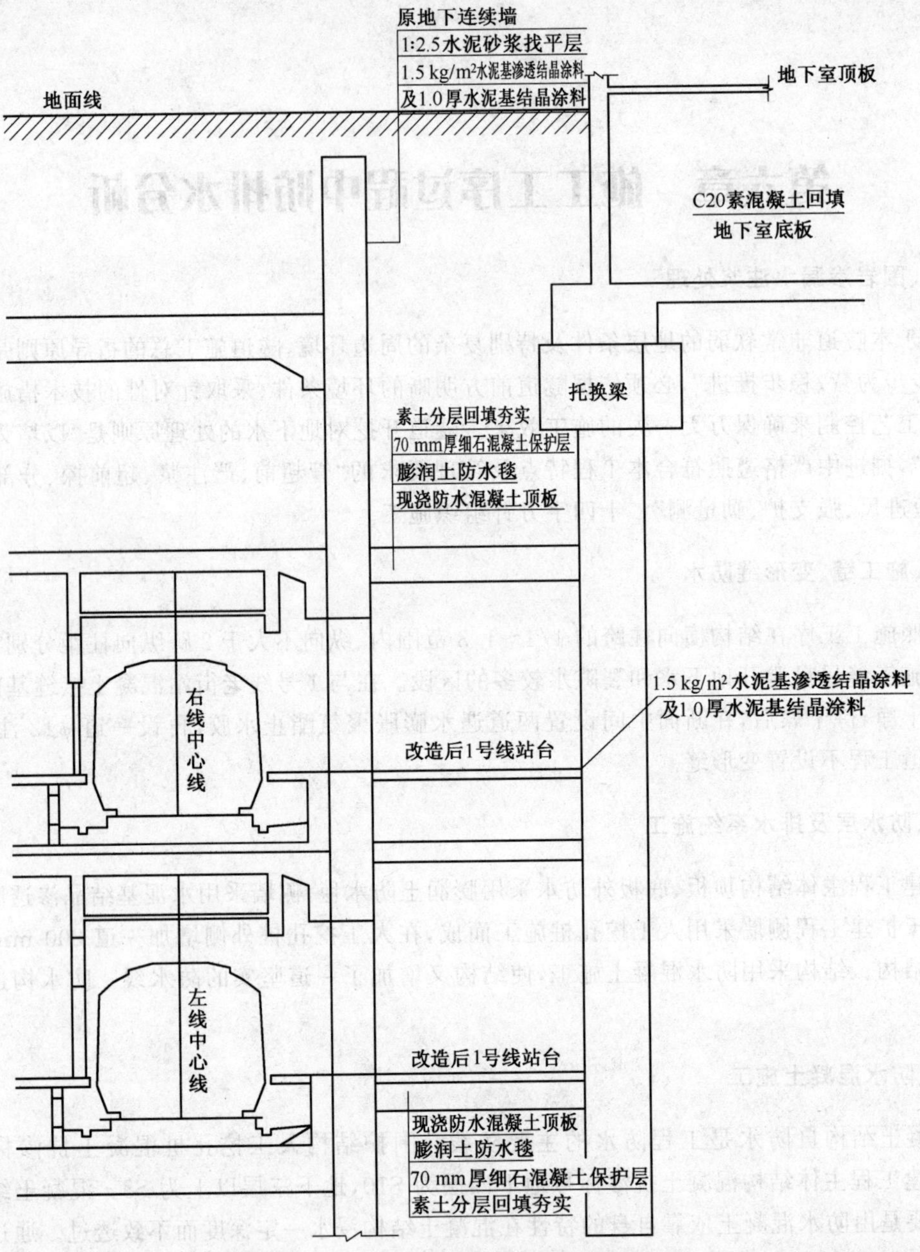

图 5-13　东端站台扩建暗挖工程防水构造图

混凝土垫层施工 → 铺设膨润土防水毯 → 施作细石混凝土保护层 → 浇筑结构底板

图 5-14　底板防水施工步骤

混凝土结构顶板 → 铺设膨润土防水毯 → 施作细石混凝土保护层

图 5-15　顶板防水施工步骤

混凝土基面处理 → 涂抹材料配置 → 材料涂抹 → 养生

图 5-16　侧墙防水施工步骤

第七章　监测技术应用及分析

本工程监测的重点是暗挖隧道的施工安全及对永新商业城等建筑物的影响。监测点布置如图 5-17 所示。

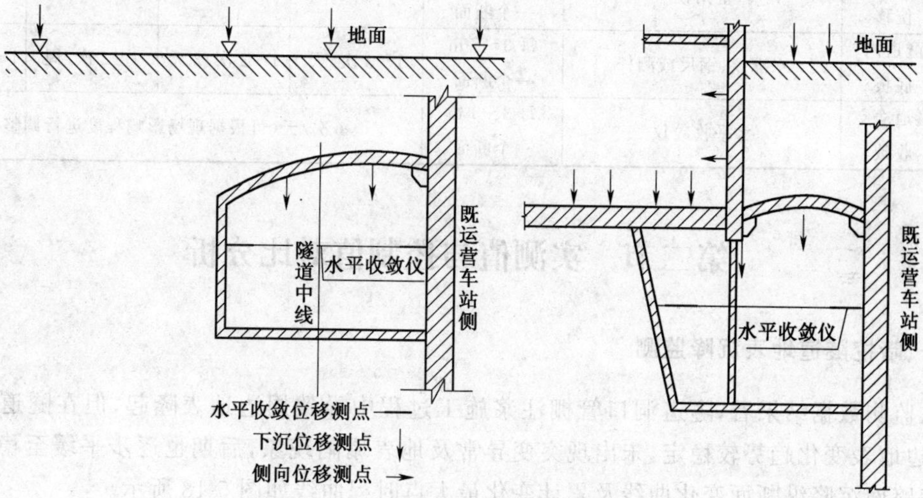

图 5-17　隧道内监测点布置图

第一节　监测项目与控制标准

监测项目及控制标准见表 5-3。监控量测设计见表 5-4。

表 5-3　监控项目控制值表

序号	监测项目	监测值(mm)	监测警戒值(mm)	监测控制值(mm)
1	永新商城地下室沉降观测	－20.99	25	30
2	隧道地表沉降观测	23.58	30	35
		－17.64	30	35
3	隧道内地面沉降观测	－6.08	30	35
4	隧道拱顶沉降观测	－15.72	35	30
5	隧道桩基托换沉降观测	－9.24	10	15
6	1 号线连续墙沉降	－1.7	3	5
7	隧道净空收敛	－6.46	25	30

表 5-4　监控量测设计表

序号	监控项目名称	方法及工具	测点布置	量测间隔时间			
				1～15 天	16 天～1 个月	1～3 个月	3 个月以后
1	掌子面观察	目测观察	每次开挖后	每次开挖后进行			
2	地表下沉	水准仪、钢尺或测杆	每 3～5 m 一个断面	1～3 次/天	1～2 次/2 天	1～2 次/周	1～3 次/月
3	拱顶下沉	水准仪、钢尺或测杆	每 3～5 m 一个断面	1～3 次/天	1～2 次/2 天	1～2 次/周	1～3 次/月
4	水平位移	全站仪	每 3～5 m 一个断面	1～3 次/天	1～2 次/2 天	1～2 次/周	1～3 次/月
5	隧道内底板	水准仪、钢尺或测杆	每 3～5 m 一个断面	1～3 次/天	1～2 次/2 天	1～2 次/周	1～3 次/月
6	隧道净空收敛	水平收敛仪	每 3～5 m 一个断面	1 次/天(可根据现场影响程度进行调整)			

第二节　实测值与控制值对比分析

一、暗挖隧道地表沉降监测

从监测数据结果看,隧道洞口管棚注浆施工过程中导致周边地表隆起,但在隧道开挖期间,周边地表变化趋势较稳定,未出现突变异常及地表塌陷现象,后期也逐步平缓至稳定。隧道地表路面沉降纵断面变化曲线及累计变化最大点时程曲线如图 5-18 所示。

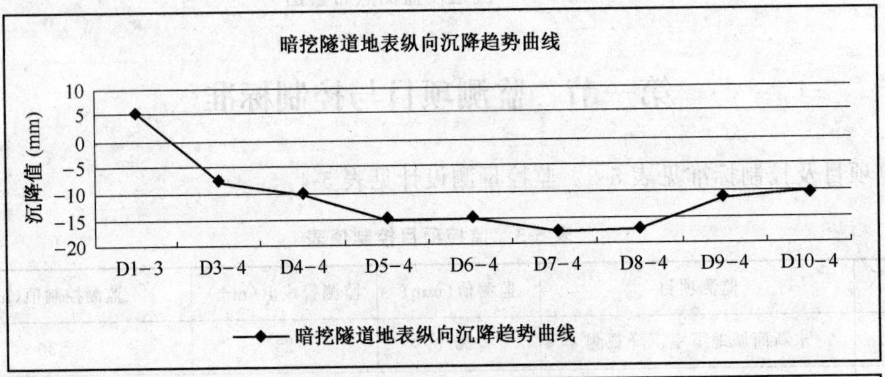

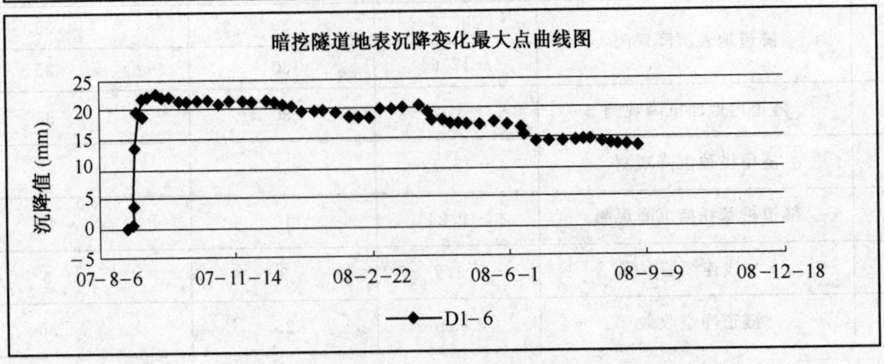

图 5-18　暗挖隧道地表沉降观测曲线图

二、隧道底板沉降监测

从监测数据结果及曲线分析图中可看出，在隧道开挖过程中隧道底板沉降呈现为中间大两端小趋势，但其整体变化结果均较小，下沉最大为 6.08 mm，整体趋势较稳定，暗挖隧道底板整体沉降趋势曲线图及累计变化最大点历程曲线如图 5-19 所示。

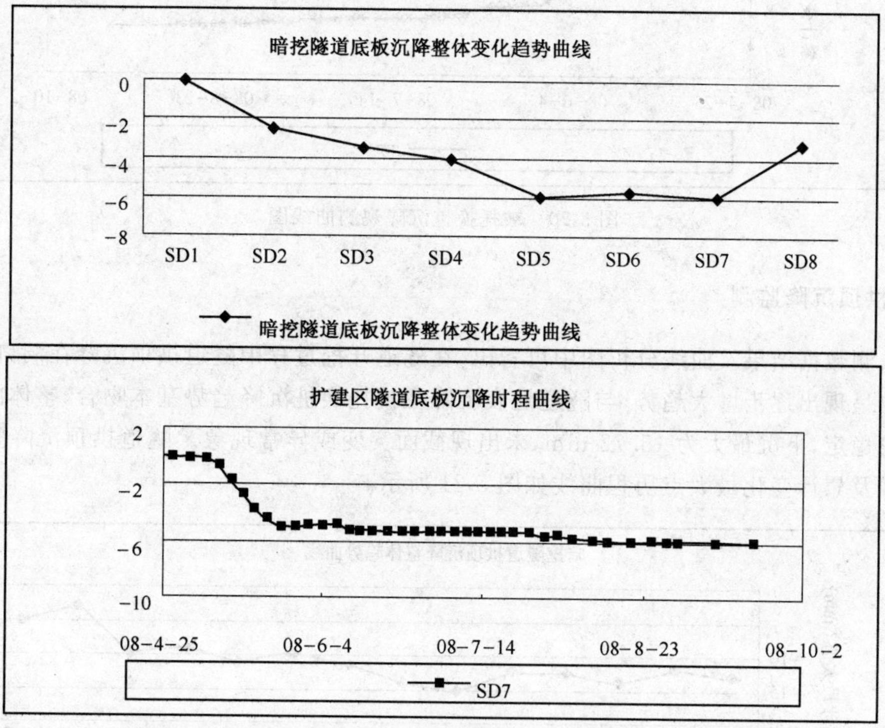

图 5-19　暗挖隧道底板沉降观测曲线图

三、托换桩沉降监测

从监测数据结果及曲线分析图中可看出，在隧道开挖过程中被托换桩沉降呈现出隧道洞口及中间部位沉降趋势大，端头小，较符合一般沉降的变化规律，但整体被托换桩的沉降变化趋势较稳定，均控制在 10 mm 内，下沉最大为 9.24 mm，未出现单桩突变现象。被托换桩整体沉降趋势曲线及累计变化最大点历程曲线如图 5-20 所示。

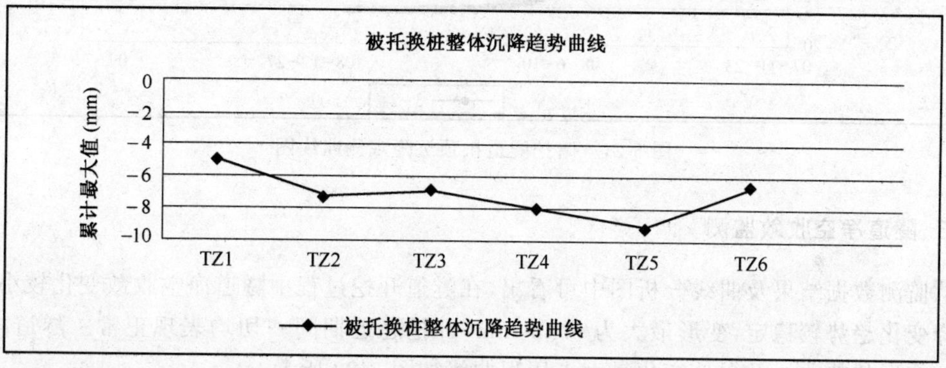

图 5-20

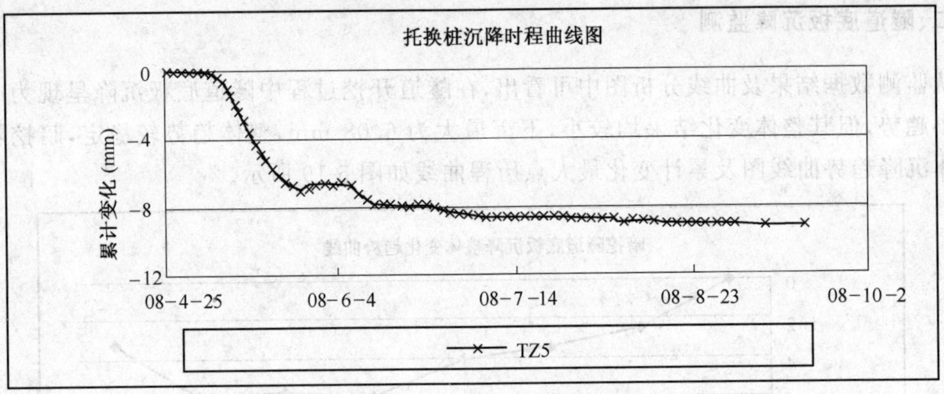

图 5-20　被托换桩沉降观测曲线图

四、拱顶沉降监测

从监测数据结果及曲线分析图中可看出，在隧道开挖过程中隧道拱顶沉降在洞口、中间及端头部位呈现出逐步增大趋势，与隧道地表沉降及被托换桩沉降趋势基本吻合，整体的沉降变化趋势较稳定，下沉最大为 15.72 mm，未出现截面突变或异常现象。隧道拱顶沉降整体沉降趋势曲线及累计变化最大点历程曲线如图 5-21 所示。

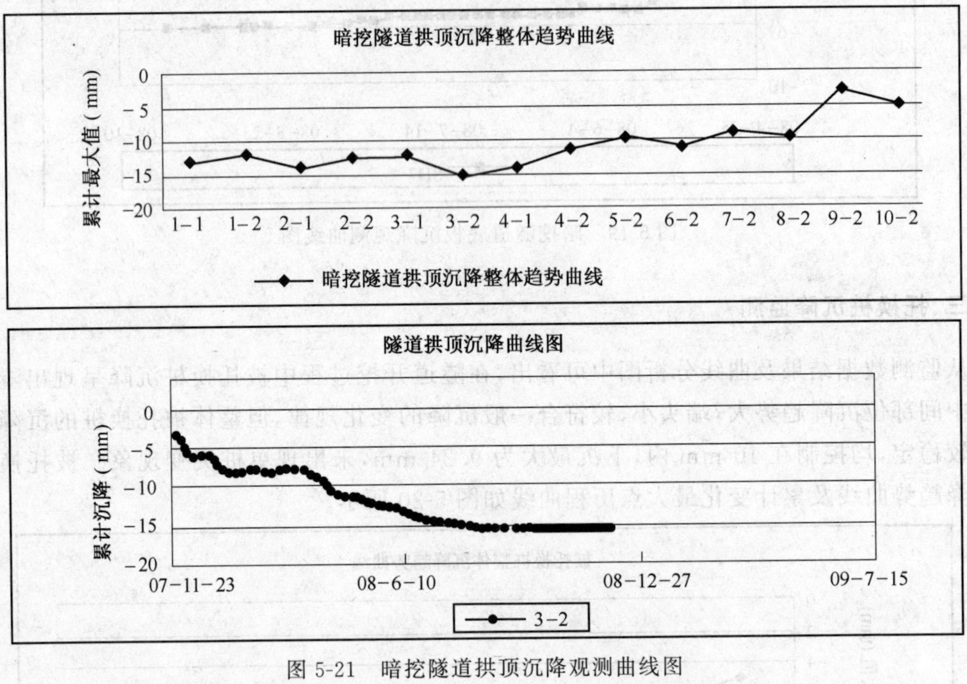

图 5-21　暗挖隧道拱顶沉降观测曲线图

五、隧道净空收敛监测

从监测数据结果及曲线分析图中可看出，在隧道开挖过程中隧道净空收敛变化较小，整体的沉降变化趋势较稳定，变形最大为 6.46 mm，开挖趋近期间一切均表现正常。隧道净空收敛整体变形趋势曲线及累计变化最大点历程曲线如图 5-22 所示。

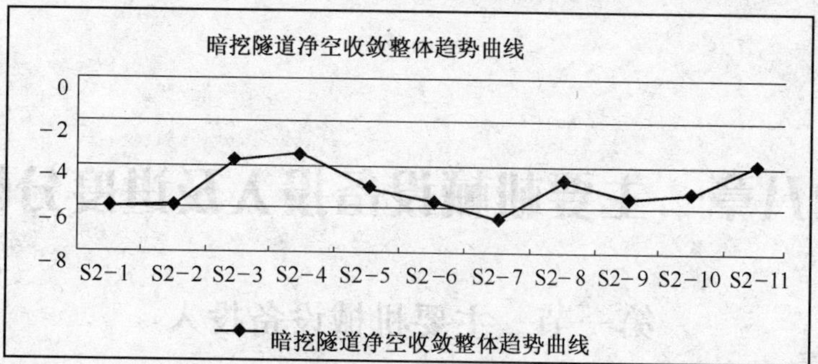

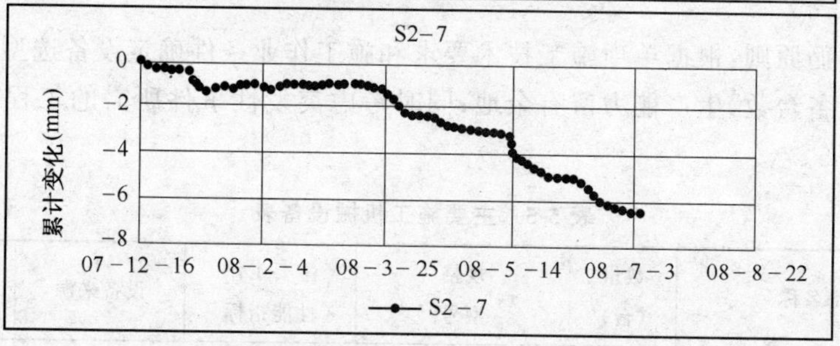

图 5-22　暗挖隧道净空收敛曲线图

第八章　主要机械设备投入及进度分析

第一节　主要机械设备投入

设备配备遵循原则：根据单项施工技术要求和施工作业条件确定设备选型；按照施工进度计划指标配备设备台数，生产能力留有余地；同时考虑突发性事件所需的工程抢险应急设备。主要设备见表 5-5。

表 5-5　主要施工机械设备表

序号	设备名称	数量（台）	规格型号	主要工作性能指标	设备来源	备　注
1	开挖支护施工设备					
1.1	喷浆机	2	PZ-5	5 m^3/h	新购	
1.2	双液注浆机	2	KBY-50/7-11	50 L/min	新购	
1.3	风动凿岩机	10	YT28		新购	
1.4	风镐	30	G10		新购	
2	装渣运输设备					
2.1	挖掘机	1	DH-200	1.2 m^3/斗	租赁	
2.2	挖掘机	4	W-201	0.2 m^3/斗	租赁	
2.3	龙门架	1			自制	
2.4	电动葫芦	3	CD-10	10 t	新购	
2.5	自卸汽车（土方外运）	3			租赁	
3	隧道施工辅助设备					
3.1	空压机	2	4L-20/8	20 m^3/min	内部调用	
3.2	轴流通风机	1		37 kW	新购	
3.3	污水泵	2	100TSW-5	$H=78$ m 69 m^3/min	新购	

第二节　对提高生产率的建议

暗挖隧道渣土与材料主要靠电动葫芦进行垂直运输，且隧道渣土运输路径与换乘体提料口共用，土方提升与材料下放相互干扰，施工竖井是控制隧道施工进度的瓶颈。经过充分的技术经济比较与市场调查，最后选用特种设备——液压伸缩臂抓斗机垂直取土，速度是提升葫芦的 4 倍，有效地加快施工进度，同时降低了工程成本。建议有条件采用液压抓斗机的项目优先选用该设备。

第三节 进度统计

一、隧道月平均进度计划指标统计

本暗挖隧道的施工进度不仅关系到下部人工挖孔桩、桩基托换、基坑开挖、站台结构的施工时间，而且也与换乘体的施工相互影响，干扰大。因此，在保证安全的前提下，必须加快进度，确保工期。施工进度计划如图 5-23 所示。

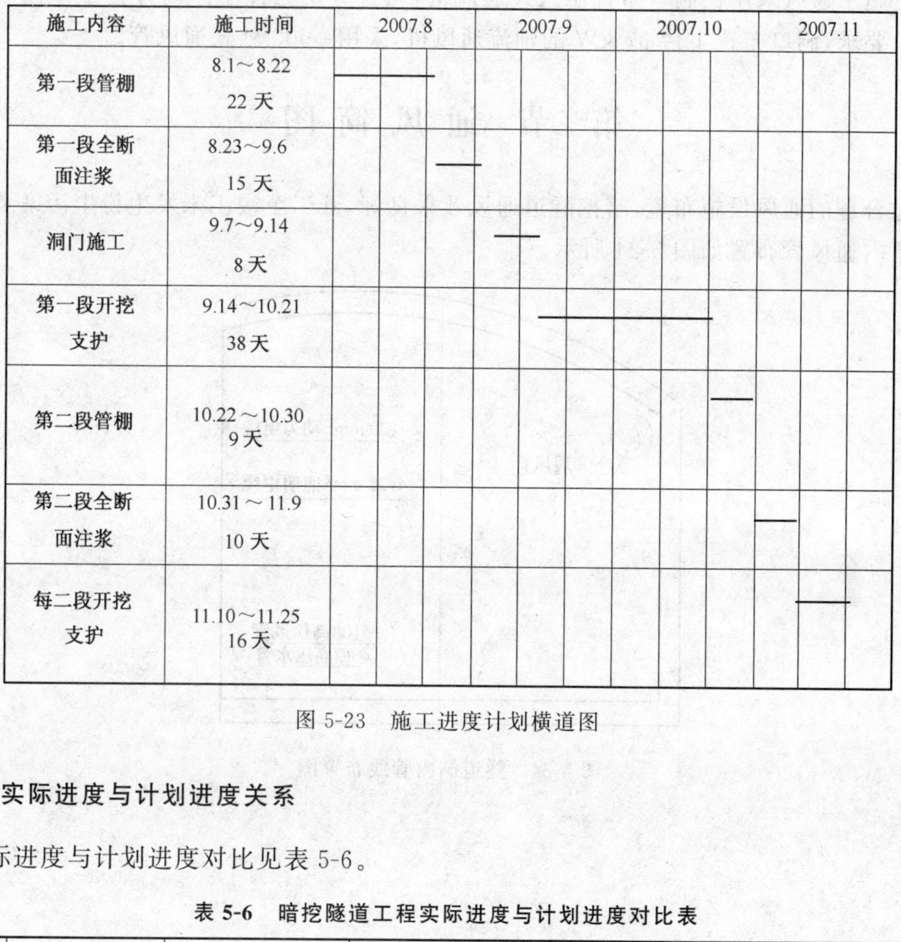

图 5-23 施工进度计划横道图

二、实际进度与计划进度关系

实际进度与计划进度对比见表 5-6。

表 5-6 暗挖隧道工程实际进度与计划进度对比表

序号	项目名称	施工时间	实际与计划进度关系	备注
1	计划总工期	118 天	实际节约工期 23 天	
2	实际总工期	95 天		
3	计划日进尺	0.4 m/天	实际比计划快 0.2 m/天	
4	实际日进尺	0.6 m/天		

第九章　施工通风技术

第一节　通 风 方 式

隧道施工通风采用在洞口布置压入式通风机，风管分别延伸至距离开挖工作面 10 m，根据通风量要求，洞口布置 1 台 37 kW 的轴流通风机，采用 ϕ600 软式通风管。

第二节　通 风 简 图

通过合理的通风设施布置，暗挖隧道通风效果良好，开工至竣工未发生粉尘污染及中毒事件。隧道内通风管布置如图 5-24 所示。

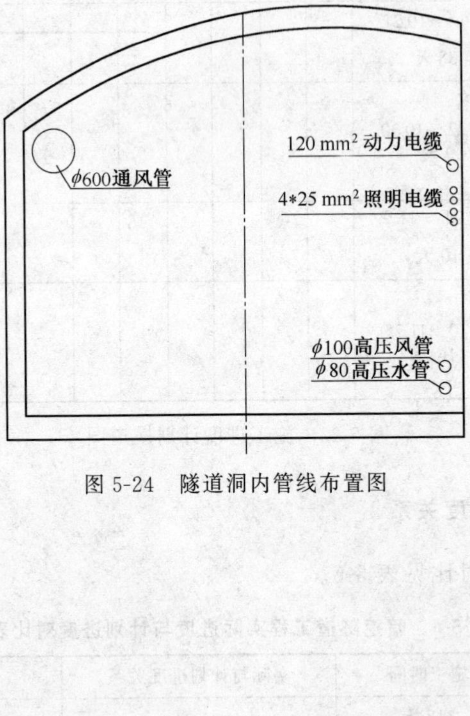

图 5-24　隧道洞内管线布置图

第十章　工 程 管 理

第一节　安全管理措施及评价

项目开工以来始终坚持管项目同时管安全的管理模式，严格落实一岗双责制。安全管理预防为主，坚持“四全”动态管理的方针，安全管理重在控制，坚持持续改进等基本原则。正确处理好安全与质量、安全与效益的关系。建立健全安全保障体系，制定完善的保证措施。经理部成立安全生产委员会，项目经理为安全生产的第一责任人，并设安检工程师，工区设专职的安全员，工班设群众安全员。

暗挖隧道扩建工程安全生产持续可控，开工以来，没有发生一起安全事故，文明施工始终保持良好，在业主等上级单位组织的安全文明检查中，多次获得好评。

第二节　科 研 成 果

《大型地铁换乘站紧临既有建(构)筑物安全施工关键技术研究与应用》科研项目，通过河南省科技厅评审，获得了中国铁路总公司科技进步二等奖、中国施工企业科技进步特等奖、河南省科技进步二等奖、洛阳市科技进步一等奖。《运营地铁车站接驳施工工法》获集团级工法、河南省级工法。

开展了“深圳地铁老街站项目部解决袖阀管注浆过程中注浆、窜浆问题 QC 成果”活动，并荣获了集团公司二等奖。开展了“深圳地铁老街站项目部逆作法钢管柱精确定位 QC 成果”活动，并取得全国二等奖。

现场施工照片见图 5-25～图 5-40。

图 5-25　暗挖隧道洞门开始进行大管棚钻孔施工

图 5-26　暗挖隧道大管棚注浆施工

图 5-27　暗挖隧道洞门破除及第一榀拱架施工

图 5-28　暗挖隧道上半断面左侧壁施工

图 5-29　暗挖隧道开挖完成

图 5-30　暗挖隧道竖向土体加固

图 5-31　暗挖隧道旋喷施工

图 5-32　暗挖隧道人工挖孔桩施工

图 5-33　暗挖隧道人工挖孔桩钢筋笼施工

图 5-34　暗挖隧道内永新商业城被托换桩植筋

图 5-35　暗挖隧道内托换大梁施工完成

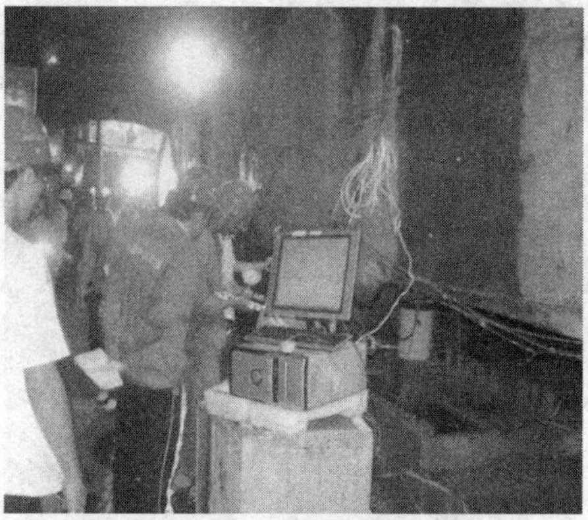

图 5-36　永新商业城桩基托换顶升

图 5-37　暗挖隧道内二系桩施工

图 5-38　暗挖隧道主体结构施工

图 5-39　暗挖隧道主体结构施工完成

图 5-40　暗挖隧道顶板防水施工完成

第六篇　深圳地铁3号线3153标莲华区间暗挖隧道施工技术

第一章　工程概况及重点难点

第一节　工程地理位置及主要工程内容

深圳地铁龙岗线西延段3153标莲花村站～华新站区间暗挖段(里程ZDK8＋506.1～ZDK8＋675.0、YDK8＋506.1～YDK8＋672.0)位于深圳市福田区红荔路下方呈东西走向。红荔路上车流量大,来往人员多。道路两边为绿化带,20 m范围内无重要建筑物。

工程主要内容为左线长度168.9 m、右线长度165.9 m的开挖和初支。

第二节　工程地质与水文地质

区间范围内上覆人工素填土、冲洪积砂层、淤泥质粉质黏土、黏性土及残积黏性土,下伏基岩为燕山期花岗岩。区间内的不良地质为砂土液化。区间内的特殊岩土为人工填土、淤泥质粉质黏土、膨胀土、花岗岩残积土及全风化层、呈土柱状强风化层,其中人工填土分布于地表,对区间隧道影响小。根据室内试验统计成果,冲洪积粉质黏土具有弱膨胀性,分布于区间隧道洞身之上,对区间隧道影响小。区间范围内淤泥质粉质黏土呈透镜状零星分布人工填土之下,对区间工程影响小。对工程有影响的特殊岩土为花岗岩残积土及全风化层、呈土柱状强风化层,隧道洞身从花岗岩残积土及全、强、中等、微风化层中穿过,花岗岩残积土、全、强风化遇水易软化、崩解。局部地段,隧道绝大部分洞身穿越花岗岩强、中等、微风化层,隧道开挖面上软下硬。

地表水主要表现为福田河河水,地下水主要表现为松散土层孔隙水及基岩裂隙水,根据试验资料,地下水对混凝土结构及钢筋混凝土中的钢筋具弱腐蚀性,对钢结构具中等腐蚀性。

综上所述,本区间工程地质条件较差。

第三节　设 计 情 况

根据隧道所处的环境条件、地质条件、断面大小及埋深情况,隧道洞身大部分穿越中微风化花岗岩,最大岩石饱和单轴抗压强度值为180.5 MPa,盾构机掘进困难,故采用矿山法完成隧道开挖、初支,盾构通过拼装管片。左右线隧道均利用莲花村站端墙作为工作面开挖。

矿山法隧道内净空尺寸为直径 6 400 mm，在盾构机外径 6 280 mm 的基础上考虑 120 mm 的盾构机工作空间。在矿山法隧道底部 60°范围内设有半径 3 150 mm、厚 150 mm 的混凝土导向平台，用于引导盾构机按正确路线参数推进。

矿山法隧道按锚喷构筑法进行施工，根据地质条件情况，按单线 B 型衬砌类型进行施工。隧道衬砌断面形状为圆形（单线 B 型衬砌），初支为 C20 喷射早强混凝土，厚度 300 mm。矿山法隧道 B 型衬砌设计参数表见表 6-1。其断面形式如图 6-1 所示。

表 6-1　单线 B 型隧道衬砌设计支护参数表

衬砌类型	初期支护				辅助措施		施工方法	预留变形(mm)	备注
	ϕ32×3.5 注浆锚管	钢筋网	C20 喷射早强混凝土	格栅钢架	洞内全断面注浆	ϕ42×4 超前小导管			
单线 B 型	L＝3 m @0.8×0.5 m 边墙布置	Φ8 钢筋网 @0.15×0.15 m 全环单层布置	厚 0.3 m	间距 0.5 m	拱部及边墙开挖轮廓外 3.0 m，仰拱开挖轮廓外 1.5 m	L＝3.5 m @0.3×1.5 m 拱部 120°布置	环形台阶法	50	Ⅴ、Ⅳ级围岩

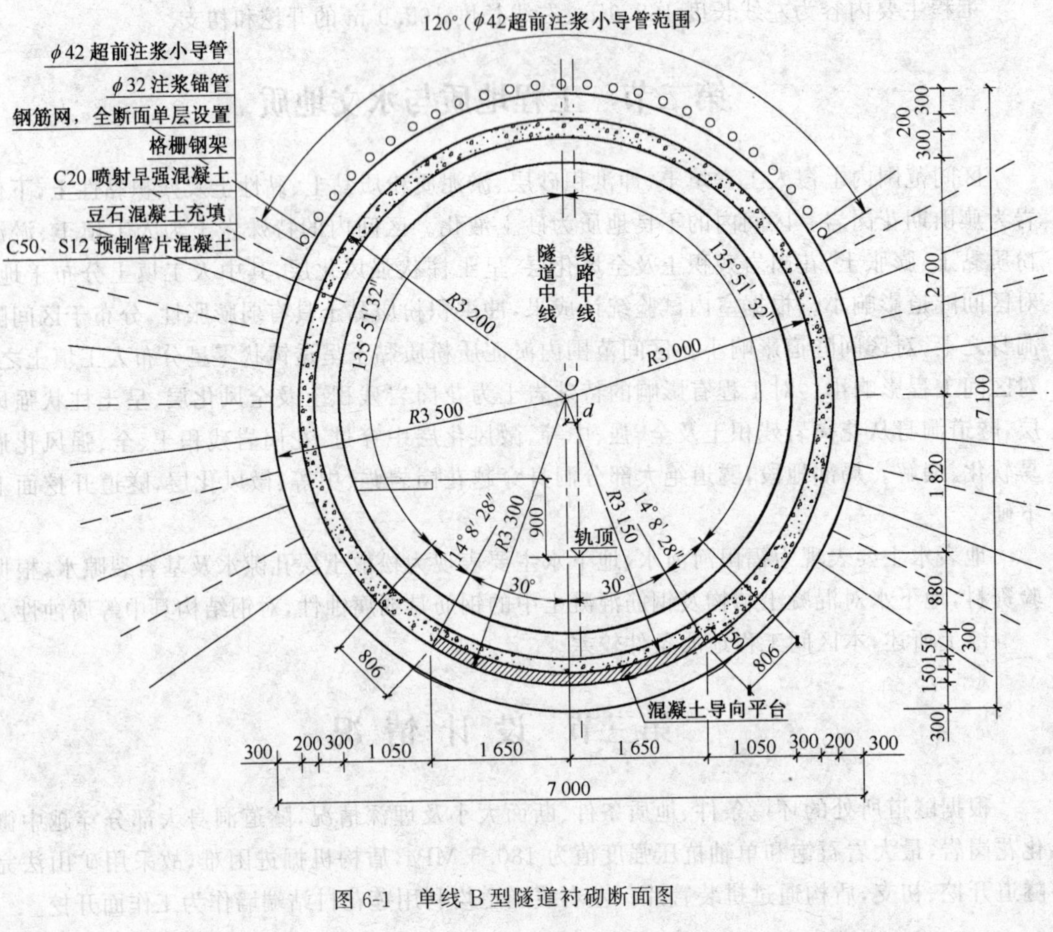

图 6-1　单线 B 型隧道衬砌断面图

第四节　主要合同边界与施工条件

本项目为设计施工总承包,总价包干合同。暗挖隧道施工竖井利用另一标段莲花村站东端头盾构井,需占用其他单位施工场地,且必须在该车站顶板封顶后方可进场施工。

一、合同安全要求

(1)遵守所有适用的安全规则。

(2)照料现场所有施工人员的安全。

(3)努力保持现场和清理工程不需要的障碍物,以避免对施工人员造成危险。

(4)在工程竣工并按规定移交前,提供围栏、照明、保卫和看守,以及因实施工程为公众和邻近土地的所有人、占有人使用和提供保护,提供可能需要的任何临时工程(包括道路、人行道、防护物和围栏)。

二、合同质量要求

承包商应建立质量保证体系,以证实符合合同要求。该体系应符合合同的详细规定。监理工程师应有权对体系的任何方面进行审查。

承包商应在每一设计和实施阶段开始前,向监理工程师提交所有程序和如何贯彻要求的文件的细节,供其参考。向监理工程师发送任何技术性文件时,文件本身应有经承包商代表事先批准的签字证明。

遵守质量保证体系不应解除承包商根据合同承担的任何任务、义务和职责。

第五节　工程重点难点分析与对策

本隧道工程重点难点有:上软下硬地层隧道施工的安全;城市主干道下隧道防沉降控制;硬岩段爆破安全技术和安全防护;石、土交界面段隧道开挖支护措施。

(1)上软下硬地层中,上断面花岗岩残积土,全、强风化岩具有遇水易软化、崩解的特点,确保上断面止水效果及初支结构的稳定、控制下断面爆破施工产生的振动减弱对上部结构的影响是施工的重难点。

对策及措施:上断面软弱地层施工的关键是止水和初期支护的强度。通过全断面注浆、超前小导管注浆等多种措施对地下水进行封堵,严防地下水对土层的侵泡。支护结构及时施作,采用超前支护与初期支护相结合,初期支护采用"拱架+锚管+钢筋网+喷射混凝土"相结合。下断面爆破施工采用光面爆破、弱爆破等控制措施,以减小对上断面初支结构的影响。

(2)隧道全部位于城市主干道下方,必须保证道路畅通,控制地表的沉降及隧道拱顶的沉降是施工的重点难点。

对策及措施:严格遵循浅埋暗挖法"管超前、严注浆、短开挖、强支护、早封闭、勤量测"的十八字方针。隧道开挖采用环形台阶法开挖,及时支护,及时封闭。左、右线隧道中线间距14 m,左、右线隧道开挖工作面里程错开30 m,先施工右线隧道,再施工左线隧道,同一隧道台阶长度不大于5 m。同时,通过注浆对地下水进行封堵,防止地下水的流失带来沉降。

(3)隧道进洞段全断面硬岩爆破，安全施工及安全防护是施工的重点难点。

对策及措施：隧道爆破开挖原则上采用控制爆破技术，即“短进尺、弱爆破”。炮眼深度控制在0.8～1.2 m左右，开挖循环进尺控制在0.8～1.0 m左右，控制单段装药量，控制爆破规模以达到控制质点振速的目的。地震波速控制在$[v]\leqslant 1.0$ cm/s(被保护建筑位置)。隧道进洞段爆破防护竖向上采用洞口双层安全立网＋脚手架上绑竹排，水平向盾构井中板全铺双层安全网全面覆盖。爆破时对隧道内、车站内所有人员进行疏散，地面交通及人流进行封锁，并派专人进行警戒。

(4)土、石交界段隧道的开挖支护及结构安全是施工的重点难点。

对策及措施：岩层变化最可能由于拱顶没有足够强度的支护措施，而下部爆破产生的振动加剧破坏围岩的稳定状态引起塌方，岩、土结合面裂隙水突然出露造成隧道涌水等事故发生。通过做好超前地质预报、进行地质观察和素描、根据地质水文情况采取适当的支护手段、加强监控量测等措施，确保隧道施工安全。

第二章　施工策划与组织

第一节　组 织 机 构

莲华区间矿山法隧道的施工由公司项目经理部统筹安排组织，设立隧道施工工区，协作层通过公开招标采取劳务分包模式。组建管理人员和技术人员长驻工地，现场设副经理一名，负责隧道施工的全面管理，直接对项目经理负责；设技术主管一名，直接对项目总工负责。现场管理人员设施工员 2 人，现场技术人员 1 人，测量组 3 人，安全员 1 人(兼测量)。协作层设隧道开挖初支班 4 个班，爆破钻孔各 1 班(爆破作业由专业爆破公司实施)，拱架加工班 1 个班。洞渣洞内运输由协作层负责，提升至地面渣坑后，由车站土方施工队运输至弃土场。施工组织机构如图 6-2 所示。

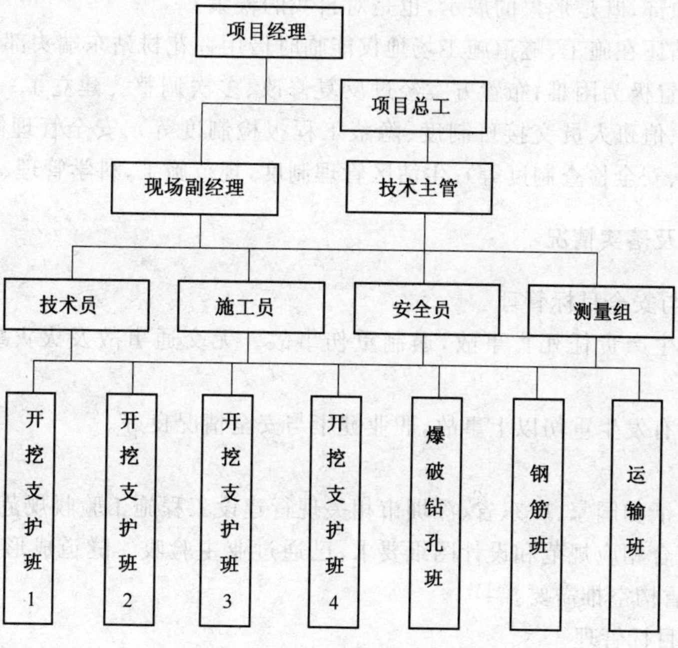

图 6-2　施工组织机构框图

第二节　项目的策划与组织实施

一、积极协调、早日进场

由于隧道进口位于 3154 标莲花村站东端头，只有在该部位车站主体结构施工完毕，我部方可组织进场施工。我部紧密跟踪，多方协调，积极推进，促使莲花村站提前施工该部位主体结构。在施工盾构井顶板时，我部及时预埋垂直提升架基础钢板。2009 年 5 月 5 日正式进场筹备，进行临建施工。

二、强化管理、选好队伍

由于此隧道工区距离项目部较远，日常管理均是现场负责，管理人员的配备上尤其关键。副经理要思路清晰，统筹全局，协调能力强，技术主管要技术过硬，对此类型隧道施工有深刻认识，并敢于坚持原则。其他管理人员的配置上要综合考虑施工经验、敬业精神、技术管理水平等因素。

劳务协作队伍的选用是基础。通过公开招标，选择技术过硬、管理到位、信誉较好的队伍。爆破施工采用专业分包模式，以减小管理难度和规避爆破风险。

三、过程控制、争创样板

虽然隧道工程量不大，想要干好这个隧道，从隧道施工临建场地的布置，到隧道所有施工流程，再到生活区的每一个细节，都要有仔细策划，做到事事有标准，样样有制度。创建城区隧道施工样板工地是项目策划的目标。“发挥隧道专业优势，勇当行业开路先锋”十六个大字高悬于隧道提升架顶部，既是形象的展示，也是对自我的鞭策。

由于莲花村站还在施工，隧道施工场地仅能临时借用莲花村站东端头部分场地，面积相对狭小，临建场地布置极为困难，布置方案经过反复修改、多次调整。建立了一系列技术管理制度（技术交底制度、值班人员交接班制度、隐蔽工程报检制度等）、安全管理制度（安全培训制度、班前讲话制度、安全检查制度等）、生活区管理制度，规范施工，科学管理、文明生活。

四、管理目标及落实情况

1. 职业健康与安全目标管理

目标：无安全生产责任死亡事故，遏制重伤事故。无交通事故及火灾事故，无重大机械事故。

管理情况：没有发生重伤以上事故，职业健康与安全情况良好。

2. 质量管理

目标：符合图纸和国家、广东省、深圳市相关现行建设工程施工验收规范要求。

管理情况：符合相应规范和设计图纸要求，已通过业主验收。隧道成形较好，初支表面圆顺，无欠挖，满足盾构空推需要。

3. 文明施工目标管理

目标：争取零投诉、零通报。

管理情况：夜间施工主要是外运渣土对周边居民有一定影响，但通过协调，改进设备，已取得居民的谅解与支持。

4. 环保管理

目标：保证周边建筑物、现有管线的安全使用；严格控制施工产生的噪声和振动；保证土保和水保；做到不污染环境，不扰民。

管理情况：周边建筑物、管线有一定的沉降变形，但都在安全范围以内，不影响使用；产生噪声和振动的爆破施工尽量安排在非休息时间;施工场地做好文明施工,没有污染环境。

第三节 项目突发事件的应急措施

为预防和减少在隧道开挖过程中所引起的坍塌、涌水、涌泥、上部交通干道沉陷、周边建筑物变形事故,提高应对突发事件的能力,切实保障人员的生命安全、企业的财产安全和工地周边建筑物安全,制定暗挖隧道施工突发事故应急处置措施。成立应急救援领导小组和应急救援抢险队伍,建立隧道施工突发事故应急处置制度和应急响应处置程序。见图 6-3。

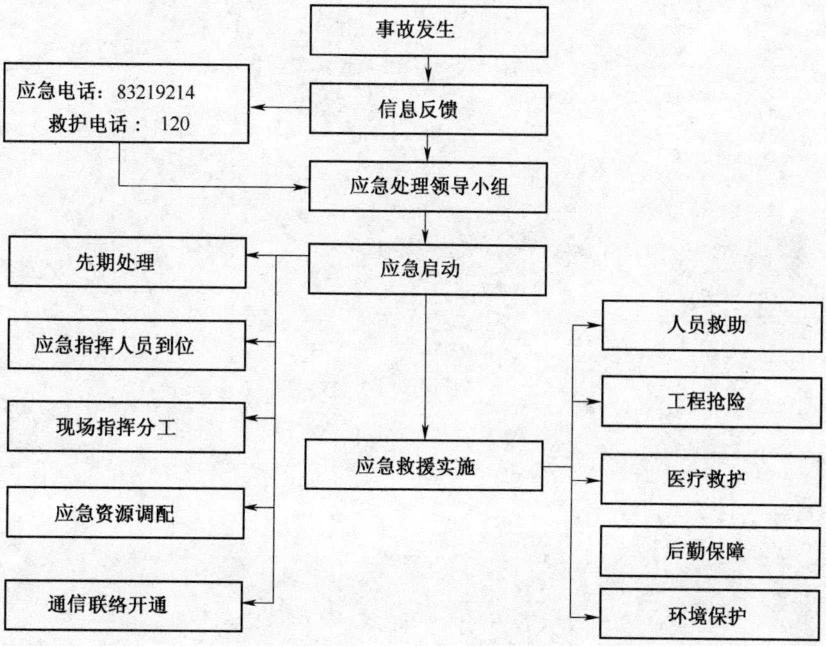

图 6-3 应急响应处置程序图

一、隧道坍塌、涌水涌泥的应急措施

严格按照设计图纸、经专家评审过的施工方案组织施工,确保结构安全;做好隧道防坍塌,防涌水、涌泥应急物资储备,组织应急预案演练;切实做好监控量测工作,做到信息化施工,及时调整施工方案及支护措施。

二、地表、周边建筑物沉降变形的应急措施

由于隧道全部位于城市主干道下方,地表的沉降及交通安全和周边建筑物的安全,关乎社会声誉,因此,必须进行有效控制。首先要规范施工,防失水防失土。二要做好应急准备,一旦沉降、变形异常,及时采取措施,并协调好相关单位关系,取得各方谅解与支持。

三、发生安全事故的应急措施

贯彻"安全第一、预防为主、综合治理"的方针。夯实安全基础,力争不发生安全事故。一

旦发生安全事故，要处理及时，措施得当，将损失减小到最少，避免造成不良的社会影响。

第四节　经验与教训

莲华区间矿山法隧道施工策划与组织，总体来讲，是较为成功的一个例子。取得的经验有：一是配备了精简而高效的现场管理机构，二是强化执行力建设做到令行禁止，三是用施工质量确保工程安全和成本。

第三章 竖井垂直提升

第一节 竖井垂直提升系统设备配置与效率统计

竖井提升架采用左右线各一个提升架并连接在一起，提升架纵向一端支撑在盾构井顶板上，另一端支撑在渣坑地面上。结构采用钢结构安装焊接而成，支撑立柱采用原车站施工剩余的 400 mm×400 mm 型钢立柱，行走梁采用 I40b 工字钢，电动葫芦采用 2 台 10 t 葫芦，提升速度为 14 m/min。提升架设计平面图、正面图、侧面图见图 6-4～图 6-6。

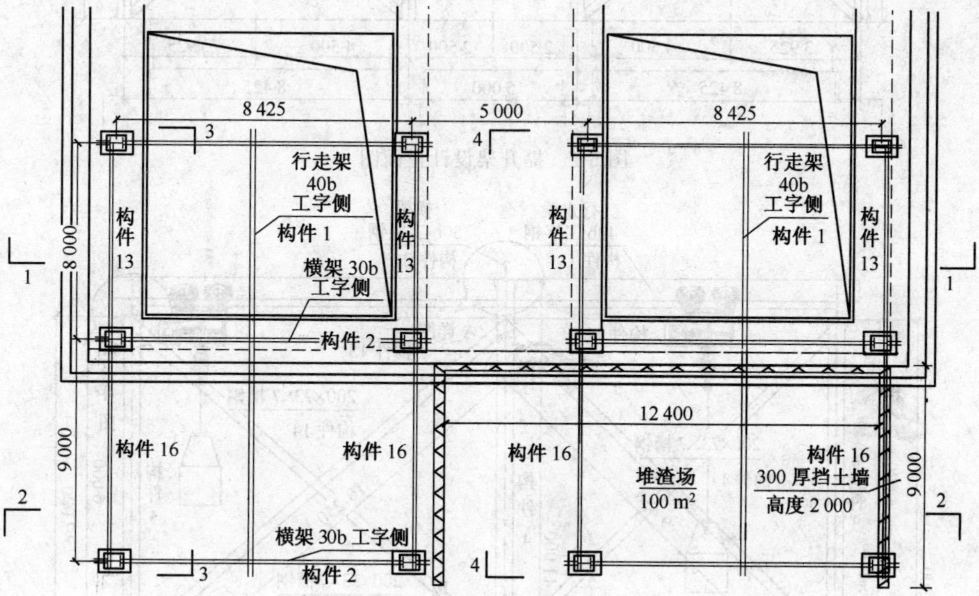

图 6-4 提升架设计平面图

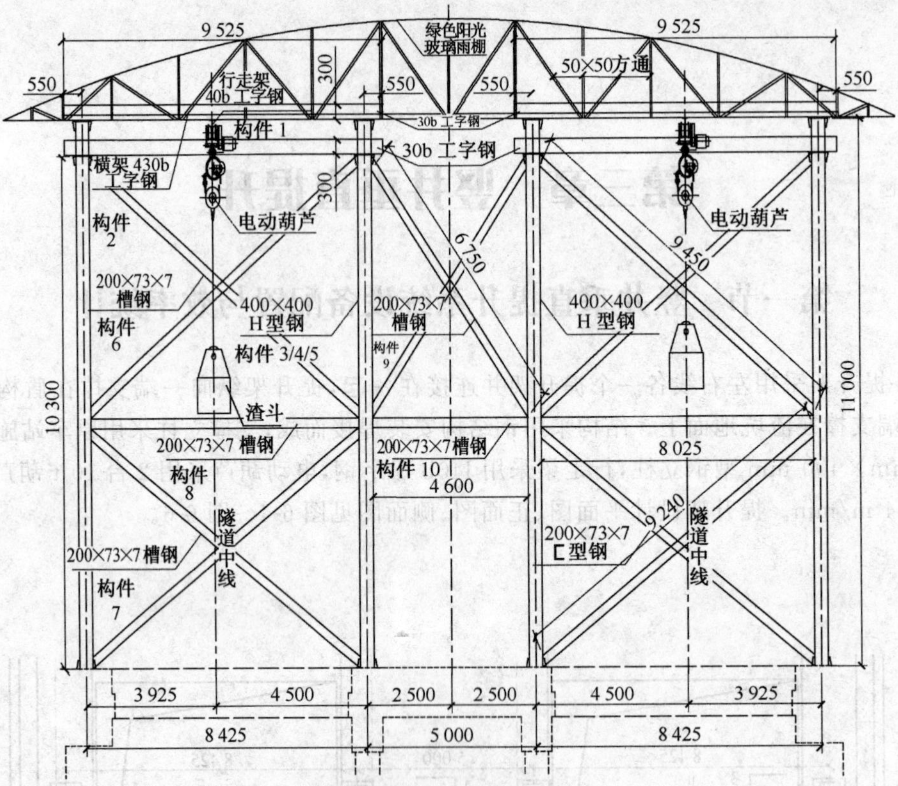

图 6-5　提升架设计正面图

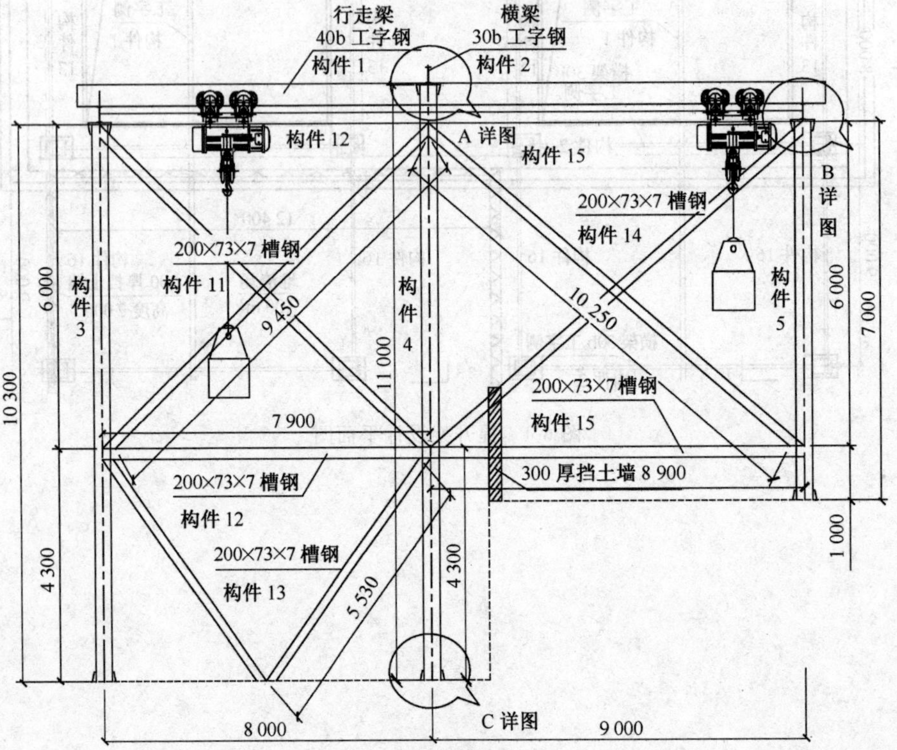

图 6-6　提升架设计侧面图

第二节　竖井安全管理措施

(1)提升架系统设计时经过检算合格,确保结构本身强度、刚度、稳定性满足要求。

(2)电动葫芦操作司机要经过专业培训,持证上岗。

(3)起吊过程中,吊物下方设置警戒线,并由取得证书的专人指挥,并配电铃、口哨予以警示。

(4)行走梁两端头设置防脱轨装置。

(5)电动葫芦司机每日检查其设备,机电工程师每周至少检查一次起吊设备,尤其关注钢丝绳是否安全。

第三节　经验与教训

配备的提升系统能够满足出土、材料运输等施工需要。存在的问题是电动葫芦故障率较高,耽误了作业时间。针对措施是:要求电动葫芦经销商专业维修人员长驻工地,及时解决存在的问题。

第四章　暗挖区间开挖、初支施工技术

第一节　开挖方法的选择与机械化配套

本隧道开挖轮廓为直径 7 m 的圆形隧道，根据水文地质条件和周边环境，隧道开挖施工时严格遵循“管超前、严注浆、短开挖、强支护、早封闭、勤量测”的十八字方针，采用环形台阶法工法施工。施工工艺程序见表 6-2。

表 6-2　隧道施工工艺程序表

序号	图示	施工步骤
1		一、施工准备破洞门 在莲华二村站东端围护桩上测量放样出洞门形状，破除洞门范围围护桩
2	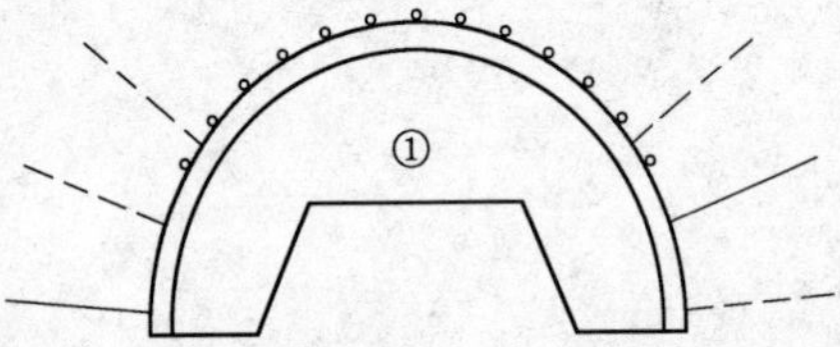 	二、上台阶周边土开挖支护 1. 施作全断面深孔注浆和超前小导管注浆； 2. 开挖①部土体； 3. 架设格栅钢架并施工砂浆锚管(注浆锚管)； 4. 挂网喷射 C20 混凝土
3	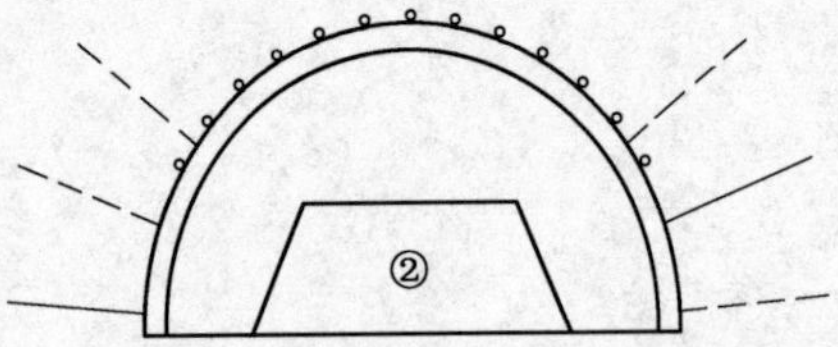 	三、上台阶核心土开挖 开挖②部土体
4	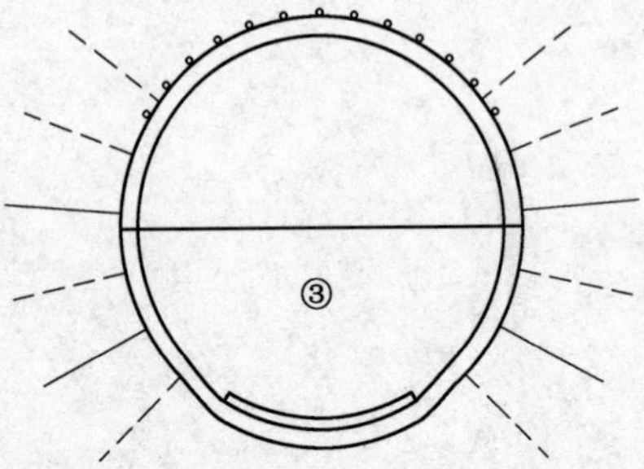 	四、下台阶开挖支护 1. 开挖③部土体； 2. 架设格栅钢架，施工砂浆锚管(注浆锚管)； 3. 挂网喷射 C20 混凝土

机械化配套主要有:2 台 PC60 挖机进行挖土、装土,2 台 5 t 农用车负责洞内土方运输,1 台 2 t 农用车负责洞内喷浆料等材料运输,2 台 10 t 电动葫芦进行土方、材料垂直运输,1 台 CAT320 挖机负责地面渣坑装渣,6 台大型泥头车进行渣土外运。另配空压机两台,钢筋加工机具一套。

第二节　上软下硬地层开挖

上软下硬地层隧道断面开挖前,在开挖轮廓线拱部 120°施工 $\phi 42$ 超前注浆小导管进行地层超前加固,上断面注浆处理后,采用环形台阶法进行施工,台阶长度控制在 5 m 以内。上台阶采用人工开挖,预留核心土,必要时加设临时仰拱。下台阶围岩较好,挖机无法开挖,采用弱爆破开挖。开挖后及进行初喷混凝土封闭围岩,架设钢架和进行锚喷网支护。

一、总体要求

(1)总体施工方法按照环形台阶法施工,严格遵循浅埋暗挖法“十八字”方针。

(2)按先加固后开挖的原则进行施工,隧道洞内注浆小导管加固前方围岩和预支护。

(3)台阶长度不大于 5 m,核心土断面应大于开挖断面的 50%。

(4)每一步开挖后立即初喷约 4 cm 厚混凝土,然后挂网、架立钢架、打锚管,钢架与喷层间隙应楔紧,架立钢架后,立即分层连续喷至设计厚度。

(5)施工过程中,如遇地质条件较差,采用喷射混凝土临时封闭掌子面。

(6)加强洞内外的监控量测工作,切实做到信息化施工。

(7)准备充足的应急救援物资,成立应急抢险救援队。

二、上断面土方开挖

(1)隧道开挖以人工手持风镐、洋镐开挖为主,PC-60 反铲开挖为辅。

(2)开挖应在超前小导管施工后进行。

(3)每次开挖循环长度不大于 0.5 m。

(4)开挖后立即按设计进行支护封闭。

三、下断面爆破施工

隧道爆破开挖原则上采用控制爆破技术和“短进尺、弱爆破”减振措施。下部开挖后立即将上部悬空的格栅钢架拱脚落底,且每次悬空的格栅钢架不得超过两榀。

(1) 拱部采用人工开挖,开挖出临空面后再进行爆破施工。

(2) 炮眼深度控制在 0.8～1.2 m 左右,开挖循环进尺控制在 0.8～1.0 m 左右,控制单段装药量,控制爆破规模,以达到控制质点振速的目的。

根据萨道夫经验公式,取 $K=150$,$\alpha=1.9$,$[V_{\max}]=1.0\ \text{cm/s}$,$R=30\ \text{m}$。

$$Q_{\max}=\left(\frac{V_{\max}}{K}\right)^{\frac{3}{\alpha}}\cdot R^3=\left(\frac{1.0}{150}\right)^{\frac{3}{1.9}}\cdot 30^3\approx 9.89\ \text{kg}$$

(3) 下台阶边墙仍采用光面爆破,光爆孔按设计间距布置,并在施工时视效果好坏进行调整,少装药、多钻孔,减少一次装药量。

第三节　岩石地段光面爆破

Ⅳ级围岩段采用正台阶法、光面爆破技术。上台阶一次爆破，下台阶一次爆破，减少一次起爆装药量。

(1)掏槽：斜眼掏槽。

(2)控制振速，计算同段允许最大装药量[Q]，同上。

(3)控制进尺，按[Q]控制。

单段最大装药量按[Q]＝9.89 kg 计算，爆破进尺控制在 0.8～1.0 m。

(4)光面爆破设计

在对振速有严格要求地段时，为了控制振速及保证成形质量，均采用预留光爆层实现光面爆破技术。其光面爆破设计参数如下：

眼深：L＝0.8～1.2 m；

眼径：ϕ42；

眼间距：E＝0.4 m；

最小抵抗线：W＝0.5 m；

单位长度装药量：q＝0.12～0.2 kg/m；

装药结构：空气间隔装药；

起爆顺序：掏槽区→掘进眼→内圈眼→周边眼→底板眼。

(5)周边眼

周边眼洞隧道轮廓线布置，孔深 1.1 m，炮眼间距 0.4 m，装药密度 0.22 kg/m。确保爆破后岩壁平直、成型规整，减少对围岩的扰动。

(6)内圈眼

内圈眼间距 0.8 m，抵抗线 $W=E/0.8$。

(7)掘进眼

布置原则：掘进眼在内圈眼与掏槽眼之间均匀分布，炮眼间距 1.0 m，抵抗线 0.8 m；并根据周边需保护建筑物间距确定一次最大起爆药量。

(8)试爆与监测

上台阶按爆破设计进行打眼、装药、试爆，并对保护对象所在点进行三向振速监测。

(9)根据监测反馈信息，调整爆破参数，再试爆→合格→正常施工。

(10)为满足工期要求，一般地段可随振动安全允许距离 R 而调整用药量，增加进尺，并根据以上设计原则进行用药量计算。

(11)爆破网路

爆破网路采用分组簇联方式。设计爆破网路为孔内微差的非电毫秒雷管起爆技术。非电毫秒雷管一般跳段使用，低段甚至跳二段使用，使段间隔时间大于 50 ms，防止振波相叠加而产生较大的地振动。爆破网路如图 6-7 所示。

(12)装药方法

掏槽眼及掘进眼均采用连续装药、反向起爆。

周边眼采用间隔装药，药卷间隔绑扎在竹片上，竹片长度与眼孔深度相等。药卷用导爆索

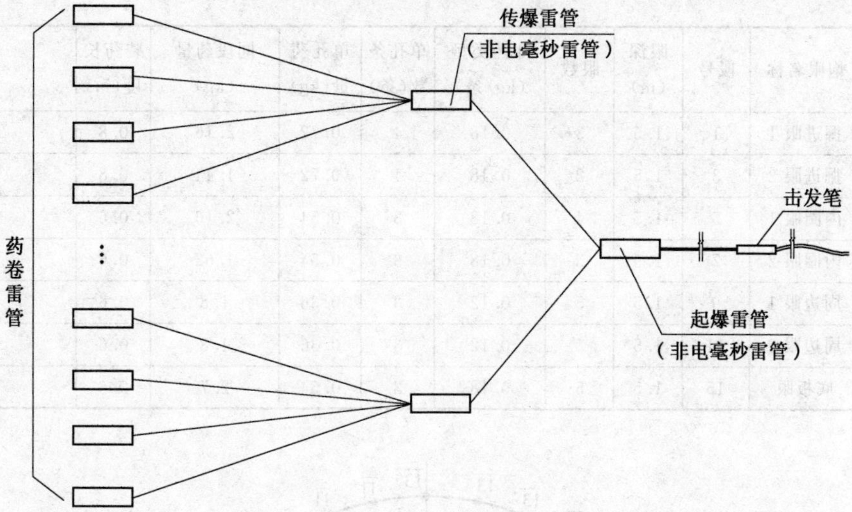

图 6-7　爆破网络图

串联，装入眼孔时，应尽可能使药卷居中，如图 6-8 所示。

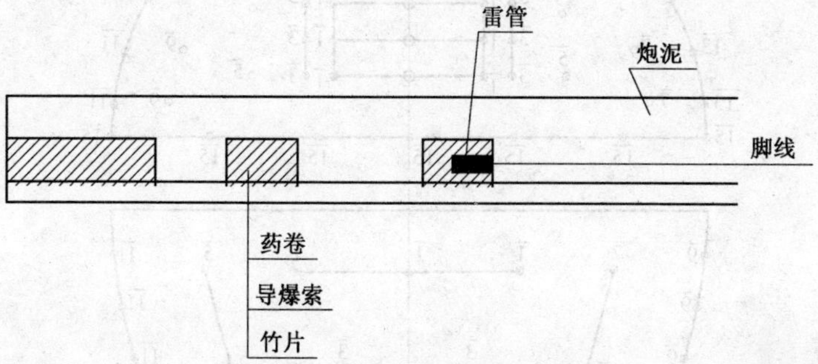

图 6-8　周边眼装药结构示意图

(13)炮孔堵塞

采用炮泥堵塞，堵塞长度不小于 30 cm，掏槽眼不小于 40 cm。

(14)隧道爆破参数设置

隧道上下台阶法开挖钻爆炮孔布置如图 6-9 所示，钻爆装药参数见表 6-3～表 6-5。实际同段最大药量取为 2.7 kg。

表 6-3　钻爆装药参数表

断面	部位	炮眼名称	段号	眼深（m）	眼数	炸药类型（kg/条）	单孔条数（条）	单孔药量（kg）	同段药量（kg）	装药长度（m）	装药结构
上断面	掏槽区	掏槽眼	1	0.8	6	0.18	2	0.36	2.16	0.4	集中
		掏槽眼	3	1.3	6	0.18	2.5	0.45	2.7	0.5	集中
	掘进	掘进眼	5	1.1	5	0.18	3	0.54	2.25	0.6	集中
		内圈眼	7	1.1	6	0.18	2.5	0.45	2.7	0.5	集中
			9	1.1	5	0.18	2.5	0.45	2.25	0.5	集中
	边部	周边眼 1	11	1.1	8	0.12	2	0.24	1.92	0.4	间隔
		周边眼 2	13	1.1	9	0.12	2	0.24	2.16	0.4	间隔
		底板眼	15	1.1	7	0.18	2	0.36	2.52	0.4	集中

续上表

断面	部位	炮眼名称	段号	眼深（m）	眼数	炸药类型（kg/条）	单孔条数（条）	单孔药量（kg）	同段药量（kg）	装药长度（m）	装药结构
下断面	中部	掘进眼 1	1	1.5	3	0.18	4	0.72	2.16	0.8	集中
		掘进眼 2	3	1.5	2	0.18	4	0.72	1.44	0.8	集中
		内圈眼 1	5	1.5	4	0.18	3	0.54	2.16	0.6	集中
		内圈眼 2	7	1.5	3	0.18	3	0.54	1.62	0.6	集中
	底部	周边眼 1	9	1.5	5	0.12	3	0.36	1.8	0.6	间隔
		周边眼 2	11	1.5	5	0.12	3	0.36	1.8	0.6	间隔
		底板眼	15	1.5	5	0.18	3	0.54	2.7	0.6	集中

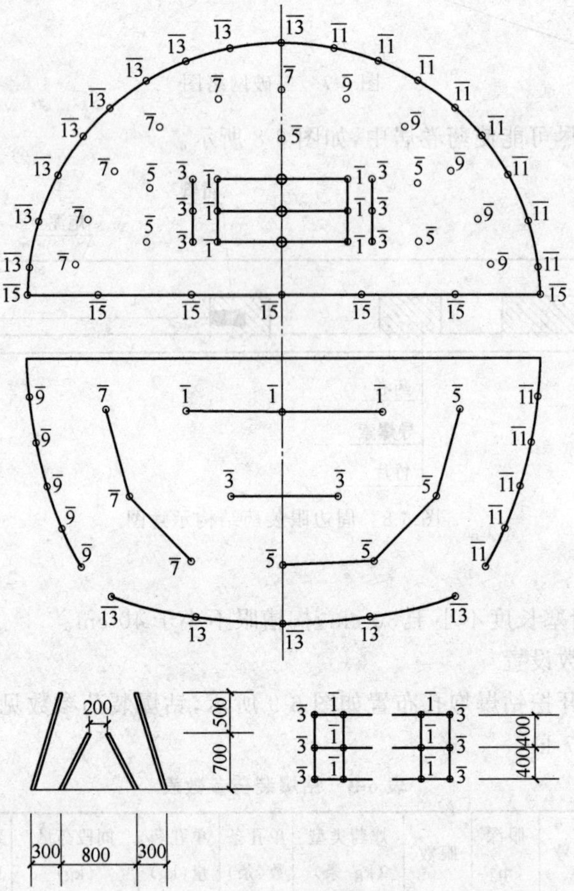

掏槽样式

图 6-9　隧道台阶法开挖钻爆设计图

表 6-4　光面爆破参数表

周边眼间距 E(cm)	周边眼抵抗线 W(cm)	相对距离 E/W	装药集中度(kg/m)
45	55	0.81	0.24

表 6-5　综合技术参数表

部位	开挖断面 (m^2)	预计进尺(m)	爆破石方 (m^3)	炮眼总数 (个)	雷管用数 (发)	炸药总量 (kg)	炸药单耗 (kg/m^3)	备注
上	16.08	0.7	11.3	52	52	18.66	1.65	上下台阶分次爆破

第四节　超 前 支 护

本隧道在拱部 120°范围布置超前小导管，外插角 7°，小导管规格为 $L=3.5$ m，$\phi42$，$t=4$ mm 钢花管，间距为 0.3 m(环)×1.5 m(纵)。注浆管布设横断面、纵断面如图 6-10、图 6-11 所示。超前小导管注浆采用注水泥浆。

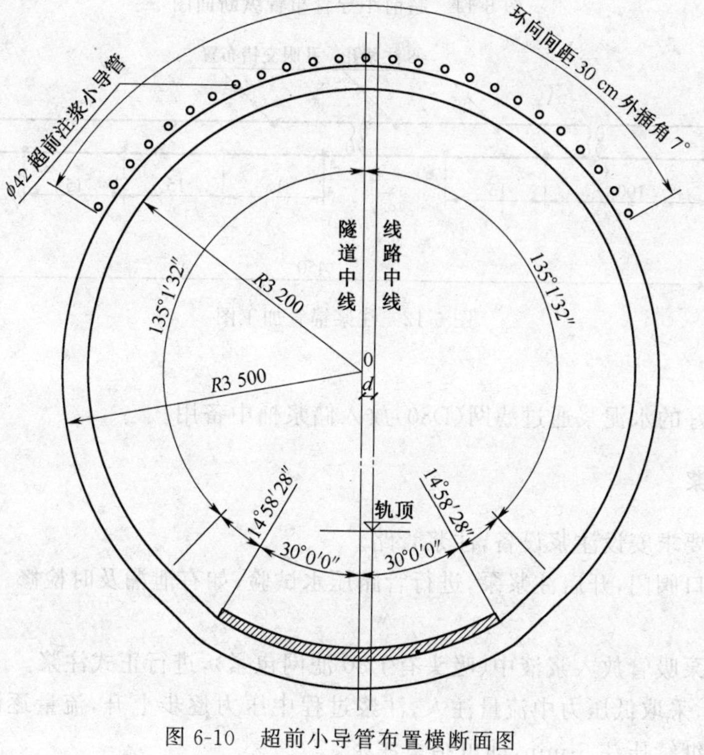

图 6-10　超前小导管布置横断面图

一、注浆管加工

按设计材料购置注浆管，将其加工成各类围岩要求的设计长度。注浆钢管加工如图 6-12 所示。

将前端加工成尖锥状，尾部焊 $\phi6$ 加肋筋。除尾部 100 cm 外，管壁四周钻 $\phi8$ 的压浆孔，以便向围岩内压注浆液。

二、配　　浆

注浆锚管注浆拟采用 1∶1 水泥浆，其配制方法如下：

(1)先在搅拌机内加入一定量的水，按比例加入水泥，边加入边搅拌，即可配制成水灰比

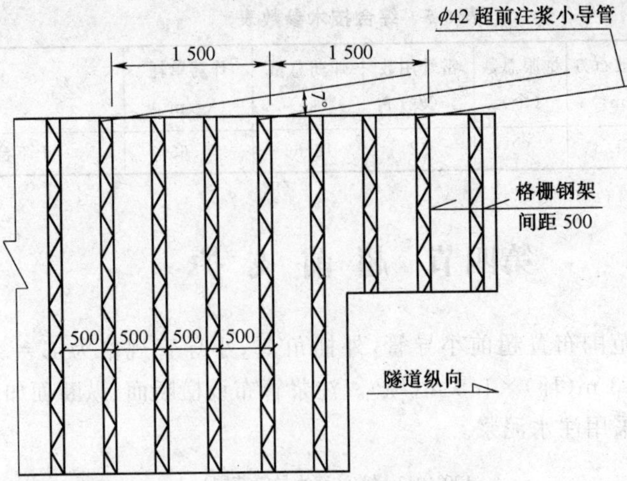

图 6-11　超前小导管布置纵断面图

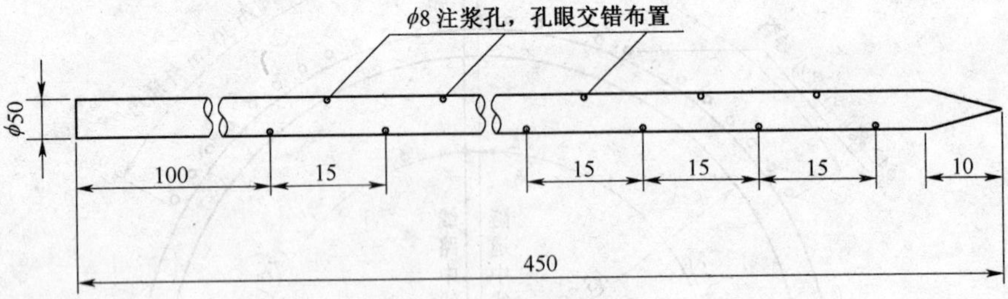

图 6-12　注浆锚管加工图

1∶1 水泥浆。

(2)将搅拌好的水泥浆通过滤网(D80)放入储浆桶中备用。

三、注　　浆

(1)按注浆要求安设注浆设备,注浆管路。

(2)关闭孔口阀门,开启注浆泵,进行管路压水试验,如有泄漏及时检修。试验压力等于注浆终压。

(3)将注浆泵吸管放入浆液中(吸头有 D80 滤网包紧),进行正式注浆。

(4)注浆时,采取低压力中流量注入,注浆过程中压力逐步上升,流量逐渐减少,当压力升至注浆终压时,继续压注 5 min,即可结束注浆。

(5)移至下一个孔口重新开始注浆,注浆时间隔进行,以保证浆液扩散效果。

第五节　初 期 支 护

本工程暗挖隧道初期支护采用系统锚管、格栅钢架、钢筋网、锚喷支护联合支护体系,初期支护在每步开挖后及时进行,主要有初喷、安装格栅钢架、打设锚管、挂网、复喷混凝土等工序。

一、锚管施工

锚管类型为 ϕ32 钢花管,边墙布置,管内注纯水泥浆。采用风钻钻孔,钻孔时确保孔口岩面平整，使岩面与钻孔方向垂直。锚管采用梅花形布置方式，长 3.0 m，环、纵向间距为 0.8 m×0.5 m。

二、格栅拱架施工

(1)格栅拱架纵向间距 0.5 m，主筋采用 4Φ22。

(2)每榀钢架由 3 个Ⅰ单元、2 个Ⅱ单元、1 个Ⅲ单元组成。格栅钢架组合安装如图 6-13 所示。

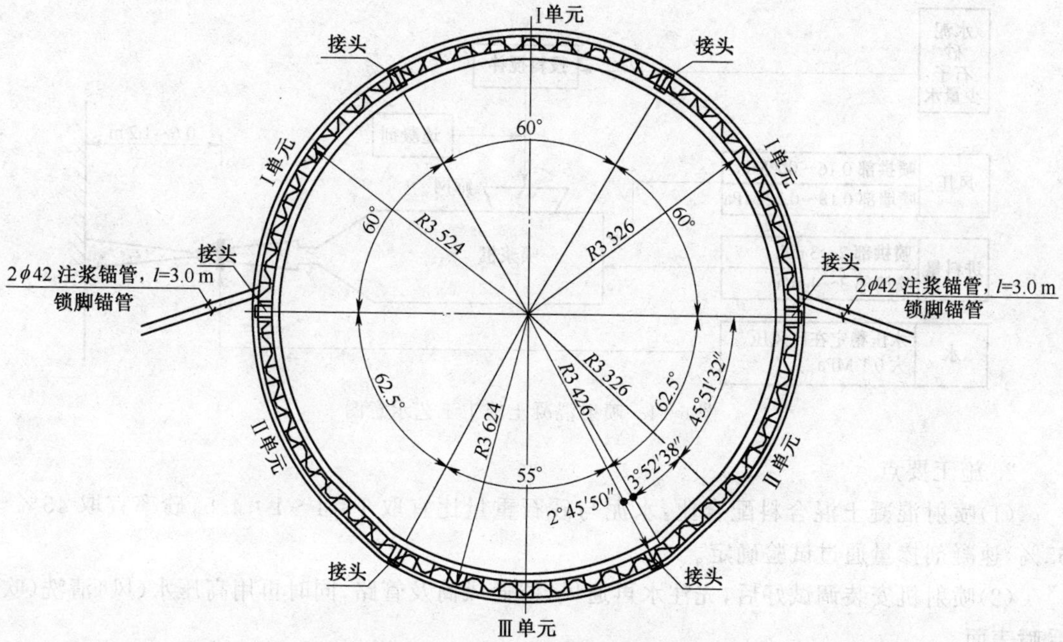

图 6-13　格栅钢架组合安装图

(3)各单元连接采用钢架与角钢焊接后，再用螺栓连接，焊缝高度 $h_f \geqslant 10$ mm。

(4)格栅钢架按设计图纸预先在洞外预制场加工成型，用时运至洞内。格栅钢架加工时允许误差为：周边轮廓误差不大于±30 mm，平面翘曲小于±20 mm，接头连接要求每榀之间可以互换。

(5)格栅钢架安装时，认真定位，不偏、不斜，节与节之间连接紧密，无缝隙，上下左右偏差不大于±50 mm。钢架倾斜＜2°。拱架标高不准时不得用土回填，而应设钢板调整。

(6)为保证格栅钢架整体受力，钢架之间焊接 Φ22 连接筋，长度 1 m，环向间距 0.6 m，内外两层交错布置。

(7)格栅钢架拱腰接头处打锁脚锚管，并与格栅钢架焊牢。

(8)格栅钢架主筋喷射混凝土保护层厚度不小于 40 mm。

三、钢筋网施工

(1)钢筋网采用 ϕ8×8 mm，间距 15 cm，全环单层布置。

(2)钢筋网在钢筋预制场点焊加工成网片，网片规格为 1.2 m×2 m，网格尺寸偏差不大于 10 mm。

(3)安装固定于钢架背后，与锚管焊接牢固，相邻钢筋网片搭接长度不小于1～2个网格。

四、喷射混凝土施工

隧道开挖成形后，立即进行初喷混凝土40 mm厚，封闭围岩，格栅钢架钢筋网安设好后复喷混凝土至设计厚度，喷射混凝土强度为C20早强混凝土，采用潮喷法喷混凝土。

1. 施工工艺

施工工艺流程见图6-14。

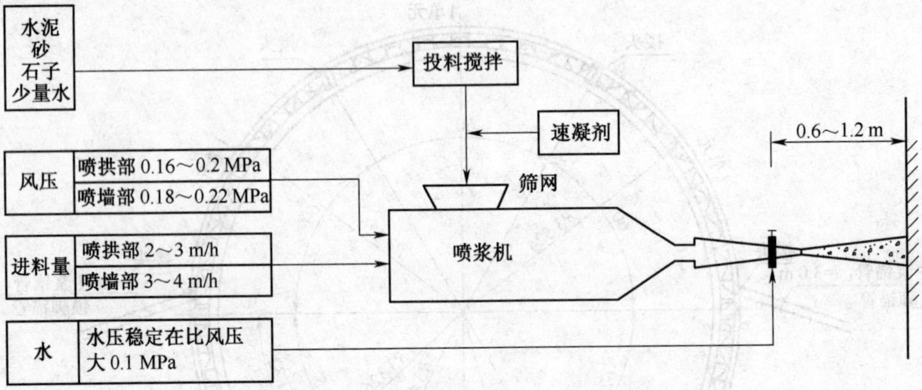

图6-14 喷射混凝土施工工艺示意图

2. 施工要点

(1)喷射混凝土混合料配合比：水泥与砂石重量比宜取1∶4～1∶4.5，砂率宜取45%～55%，速凝剂掺量通过试验确定。

(2)喷射机安装调试好后，先注水再通风，清通风筒及管路，同时再用高压水(风)清洗(吹)受喷表面。

(3)连续上料，保持机筒内料满，在料斗上口设12 mm筛网，避免超径骨料进入机内。

(4)喷射时先注水(注意喷嘴要朝下，避免水流入管内)，后送风，然后上料。根据受喷面和喷出的混凝土的情况，调整注水量，以喷后易粘着、回弹小和表面湿润光泽为度。

(5)喷射应分段、分片进行。先墙后拱，自下部起水平方向旋转移动往返一次喷射，然后上移。喷射前，个别受喷面凹洼处找平。

(6)喷嘴口至受喷面以0.6～1.2 m为宜。喷射料束以垂直受喷面为最好。风压和喂料量，根据喷射部位、机型等条件进行调整。一般工作风压0.16～0.22 MPa，喂料量3～4 m^3/h。

第六节 经验与教训

(1)施工工法是关键、施工工艺是保障。实践证明，本工程采用环形台阶法施工在技术上是安全的。

(2)台阶长度不宜大于5 m。台阶长度过长，围岩暴露时间越长，封闭成环越晚，越不利于隧道稳定。通过监控量测发现，拱顶沉降、地表沉降均是在下断面没有封闭时发展迅速。

(3)重视细节，确保支护强度。高度关注拱架连接质量，螺栓要拧紧，焊接要满足要求，不得随意割断或接长拱架。锁脚锚管不可少，并对钢管内进行注浆补强。将连接筋加工成倒"L"形，使连接筋端头弯折部分与拱架侧面主筋接触焊接，以增加整体刚度。喷射混凝土要密实，厚度要满足要求。严禁在拱架的位置进行开槽挖土。隧道仰拱喷射混凝土前，必须清理干净稀泥，抽干积水。

(4)由于本隧道是矿山法开挖初支，盾构机空推通过，所以隧道净空必须保证，不能有丝毫的欠挖，控制难度极大。考虑隧道 100～150 mm 预留变形量，测量作为先导，现场交底，及时检查。值班人员严格按交底施工，不得侵限，并将结构尺寸写入施工记录。

第五章　辅助工法（注浆堵水）的应用与效果评价

一、洞内超前全断面加固注浆技术

在全土层中，花岗岩残积土、全风化遇水易软化、崩解，如果不及时喷混凝土封闭，会产生掉块、塌方，甚至地面沉降、塌陷。在工程地质条件较差断面，需全断面深孔预注浆。注浆范围拱墙为开挖轮廓线外 3 m，仰拱为开挖轮廓线外 1.5 m，如图 6-15 所示。深孔注浆总体施工步骤：止浆墙施作→孔位布置→钻孔下管→深孔注浆→破除止浆墙开挖。每循环注浆长度为 15 m，开挖 12 m。

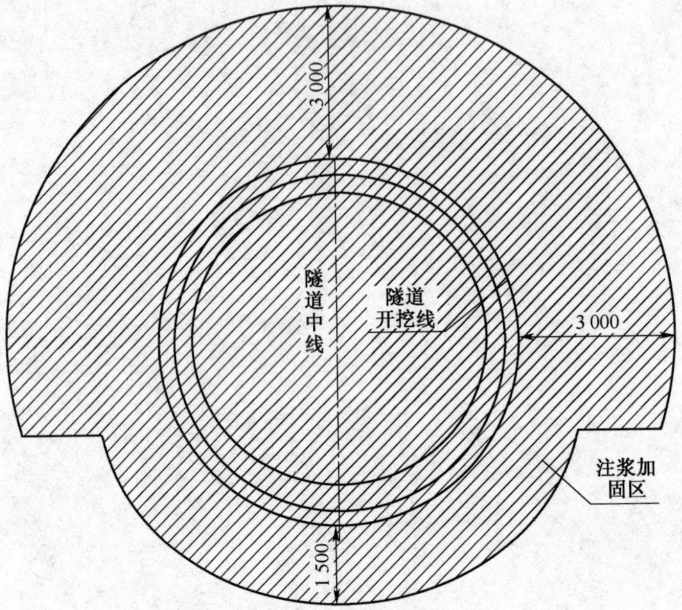

图 6-15　隧道内全断面注浆断面图

1. 止浆墙施作

止浆墙施作的目的是为使掌子面外层能承受一定压力，在注浆过程中，浆液不会从掌子面串漏，从而保证注浆效果。

在深孔注浆钻孔施工之前，先将整个掌子面喷混凝土封闭，喷射混凝土强度 C25，厚度 300 mm。喷混凝土前挂设Φ8@100×100 mm 钢筋网片。

2. 钻孔下管

钻孔机械采用 TXU-75 深孔钻机，每个掌子面配备 2 台。钻孔前，首先在止浆墙上标定钻孔具体位置，搭设作业平台，通过角度仪调整角度进行钻孔，钻孔直径 ϕ89。注浆加固范围为整个上台阶断面。钻孔在整个上台阶按一定间距进行布置，顶部孔间距 400 mm×800 mm，下部间距 800 mm×800 mm。对于局部特殊部位，可根据现场实际进行调整。

根据实际情况,确定钻孔深度为 15 m。实际钻孔操作中,可根据钻孔情况对前方土体情况做出预估,如前方进入中风化等较好岩层,可适当缩短深度。

周边孔按一定角度向外呈放射状打设,注浆加固范围为隧道周边土体 3 m 以内,结合钻孔深度 15 m,通过计算确定外挑角为 9°～11°。中间孔按隧道纵坡坡度打入。

注浆管采用 ϕ42 钢管,将端头制作成锥体状。除尾端 2 m 范围外管壁打设 ϕ6 注浆孔,梅花形布置,孔间距 400 mm。注浆管单根长 6 m,相邻两管采用管箍进行连接牢固,现场逐根进行连接伸入。下管完成后,采用锚固剂或水泥浆进行封孔处理。

3. 注浆施工

(1)浆液配置

注浆机采用 KBY50/70 双液注浆机,浆液采用水泥-水玻璃双液浆,体积比 1∶1。注浆前,对双液浆进行配比试验,考虑深孔注浆浆液在管中输送时间较长,为避免堵管,控制凝胶时间在 45 s 左右。水泥采用 P·O 42.5 或 P·O 32.5,水泥浆每方用量,水∶水泥＝750∶750(kg)。水玻璃现场进行稀释,水玻璃浓度稀释为 30～35Be′,且用玻美计测试。

(2)注浆顺序及压力控制

在正式注浆之前,先选择部分管位进行预注浆加固。其目的一为将止浆墙与土体间间隙填充密实,二为通过注浆将前方土体部分裂隙水挤出并用浆液填充,起到预加固效果。本次注浆压力控制在 0.4～0.6 MPa。

正式注浆时,孔位注浆顺序自下而上,先两边后中间,隔孔注浆。注浆终压力控制在2.5～3 MPa。

(3)注浆量控制

理论注浆量的计算公式:

$$Q=\pi R^2 LN$$

式中　Q 为注浆量,R 为设定扩散半径,L 为注浆长度,N 为孔隙率。

孔隙率取 8%,L 取 15 m,扩散半径 R 取 1 m,单孔理论注浆量为 3.7 m^3。折合每延米注浆液量约为 0.25 m^3。

二、上软下硬地层土石界面处理技术

由石质隧道变化到土质隧道,最可能由于拱顶没有支护措施,而下部爆破产生的振动加剧破坏围岩的稳定状态引起塌方;岩、土结合面裂隙水突然出露,造成隧道涌水等事故发生。为安全实现从石质隧道到土质隧道的过渡,施工时慎之又慎。主要做了以下工作。

1. 做好超前地质预报

由于条件限制,主要采用超前探孔,以掌握掌子面前方一定范围内的地质情况和地下水情况。具体方法为用 YT-28 风钻在拱顶钻 3 个探孔,拱顶中间一个,两边拱肩各一个,孔深 3～4 m。相应开挖 2～3 m 后,保证有 1 m 的搭接,再进行下一循环的超前探孔。探孔施钻时,采用湿钻,值班人员进行现场观察,主要查看通过钻头切削出来的岩渣以判定岩性,通过从钻孔流出来的水样颜色、水量以判定地下水状态。

2. 进行地质观察和素描

此项工作每茬炮完成后进行,以判定掌子面的稳定情况和拟采取的支护手段,同时可以根据地质及地下水变化情况来推断前方情况。根据现场揭示的地质情况看,全断面石质隧道段为中风化花岗岩，呈肉红色，小块～次块状构造；岩层倾角较大，接近直立；节理、裂隙发育，间距较密（10～50 cm）。开挖至YDK8＋527.3时，隧道拱部出现高为30～50 cm的全风化花岗岩土层，从此进入土质隧道。在接近土层时，拱顶渗漏水逐渐增多，由滴水过渡到线状流水。

3. 根据地质情况采取适当的支护手段

在石质隧道支护中，主要采用拱架和锚喷网支护。当隧道顶部出现土层时，立即施工超前小导管；在上断面地层全为土层时，拱架及锚喷网支护紧跟掌子面；隧道开挖采用预留核心土环形开挖。在以后的施工过程中，根据实际情况进行小导管注浆、全断面注浆，以确保隧道稳定和达到止水的作用。

4. 加强监控量测

隧道本身主要进行拱顶沉降和周边收敛观测，隧道正上方进行地表沉降观测，周边建筑物进行沉降观测。在进入隧道土层段，加密布点，加大监测频率。根据实际监测结果，隧道岩土交界面处隧道变形较小，处于安全可控。

三、注浆效果评价

超前小导管注浆后，拱顶及掌子面稳定，开挖过程中不会出现大块泥土的塌落，注浆效果明显。

全断面注浆后，开挖揭示，浆液沿裂隙充填，纹路清晰，掌子面稳定，但止水效果不显著，因为地下水主要分布于岩土交界面处，而分界面高低起伏变化较大，注浆钻孔不可能精确地布置在交界面处。注浆时，考虑到止水的需求，凝结时间有所限制，水泥-水玻璃浆液扩散半径受限，不能完全充填中～强风化带及构造节理裂隙密集带。所以，至隧道开挖支护完成，仍有少量地下水渗出，需进行初支背后注浆堵水。

四、施工工序过程中防排水处理分析

区间范围地下水主要有第四系孔隙水、基岩裂隙水。

全断面注浆后，开挖揭示，在含水全风化、强风化土层中止水效果较好，浆液沿节理及裂隙充填，纹路清晰，掌子面稳定，拱部及掌子面极少有地下水渗滴。但在中～强风化带之间（即岩土分界面）止水效果不显著，在隧道开挖支护完成后，仍有少量地下水渗出。初支完成后利用预留的回填注浆管进行初支背后注浆堵水，压注水泥-水玻璃双液浆，将隧道围岩渗漏水减小到最少。

第六章　监测技术应用及分析

第一节　监测项目与控制标准

一、监控量测的项目及控制标准

根据本工程的具体情况，监控量测的项目见表 6-6。

表 6-6　监控量测项目表

序号	监测项目	监测仪器	控制标准	监测频率
1	地表沉降	TOPCON 精密水准仪，铟钢尺等	+10 −30 mm	开挖面距量测断面前后＜2*B*：1～2 次/天；开挖面距量测断面前后＜5*B*：1 次/2 天；开挖面距量测断面前后＞5*B* 时，1 次/周
2	建(构)筑物沉降	TOPCON 精密水准仪，铟钢尺等	−30 mm	
3	拱顶下沉	TOPCON 精密水准仪，钢挂尺	−30 mm	
4	净空收敛	SD-IA 数显式收敛计	20 mm	

二、监控量测点(断面及平面)布置图

监控量测点(断面及平面)布置见图 6-16、图 6-17。

隧道地表沉降监测点采用 C12 钢筋，埋入原状土层中，并稍低于路面以避免被车碾压。

建筑物沉降点埋置于建筑物结构柱上，要凿出装修面，采用水泥砂浆锚固。

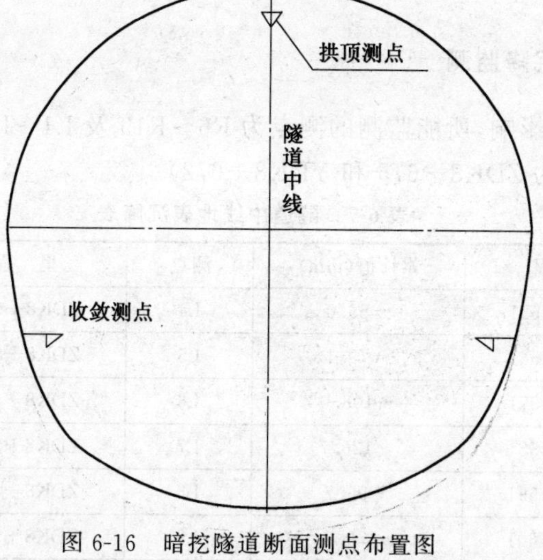

图 6-16　暗挖隧道断面测点布置图

隧道拱顶沉降及收敛点采用专业沉降及收敛钩，拱架施工时焊接在拱架主筋上，喷射混凝土时做好保护。

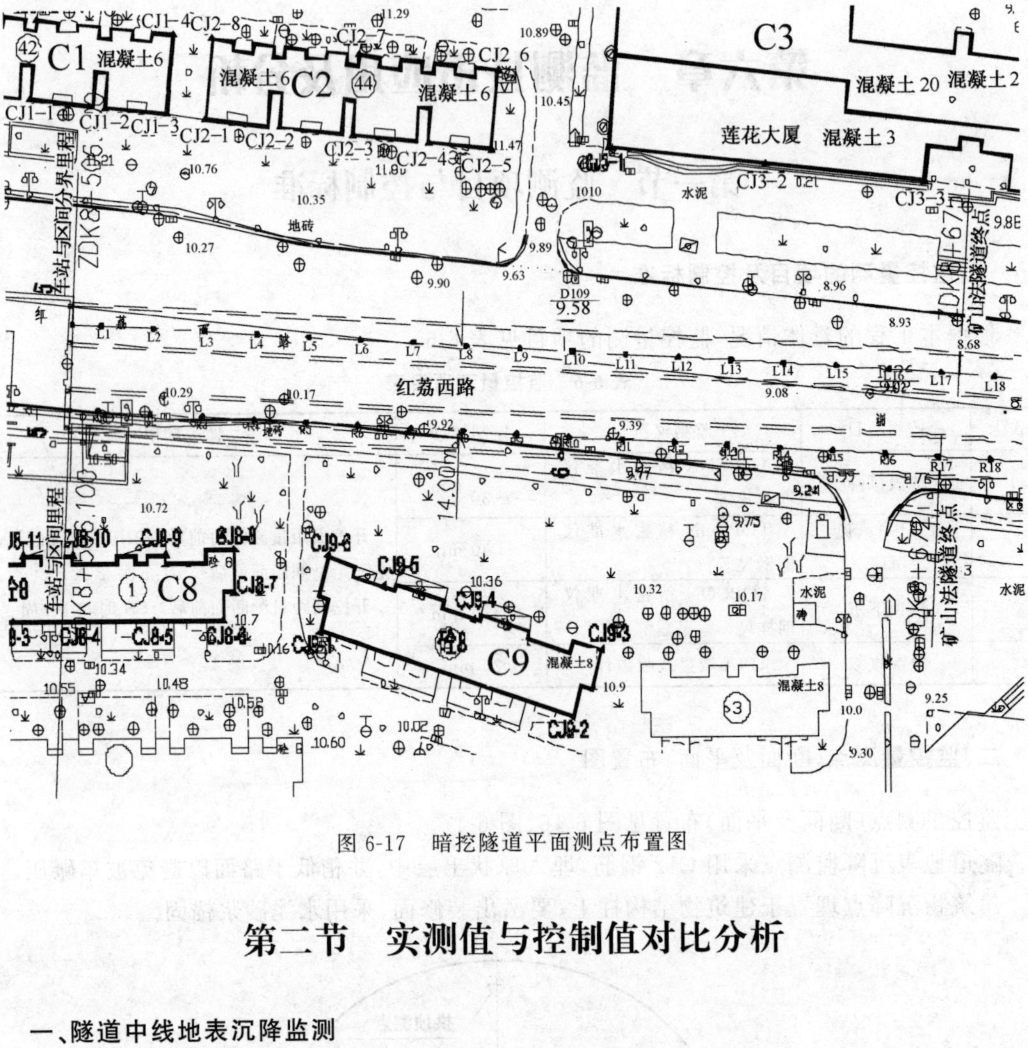

图 6-17　暗挖隧道平面测点布置图

第二节　实测值与控制值对比分析

一、隧道中线地表沉降监测

受出渣及场地布置影响，所能监测的测点为R6～R19及L4～L19点，其累计沉降见表6-7（左右线终点里程分别为ZDK8＋675和YDK8＋672）。

表 6-7　隧道中线地表沉降表

测点	里　程	累计值(mm)	测点	里　程	累计值(mm)
R6	YDK8＋551	－85.0	L4	ZDK8＋531	－60.4
R7	YDK8＋561	－79.1	L5	ZDK8＋541	－75.6
R8	YDK8＋571	－108.0	L6	ZDK8＋551	－83.9
R9	YDK8＋581	－126.7	L7	ZDK8＋561	－93.2
R10	YDK8＋591	－95.7	L8	ZDK8＋571	－100.4
R11	YDK8＋601	－79.7	L9	ZDK8＋581	－109.7

续上表

测点	里　程	累计值(mm)	测点	里　程	累计值(mm)
R12	YDK8+611	−74.4	L10	ZDK8+591	−112.2
R13	YDK8+621	−33.2	L11	ZDK8+601	−96.2
R14	YDK8+631	−11.9	L12	ZDK8+611	−78.7
R15	YDK8+641	−57.0	L13	ZDK8+621	−62.6
R16	YDK8+651	−58.4	L14	ZDK8+631	−56.4
R17	YDK8+661	−64.4	L15	ZDK8+641	−58.1
R18	YDK8+671	−54.6	L16	ZDK8+651	−73.7
R19	YDK8+681	−7.5	L17	ZDK8+661	−101.8
			L18	ZDK8+671	−84.8
			L19	ZDK8+681	−23.0

注：R13 及 R14 长期被钢板覆盖，导致无法监测。

该段暗挖隧道大部分中线地表测点均超过−30 mm 的规范控制值，主要测点历时沉降曲线见图 6-18～图 6-21。

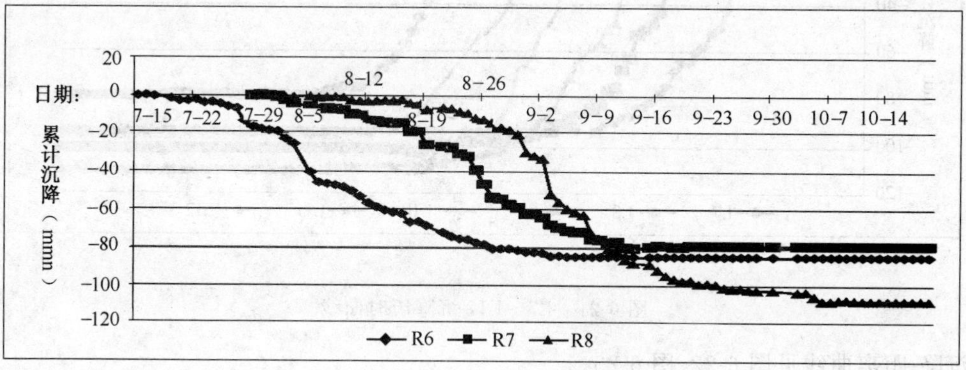

图 6-18　R6～R8 沉降历时曲线

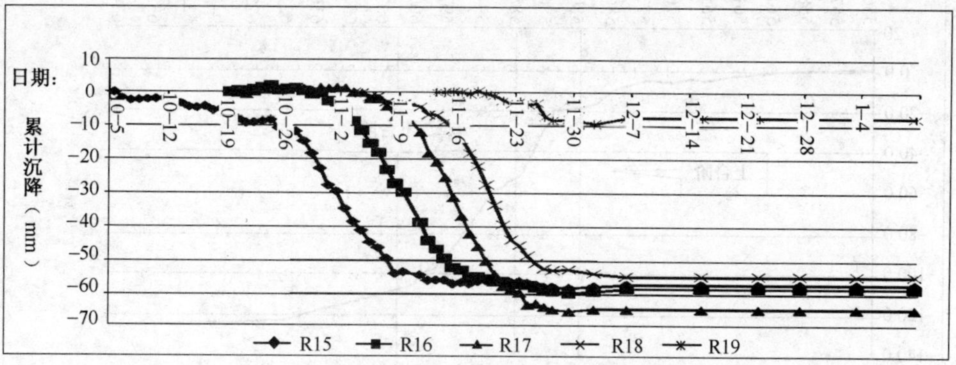

图 6-19　R15～R19 沉降历时曲线

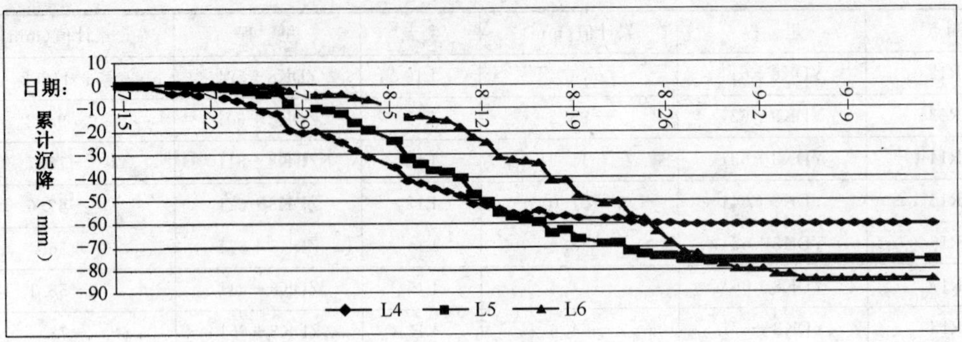

图 6-20　L4～L6 沉降历时曲线

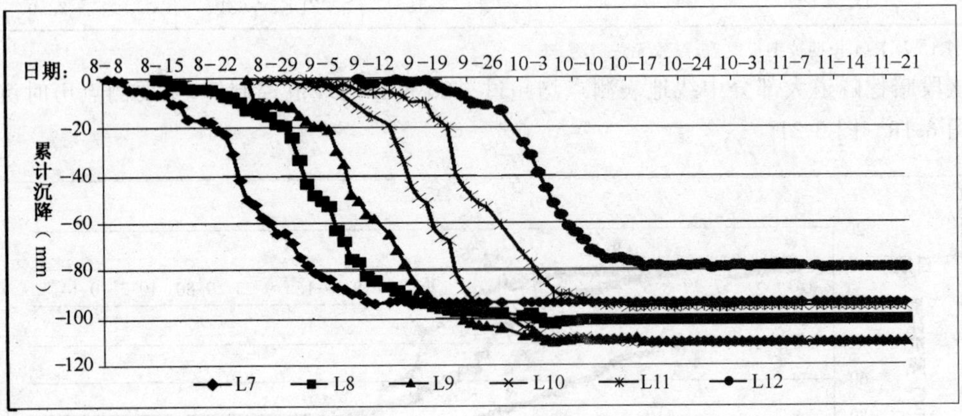

图 6-21　L7～L12 沉降历时曲线

沉降-距离曲线见图 6-22、图 6-23。

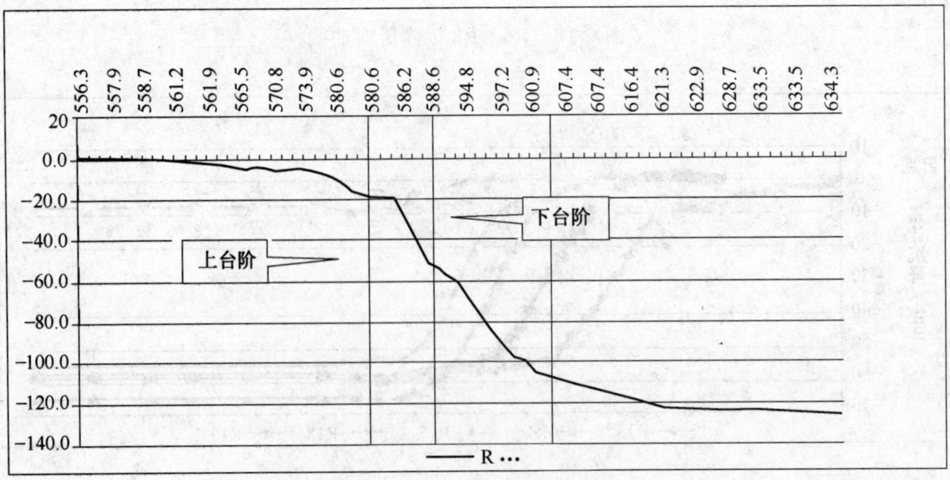

图 6-22　R9 历程沉降曲线图

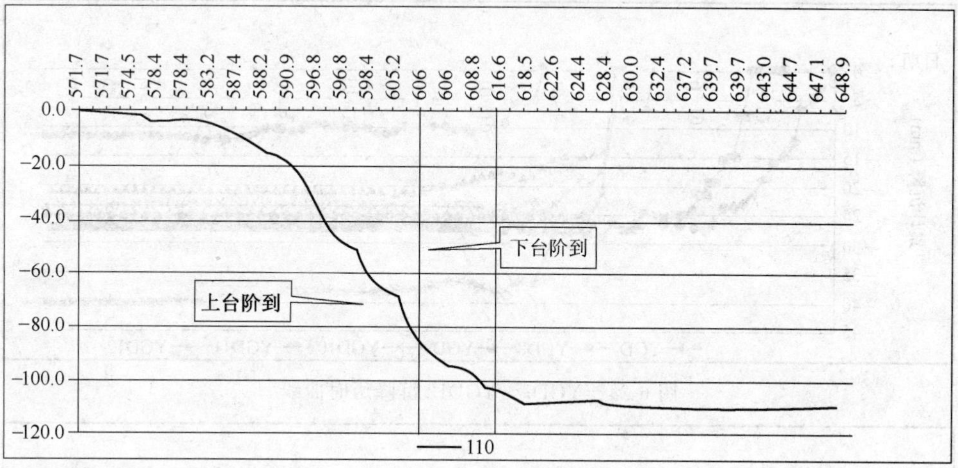

图 6-23　L10 历程沉降曲线图

二、隧道拱顶下沉监测

隧道拱顶累计下沉值见表 6-8。

表 6-8　隧道拱顶下沉表

测点	里　程	累计值(mm)	测点	里　程	累计值(mm)
YGD1	YDK8＋512	－8.7	ZGD1	ZDK8＋512	－11.7
YGD2	YDK8＋522	－5.3	ZGD3	ZDK8＋532	－21.5
YGD3	YDK8＋533	－14.8	ZGD4	ZDK8＋542	－8.6
YGD5	YDK8＋554	－18.6	ZGD5	ZDK8＋552	－18.5
YGD6	YDK8＋564	－17.4	ZGD6	ZDK8＋561	－36.0
YGD7	YDK8＋574	－25.5	ZGD7	ZDK8＋572	－28.3
YGD8	YDK8＋583	－27.3	ZGD8	ZDK8＋582	－21.1
YGD9	YDK8＋592	－20.9	ZGD9	ZDK8＋591	－12.4
YGD10	YDK8＋597	－23.6	ZGD10	ZDK8＋596	－19.9
YGD11	YDK8＋602	－40.4	ZGD11	ZDK8＋601	－20.0
YGD12	YDK8＋611	－11.6	ZGD12	ZDK8＋606	－15.2
YGD13	YDK8＋616	－24.1	ZGD13	ZDK8＋611	－21.3
YGD14	YDK8＋623	－15.2	ZGD14	ZDK8＋616	－9.7
YGD15	YDK8＋628	－7.2	ZGD15	ZDK8＋623	－20.8
YGD16	YDK8＋633	－12.1	ZGD16	ZDK8＋630	－7.1
YGD17	YDK8＋640	－9.7	ZGD17	ZDK8＋636	－9.8
YGD18	YDK8＋647	－4.5	ZGD18	ZDK8＋642	－5.5
YGD19	YDK8＋654	－4.1	ZGD19	ZDK8＋648	－6.6
YGD20	YDK8＋661	－5.3	ZGD20	ZDK8＋654	－7.3
			ZGD21	ZDK8＋660	－11.7
			ZGD22	ZDK8＋671	－10.7

注:部分测点在监测过程中被破坏,导致无法继续监测。

该段暗挖只有个别拱顶测点累计沉降超过－30 mm 的控制值,其具体沉降历时曲线见图 6-24～图 6-27。

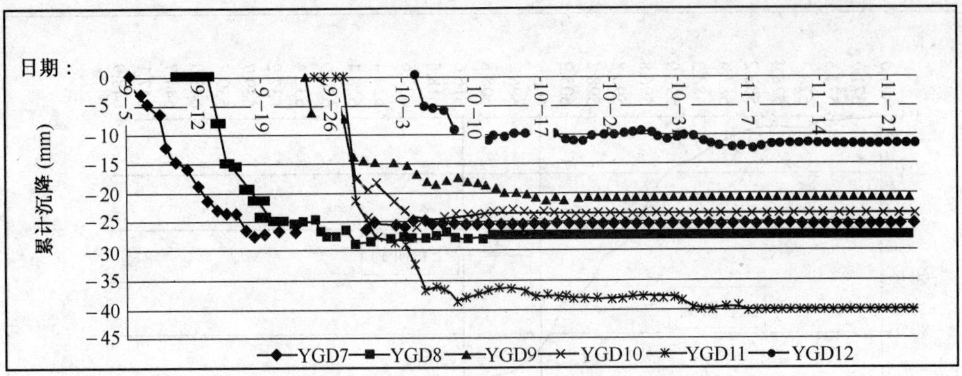

图 6-24　YGD7～YGD12 沉降历时曲线

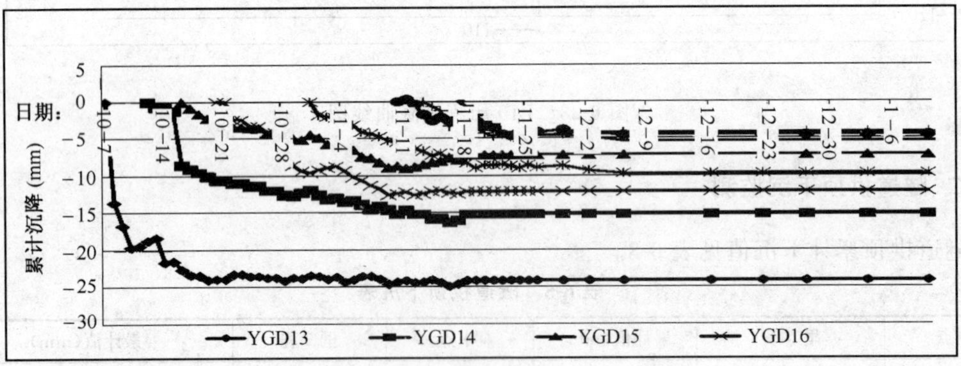

图 6-25　YGD13～YGD20 沉降历时曲线

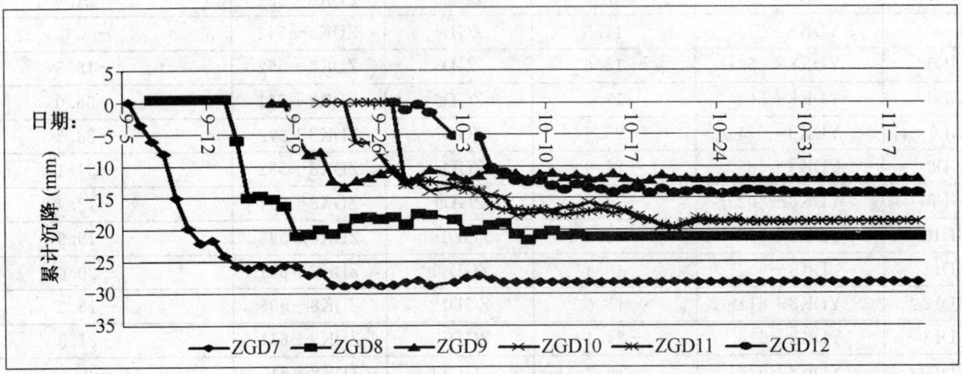

图 6-26　ZGD7～ZGD12 沉降历时曲线

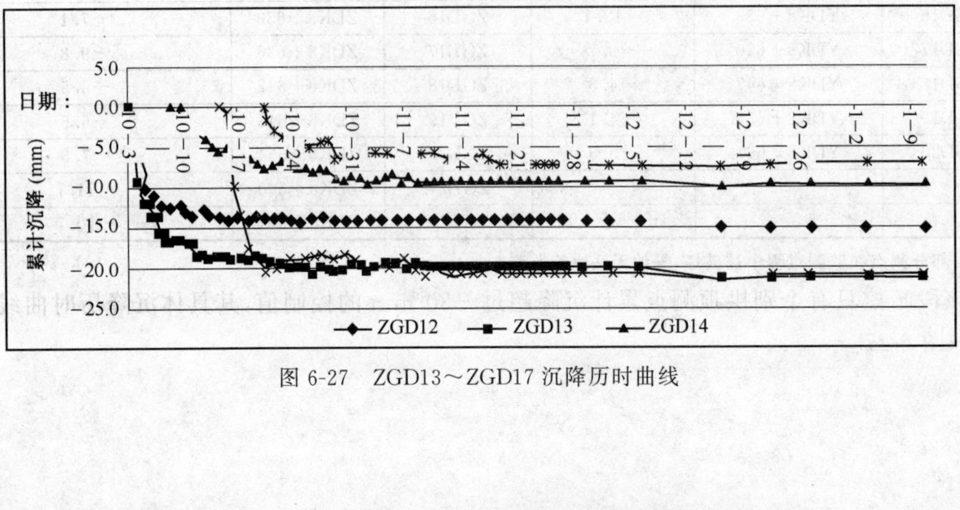

图 6-27　ZGD13～ZGD17 沉降历时曲线

三、隧道净空收敛监测

隧道净空累计收敛见表 6-9。

表 6-9　隧道净空收敛表

测点	里　程	累计值(mm)	测点	里　程	累计值(mm)
YSL1	YDK8+512	−0.03	ZSL1	ZDK8+512	−0.02
YSL2	YDK8+522	−0.17	ZSL2	ZDK8+523	−0.22
YSL3	YDK8+532	0.06	ZSL3	ZDK8+532	0.33
YSL4	YDK8+543	−0.34	ZSL4	ZDK8+543	−0.53
YSL5	YDK8+553	−0.41	ZSL6	ZDK8+561	−0.12
YSL6	YDK8+564	−0.17	ZSL7	ZDK8+572	−0.14
YSL7	YDK8+574	−0.16	ZSL8	ZDK8+580	−0.32
YSL9	YDK8+585	−0.32	ZSL10	ZDK8+596	−0.37
YSL11	YDK8+595	−0.23	ZSL12	ZDK8+606	−0.56
YSL12	YDK8+611	−0.44	ZSL13	ZDK8+611	−0.60
YSL13	YDK8+616	−0.29	ZSL14	ZDK8+616	−0.42
YSL14	YDK8+623	−0.42	ZSL15	ZDK8+623	−0.23
YSL15	YDK8+628	−0.60	ZSL16	ZDK8+630	−0.42
YSL16	YDK8+633	−0.77	ZSL17	ZDK8+636	−0.76
YSL17	YDK8+640	−0.81	ZSL18	ZDK8+642	−0.63
YSL19	YDK8+654	−0.03	ZSL19	ZDK8+648	0.00
YSL20	YDK8+661	−0.01	ZSL20	ZDK8+654	−0.03

隧道内净空收敛测点累计收敛值均未超过控制值。

四、隧道周边建筑物监测

隧道周边建筑物累计沉降值见表 6-10。

表 6-10　隧道周边建筑物沉降表

测　点	累计沉降值(mm)	测　点	累计沉降值(mm)
CJ1−1	−1.9	CJ8−1	0.4
CJ1−2	−2.2	CJ8−2	−1.7
CJ1−3	−1.1	CJ8−3	−2.1
CJ1−4	−2.4	CJ8−4	−1.0
CJ1−5	−1.6	CJ8−5	−2.1
CJ2−1	−6.3	CJ9−1	−6.5
CJ2−2	−6.6	CJ9−2	−8.2

续上表

测　点	累计沉降值(mm)	测　点	累计沉降值(mm)
CJ2－3	－7.4	CJ9－3	－8.6
CJ2－4	－6.4	CJ9－4	－7.7
CJ2－5	－7.6	CJ9－5	－6.1
CJ2－6	－5.8	CJ9－6	－5.9
CJ2－7	－2.4		
CJ2－8	－2.0		
CJ3－1	－1.8		
CJ3－2	－2.8		
CJ3－3	－4.4		
CJ3－4	－4.1		

隧道周边建筑物离隧道中线均较远，累计沉降均小于控制值。

五、监测数据综合分析

对于本暗挖隧道，其处于交通要道的正下方，两侧的建筑物离隧道较远，中线地表沉降及拱顶下沉是对其安全性进行判定的 2 个主要参考数据。

通过以上对各中线地表点、拱顶下沉点的历时曲线及施工进度记录进行分析，可以发现：在正常的施工进度的情况下，隧道中线地表点从发生沉降到沉降稳定时间大概为 30 天左右，而拱顶沉降从发生沉降到沉降稳定的时间大概为 20 天左右。拱顶的主要沉降发生在上台阶开挖后到下台阶开挖完且仰拱封闭这个过程中，一般仰拱封闭成环后，拱顶的沉降基本就呈现稳定状态，证明若施工进度及质量能保证的话，该沉降可以处于可控的状态。中线地表沉降的发生一般从距掌子面上台阶距离小于 $3D$ 时（约 20 m）开始，掌子面下台阶过去约 3D（约 20 m）时沉降趋于稳定，其沉降主要由开挖及隧道上方的土体失水引起，通过隧道上下断面封闭成环后，其中线地表点沉降仍然难以控制，可以判断隧道上方土体失水应为该暗挖段地表沉降过大的主要原因。

第三节　基本工法适用性、辅助工法针对性评价

通过监测分析，隧道采用环形台阶法施工是合理的，结构上能够保证安全，可操作性强，施工方便，安全、质量、进度可控。辅助工法全断面注浆方面软弱土层加固取得了较好的效果，但注浆止水效果不突出，有待在以后的工作中进一步探索研究。由石质隧道进入到上软下硬隧道过渡处理上，措施得当，施工安全。

第四节　合理化建议

(1)施工时上下台阶之间距离不能过长，在满足挖机施工的前提下，尽量缩短台阶间距离。

(2)针对上软下硬的断面时，注浆的质量要保证，防止爆破时振动过大造成顶部的坍塌。

(3)上台阶开挖、钢拱架立好后及时对边墙拱脚处注浆。下台阶开挖后,迅速立仰拱,保证钢拱架及时封闭成环,避免下台阶开挖后土体长时间暴露,导致拱架失稳、拱顶下沉。

(4)施工时对喷射混凝土质量要严格控制,尽量避免洞内出现过多的渗水点,导致隧道上方的土体失水过多。

(5)开挖施工时,注意保护拱顶及边墙上的监测点,确保数据真实、可靠、连续。

第七章　进度统计及环境影响分析

第一节　进 度 统 计

一、不同地层、不同断面月平均进度指标统计

右线 YKD8＋506.1～＋527.3 长 21.2 m 为全断面岩层，平均日进尺 0.66 m；YKD8＋527.3～＋672 长 144.7 m 为上软下硬地层及土层，平均日进尺 1.10 m。

左线 ZDK8＋506.1～＋526.4 长 20.3 m 为全断面岩层，平均日进尺 0.68 m；ZDK8＋526.4～＋675 长 148.6 m 为上软下硬地层及土层，平均日进尺 1.33 m。

二、实际进度与计划进度关系

隧道每月施工进度统计表见 6-11。

表 6-11　每月施工进度统计表

时间	部位	施工计划(m)	实际完成(m)	完成比例(%)	备　注
2009 年 6 月	右线	10	10	100	
	左线	0	0	100	
2009 年 7 月	右线	35	28	80	
	左线	20	20	100	
2009 年 8 月	右线	30	19.2	64	
	左线	25	32.6	130.4	
2009 年 9 月	右线	25	34.7	138.8	
	左线	25	37.3	149.2	
2009 年 10 月	右线	38	37	97.4	
	左线	30	44	146.7	
2009 年 11 月	右线	36.9	36.9	100	
	左线	35	35	100	

三、实际工期与合同工期的关系

合同工期主要满足盾构工区空推需要，根据集团公司项目部总体安排，2010 年 1 月 10 日前必须完成端头墙及导向平台施工，并拆除所有临时设施，将场地进行移交。

隧道施工于 2009 年 5 月 5 日进场筹备；6 月 12 日正式开始隧道右线施工，7 月 4 日正式开始隧道左线施工；2009 年 11 月 26 日隧道左线、右线开挖和支护全部完成；2009 年 12 月 21 日导向平台完成；2010 年 1 月 5 日提前 5 天完成场地移交。

第二节　主要机械设备投入

一、主要机械设备投入表

主要机械设备投入见表 6-12。

表 6-12　主要机械设备表

序号	机械设备名称	规格型号	数量	备　注
1	螺杆空压机	20 m^3/min	1	
2	螺杆空压机	12m^3/min	1	
3	变压器	500 kVA	1	
4	挖掘机	PC60	2	洞内挖土
5	挖掘机	CAT320	1	渣坑装土
6	农用车	5t	2	洞渣运输
7	农用车	2t	1	材料运输
8	通风机	15×2 kW	2	
9	搅拌机	JZ350	1	
10	喷浆机	PZ-5	2	
11	电动葫芦	10 t,14 m/min	2	
12	电焊机	BX-500	6	
13	钢筋弯曲机		1	
14	钢筋切割机		1	
15	立式钻床		1	

二、对提高生产率的建议

(1)为提高运输效率,将仰拱临时路面进行硬化,做好养护工作。

(2)竖井可以采用提升效率更高的设备。

(3)由于渣坑面积受场地条件限制不可能布置得太大,为多储存渣土,可以挖掉部分地表土层,以增加渣坑深度。

(4)喷射混凝土搅拌可以采用全自动拌合系统。

(5)为加快喷射混凝土速度,可采用更大喷射能力的喷射机,比如 PZ-9。

第三节　对周边环境影响情况及处理措施

一、对周边环境影响情况

(1)该段暗挖隧道部分中线地表测点超过−30 mm 的规范控制值。

(2)隧道周边建筑物离隧道中线均较远,累计沉降均小于控制值,在 9 mm 以内。

(3)洞口段爆破施工对交通封锁,造成交通短暂拥堵。

(4)地表及建筑物沉降原因分析：隧道地表沉降主要是由于失水造成的，失水源于隧道施工过程中对渗漏水通道未完全封堵。建筑物沉降受隧道上层及周边地层沉降而发生，由于距离隧道中线较远，所以影响较小。

二、处理措施

(1)通过监测发现地表沉降变形异常时，马上分析原因、采取措施，如封闭仰拱、回填注浆等，采取措施后地表沉降逐渐稳定。

(2)在地表沉降较大及公交车站位置铺设20 mm钢板，减小行车对地面的冲击，同时增大受力面积、增加路面刚度。

(3)爆破施工时提前做好准备工作，将交通封锁时间减小到最少；启爆时间严格执行公安局批复时间，并尽量在车辆等候红灯时启爆。

三、规避的措施

(1)对建筑物沉降、变形可能造成结构的损害，通过购买保险来降低和转移风险。

(2)爆破施工采用专业分包模式，以减小管理难度和规避爆破风险。

(3)接受周边建筑物变形投拆两起，通过原因分析，认为此两幢建筑距离隧道30 m以上，施工监测反映建筑物结构沉降很小，爆破振速也符合规范要求，因此与隧道施工没有因果关系，拒绝了相关权属单位的要求，得到各方的理解和认可。

四、合理化建议

(1)做好安全施工就是最大的保障，只有隧道结构本身安全可控，才可能减小对周边环境的安全影响。

(2)文明施工关系到企业的声誉，最直观地反映工地管理水平。做好场地封闭、控制噪声、采取减振措施、设置洗车槽、污水排放采用三级沉淀等技术。

(3)安全文明施工与企业文化建设相结合，营造一个样板化的施工工地、团结和谐的人文环境。

第八章　施工通风技术

第一节　通风方式

左、右线隧道分别设置一台射流式通风机，通风方式为压入式通风。隧道内风管布置如图6-28所示。

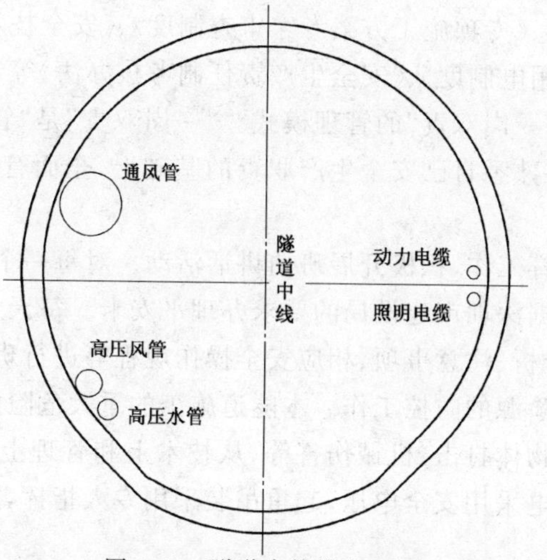

图 6-28　隧道内管线布置图

第二节　通风机配置及通风管布置

压入通风方式，通风机将新鲜空气经风管压入工作面，污浊空气沿隧道流出，新鲜风流从风管出口流出以后，由于空气分子的径向运动，在风流边界上与炮烟等污浊空气相互掺混，发生动量交换，使风速逐渐降低，而射流断面逐渐扩大，风流到一定距离后就反向流出工作面。每座隧道各用一套通风系统，通风机采用 SDF-I-N06.0/15 kW ×2 射流式通风机，布置在隧道洞门口以外 20 m 处型钢支架上。风管采用螺旋式 ϕ600PVC 风管，悬挂于隧道拱肩位置，距仰拱临时路面 3.5 m。

第三节　通风效果评价

我国《矿山安全规程》及《铁路隧道施工技术规范》规定：洞内空气成分（按体积计）凡有人工作的地点，氧气（O_2）的含量不低于 20%，二氧化炭（CO_2）的含量不得大于 0.5%。洞内风量要求：每人每分钟供应新鲜空气不应少于 3 m^3，柴油设备千瓦/分钟需要新鲜空气不小于 3 m^3。隧道最长通风距离 168.9 m，隧道内通风良好，符合规范要求，能够满足施工需要。

第九章　工程管理

第一节　安全管理措施及评价

(1)建立健全安全组织机构和制度。成立了安全管理小组，建立了安全生产保证体系，编制了《安全生产操作规程》、《安全生产检查制度》、《安全教育培训制度》、《周一安全学习制度》、《特种作业持证上岗制度》、《专项施工方案专家审查制度》、《安全技术交底制度》、《机械设备设施安全管理制度》、《安全用电制度》、《安全生产责任制考核办法》等十几项制度。

(2)积极推行及落实"一岗双责"的管理模式。"一岗双责"是"管生产必须管安全"的具体要求和形式。让每个人在熟悉自己安全生产职责的基础上，全面管理，达到安全责任到人，分工明确，杜绝推诿现象。

(3)高度重视安全教育工作，积极开展班前讲话活动。对每一个入场工人进行三级安全教育和安全技术交底，并根据深圳市建设局的要求办理平安卡。每天上班前，由副经理或领工员对全体工人进行危险源分析、注意事项、相应安全操作规程等进行班前讲话。

(4)坚决做好重大危险源的防控工作。本隧道施工的重大危险源主要有爆破施工、隧道坍塌、施工用电、起重吊装、物体打击、机械伤害等，从技术上和管理上加强控制。比如隧道施工严格按方案进行，施工用电采用安全电压，起重吊装采用专人指挥，进洞人员穿反光衣，洞内车辆、挖机贴反光条。

(5)积极开展应急演练，做好应对突发事件的准备。现场储备了大量的防塌、防汛设备和物资，开展了隧道塌方应急演练，取得了较好的效果。提高了管理人员和一线作业工人遇到突发事件时的自我保护能力、应急处理能力和反应速度。

(6)利用经济杠杆考核职工的安全管理情况，充分发挥职工的积极性，提高职工的劳动热情。在公司与劳务协作层签定的协议中，将安全、质量、文明施工、生产进度等一并作为主要考核指标，要求生产必须安全，生产必须优质。对安全不尽职不尽责的管理人员，对施工生产出现"三违"的班组、个人进行处罚。同时在安全园地中将罚款通知书张贴，让其他人员接受教育。

(7)隧道安全管理从始至终坚持技术是保障，管理是手段，落实是关键。从进场施工到隧道施工完毕场地移交，没有发生一起安全事故，取得了明显的安全管理成绩。

第二节　成本管理及体会

1. 合同主要条件

合同的主要内容为完成左线长度 168.9 m、右线长度 165.9 m 的隧道开挖和初支，满足业主的工期、质量、安全、环保方面的要求。

2. 成本管理主要措施

(1)以进度要效益。即在保证安全、质量的前提下,加快施工进度,跑步进场、快速收尾,以减少成本支出。

(2)工程直接费用的有效控制。严格控制材料消耗,对劳务协作队伍进行材料考核,实行奖惩机制,使全体管理人员和施工人员树立节约成本、创造效益的理念,并与自己的利益息息相关。对于人工费的支出,项目部派出了一支精干的管理队伍,一人多岗,最大限度减少工费支出。机械设备使用上,项目部主要负责提供空压机、鼓风机、电动葫芦等设备,控制好管、用、养、修四大环节。

(3)技术上适当优化。比如地质条件中较好的地段,在不影响安全的条件下将环形开挖改为台阶法,甚至将台阶法改为全断面法,经济效益显著。

施工照片见图 6-29～图 6-42。

图 6-29　隧道洞口处破钻孔桩

图 6-30　隧道上台阶爆破装药

图 6-31　隧道爆破后石渣堆积

图 6-32　隧道洞门口爆破安全防护

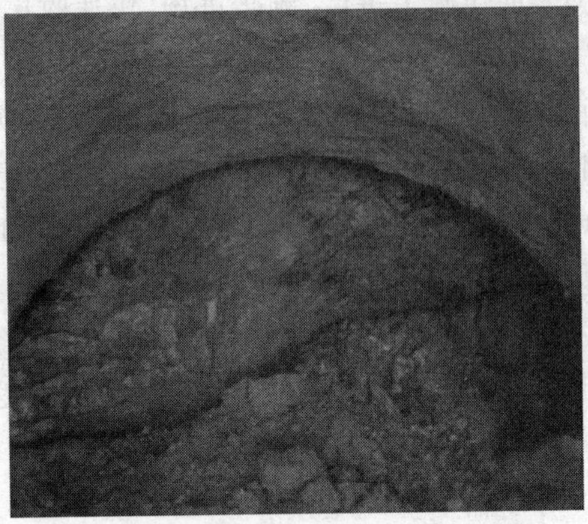

图 6-33　隧道上断面掌子面注浆效果

图 6-34　隧道超前小导管注浆效果

图 6-35　隧道上断面人工开挖

图 6-36　隧道下断面挖机开挖

图 6-37　电动葫芦配合吊土斗吊土

图 6-38　每日开展班前安全讲话

图 6-39　开展专题安全活动

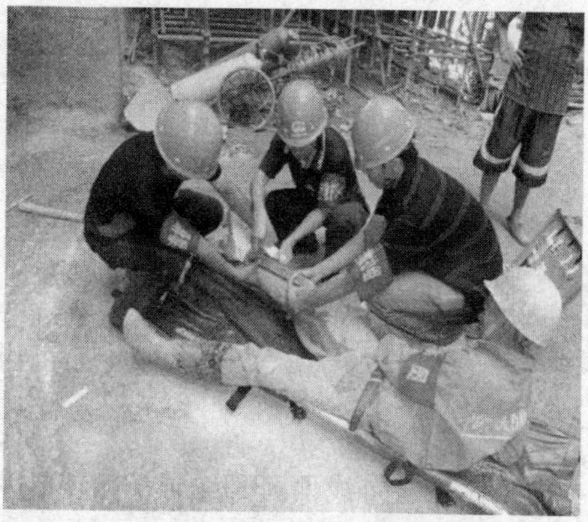

图 6-40　隧道塌方应急演练

图 6-41　正在施工的隧道洞口

图 6-42　正在施工的隧道内景

第十章 工程总结

第一节 项目评价

深圳地铁龙岗线西延段3153标莲花村站～华新站区间矿山法隧道施工，从2009年5月5日进场筹备，到2010年1月5日进行场地移交，历时8个月，优质、高效、安全地完成了施工任务，成功地解决了深圳城区上软下硬地层施工等技术安全难点，没有发生任何安全质量事故，经济效益显著，赢得了集团公司项目部、业主等各方认可，取得了良好的社会效应。在深圳地铁暗挖隧道施工领域树立了一面旗帜，为公司、集团公司争得了信誉，维护了隧道施工的专业品牌。

第二节 项目管理总结

一、完善制度，强化施工管理

俗话说“没有规矩，不成方圆”，此矿山法隧道施工队伍单一，人员相对较少，为现场管理提供了便利。针对实际情况，在项目经理部的统一安排和帮助下，制定了一系列安全、质量、文明施工、生活区管理制度。比如，进隧道人员需要将工作牌挂在洞口，出隧道再取走工作牌，但是在隧道施工中如何识别每个工人，现场管理人员发明了帽贴，即在安全帽上贴一防水小条，标明姓名、班组并附照片。再如，隧道施工工人衣服、雨鞋都比较脏，生活区划分了专区进行工作服、雨鞋的存放，修建了专用洗衣、洗鞋池，将泥水进行三级沉淀后排入市政管网。打铁还需自身硬，现场管理人员坚持要求别人做到的同时，自己首先要做到，而且要做得更好。坚持每天检查，对工作中表现好的员工，进行表扬和奖励，对不符合规范的，屡教不改的，果断地予以惩罚，从而促使员工养成了良好的工作生活习惯，自觉遵守各项规章制度，提高了工作效率。

二、加强安全文明施工管理，提高安全文明施工水平

安全生产管理是项目管理的重中之重。一个项目如果没有了安全生产管理，所有的进度、质量、效益就无从谈起。安全生产管理首先是建立安全生产管理体系。接下来就是强化施工方案、施工方法的科学论证。实践证明，抓好“方案预控”是确保科学施工、安全生产的根本所在。充分调查这个隧道的周边环境、水文地质情况等边界条件，经过反复论证和比选，做出方案和交底，这样才能保证方案的针对性、科学性、经济性、合理性。落实正确的施工方法和作业规范是确保安全管理到位的关键所在。很多实例就证明了大部分的安全事故都是由于落实方案不力或违规作业造成的。施工用电严格按照“一机、一闸、一箱、一漏”的要求规范合理布设，为各种机械安全运转提供了保证。加强从业人员的培训和安全教育，执行下井挂牌制度，坚持

开展班前讲话，提高作业人员的安全意识，充实大家的安全知识，因为我们始终相信多学一份安全知识，就能多十份安全保障。

文明施工是项目管理水平的具体体现，是企业实力和形象的重要标志，也是展示隧道集团综合素质的一个宣传栏。进场伊始首先从临建设施标准要求着手，从作业区到生活区全部整齐划一，为大家开心工作、舒心生活提供了重要的物质保障。

三、落实计划，完成施工任务

施工进度管理是施工和管理水平的体现，是成本的关键因素，更是履约的保证。在保证安全、质量、文明施工的前提下，提前完成了隧道施工任务，获得了集团公司项目部的充分肯定。每循环必须打超前探孔，及时掌握前方的地质条件，每茬炮爆破完成之后及时找顶，清理拱顶浮渣。为了保证初期支护的整体稳定性，格栅拱架的焊接质量、连接筋、锁脚锚杆也是控制的重点。随着隧道上断面进入土质结构，严格按照设计图纸打超前小导管。现场重视信息化施工，密切关注监控量测资料，对每天的地表沉降、拱顶沉降、隧道收敛数据进行分析讨论，找原因制订纠正措施，确保隧道结构安全。在项目管理中只有抓关键工序才能保证工程质量，工程质量过硬才能保证施工安全，以施工安全促施工进度。简言之就是：以质量保安全，以安全促进度。

狠抓工序衔接，以确保隧道 24 h 不间断施工。充分利用现有资源及条件，发挥最大生产率。比如深圳市严格规定了爆破作业时间(中午和晚上晚饭时间)，一天最多只能进行两次爆破作业，施工组织要求极高，难度很大，通过合理调配，强化落实，爆破施工得以正常进行。现场管理人员利用晚饭前的时间对当天工作中存在的问题进行总结，集思广益，讨论出合理的解决办法并对当天晚上及第二天的工作进行安排。坚决避免讨论通过的事情，由于某些个人原因不贯彻不落实，正是通过这种形式解决了施工中遇到的一道又一道难题，为工程的顺利进行提供了良好的智力支持。

第三节　施工技术总结

(1)隧道开挖的方法选择至关重要。综合考虑方案施工的难度、结构的安全性、工期可控性、经济性四个方面，统筹兼顾，最后确定为采用正台阶环形开挖法。该工法具有适用地质条件较差、跨度小于 12 m、沉降控制要求低、工期短、造价低的暗挖隧道。从施工结果来讲，除地表沉降超过控制值以外，均达到理想效果。

(2) 控制台阶长度。正台阶法为减少地表下沉，尽快封闭成环，合理的台阶长度应为 1.0～1.5D(本隧道开挖宽度 D 为 7 m)。本隧道施工方案定为 5 m，是安全的。

(3)选择合适的辅助施工措施。注浆加固地层和超前小导管支护是最常用和最有效的辅助措施，施工速度较快，施工可操作性强。

(4)严格控制每循环的进尺长度。土层进尺长度控制在 0.5 m，岩层上断面进尺控制在 0.6～0.8 m，岩层下断面进尺控制在 1.0～1.2 m。

(5)全部采用格栅钢拱架与喷射混凝土组成的结构，承载能力强。而若采用型钢拱架，后部喷射混凝土不密实，存在空隙区，不能与地层密贴，易造成整体变形增大。

(6)高度重视拱架连接质量、锁脚锚管、喷射混凝土基面处理及密实度、初支背后回填注浆，这是控制沉降和确保结构安全的重点。

(7)为突出快速施工，考虑时空效应，应做到“5 个及时”，即及时支护、及时封闭、及时量测、及时反馈、及时修正。

(8)监控量测技术是监控地表下沉和防塌方的最可靠的方法，是施工的核心，尤其要重视 1 倍洞径处的稳定性，这是最容易发生塌方、变形的危险地段。

第四节　以后类似项目可借鉴之处与应避免发生的问题

一、可借鉴之处

(1)高标准、严要求的管理理念，自始至终贯穿于整个隧道施工过程，使该隧道施工取得了一定成绩。

(2)选择一个信誉好的劳务协作队伍是隧道施工成功与否的重要因素。

(3)浅埋暗挖法“18 字方针”是施工的原则和要点的精辟总结，施工中必须坚持该方针。

(4)选择合适的施工工法，保证施工工艺到位。

(5)对于“上软下硬”隧道，上断面支护强度要足够，下断面石方爆破要采取控制措施，短进尺、弱爆破。

(6)隧道开挖支护过程中，严格控制超欠挖，可预留变形量 10～15 cm，杜绝欠挖。

(7)严格过程控制，加强施工技术管理，确保辅助措施和支护措施起到作用。

(8)严格执行隐蔽工程报检制度，并记录在案。

(9)做好文明施工。下断面施工时将临时路面进行硬化，保证车辆运输效率和安全通道畅通。

二、应避免发生的问题

(1)严格控制台阶长度，避免长度过长。实践证明，拱顶及地表沉降变形均是在下断面未封闭时发展剧烈，封闭后初期支护逐渐稳定。

(2)坚决杜绝“拉中槽”、“挖神仙土”、拱脚悬空超过 2 榀、割拱架等严重违规行为。

(3)开挖及初支结构净空尺寸一定要保证，避免换拱等结构破坏作业。

(4)避免拱架螺栓连接不紧、连接筋焊接质量不好、喷射混凝土不密实、仰拱有稀泥、松渣就喷混凝土等质量问题发生。

(5)土层隧道施工应避免底板泡泥、交通不畅现象。

第七篇　深圳地铁5号线5307标太怡区间暗挖施工技术

第一章　工程概况及重点难点

第一节　工程地理位置及主要工程内容

1. 工程地理位置

深圳地铁5号线土建BT项目5307标段位于深圳市罗湖区，由“两站”(怡景路站、黄贝岭站)“两区间”(太安路站～怡景路站区间、怡景路站～黄贝区间)四个单位工程组成。其中由我处承担施工任务的是怡景路站及太怡区间隧道工程。工程位置与标段范围见图7-1。

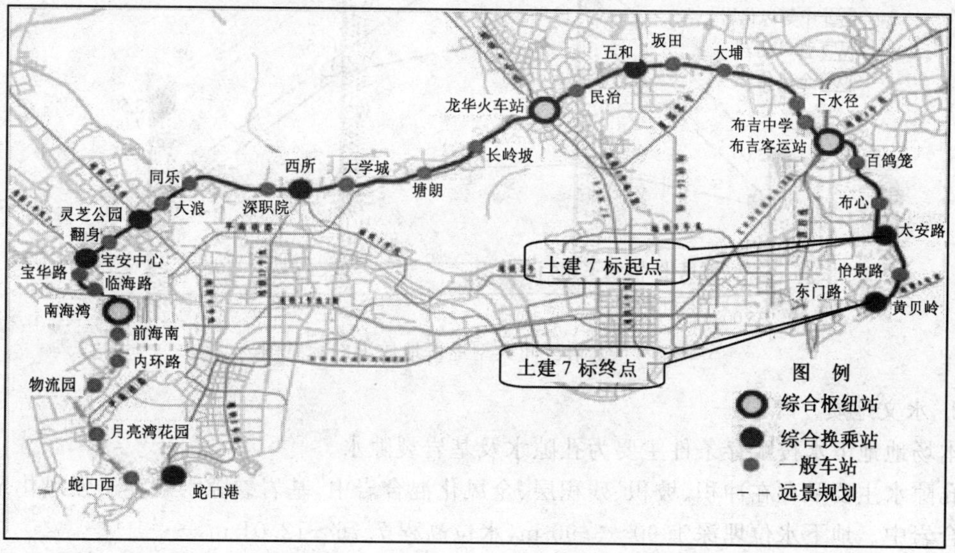

图7-1　深圳地铁5307标平面位置图

太怡区间隧道包含5号线和7号线接入段，均为矿山法施工的暗挖区间隧道。沿线路方向，本区间由太安站开始，依次穿越地表建筑物南城百货、东晓肉菜市场、百仕达东郡、百仕达花园、冬青物业、万事达酒店、新岭山庄、阳光绿地、东湖丽苑、湖滨新村以及怡景花园等，最终下穿怡景路进入怡景站。

2. 主要工程内容

区间隧道起讫里程：DK35＋931.6～DK37＋739.592，5号线部分右线长1 807.984 m，左线长1 744.78 m。7号线接入段左线长217.578 m，右线长280.748 m。

太怡区间共设竖井 3 座，5 号线 2 座，分别为 1＃、2＃竖井，7 号线 1 座，为 3＃竖井，根据现场环境和施工条件进行设计优化，将 2＃、3＃竖井合二为一进行施工。

太怡区间隧道平面示意图见图 7-2。

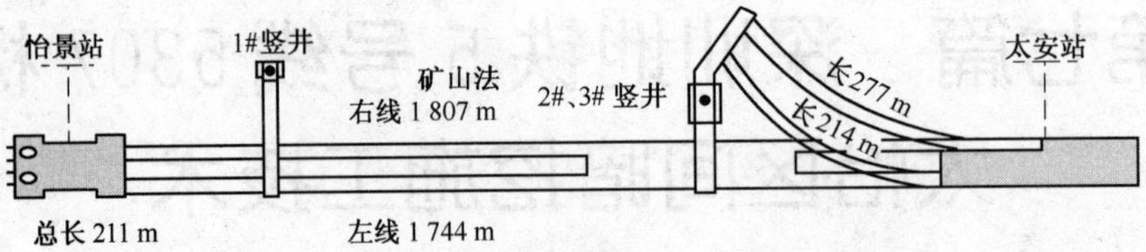

图 7-2　太怡区间隧道平面示意图

第二节　工程地质与水文地质

1. 工程地质

本区间中间部分穿越丘陵，两端场地平坦，位于繁华闹市区。隧道中段洞身范围内大部分穿越中～微风化混合岩，其余地段多为残积土层及全～强风化岩层，地层条件差。

区间典型地段地质状况见图 7-3。

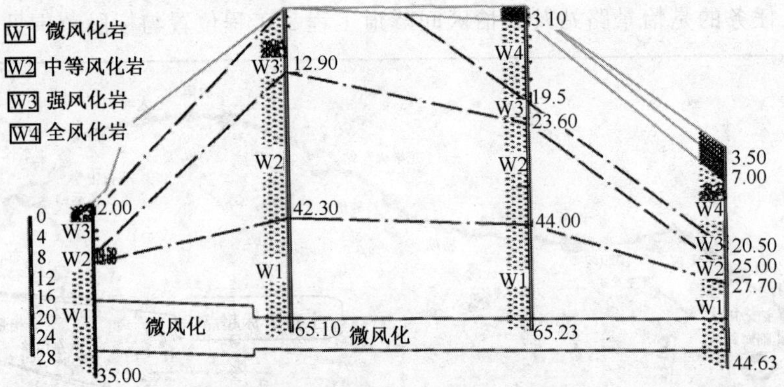

图 7-3　太怡区间典型地段地质纵剖示意图

2. 水文地质

本场地地下水按赋存条件主要为孔隙水及基岩裂隙水。

孔隙水主要赋存在冲积、坡积、残积层、全风化混合岩中，基岩裂隙水赋存于强风化及中风化混合岩中。地下水位埋深 1.90～3.90 m，水位高程 7.76～12.01 m。

地下水总的径流方向为由北向南。

地下水的排泄途径主要是蒸发，主要补给来源为大气降水。

由于地层的渗透性差异，基岩中的水略具承压性，基岩裂隙发育，孔隙水与裂隙水局部具连通性。节理裂隙发育的不均匀导致其富水性和透水性也不均匀。砂层及含砾砂层透水性较强，尤其是在砂层中夹圆砾，透水系数 $K=40$ m/d。

3. 不良地质描述

(1)太怡区间隧道部分地段穿越残积土层或全风化和强风化混合岩，土体结构呈松散或松软状，自稳能力差，遇水易崩解坍塌。隧道开挖后围岩易坍塌，处理不当会出现大坍塌，侧壁经常小坍塌。

(2)区间中部地段处于中风化和微风化岩层中，由于该位置位于深圳地区 F3 断裂带附近，基岩中节理裂隙发育，中～微风化混合岩均较破碎，隧道开挖后拱部无支护时可能产生小坍塌，爆破施工易引起坍塌。

(3)部分隧道处于上软下硬地层，下部爆破施工易引起上部坍塌，安全风险性大，须控制。

第三节　设计情况

太怡区间隧道多采用马蹄形断面，复合式衬砌。土质隧道初期支护采用超前小导管注浆、格栅拱架、钢筋网、C25 喷射混凝土；石质隧道采用系统锚杆、钢筋网及 C25 喷射混凝土。二次衬砌采用 C30P10 防水钢筋混凝土。区间隧道防水等级为二级。以钢筋混凝土结构自防水为根本，施工缝、变形缝等接缝处理防水为重点，辅以附加防水层加强防水。

太怡区间断面形式众多，共含 11 种不同形式断面，主要典型断面形式见图 7-4。各断面支护参数见表 7-1。

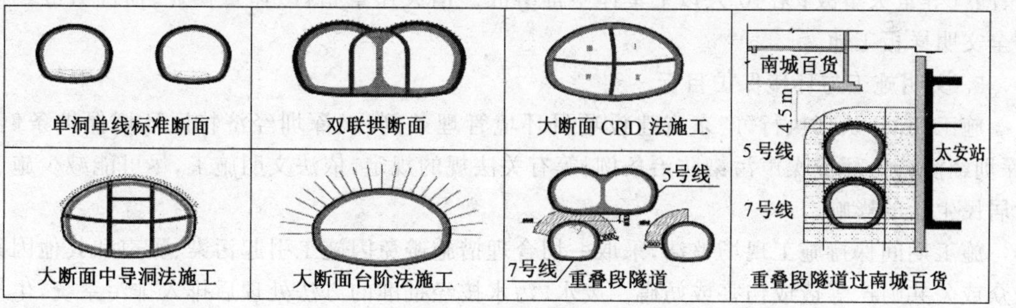

图 7-4　太怡区间典型断面形式示意图

表 7-1　各断面支护参数

断面类型	围岩类型	初期支护参数	二次衬砌
标准	Ⅳ～Ⅴ	拱架间距：500 mm/750 mm；拱部 150°，3 根/m，3 m 超前小导管各榀打设；3 m 锁脚锚杆；250 mm 厚 C25 网喷混凝土	C30S10 厚 300 mm
双联拱	Ⅳ～Ⅴ	拱架间距：500 mm，中导洞法；拱部 150°，3 根/m，3 m 超前小导管各榀打设；3 m 锁脚锚杆，300 mm 厚 C25 网喷混凝土	C30S10 厚 450 mm
CRD 法	Ⅳ～Ⅴ	拱架间距：500 mm；拱部 150°，3 根/m，3 m 超前小导管各榀打设；3 m 锁脚锚杆，350 mm 厚 C25 网喷混凝土	C30S10 厚 500 mm
大断面	Ⅲ	台阶法：3 m 系统砂浆锚杆支护，150 mm 厚 C25 网喷混凝土	C30S10 厚 550 mm

第四节　主要合同边界与施工条件

1. 合同情况及工程造价

深圳地铁 5 号线采用 BT 模式建设，采用投资—建设—回报方式；建设采用设计施工总承包模式，深圳地铁公司全过程监管。

本工程建设方为深圳地铁集团，BT承建方为中国中铁南方投资发展有限公司，采用总价包干合同。我方承建范围合同总价为15 864.044 2万元。

2. 工期要求

本标段合同开工日期为2008年3月1日，合同竣工交验日期为2010年6月23日。

太怡区间因前期设计方案的确定及竖井征地拆迁等因素的影响，直至2008年10月才正式开始进洞开挖。BT方前期压缩合同工期，要求我方2010年2月28日须完成全部施工，后因考虑到太怡区间本身施工难度，将竣工节点日期推迟至2010年4月30日。

3. 质量目标

工程合格率达到100%，工程质量等级优良，创深圳市优良样板工程，配合南方公司全线争创国优。

4. 安全生产管理目标

实现"六无，三消灭，一创建"。无因公死亡事故，年重伤率不大于万分之五；无拆迁工程事故和设备安装工程重伤以上(含重伤)事故；无触电、物体打击、高空坠落等事故；无重大机电设备事故、重大交通事故及火灾事故；无因施工造成地表沉陷及由此导致交通中断、通信中断、漏水、漏气等重大事故；无10人以上集体中毒事故。消灭违章指挥、违章作业、惯性事故。创建安全文明样板工地。

5. 文明施工与环境保护目标

施工期间，认真执行《广东省建设项目环境管理条例》、《深圳经济特区环境保护条例》和《深圳经济特区环境噪声污染防治条例》等有关法规的规定，依法文明施工，尽可能减少施工期对居民生活的影响。

施工期间保持施工现场整洁，采取一切合理措施避免因施工引起污染、噪声和其他因素对公众或公共财产等造成伤害或妨碍。废水、污水按经批准的方法处理后排入排污系统，生活垃圾定期清扫处理。保证周边管线、房屋、道路、水系不受施工影响。

第五节　工程重难点分析及对策

(1)太怡区间地表建筑物众多，沿途管线分布密集。在浅埋、软弱、地下水丰富地层中做到暗挖隧道安全快速施工，并能同时保证地表沉降变形在控制范围之内，为本工程重难点之一。

对策：

施工前详密编制施工方案，并请专家进行论证，过程中根据实际情况适时对方案做出调整纠偏，最终确定切实可行的具体施工方案。安排专人沿线调查建筑物及管线结构及基础形式，针对性采取相关方案，同时加大监测力度，切实做到监测数据反馈指导施工。

(2)太怡区间两端均处于繁华闹市区，地表沉降及爆破施工对周边居民生活带来一定的影响，维稳工作任务量巨大。

对策：

确定以项目书记牵头，安排专人与周边居民保持良好勾通，出现问题及时给予协调解决。

(3)深圳地铁5号线作为给2011年世界大学生运动会的献礼，政治意义重大。而区间本身由两座竖井负责近4 000 m长隧道的开挖及二衬，前期因方案及征地拆迁原因滞后较多，工期异常紧张。

对策：

优化施工方案，加大现场管理力度，采用严格的奖罚制度，超常规投入机械设备、人员、资金等资源，刚性落实安全、技术、施工组织等措施。

(4)本工程合同条件复杂，管理层次多，协调及配合工作量大，同时二次经营程序繁琐，执行难度高。

对策：

积极主动与参建各方进行沟通，仔细研究合同管理办法，理清变更等二次经营工作程序，分工明确，有条不紊应对。

(5)太怡区间在靠近太安站段为5号、7号线上下重叠隧道，两隧道垂直净距最小仅为90 cm。隧道重叠区要穿越浅基础的南城百货商城，重叠隧道的安全施工及南城百货建筑物的保护控制难度高。

对策：

参照已建类似工程应验，结合现场实际，制定重叠隧道施工顺序及方法。对南城百货实施桩基托换，以确保建筑物安全。

(6)区间共含11种不同断面，其中包括台阶法、CRD法、CD法、7步CRD法及双联拱中导洞法等多种支护形式断面，结构形式复杂，甚至部分模板台车仅完成近20 m衬砌后，即须调整为另一种断面形式，洞内非常困难条件下频繁的台车面板转换是本工程另一大特点。

对策：

设计加工可拆换衬砌台架，配合组合钢模板进行施工。

第二章 施工策划及组织

第一节 组织机构

本项目组织机构见图 7-5。

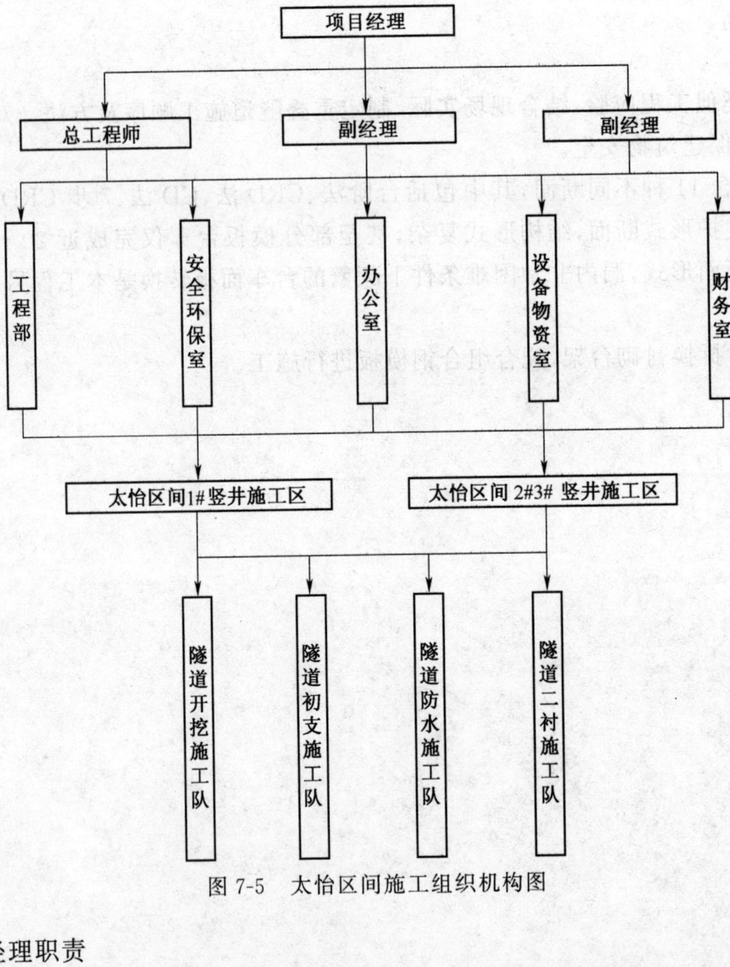

图 7-5 太怡区间施工组织机构图

1. 项目经理职责

代表集团公司履行对业主的工程承包合同，执行集团公司质量方针，确定项目质量目标，处理与项目有关的外部关系，并签署合同或协议。主持项目工作会议，审定或签发对内对外的重要文件，对签署的有关工程变更、洽商、纪要等文件负责。领导和主持验工计价工作，负责年、季、月生产计划的审批。对分承包进行监督和评审，负责并有权批准分包项目立项申请。负责并有权审批合格分供方。组织编制员工培训计划，不断提高职工质量意识和操作技能。组织最终检验和试验。

2. 现场生产副经理职责

负责项目质量计划的执行。贯彻落实质量体系的运行，对项目部的工程质量、安全生产负直接领导责任。负责一般质量事故的处理和质量事故技术处理方案的编制。安排项目图册、文件、资料的分配、签发、保管及日常处理。统筹项目质量计划及有关工作的安排，开展质量教育，保证集团公司的各项制度的正常运行。

3. 总工程师职责

在项目经理的领导下，认真贯彻执行集团公司质量方针、目标和质量体系文件，对本项目技术和质量工作负责督导、检查、控制。对本工程进行技术指导，解决重大技术难题，组织技术攻关。

4. 工程部长职责

负责带领本部门人员认真贯彻集团公司的质量方针和目标，严格执行项目质量管理文件，参加协管要素质量活动。负责组织细化、完善项目部下达的质量计划，指导、检查和督促质量计划内各部门和有关人员认真实施。严格实施《施工过程控制程序》，对因施工技术管理原因导致的不合格工程负有直接责任。加强施工技术管理和质量检验试验工作，并对其工作质量负责。选择和应用统计技术，建立技术档案，监督作好质量记录的填报和归档保存，作好产品的标识和可追溯性。

5. 工程技术人员职责

认真贯彻执行集团公司的质量方针政策和目标及本人相关性的质量体系程序文件，落实项目工程计划，满足顾客的要求。掌握工程承包合同中有关产品质量要求，按照施工技术规范验收标准组织施工，搞好本人分管的技术工作。

6. 设物部人员职责

按《工程物资采购控制程序》进行产品采购，按规定到分供方货源处对产品进行验证，需要时参加对分供方进行评价。对领导不按质量标准规定要求安排的采购任务，有权拒绝执行。

7. 办公室工作人员职责

负责组织学习和认真贯彻执行集团公司的质量方针和目标及质量体系文件，负责实施《文件和资料控制程序》，管理好文件和资料，确保质量有关场所使用的文件和资料为有效版本。负责执行《培训控制程序》和集团公司下达的职工培训计划，搞好本单位的职工培训。

8. 财务人员职责

负责本单位的财务管理和经济核算工作，合理使用资金，保证质量体系运行需要的经费资源。对本项目工程成本费用实施“质量体系的内务考虑”，编制成本计划加强核算，提高财务工作质量。完成领导交办的其他工作。

9. 安全员职责

贯彻执行国家有关安全方面的方针、政策、法令以及上级颁发的规章制度，贯彻执行集团公司的质量方针、目标和质量体系文件。参加各方组织的定期、不定期的安全质量大检查，并提出改进意见。经常深入现场督促检查工作，对违章作业、违章指挥有权制止，遇有险情危及人身安全者有权决定暂停作业。做好事故调查、统计、报告等日常工作，参加领导组织的伤亡事故调查、分析处理。负责环境保护的日常检查工作。完成领导交办的其他工作。

10. 领工员(工班长)职责

认真学习集团公司质量方针，了解目标质量管理体系在施工过程中的作用，并在实际工作中加以应用,严格按作业指导书或有关操作规程组织施工。掌握施工组织设计文件,并按施工组织文件及质量体系文件要求组织工班严格施工,严格施工过程管理,对因其工作质量造成的不合格负主要责任。

第二节　项目的策划与组织实施

1. 工点任务划分

根据本工程规模大、综合性程度高、周边环境复杂以及单位、分部工程组成情况,遵循"任务基本均衡、专业相对接近、场地综合利用、资源平衡共享、节点主导相对独立、便于施工管理"等原则,将太怡区间分为两个施工作业工区。

一作业工区负责 1＃竖井范围工作面的施工任务,另一作业工区负责 2＃、3＃竖井范围工作面的施工任务。最初策划中,工作面仅在竖井位置展开,后在施工过程中,为最大限度满足工期要求,增设了怡景站及太安站工作面,分属 1＃竖井工作范围及 2＃、3＃竖井施工区管理。

2. 项目管理模式

本项目属集团公司直接管理的 A 类项目,项目部在集团公司广州指挥部及深圳指挥部监管下,代表集团公司对项目进行有效管理,对本标段工程建设的安全、质量、进度、成本等进行有效可控的监管,确保标段工程对业主的合同全面履约。

我项目属集团项目部下设的一个工区,在集团公司项目部的管理下,围绕工程施工安全、质量、进度、成本等方面,对所承担工程进行施工组织管理,对项目部和三处负责。

3. 分包工程管理模式及队伍选择

本项目主要采用劳务分包工程管理模式,其中爆破施工及南城百货桩基托换施工由于其工作内容的特殊性,采用专业分包形式。

施工队伍以自己的队伍为主,不足劳动力招收部分民工组成混岗队伍。对单一工序小项目需外选队伍时,按工程项目类型和施工阶段的不同,一是从曾经协作或正在协作的合格承包队伍中选择,二是从当地才能有效完成施工任务的合格承包队伍中选择,并经公司的合同管理部门审查确认,签订合同后才进场施工。

4. 技术管理

项目技术管理设置总工程师、工程部、安全环保部、设备物资室,下设测量、试验、土木技术、质检、安检、机械技术、经营合同、安全环保,直接对现场管理,实行一岗双责制。

技术管理以总工程师牵头,主要管理部门为工程部。

太怡区间工程的地质条件差,工程又是在边设计边施工的情况下进行,对技术管理提出了非常严格的要求。前期技术管理围绕设计出图满足现场开工展开,整个项目技术管理沿着现场调查布置、设计院沟通联络、草图文档复核与反馈确认、施工组织设计编制与技术交底、专项施工技术方案编制专家评审和交底、设计图纸审校与技术交底、设计方案优化及众多变更设计、技术资料收集整理、不同阶段的施工组织调整、竣工文件编制至工程交验这一主线展开。

5. 主要施工方案

太怡区间隧道施工主要采用暗挖法,结构采用复合台车衬砌。隧道开挖分别采用"上下台阶法"、"CRD"、"CD 法"、"7 部 CRD 法"以及"中导洞法"等施工,防水层采用无钉铺设技术,单线隧道二次衬砌采用模板台车浇筑。

施工中严格按照“管超前、严注浆、短进尺、强支护、勤量测、早封闭”的原则进行施工和管理。

施工采用无轨运输，人工与小型挖机联合装渣。小型运输车辆水平运输，竖井龙门架配合电动葫芦提升吊桶垂直运输，地面采用装载机和大型汽车二次转渣。

对地表建筑物采取地表跟踪注浆，同时在洞内加强支护措施。南城百货商厦因情况特殊，采用桩基托换施工。

6. 工期策划及组织实施

按照中国中铁与地铁公司签订合同的工程总工期，BT指挥部对各标段、各工点分专业、分阶段进行了工期目标细分，制定了相应的控制节点工期进行宏观控制，分季度、年度和节点工期项目进行管理和考核。5号线土建工程2010年2月28日贯通，2011年6月30日要正式开通运营。

最初工期策划的基本思路：施工顺序严格按施工图纸执行，由1＃竖井及2＃竖井各自形成双方向两个工作面，隧道开挖完成后再进行衬砌施工。

后因竖井选址及管线改迁等原因，工程前期进展不顺利，致使正式开工时间滞后4个月。另隧道地层情况较差，施工图考虑措施不足，前期开挖进度也较为缓慢，致使后期工期压力倍增。

面对BT指挥部在进度管理上的强大压力，加上市轨道办和地铁公司等上级单位的共同管理，我项目多次反复对工期进行详细策划。开挖工作面数量由最初策划的4个增加至7个，台车数量由最初策划的6台增加至11台。

组织实施过程严格执行进度考核制度，建立手机短信日报监控体系，通过借助局、处等各方力量，通过以下方面积极主动开展施工组织方案调整：

(1)按照最初的施工策划，受隧道断面及竖井提升能力的影响，隧道衬砌施工要在开挖完全结束后开始，将远不能满足业主的总体工期要求。在公司领导的指导下，在左右线隧道间增设了7个临时横通道，有效解决了开挖、衬砌同步作业相互干扰的问题，加快了施工进度，缩短了工期。

(2)按照最初的施工策划，2＃竖井至太安站段须先在7号线衬砌完成后，才能组织5号线施工，在信息化施工组织的原则下，暂缓了7号线隧道二衬施工，加快了5号线施工进度。

(3)按照最初的施工策划，隧道施工作业面仅局限于1＃竖井及2＃、3＃竖井的双工作面，后通过与相临工区及标段的积极协调，在怡景站、太安站共增开5个工作面接应施工，大大缩短了关键线路的总体工期，该区间隧道最多有13个开挖作业面同步平行展开。

7. 经营合同管理策划

5307标项目合同的主要边界条件是工期卡死、经费包干、优化设计变更节约与BT指挥部分成。工程环境和施工风险统一由地铁公司向保险公司办理保险，具体赔偿业务主要由施工单位主动收集资料和接洽。

项目经营合同管理分合同工期履约管理、初步设计到施工图设计的优化变更、正常变更设计和保险索赔、项目部成本管理等方面。

经营合同管理由项目经理主抓，主办部门为合同部，项目部总工程师、工程部直接参与，其他相关部门和人员配合。尤其是在出施工设计图的过程中，项目部和工区直接和设计院保持长期协商与沟通，使优化设计有利于结构和施工安全、方便，避免大量的设计反复和出图拖延造成停工或返工。同时施工过程中,根据设计以及地质情况变化等,按照合同变更管理办法,积极上报变更。

其次是保险索赔方面,虽然不能有大的收获,但保险索赔程序有理有据,如对既有设施施工前先评估,施工后若有影响需鉴定后才能确定是否赔偿。抓好保险索赔既能妥善处理好施工对建筑和环境的局部不良影响涉及各方的矛盾,又能适当弥补成本亏损。因此,工程后期项在这方面开展了大量工作,达到了预期目的。

8. 安全质量管理

始终坚持将安全质量管理放在首位的原则,严格执行安全技术交底、安全教育、质量三级报检制度等。制定安全质量奖罚制度、评比制度等,配备专职的安全员及质检员每日进行巡查,发现问题及时整改。针对暗挖隧道施工的特殊性,分析主要危险源并编制相应对策,分析质量控制要点并制定相应技术控制措施。

9. 机械配备

根据单项施工技术要求和施工作业条件确定机械设备选型,按照施工进度计划指标配置台数,生产能力留有余地,同时考虑突发事件所需的工程抢险应急设备。为保证设备的能力,在工地设立设备维修车间,定期对机械设备进行维修保养。工程试验执行有见证送检及监督抽检,并配备工地试验设备及试件加工设备等。

后期因抢工需求,超常规的投入机械设备,如混凝土泵车由最初策划的 4 台增加至 6 台,台车由最初策划的 6 台增加至 11 台等。

第三节　项目突发事件的应急措施

本段暗挖隧道施工易发生突发事件的有坍塌、涌水涌泥、掉拱、地表突然塌陷等情况。

根据相应的突发事件编制各类突发事件的应急预案,成立相应应急处理小组,并组织进行应急演练,安排所有相关人员参加。

现场一旦发生突发事件,应首先做好如下工作:

1. 安全撤离、人员查点

施工过程中若发生坍塌等紧急情况时,现场值班人员要在第一时间立即报告应急领导小组,如果情况危急时,应立即组织所有现场施工人员尽可能地撤离疏散到安全地带,洞内施工人员由班组长带队全部撤离。由应急指挥人员指定保卫人员对疏散人员进行查点,并对查点情况向项目经理汇报,项目经理向总指挥汇报。确保无受安全威胁的人员后,再将受安全威胁的施工机械财产实施转移至安全地带。

2. 危险区进入管制

根据现场危险情况,设立警示或警告标示,只能由抢救人员、事故调查人员进入,确保无无关人员进入危险区。

3. 组织抢救

4. 警戒与治安

①在发生垮拱险情时,保安人员应加强洞外巡视,隔离安全地带,禁止闲杂人员围观,禁止一切人员进入危险区域,禁止进入施工现场。

②加强洞口看护,未经公司统一组织不得放入任何人员。

5. 人群疏散与安置

疏散人员工作要有秩序地服从指挥人员的疏导要求进行疏散，做到不惊慌失措，不混乱、拥挤，减少人员伤亡。

6. 事故现场保护

①各施工作业班组负责人向安全负责人报告的同时组织人员对现场进行区域保护，保护现场不被破坏。

②安全员到达现场后，用警示牌和警示带进行进一步围护，确保事故现场不被破坏。

③安全员对事故现场实施围护后拍照、摄像、取证。

7. 当项目的紧急情况会对周围居民造成危险时，指定的通信负责人应该与当地主管部门、消防部门、卫生部门或环保部门保持联系，紧急疏散周边居民。周边居民应该得到紧急情况的简单介绍和必要的说明。

应急处理工作程序见图 7-6。

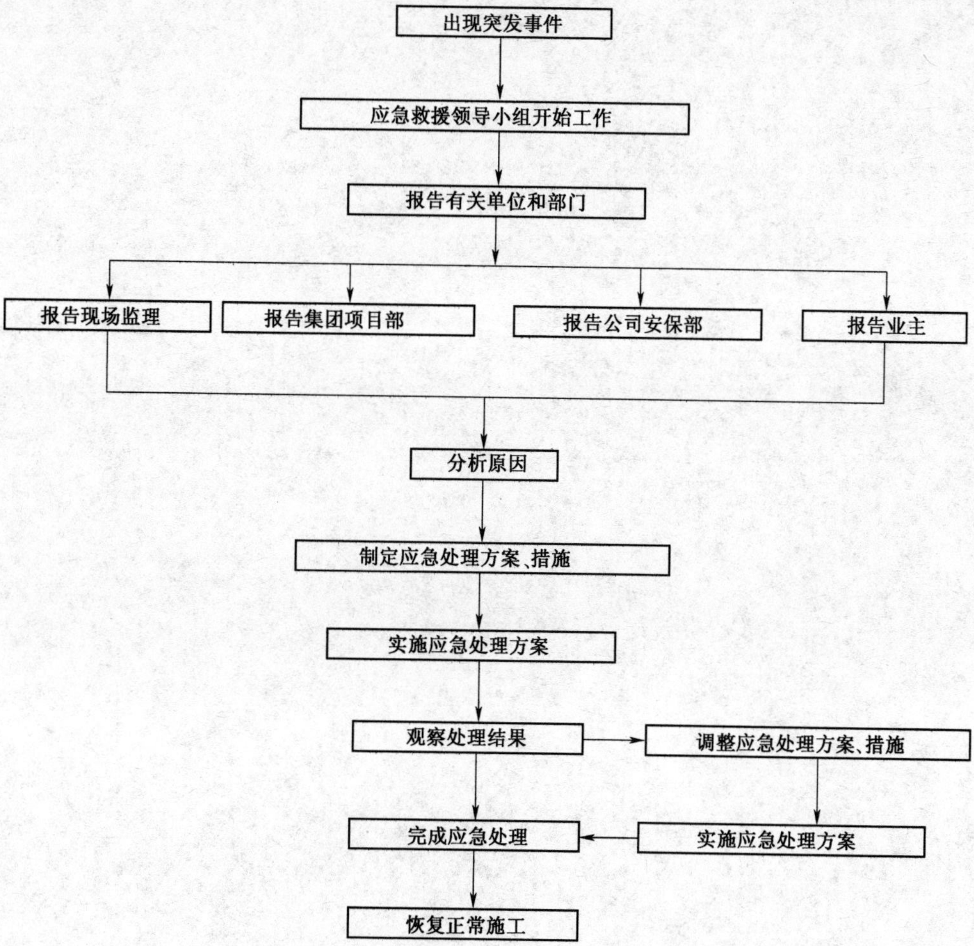

图 7-6　太怡区间应急处理工作机构图

第四节　经验及教训

施工策划应充分考虑到各种可能的影响条件，防隐患于未然，尽量避免出现策划不周或策划与实际相差甚远的情况。

施工策划为整个工程施工组织的方向导引，因此显得至关重要。本工程前期策划中对太怡区间施工难度认识不足，对工期及造价均抱有一定乐观态度，结果导致工程后期在工期及成本方面均面临较大被动局面。如能及早认识，前期即增开车站工作面，同时尽早加大资源投入，则不会导致后来的全力抢工的艰难局面。同时，若能在工程开工之前即认识到太怡区间的成本压力，在初步设计阶段介入设计，提早二次经营工作时间，也不会导致后来严重的入不敷出局面。

对突发事件的特别策划前期不够重视，导致后来出现的较大突发事件因第一时间处理不当，而造成较恶劣的社会影响。

第三章　竖井施工技术

第一节　竖 井 施 工

1. 工程概况

太怡区间隧道共设 3 个施工竖井，其中 1＃竖井位于怡景路与爱国路交叉口靠怡景花园的草地上，2＃和 3＃竖井位于太宁路与东晓路交汇处。1＃和 2＃竖井为 5 号线施工竖井，3＃竖井为 7 号线接入段施工竖井。受施工场地限制，2＃、3＃竖井合二为一。

竖井周围地表环境较复杂，1＃竖井紧挨怡景花园和爱国路、怡景路，2＃、3＃竖井附近有万事达酒楼、百仕达东郡和冬青物业等建筑物，因此控制施工对周边环境的影响及对房屋建筑的保护是关键。1＃竖井和 2＃、3＃竖井平面位置见图 7-7、图 7-8。

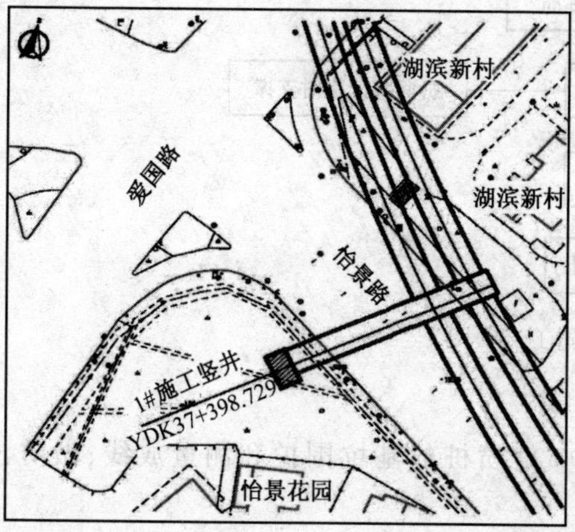

图 7-7　1＃竖井平面位置图

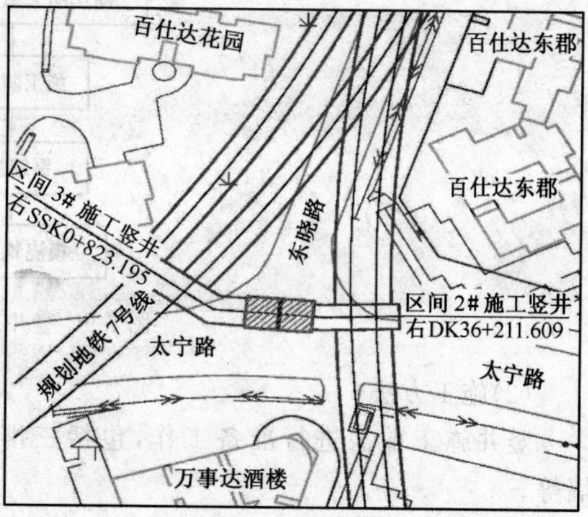

图 7-8　2＃、3＃竖井平面位置图

1＃竖井开挖断面尺寸为 6.7 m×10.2 m，深度 34.456 m。2＃、3＃竖井合并后开挖断面尺寸为 7.4 m×12.9 m，中间设置 0.4 m 厚中隔墙与衬砌连接，其中 2＃竖井深 28.876 m，3＃竖井深 35.798 m。竖井采用明挖施工，竖井井口设钢筋混凝土锁口圈，井身采用格栅钢架＋钢筋网＋喷混凝土＋锚杆支护，井身四周施工旋喷桩形成止水帷幕。竖井衬砌采用 C30、S8 模筑钢筋混凝土，衬砌厚 650 mm。

2. 施工流程及方法

(1)总体施工流程

竖井总体施工流程图如图 7-9 所示。

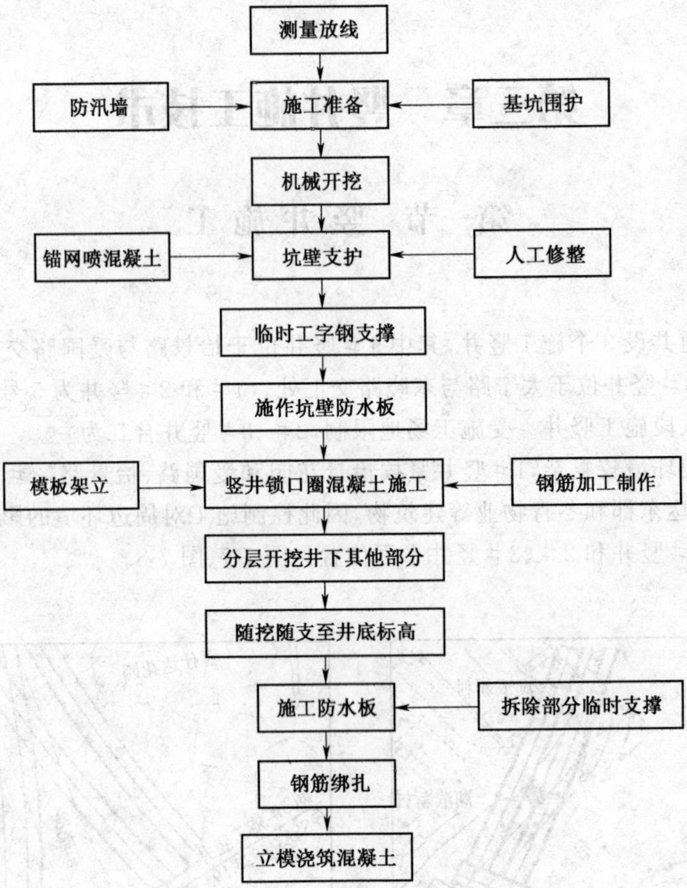

图 7-9　竖井总体施工流程图

(2)施工方法

竖井施工前需进行准备工作，包括三排 $\phi600$ 旋喷桩的基坑围护和测量放线、做防汛墙等。

竖井开挖采用人工配合机械开挖的方式，首先在地表以下 1.2 m 范围施作锁口圈及顶梁，然后再采用机械开挖以下部分。当开挖至中风化围岩时采用爆破开挖、机械出渣。整个竖井的初期支护均为系统锚管(或锚杆)＋钢筋网＋格栅拱架＋喷射混凝土的形式，通过注浆达到止水的目的。

3. 竖井开挖

(1)土方开挖

竖井锁口圈混凝土施工完成后即开始进行下部开挖，开挖方法如下：

①主要采用小型挖掘机及人工开挖，石方采用爆破后人工风镐凿挖。

②土方提升主要采用龙门架电动葫芦配土斗提升。

③开挖时按先中间后四周、分块进行错开施工，每开挖一环支护一环，具体开挖方式见表 7-2。

表 7-2　竖井开挖施工顺序

序号	施工工序示意图	施工方法
第一步	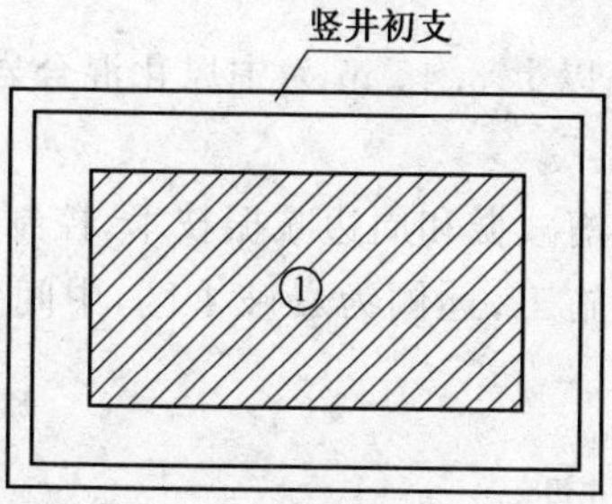	开挖竖井中部至每循环进尺深度，四周预留约 1 m宽
第二步	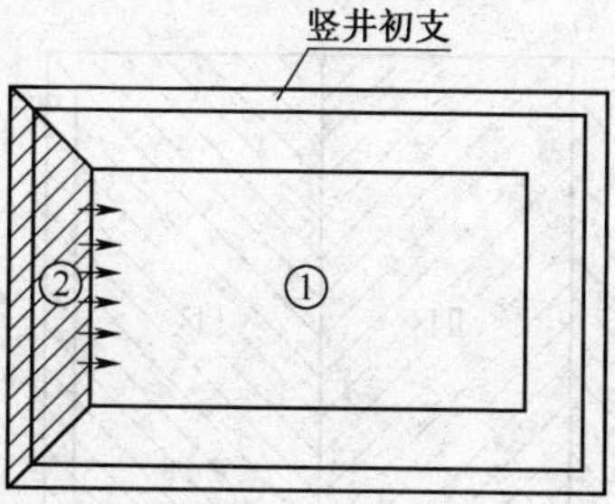	开挖短边边墙，先采用挖掘机将土刨至竖井中部，在边墙修边及立拱后再出渣
第三步	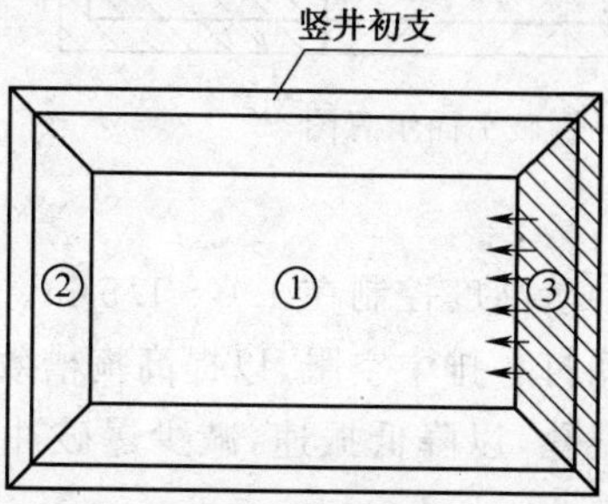	开挖竖井另一短边边墙，采用第二步同样的方式，缩短开挖时间，及时架立格栅拱架
第四步	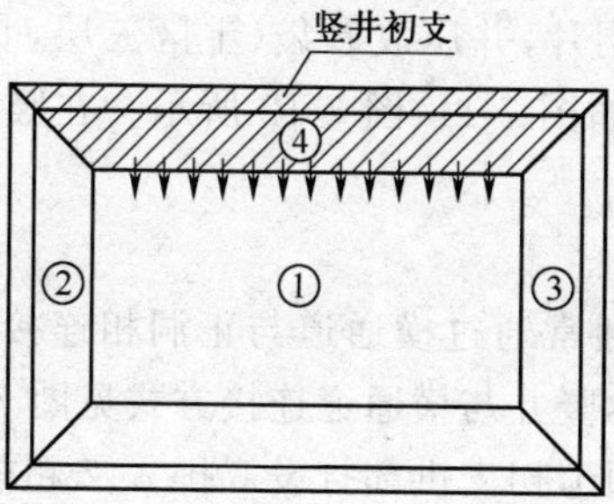	开挖竖井长边边墙，开挖方式同第二步，缩短开挖时间，及时架立格栅拱架
第五步	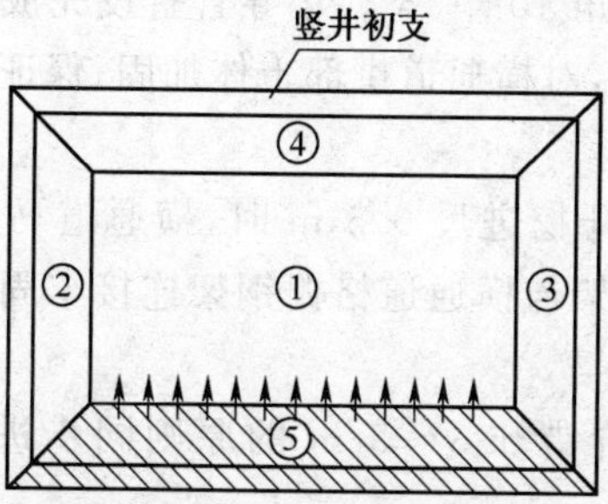	开挖竖井最后一边，将格栅拱架安装成环，最后进行喷射混凝土封闭

④循环开挖至横通道上半断面后，施工马头门，进入横通道上台阶施工。横通道上台阶开挖支护 4～5 m 后开挖竖井，直至竖井井底，同时形成横通道上下台阶。

(2)竖井爆破及防护

根据地质勘察报告，太怡区间 1＃竖井井底以上 3.45 m 为中风化混合岩，3＃竖井井底以上 9.8 m 为中、微风化混合岩，需采用钻爆法施工。

竖井爆破分区、分台阶法施工，综合运用掏槽减振和周边减振技术，控制爆破振速。

①竖井爆破相对周边建筑自远到近分三区施工，远侧为爆破Ⅰ区，中间为Ⅱ区，近侧为Ⅲ区。分区平面图见图 7-10。

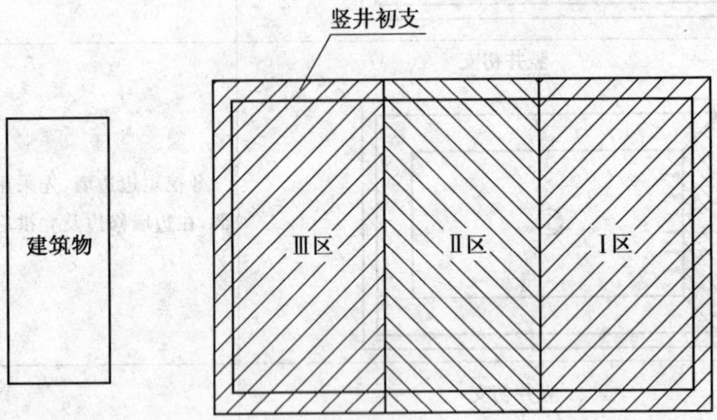

图 7-10　竖井分区爆破平面示意图

施工顺序为Ⅰ区→Ⅱ区→Ⅲ区。

②Ⅰ区、Ⅱ区、Ⅲ区之间采用台阶法施工，台阶高度控制在 1.0～1.5 m。

③Ⅰ区掏槽采用斜眼掏槽形式，掏槽区中间打一排中空眼，以提高掏槽效果，降低振速。

④Ⅲ区靠近楼房一侧周边间距打一排减振孔，以降低振速，减少爆破冲击波对楼房的影响，确保建筑物安全。

⑤竖井爆破时，在爆破体上铺设弹性安全网片，并压放砂袋(Ⅰ区三层，Ⅱ区、Ⅲ区两层)，在井口设钢筋网片，以防飞石。竖井爆破防护如图 7-11、图 7-12 所示。在竖井口覆盖多孔状吸音材料，以降低爆破噪声。

(3)横通道进洞马头门施工

竖井是为主线隧道施工而设置，因此竖井通常通过横通道与正洞相连接。因此竖井井身施工应与横通道相结合。以 2＃、3＃竖井为例，竖井与横通道连接方式见图 7-13。

当竖井开挖至 2＃横通道马头门时，沿横通道初支拱部打设双排 $\phi 42$ 超前小导管，单根小导管长 3 m，环向间距 30 cm，小导管控制外插角 10°～15°。小导管打设完成后及时进行压注水泥＋水玻璃双液浆，注浆压力 0.4～0.6 MPa，对横通道拱部土体加固，保证进洞开挖的顺利进行。

横通道开挖与竖井开挖同步进行，当竖井开挖进尺 0.5 m 时，横通道马头门拱部也必须架设 0.5 m 高的格栅钢架，且保证竖井格栅钢架与横通道格栅钢架连接牢固。要求横通道洞口 2 m 范围格栅钢架密排(至少 4 榀)。

随着竖井继续开挖，横通道也按上下台阶错开 3～5 m 的原则同步进行，直至开挖至底部。

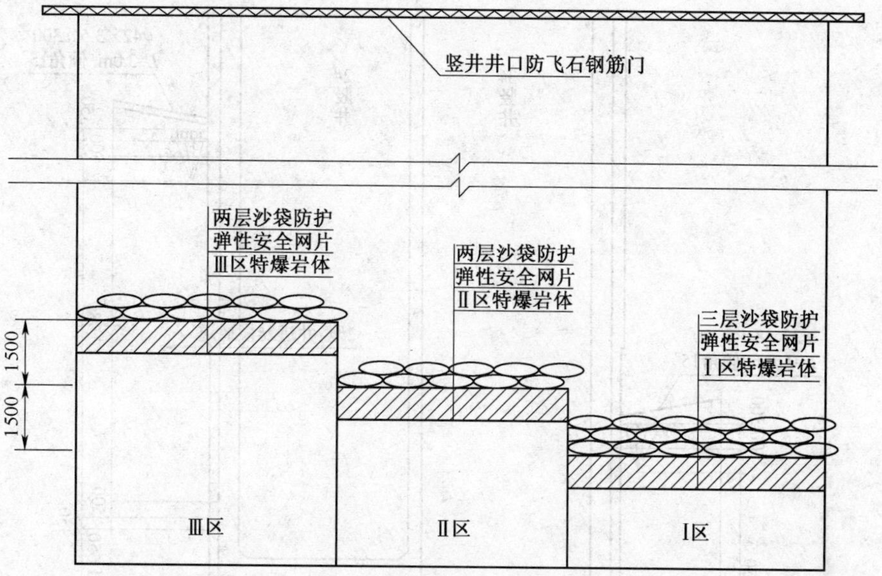

图 7-11　竖井分区爆破及防爆示意图

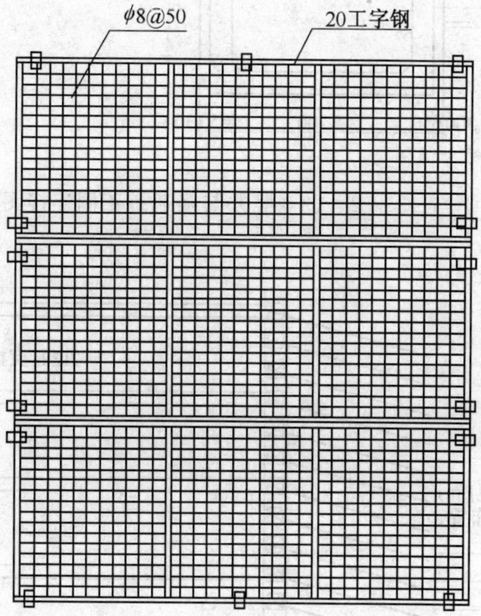

图 7-12　竖井井口钢筋网布置图

4. 初期支护

竖井支护形式如图 7-14 所示，主要采用格栅拱架＋双层钢筋网＋C25 喷射混凝土的形式，同时竖井内架设横支撑和角撑。2＃、3＃竖井横撑和角撑采用 I22b 工字钢，布置如图 7-15 所示。

竖井初期支护具体参数见表 7-3。

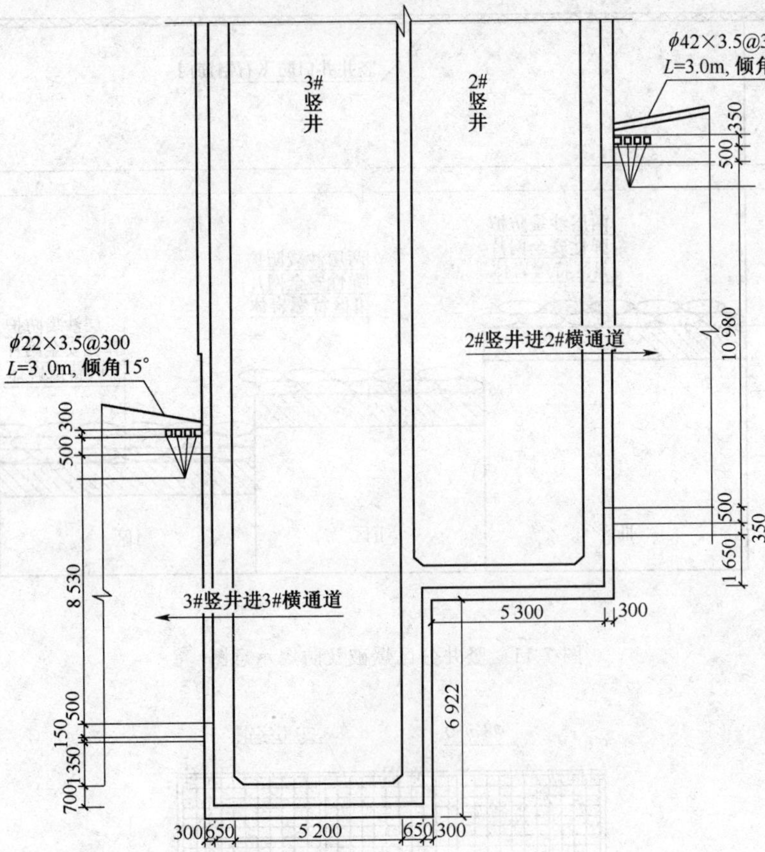

图 7-13　2＃、3＃竖井与横通道正洞连接图

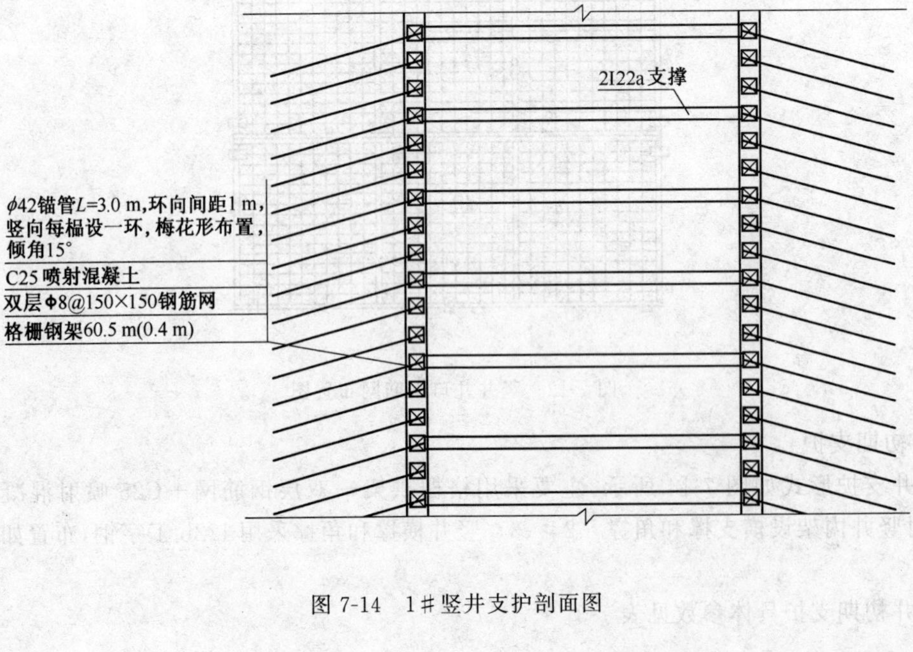

图 7-14　1＃竖井支护剖面图

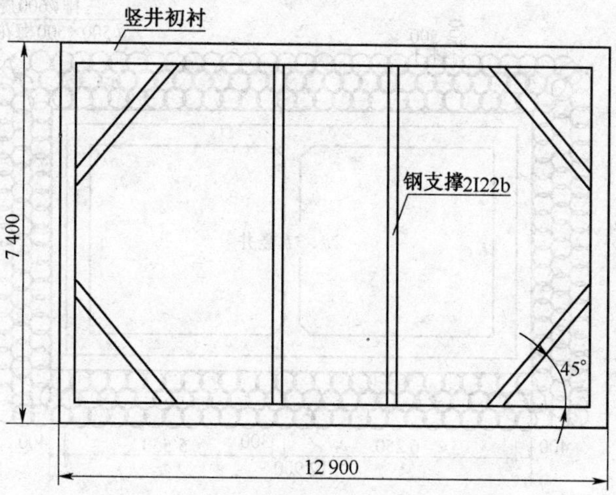

图 7-15 2＃、3＃竖井横撑和角撑布置图

表 7-3 竖井初期支护参数表

项目	材料及规格	备 注
钢格栅	主筋为 Φ25，架立筋Φ14，箍筋Φ8	格栅间距竖向 0.5 m 或 0.4 m，沿四周布置，形成封闭环
钢筋网	Φ8，150 mm×150 mm	双层
连接筋	Φ25	环向钢筋间距 0.8 m
喷射混凝土	C25 喷射混凝土	厚度为 0.4 m
锚管	ϕ42 钢管	L＝3 m，环向间距 1.0 m，每榀打设，梅花形布置
锚杆	ϕ22 砂浆锚杆	L＝3 m，环向间距 1.5 m，每两榀打设一次，梅花形布置

5. 止水

(1)旋喷桩止水

竖井周围采用三排 ϕ600 旋喷桩止水，间距 500 mm。要求桩底至中风化混合岩顶面(深约 20 m)。旋喷桩在钻孔桩桩芯混凝土达到设计强度 70％以后及锁口圈梁施工前进行施工。旋喷桩采用单管法，单喷嘴喷浆。成孔采用 XY-100 型地质钻机。2＃、3＃竖井旋喷桩布置见图 7-16。

旋喷桩施工完成后将在竖井周围土体内形成止水帷幕，保证竖井开挖过程处于无水环境。实际施工过程中，旋喷桩完成后仍有少量渗水情况，因此在旋喷桩咬合处和中风化混合岩顶面再进行袖阀管注浆补强，最后达到彻底的止水效果，保证竖井开挖安全。

(2)锚管注浆

竖井开挖初支过程中预留部分锚管管头在初支表面，当初期支护出现渗漏水时及时对锚管进行注浆加固止水。

横通道马头门小导管注浆与锚管注浆施工基本相同，只是马头门注浆侧重于土体加固。

6. 衬砌

竖井因后期需进行回填处理，衬砌并未完全施工完成。考虑结构安全，衬砌范围为地板至横通道处马头门以上 2 m。衬砌方式为满堂红钢管架＋木模板。

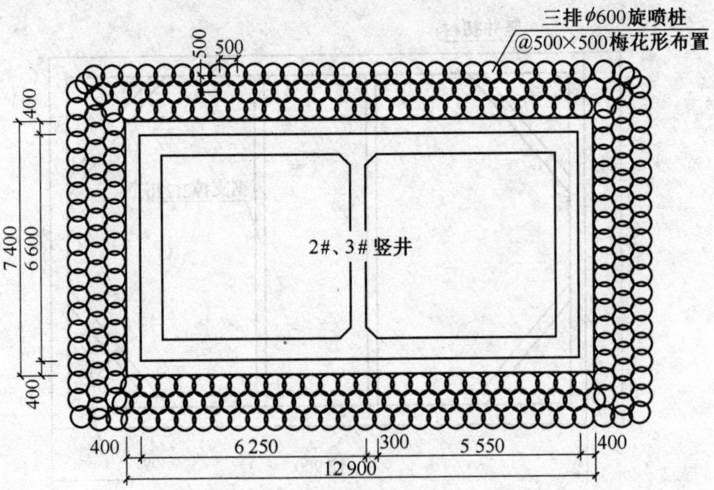

图 7-16　2＃、3＃竖井旋喷桩布置图

第二节　竖井垂直提升系统配置

1. 提升设备配置

本项目提升设备配置见表 7-4。

表 7-4　太怡区间提升设备配置表

序号	设备名称	规格型号	数量	所在位置
1	配电动葫芦提升桁架	CD10 t×45 m	1	1＃竖井
2	桥式起重机	QD32/5	2	2＃、3＃竖井

(1)1＃竖井电动葫芦井字架主要性能参数

①机具配置：1＃竖井提升装置采用 3 台 10 t 双胞胎电动葫芦，提升料斗尺寸为 1.5 m×1.5 m×1.5 m。

②电动葫芦主要性能参数：

a. 额定起重量：10 t；

b. 最大提升高度：45 m；

c. 最大提速：14 m/min；

d. 小车运行速度：0～20 m/min。

③井字架主要性能参数：

a. 轨道为三跨连续梁跨度为：7.5 m；

b. 轨道长度：15 m。

(2)2＃、3＃桥式起重机主要性能参数：

①设备配置：两台 30 t/5 桥式起重机。

②起重机主要性能参数：

a. 主钩额定起重量：30 t；

b. 副钩额定起重量：5 t；

c. 大小车运行速度均为：20 m/min；

d. 提升速度：0～8 m/min(重载)、0～12 m/min(空载)。

③钢结构的主要参数：

a. 跨度：8 m；

b. 行程：7 m＋5 m＝12 m；

c. 地面至运行梁高度：8 m。

2. 提升能力验算：

(1)1＃竖井提升能力验算

料斗满斗方量为 3.375 m^3，取 3 m^3计算出渣能力，竖井高度为 33 m，料斗提升高度按 40 m计算，料斗至弃渣坑最长运行距离为 15 m，计算如下：

①装斗时间：充分考虑车量投入及运输组织，车辆装车、洞内运输时间不占提升时间(车等斗状态)，装斗时间取 0.5 min。

②竖井提升时间：最快为 40/14＝2.85 min，取 3 min。

③料斗运行时间：最快为 15/20＝0.75 min，取 1 min。

④卸土时间：取 0.5 min。

⑤电动葫芦卸土完毕回程时间：同上取 3 min。

⑥每小时每台葫芦的出渣量：60/(0.5＋3＋1＋0.5＋3)×3 ＝20 m^3。

⑦单台葫芦用于出渣，每天出渣按 12 h 计算，一天的出渣量为：20×12＝240 m^3。

因 1＃竖受自身结构影响，只能有两台葫芦用于出渣，每天出渣按 12 h 计算，一天的出渣量为：20×2×12＝480 m^3。在实际施工过程中，最大的渣量取 4 个工作面全断面每天两个循环计算，则总方量为 4×34×1.5×0.75×2＝306 m^3＜480×0.8＝384 m^3，1＃井架能满足施工要求。

(2)2＃、3＃竖井提升能力验算

采用 1.7 m×1.9 m×2.2 m 矩形料斗，满斗方量为 7 m^3，竖井高度为 7 号线 33 m，5 号线方向 28 m，料斗至弃渣坑最长运行距离为 12 m，7 号线提升高度按 40 m、5 号线按 35 m 计算，7 号线一天的出渣量计算如下：

①装斗时间：充分考虑车量投入及运输组织，车辆洞内运输时间不占提升时间，装斗时间取 1 min。

②竖井提升时间：最快为 40/8＝5 min，取 6 min。

③料斗运行时间：最快为 12/20＝0.6 min，充分考虑安全因素(行程太短，运行速度不宜太快)，此处取 1 min。

④卸土时间：取 1 min。

⑤起重机空载回程时间：40/10＋1＝5 min。

⑥每小时每台桥式起重机的出渣量：60/(1＋6＋1＋1＋5)×7 ＝32 m^3。

⑦起重机出渣每天按 12 h 计算，出渣量为：32×12＝384 m^3。

7 号线按 2 个工作面，断面等同于 1＃竖井标准断面，日最大出渣量为 384/2＝192 m^3＜384 m^3，7 号线的提升系统可以满足施工需要。

5 号线因高度略低，每斗时间约可节省 1.5 min，一天 12 h 的出渣量为：60/(14－1.5)×7×12＝403 m^3，日最大出渣量为 350 m^3＜403 m^3，可以满足施工出渣的量的需求。

(3)运行过程中存在的要问题及解决办法

从上述各竖井的垂直提升设备的效率统计，单纯从数据上反映是可以满足出渣要求的，但考虑工期因素，要求在尽可能短的时间内完成出渣任务，才能满足工序循环及衔接的要求，提高单位时间的出渣量仍是瓶颈所在，也是优化施工组织的重中之重。

本项目针对这一问题进行了认真的分析论证，对各竖井的出渣方案进行了优化，并且加强了现场运输组织，提升效果得到了极大的改善。针对1＃竖井，充分考虑3台葫芦同时运行的安全性，通过在井壁物理隔离，井口加强警戒，增加专职指挥人员，释放了3＃竖井电动葫芦的潜能，由以前最多2台葫芦改为3台葫芦同时出渣，基本上解决了出渣问题。

2＃、3＃竖井因设备配置的因素，提升能力要大得多，但料斗受竖井自身制约尺寸有所限制，最终设计为1.7 m×1.9 m×2.20 m距形(满斗方量为7 m^3)。最初出渣形式是通过小型土方车短驳至渣场，但由于施工场地狭小，出渣车辆与其他材料运输、土方外运等车辆时间上会有冲突，再加上取钩、卸土也要占用一定的时间，土方通过短驳方式不能满足出渣时间要求。解决方案就是考虑在井口设一临时堆渣场，缓解出渣时间压力。本项目通过用10 mm厚钢板与钢结构连接，靠竖井方向三面封闭，作一临时堆渣场，储渣量为6.2×6.6×2.3＝94.116 m^3，并长期租赁一台120挖掘机进行装车、翻渣作业，现场一有时间、空间就进行短驳出渣，从根本上解决了出渣问题。

第三节 竖井安全管理措施

1. 竖井开挖支护

竖井的安全支护工作，要从竖井的正确锁口做起，用钢筋混凝土锁井口，稳定地层和井口表层围岩不松散变形，是正确的锁井口方式。在地质条件特别差的情况下，从施工程序上考虑上部20 m左右按照设计体形开挖，每5 m左右按照永久衬砌进行混凝土浇筑，是安全可靠的施工方法。

保护围岩自身稳定，要从开挖过程做起。在爆破开挖中，控制光爆造孔间距、深度、垂直度完全一致，严格控制超欠挖。限制光爆孔的装药量，确保起爆后光爆残留半孔壁上没有裂纹，井壁齐平。否则如进行二次欠挖处理，就会破坏围岩自身稳定。人工开挖或钻爆过程不破坏围岩的自身稳定，是竖井安全支护的关键所在。

2. 竖井衬砌

竖井衬砌是涉及安装使用脚手架和模板等诸多支撑体系的高空作业，是潜在的重大危险源。一般竖井深度也比较大，因此模板及其支撑系统在安装过程中，必须首先确保作业人员的安全。作业人员一要正确戴好安全帽、佩挂安全带等安全防护用品，做好安全自我防护工作。经医生检查认为不适宜高空作业的人，不得进行高空作业。

脚手架和模板支撑体系必须严格按照规范和技术交底要求进行施作，确保牢固可靠。混凝土浇灌前要做好各项准备工作，尤其是要确保混凝土输送管连接以及在竖井内固定的可靠性，另外要确保商品混凝土的质量和供应的连续性，以此来避免堵管、爆管等造成危及作业人员安全的情况。组合钢模板装拆时，上下应有人接应。钢模板及配件应随装拆随运送，严禁从高处掷下。高空拆模时，应有专人指挥。

3. 竖井提升系统

竖井提升系统是贯穿于整个施工过程中的一个重大危险源，因此每一个环节都要严格控制，才能确保整个施工的安全。竖井起吊提升主要安全专项措施有以下几点：

(1)各提升井架起重机操作人员必须为经培训考试合格并取得特种作业人员操作证的人员，严禁无证开机。操作人员上班时间要精神集中，严禁在施工现场打瞌睡或睡觉。

(2)做好日常的维护保养和运转并如实做好记录。

(3)每次吊运材料时，各工点施工负责人要指定专人分别在井口和井下负责起吊指挥，操作司机和指挥人员通过采用对讲机、电铃、警示灯等方式进行进行勾通和指挥，并在井下设警戒区域，由井下指挥人员进行警戒。材料吊放时，井下作业和过往人员要避让站在吊运材料下方 5 m 区域外，并拉上反光警戒带。

(4)吊运的材料一定要放在料斗内，长直料钢筋材料一定要捆紧，下部包裹，固定可靠，防止钢筋脱开掉落伤人。

(5)起吊长直钢筋时，规格必须统一，不准长短参差不一，不准一点吊。

(6)抬运、输送或安装钢筋时要看清楚上下和前后左右是否有作业人员，防止钢筋碰撞或脱落伤人。严禁钢筋碰撞电气线路或配电箱等设施。

第四节　竖井施工中遇到的问题、处理措施与效果评价

1. 地表沉降

竖井基坑开挖过程中对周边围岩存在一定的扰动，降水引起地下水位下降，加之爆破振动等因素，导致地表出现不同程度的沉降。以 2＃、3＃竖井为例，周边建筑物密集，竖井紧挨太宁路，因此必须控制地表沉降，避免出现其他事故。

针对地表沉降，分析原因，寻找解决的办法。通过监测数据确定沉降是否稳定，以及累积沉降值的大小，最后确定解决方案。

2＃、3＃竖井地表沉降主要因为失水引起土体的沉积压缩，因此解决方案应与止水相结合。在竖井内注浆止水的同时，根据地表累计沉降值较大或沉降是否已稳定来确定地表袖阀管注浆的位置。考虑到沉降对房屋建筑的影响，因此提前采取对部分房屋建筑基础注浆加固的措施。

2＃、3＃竖井主要针对太宁路及冬青物业进行袖阀管注浆加固，其中太宁路袖阀管深 10 m，冬青物业袖阀管深 5 m。注浆采用单液浆，水灰比 1∶1。

经实践证明，地表袖阀管注浆是控制地表沉降的有效方法之一，同时对建筑物基础附近土体也起到加固作用，避免再次沉降。

2. 马头门位置初支收敛过大

2＃、3＃竖井合并后开挖断面尺寸为 12.9 m×7.4 m，中间设置两道工字钢横撑，4 个角设置 4 道斜撑。每道支撑由 2 根工 22a 工字钢并排组成。横通道马头门位置段钢支撑竖向间距为 0.8 m。但因横通道洞门的存在，无法架设斜撑。

竖井开挖完成后发现 2＃横通道马头门以下部分初支收敛较大，并未出现稳定的迹象。

分析原因，主要因为 2＃、3＃竖井与横通道连接处结构相对较复杂，应力集中，土体侧压力较大，加之斜撑无法架设。因此解决方法分两步：第一步加强横撑，即在原有工字钢支撑的

位置再加一道同样的工字钢临时支撑；第二步及时对竖井进行二次衬砌施工，真正意义上解决初支收敛的问题。

通过加强横撑，及时控制初支收敛，进一步完成衬砌结构施工后，彻底解决了竖井结构不安全因素的存在，为后期施工提供安全保障。

3. 爆破施工对周边环境的影响

竖井周围均为高档小区及人行道，人群密集，竖井爆破时产生的噪声和振动对周边环境影响极大。

针对爆破振动的问题，必须通过调整爆破方案来达到减小振动的目的。首先，采用分台阶爆破的方式开挖，增加爆破临空面；其次，调整炮眼间距，增加炮眼数量，控制单段炸药量尽可能小；最后，控制爆破进尺，必要时采用分批爆破。

针对爆破噪声及飞石对小区居民及周围行人的影响，主要采取以下措施：

(1)所有炮孔装药完成后，采用沙袋压住孔口。

(2)在竖井井口设置钢筋网，防止飞石。

(3)爆破 15 min 前，通过口哨、围挡和旗帜等方式提醒周围人群，竖井将进行爆破施工，同时对紧挨竖井的人行道围挡封堵，要求过往行人暂时避让。爆破结束后，确定安全的情况下解除所有警戒。

(4)若发现爆破噪声对居民生活影响较大，则在竖井口增加减小噪声的措施。

通过一系列的措施，保证了竖井爆破的安全，同时将施工对周围人群的影响降低到最小，达到了预期的目标。

第四章　暗挖区间开挖、初支施工技术

第一节　开挖方法的选择及机械化配套

1. 标准断面Ⅴ、Ⅵ级围岩开挖方法

太怡区间隧道靠近两端车站部分及7号线部分均设计为标准断面(6 300 mm×6 455 mm四心圆),围岩等级为Ⅴ、Ⅵ级。

结合断面大小及围岩情况,采用台阶法进行开挖。其中上台阶采用环形开挖+中部预留核心土,全部由人工配合风镐完成,再由小斗车推运至下台阶。下台阶可利用挖掘机进行配合,但在仰拱部位及上台阶拱架部位仍需人工开挖。土方直接由挖掘机装至运土汽车,运至竖井吊出。台阶法+预留核心土形式见图7-17、图7-18。

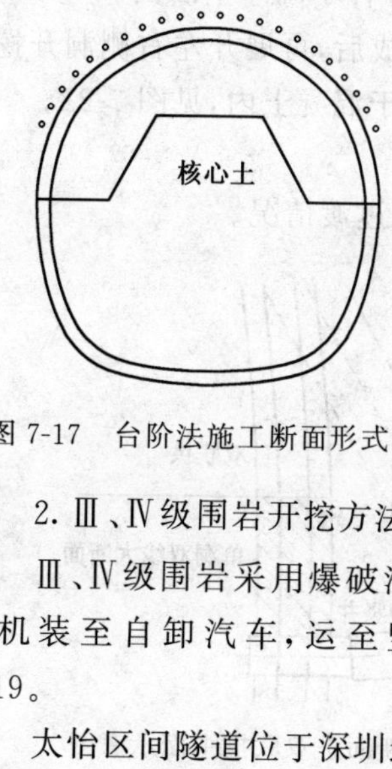

图7-17　台阶法施工断面形式图

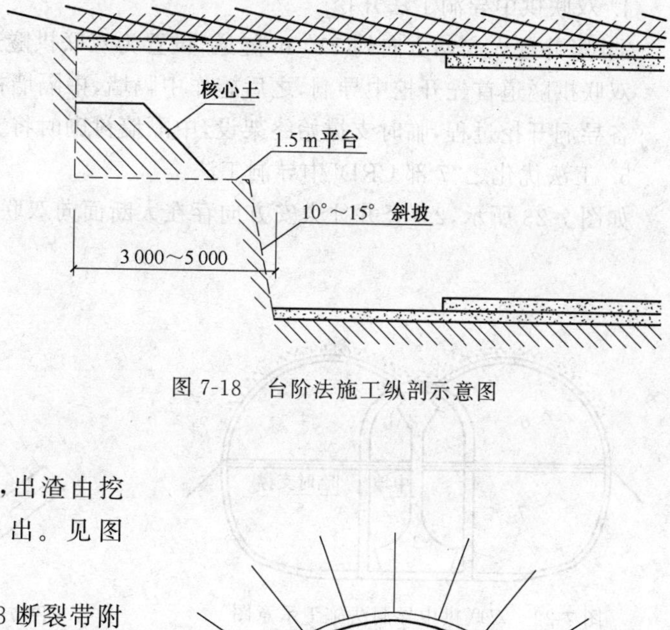

图7-18　台阶法施工纵剖示意图

2. Ⅲ、Ⅳ级围岩开挖方法

Ⅲ、Ⅳ级围岩采用爆破法施工,出渣由挖掘机装至自卸汽车,运至竖井吊出。见图7-19。

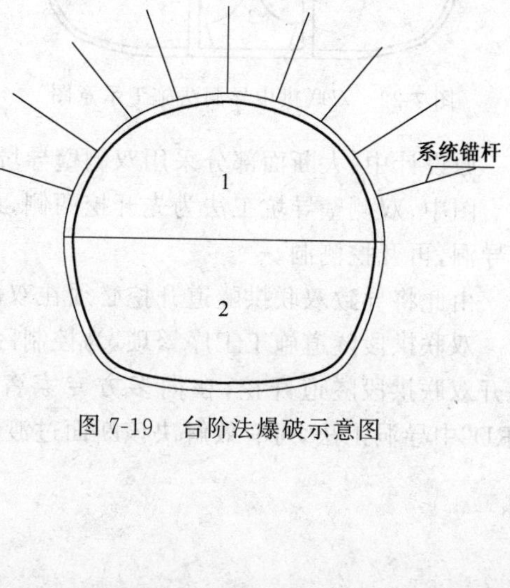

图7-19　台阶法爆破示意图

太怡区间隧道位于深圳地区F3断裂带附近,微风化岩层虽强度较高,但裂隙仍较发育,爆破施工易经常出现小型坍塌,超挖严重。为降低安全风险,本区间标准断面及大断面隧道爆破开挖均按光面爆破技术采用台阶法爆破施工。上下台阶步距3 m,台阶宽度6.3 m。

支护形式:拱部150°范围内打设500 mm×500 mm砂浆锚杆,150 mm厚喷射混凝土，在围岩破碎段增设格栅拱架。

3.“CRD”工法开挖

单洞双线部分断面较大，采用 CRD 法开挖。见图 7-20。

其中 1、3 部根据围岩情况可单独分上下台阶开挖，开挖方法及机械配套与标准断面Ⅴ、Ⅵ级围岩情况类似。

另外，在大断面Ⅴ级与Ⅳ级围岩过渡地段，采用“CD”法作为过渡，见图 7-21。

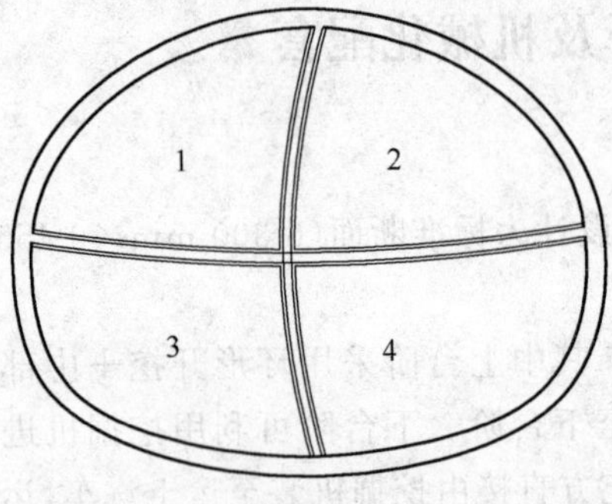

图 7-20　“CRD”法施工示意图

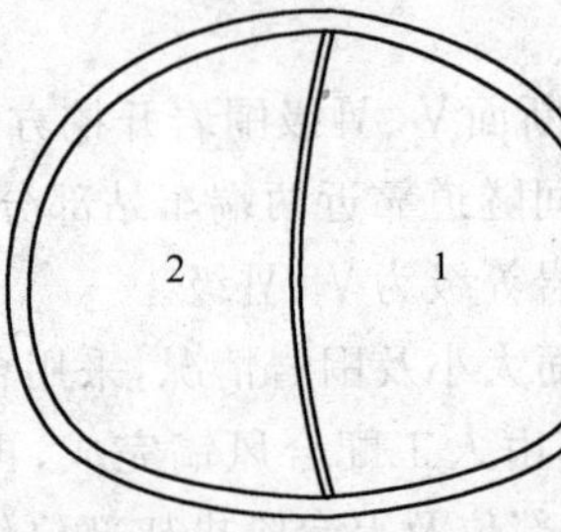

图 7-21　“CD”法施工示意图

4. 双联拱中导洞工法开挖

2＃竖井往太安站方向约 110 m 隧道，设置为双联拱隧道，含 3 种不同净空断面。

双联拱隧道首先开挖中导洞，之后施作中隔墙，中隔墙衬砌完成后，再展开左右侧洞开挖。

各导洞开挖过程，临时支撑始终架设，中隔墙衬砌时将支撑包于混凝土内，见图 7-22。

5. 工法优化之“7 部 CRD”中导洞工法

如图 7-23 所示，2＃竖井往太安方向存在大断面向双联拱断面过渡情况。

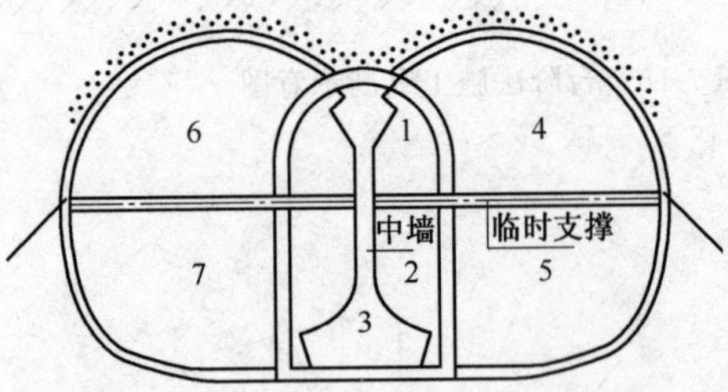

图 7-22　双联拱中导洞法施工示意图

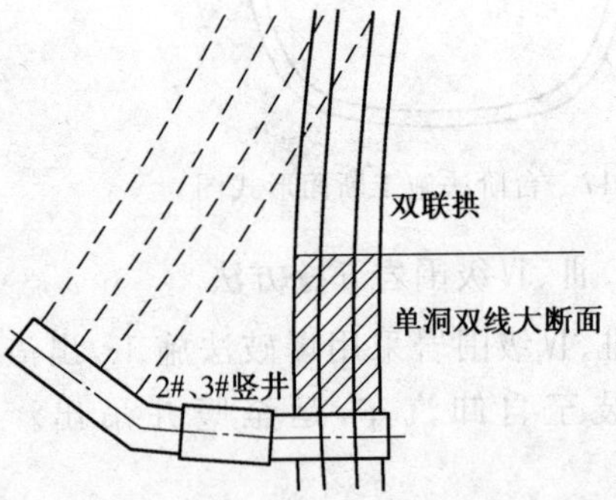

图 7-23　大断面进双联拱平面示意图

原设计中，大断面部分采用双侧壁导坑法施工，与双联拱断面过渡形式见图 7-24。

图中，双侧壁导坑工法为先开挖两侧，最后再开挖中间部分，而双联拱隧道相反，为先施工中导洞，再开挖侧洞。

由此将导致双联拱隧道开挖必须在双侧壁导坑法隧道全部开挖完成后才能展开施工。

双联拱段隧道施工工序繁琐，为控制区间总工期目标的关键部位之一，为节约工期，早日展开双联拱段隧道开挖，在向多方专家咨询后，与设计沟通，将双侧壁导坑工法改为“7 部 CRD”中导洞工法，可有效解决该断面过渡情况，见图 7-25。

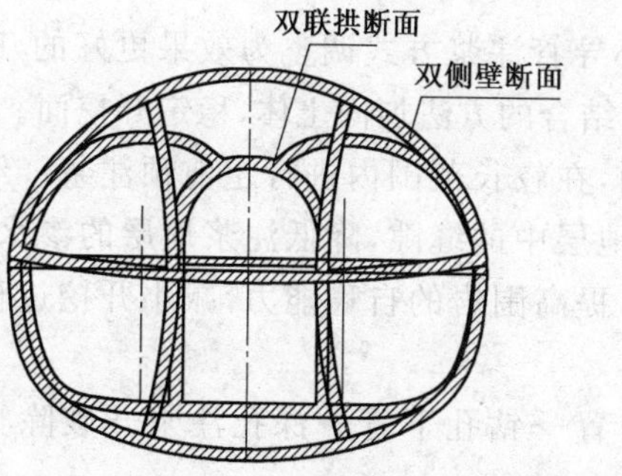

图 7-24　双侧壁导坑进双联拱断面示意图

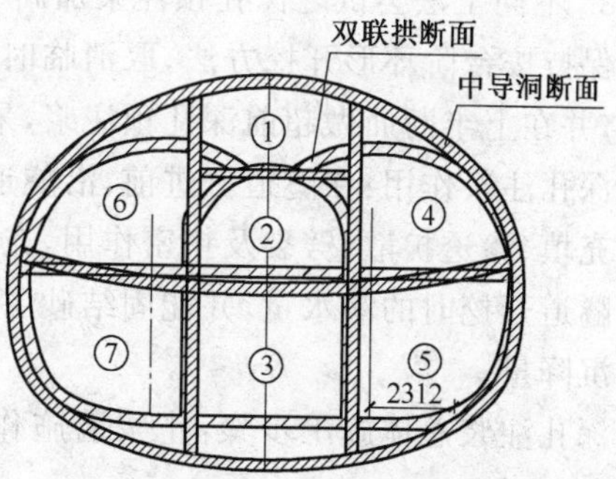

图 7-25　7 部 CRD 法进双联拱断面示意图

“7 部 CRD”中导洞法与双联拱隧道工法类似，均为先开挖中部，再进行侧洞开挖。即“7 部 CRD”法中洞部分开挖完成后，可直接展开双联拱部分中导洞开挖，断面过渡得到良好解决。

第二节　浅埋、软弱、富水地层开挖技术

1. 台阶环形开挖法

按照最初的施工方案，此软弱段采用上台阶环形开挖，中部预留核心土的施工方法。断面分上下台阶错开开挖，错开步距为 3～5 m，详见本章第一节。

在开挖上台阶时在拱部 150°范围内布设 ϕ42 超前小导管，小导管长 3m，每两榀打一次，搭接长度不小于 1.5 m，环向间距 330 mm，外插角为 5°～10°。小导管注水泥及水玻璃双液浆，注浆压力 0.4～0.6 MPa。配合格栅拱架＋网喷混凝土组成联合临时支护。

在实际开挖过程中，按照上述常规工法，由于拱顶及地表沉降均较大(最大沉降达 80 mm)，而且拱顶土体坍塌严重，隧道进尺缓慢，月进度约 10 m/月，同时因地表沉降引起的扰民纷争不断，维稳工作进展困难，引起多方领导高度重视，须在原工法基础上进行加强。

2. 不同工法尝试之增设临时支撑

早期方案调整中，将超前小导管环向间距加密至 200 mm，并增加临时支撑，仰拱采用 I22 型钢，间距同拱架。图 7-26 为增设临时支撑的现场照片。

图 7-26　增设的临时支撑

增加临时支撑后，台阶拉长，单循环封闭成环时间过长，上台阶开挖及出土困难，开挖进度指标依然缓慢，而且由于掌子面渗水量较大，临时支撑基底土体强度较小，导致在开挖过程中仍然不能有效控制地表及拱顶沉降。

鉴于以上情况，我部决定改变施工方案，加强预注浆效果，有效控制沉降，从而进一步加快开挖进度。

3. 不同工法尝试之深孔预注浆加固

保持按台阶环形开挖方法，取消临时支撑，将小导管注浆方式调整为效果更好的TSS管注浆，并在上半断面做超前深孔预注浆，采用长短管结合的方法加固土体，稳定开挖面。

深孔注浆作用：在隧道掘进前，沿隧道前进方向，在较长范围内进行超前预注浆。经过注浆的充填、渗透扩散、劈裂及挤密作用，充填和堵塞地层中的缝隙，降低注浆地层的渗水系数，减少隧道开挖时的渗水量，并能固结砂层和松散体，提高围岩的自稳能力，减小开挖过程中的地面沉降量。

深孔注浆总体施工步骤：止浆墙施作→孔位布置→钻孔下管→深孔注浆→破除止浆墙开挖。

结合线路曲线等因素综合考虑，深孔注浆单循环长度为15 m。注浆加固范围为整个上台阶断面，钻孔在整个上台阶按一定间距进行布置。顶部孔间距400 mm×800 mm，下部间距800 mm×800 mm。点位布孔形式如图7-27所示。

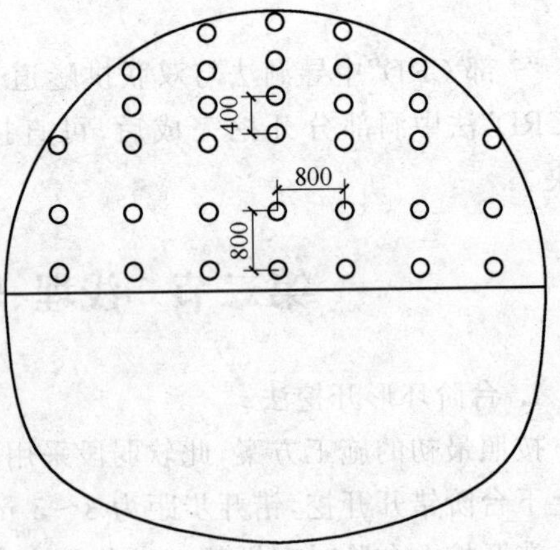

图7-27　上台阶深孔注浆布孔示意图

注浆管在竖井外场地加工，采用ϕ18无缝钢管，端头制作成锥体状。最前端3 m范围内管壁打设ϕ6注浆孔，梅花形布置，孔间距400 mm。注浆管单根长3 m，相临两管采用管箍进行连接牢固，现场逐根进行连接伸入。下管完成后，采用锚固剂或水泥浆进行封孔处理。

采用深孔注浆措施后，开挖土状水泥浆液纹理明显，有效起到土体预加固作用。虽然深孔注浆单循环耗时较长，但完成深孔注浆后日进尺提升至2榀/天，总体上较大幅增快施工进度。

此外，本工程所采用深孔注浆工艺尚存在需要改进的地方，在我项目承担施工的兴留区间暗挖风道中，引用了类似于"TSS"注浆法的后退式深孔注浆，效果更为明显。

第三节　重叠段隧道施工技术

1. 重叠段隧道简介

太怡区间隧道包含5号线和7号线预留段，其中5号线2#竖井往太安站方向与7号线预留段设置为上下重叠隧道，5号线在上，7号线在下。重叠段隧道左线长175 m，右线长232 m。平面位置关系见图7-28。5号线隧道由2#竖井进入，7号线隧道由3号竖井进入。

重叠段隧道5号线部分设计为由双联拱隧道过渡到两条单洞单线隧道，7号线部分为两条单洞单线隧道，5、7号线隧道净距最小仅为90 cm。典型断面形式见图7-29。

重叠隧道段7#线主要位于强风化岩，其顶部为富水的全风化岩，底板局部位置位于中风化岩中。5#线主要位于粉质黏土及全风化岩中。

该段隧道上方地表建筑物主要有百仕达花园、百仕达东郡、东晓肉菜市场及南城百货商场。其中东晓肉菜市场为摩擦桩基，距隧道初支外轮廓距离不足10 cm。南城百货为浅基三层建筑物，隧道从其一侧正下方穿越，为确保房屋安全，隧道施工前须进行桩基托换处理。

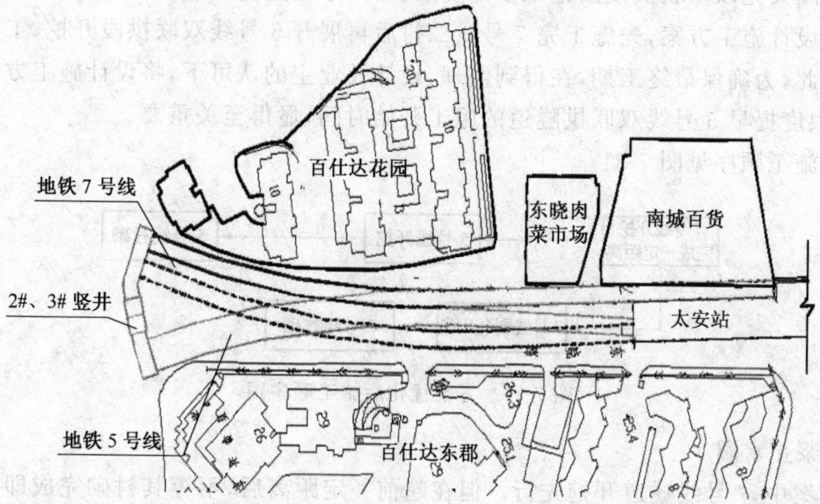

图 7-28　太怡区间重叠段隧道位置关系及工程环境平面图

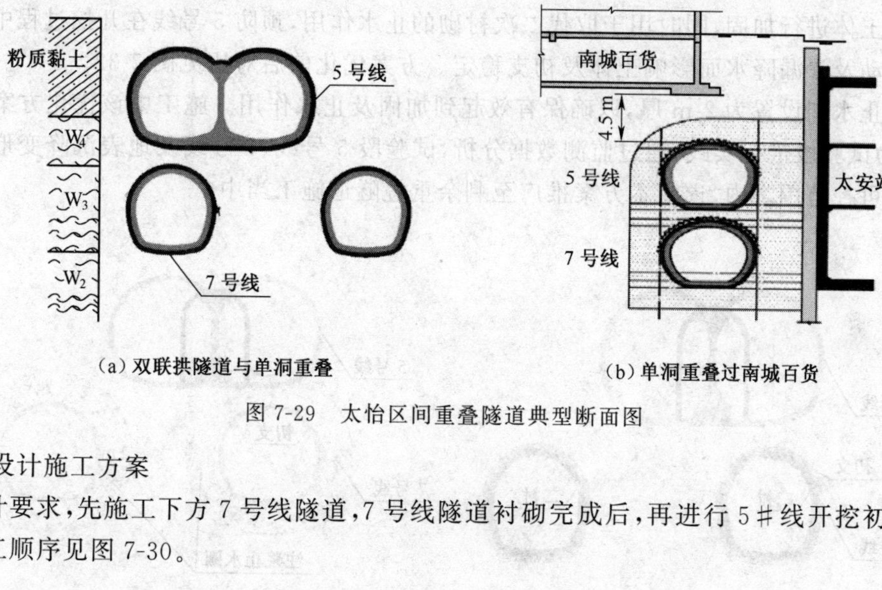

(a) 双联拱隧道与单洞重叠　　(b) 单洞重叠过南城百货

图 7-29　太怡区间重叠隧道典型断面图

2. 设计施工方案

设计要求，先施工下方 7 号线隧道，7 号线隧道衬砌完成后，再进行 5＃线开挖初支施工，设计施工顺序见图 7-30。

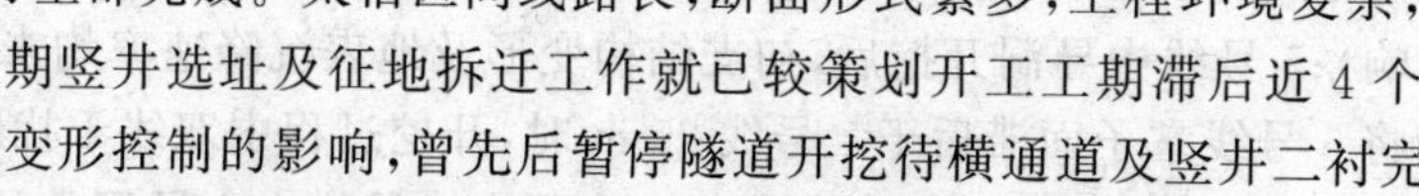

图 7-30　设计施工顺序图

3. 施工方案的优化

为迎接 2011 年深圳大运会，改善城市轨道交通环境，业主要求深圳地铁 5 号线土建工程须于 2010 年 2 月全部完成。太怡区间线路长，断面形式繁多，工程环境复杂，施工难度高，工期压力大。在前期竖井选址及征地拆迁工作就已较策划开工工期滞后近 4 个月。另外，受洞内及地表建筑物变形控制的影响，曾先后暂停隧道开挖待横通道及竖井二衬完成后再复工，致使工期压力倍增，成为整个地铁 5 号线土建工程的关键线路之一。

太怡区间又尤以双联拱段因施工步骤复杂，断面净空变化频繁，为制约总体工期的关键区段。若按照设计施工方案，先施工完 7 号线二衬后再展开 5 号线双联拱段开挖，工期将不能得到保障。因此，为确保最终工期，在得到监理、设计及业主的认可下，将设计施工方案进行合理优化，最大限度提早 5 号线双联拱隧道的施工开始时间，显得至关重要。

优化后施工顺序见图 7-31。

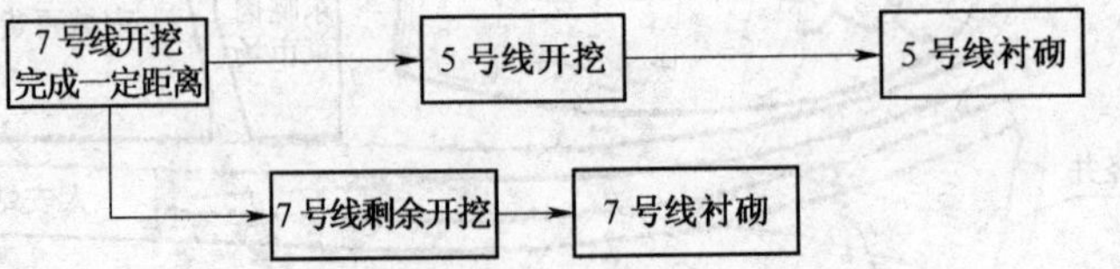

图 7-31 方案优化后施工顺序图

(1) 注浆止水圈

实际方案中，7 号线隧道开挖先行。但在超前一定距离后，不等其衬砌完成即先展开 5 号线开挖，由此可提早双联拱施工时间。

为此，在 7 号线洞内采取全断面径向注浆，在隧道周边形成一道封闭的止水加固圈，对重叠段隧道土体进行加固，同时用于取代二次衬砌的止水作用，预防 5 号线在开挖过程中受 7 号线开挖扰动及渗漏降水而影响土体及初支稳定。方案优化前后对比见图 7-32。

注浆止水圈设置为 2 m 厚，以确保有效起到加固及止水作用。施工中该优化方案先选择 20 m 作为试验段进行实践，通过监测数据分析，试验段 5 号线、7 号线及地表沉降变形情况均处于安全可控范围之内，遂将本方案推广至剩余重叠隧道施工当中。

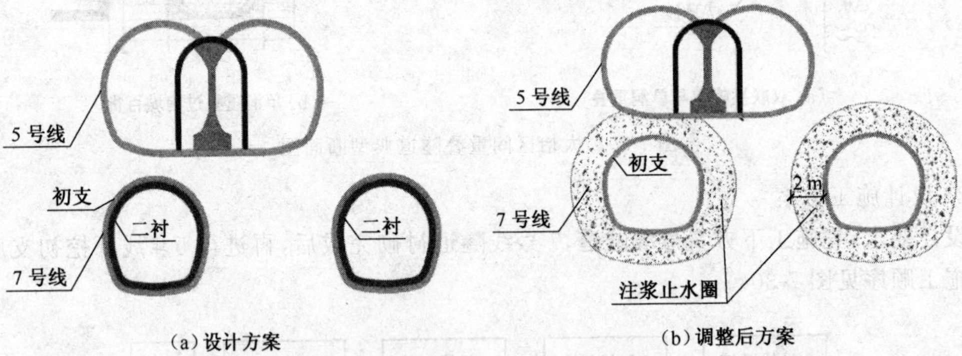

图 7-32 方案优化前后对比图

(2)各掌子面距离的确定

试验段施作过程中，首先预确定在 7 号线掘进 25 m 后，即先展开 5 号线双联拱中导洞开挖，同时过程中对 5 号线、7 号线初支结构及对应地表加大监测力度。对监测结果进行分析：单独进行 7 号线开挖时，隧道初支结构无明显变形，地表沉降速率约 0.2 mm/d 左右(受隧道开挖土体失水影响)；5 号线中导洞开挖后，初支结构变形及地表沉降速率均未发生明显变化。

即初步认为将 5 号线掌子面滞后于 7 号线 25 m 时，开挖过程中双线干扰影响可减少至忽略不计。据此原则，确定 5 号线及 7 号线的掌子面步距为 5 号线中上导洞掌子面(最前方掌子面)滞后于 7 号线左线(滞后于右线)下台阶 25 m，见图 7-33。

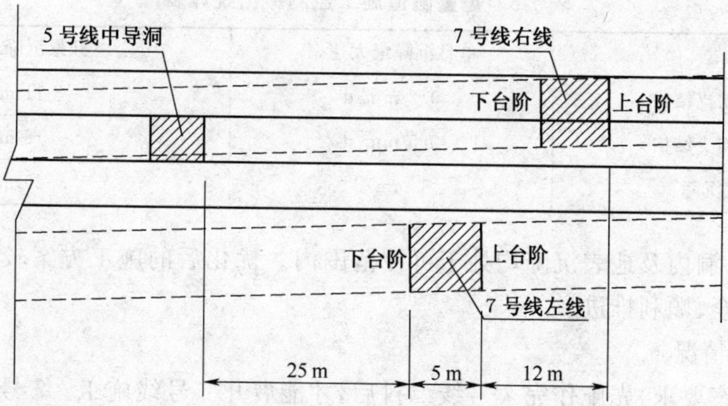

图 7-33　重叠隧道施工各掌子面距离图

5号线双联拱侧洞按设计要求暂不开挖，待中导洞初支完成并施工完中隔墙后，再组织进行开挖施工。7号线左右线隧道错开 12 m，上下台阶错开 3～5 m。

工程后期，距离重叠段隧道不远处的 5 号线大断面隧道受 2＃竖井提升能力制约，开挖、捡底的土方外运及衬砌材料的吊入冲突干扰大，施工进度不能满足施组要求。

因此，制定了将 5 号线土方通过重叠隧道卸至 7 号线的方案，具体如下：

在重叠段隧道位置打设一处连通 5 号线、7 号线的上下卸渣通道，将 5 号线隧道开挖土方及仰拱捡底土方运输至重叠段隧道位置，由卸渣通道卸至 7 号线，再通过 7 号线运输至 3＃竖井吊出。而 3＃竖井当时自身的施工任务基本结束，完全能满足 5 号线土方的吊出，由此有效缓解了 2＃竖井提升压力，确保了大断面隧道施工的正常组织开展。土方吊出示意见图 7-34。

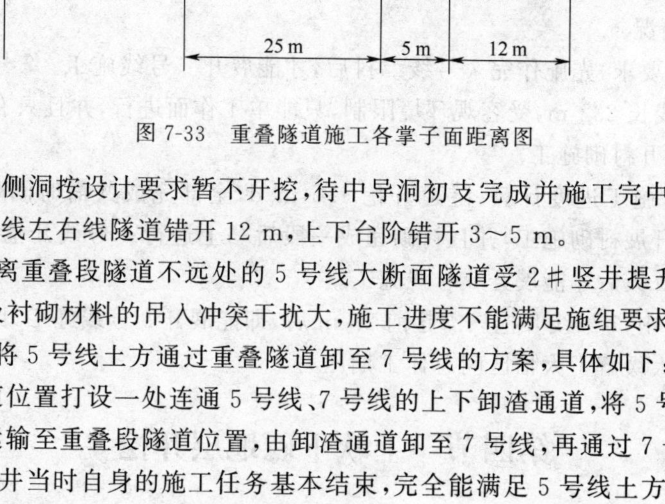

图 7-34　大断面土方通过重叠隧道由 3＃竖井吊出示意图

4. 沉降控制情况

注浆加固的作用及各掌子面步距的确定均建立在对试验段监测成果分析的基础上，鉴于隧道范围地质情况复杂多变，不确定因素较多，因此过程中仍紧密跟踪隧道及地表变形情况。该段重叠隧道按上述方案全部施工完成后，最终监测情况见表 7-5。

表 7-5　重叠隧道施工监测数据统计表

监测位置	单日沉降最大速率	开累沉降最大值
7 号线隧道初支结构	0.2 mm/d	11 mm
5 号线隧道初支结构	0.5 mm/d	18 mm
对应地表沉降	1 mm/d	29 mm

由上表得知，洞内及地表沉降均处于可控范围内。优化后的施工方案较有效地保证了重叠隧道施工的安全、顺利推进。

5. 工期节约情况

按原设计方案要求，先施作完 7 号线二衬后，才能展开 5 号线施工。7 号线隧道重叠部分左线长 175 m，右线长 232 m，受客观环境限制，只能单工作面进行，并且只有在隧道开挖全部结束后才能有效展开衬砌施工。

按 7 号线正常施工进度计算，隧道开挖 1.5 m/d，全部完成共需时间（按右线隧道）155 天，假设此后立即开展衬砌施工，并且衬砌完成一段后马上进行 5 号线开挖，则从 7 号线开始施工算起，需约 160 天后才能展开 5 号线施工。

而优化方案当中，7 号线开挖只需超前 25 m 后，即能展开 5 号线施工，比原设计方案节约工期约 140 天，大大缓解了太怡区间总体工期压力。

第四节　上软下硬地层开挖

太怡区间上软下硬地层主要分布在 7 号线（起讫里程 SSK0＋448.847～SSK0＋823.195）及 5 号线尾端（起讫里程 DK36＋211～DK36＋040）部分。因下部硬岩需进行爆破施工，易对上台阶初支形成破坏，甚至引起坍塌或掉拱，同时土石分界部位一般地下水丰富，施工不当易引起上台阶掌子面及核心土滑移及初支下沉等现象。施工中采取了以下三种开挖方法进行应对处理。

1. 上台阶支护增强方法

为将上台阶初支刚度增强，将上台阶格栅拱架间距由 750 mm 加密至 500 mm，超前小导管间距由 330 mm 加密至 200 mm，严格按要求在上台阶拱架打设锁脚锚管，并在拱脚底部垫设钢板。

与此同时，控制爆破装药量及雷管分段，将爆破振速降到最低。

通过以上两方面，最大程度降低了下台阶爆破对上台阶初支的影响。

2. 台阶拉长、增设临时仰拱方法

为减小下台阶爆破对上台阶初支影响，增设临时仰拱，使上台阶单独封闭成环，从而可进一步拉大上下台阶距离，避免了下台阶爆破对上台阶初支的影响。

上下台阶距离可拉至 15 m 以上，但该方法导致上台阶开挖及出土困难，进度缓慢，并不值得推荐。

3. 土石分界部位预注浆处理

土石分界部位含水量丰富，需进行预注浆加固及堵水处理。注浆方法采用超前深孔预注浆，方法参见本章第二节，孔位布设仅在土石分界部位，注水泥-水玻璃双液浆。

另外，同时应做好引排水工作，避免水流经过上台阶拱脚部位。

第五节 岩石地段光面爆破

太怡区间中部地段穿越罗湖区翠竹山，隧道范围为中～微风化，采用光面爆破技术进行开挖。因隧道围岩较破碎，采用台阶法进行爆破施工。

为达到良好光面效果，根据地质条件、开挖断面、开挖进尺、爆破器材、振速要求等条件提前编制爆破设计。爆破设计按以下原则执行。

(1)根据围岩特点合理选择周边眼间距 E 及周边眼的最小抵抗线 W，辅助炮眼交错均匀布置，周边炮眼与辅助炮眼眼底在同一垂直面上。

(2)严格控制周边眼的装药量，借助导爆索进行间隔装药，使药量沿炮眼全长均匀分布。以确保隧道周边成形良好，并减少对围岩的扰动。

(3)根据爆破效果，调整掏槽眼形式，并适当加深掏槽眼深度(比其他眼深约 20 cm)，以保证掏槽效果。

(4)合理分布掘进眼，以达到炮眼数量最少、材料最省，同时渣块又不致过大，便于装卸。

(5)合理选择循环进尺：根据工期要求及机械能力等因素来综合考虑。

(6)合理选择爆破材料：采用安全性能好的塑料导爆管、防水性能好的乳化炸药，非电微差爆破。

1. 爆破参数选择

(1)周边眼设计

最初的爆破设计，因设计描述围岩强度较高，采取表 7-6 所列参数进行周边眼设计。

表 7-6 最初光面爆破周边眼设计参数表

参数名称	周边眼间距 E(cm)	周边眼最小抵抗线 W(cm)	相对距 E/W	周边眼装药集中度 q(kg/m)
数值	50	60	0.83	0.25

实际施工中，发现围岩虽单块强度较高，但裂隙较发育，呈大块破碎状，经常造成围岩小塌方、大幅超挖等现象，爆破成型无法得到控制。遂通过不断调整实践，最终修改为表 7-7。

表 7-7 调整后光面爆破周边眼设计参数表

参数名称	周边眼间距 E(cm)	周边眼最小抵抗线 W(cm)	相对距 E/W	周边眼装药集中度 q(kg/m)
数值	40	50	0.8	0.2

参数调整后，爆破成型效果有了较大改观，减少了较多超挖现象，但始终因围岩过于破碎，不很理想。或将周边眼间距继续缩小，采用小直径药卷，隔孔装药，效果会再提高，但太怡区间工程最终未进行实践调整。

(2)炮眼深度

同样因围岩破碎原因，需缩短单循环开挖进尺，炮眼深度由最初的 3 m 调整至 1.5～2 m，并需额外进行拱架架设。

(3)掏槽方式

采用楔型掏槽方式。

2. 装药、填塞和起爆网络设计

(1)装药结构

采用 ϕ25 mm 直径药卷间隔装药,导爆索连接。

(2)填塞方式

所有装药炮眼用炮泥堵塞,周边眼堵塞长度不小于 26 cm。其他炮孔按装药长度余孔全部堵塞。

(3)起爆网络设计

隧道普通段开挖起爆网络均采用中心对称法,隧道地表有建筑屋的区段采用中心轴不对称起爆法。

3. 爆破对建筑物影响控制

太怡区间爆破施工段穿越地表建筑物主要有冬青物业、新岭山庄等,设计对爆破振速有明确要求,为<2.5 cm/s。为此,爆破施工过程需通过装药量、雷管分段等控制,最大限度减小对地表建筑物影响。

在地表建筑物结构柱或梁处设置振速监测点,图 7-35 为一次爆破施工中对冬青物业 1# 楼的监测结果。

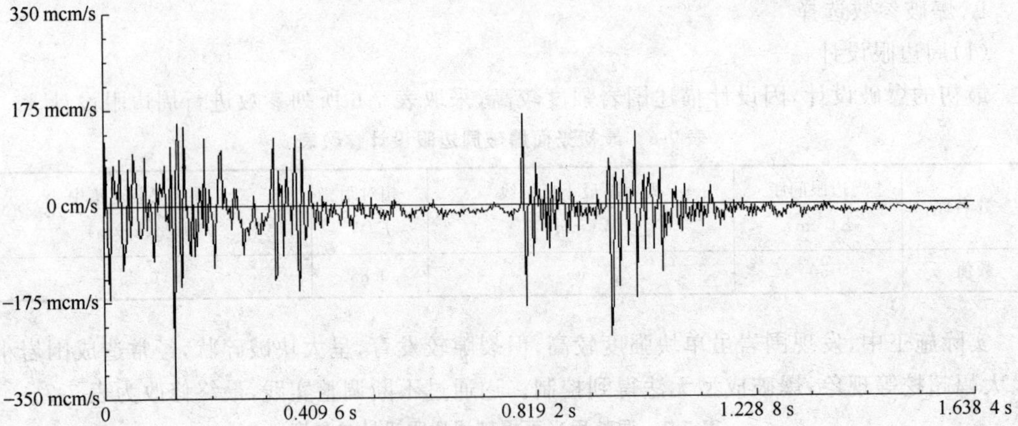

图 7-35　某次爆破冬青物业振速监测图

监测数据结果见表 7-8。

表 7-8　监测数据表

监测项目	监　测　结　果
最大值(cm/s)	0.322
最小值(cm/s)	−0.339
峰峰值(cm/s)	0.640
起始时(s)	0.000
终止时(s)	4.900

由上表可看出，最大振速为 0.64 cm/s，小于设计及规范要求的 2.5 cm/s。

第六节　超前支护

1. TSS 超前注浆

太怡区间超前支护采用了新工艺“TSS”超前注浆法，注浆效果明显，起到很好的超前支护作用。

TSS 注浆施工工艺如图 7-36 所示。

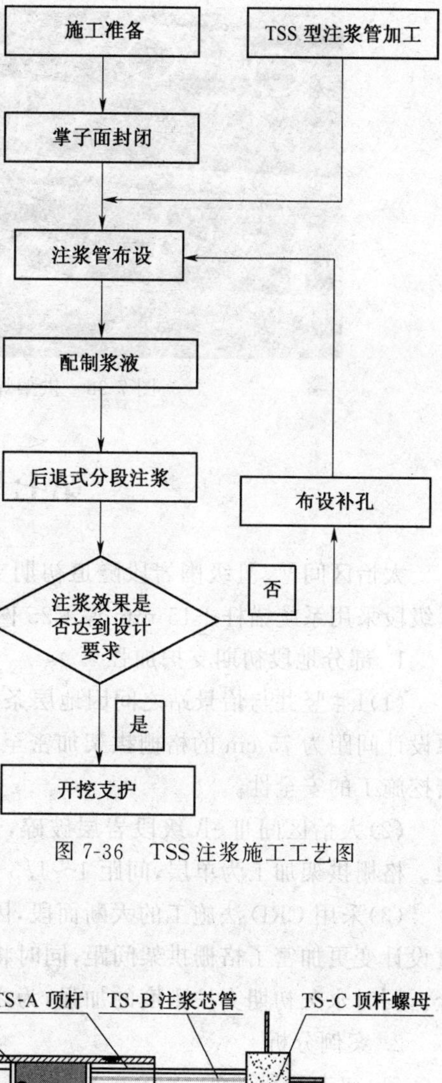

图 7-36　TSS 注浆施工工艺图

TSS 型注浆管采用 $\phi 42$、壁厚 3.5 mm 的焊接钢管加工制作，单根长 3 m。其系列配套止浆系统由 TS-A 顶杆、TS-B 注浆芯管、TS-C 顶杆螺母、TS-D 止浆塞四部分组成。TSS 型注浆管加工如图 7-37 所示。

为防止注浆施工过程中掌子面冒浆，TSS 注浆需要在每循环开挖后对掌子面用喷射混凝土封闭，厚度不小于 20 cm。

注浆采用 TSS 型注浆管配套设备，用双液注浆泵，采取后退式分段注浆工艺进行注浆作业。将带有止浆塞的芯管和顶管连接后插入到注浆管相应位置，顺时针旋转芯管上的法兰盘，使止浆塞膨胀，以达到止浆效果。连接注浆管路，采用双液注浆泵向孔内注浆，每次注浆分段长选择为 0.6～0.9 m，当第一分段注浆完成后，反时针旋转芯管上的法兰盘，使止浆塞恢复到原状，将芯管后退 0.6～0.9 m，进行第二分段注浆，如此下去，直至将整个注浆段完成。

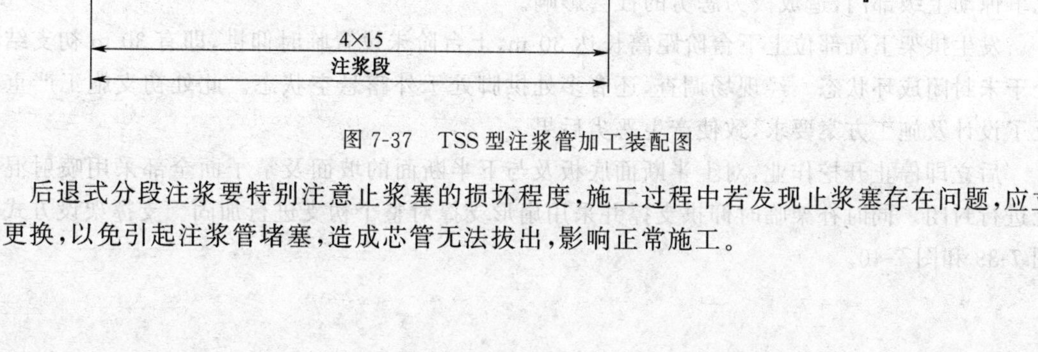

图 7-37　TSS 型注浆管加工装配图

后退式分段注浆要特别注意止浆塞的损坏程度，施工过程中若发现止浆塞存在问题，应立即更换，以免引起注浆管堵塞，造成芯管无法拔出，影响正常施工。

2. 超前小导管导向管

超前小导管打设，外插角度及间距的控制在现场施工时易发生较大偏差。为此，我部引用了在拱架上焊接导向管的施工工艺。导向管直径 $\phi 50$，按设计间距及角度在拱架上预先焊接，现场再打设超前小导管时施工方便，易于控制。现场施工照片见图 7-38。

图 7-38　拱架焊接超前小导管导向管现场照片

第七节　初期支护

太怡区间Ⅴ、Ⅵ级围岩段隧道初期支护采用格栅拱架＋300 mm 厚 C25 网喷混凝土，Ⅲ、Ⅳ级段采用系统锚杆＋15 mm 厚 C25 网喷混凝土。

1. 部分地段初期支护加强

(1)1＃竖井与怡景站之间因地层条件恶劣，通过设计变更将初期支护刚度加强，具体为将原设计间距为 75 cm 的格栅拱架加密至 50 cm。刚度加强的同时，缩短每循环开挖进尺，提高暗挖施工的安全性。

(2)太怡区间Ⅲ、Ⅳ级段岩层破碎，爆破施工易坍塌造成超挖，通过设计变更增加格栅拱架。格栅拱架加工为单层，间距 1～1.5 m，起到稳固围岩结构的同时，保证了初支成型质量。

(3)采用 CRD 法施工的大断面段，因地表穿越浅基础的冬青物业楼房，处于安全考虑，通过设计变更加密了格栅拱架间距，同时将主筋直径由 $\phi 25$ 增强至 $\phi 28$，确保了地表建筑物的安全。同时永久初期支护刚度的加强，为之后衬砌施工前的拆撑施工提供了保障。

2. 案例分析

(1)初支开裂下沉

2008 年末，太怡区间里程 YDK37＋450 处出现上台阶拱架开裂情况，拱架下沉约 10 cm，此事惊动上级部门，造成极为恶劣的社会影响。

发生拱架下沉部位上下台阶距离长达 30 m，上台阶未设置临时仰拱，即有 30 m 初支结构处于未封闭成环状态。经现场调查，还有多处拱脚处于外露悬空状态。此处初支施工严重违反了设计及施工方案要求，致使产生恶劣后果。

后立即停止开挖作业，对上半断面底板及与下半断面的坡面及掌子面全部采用喷射混凝土进行封闭。同时补架临时仰拱支撑并采用扇形支撑对整个初支进行加固。支撑架设方式见图 7-39 和图 7-40。

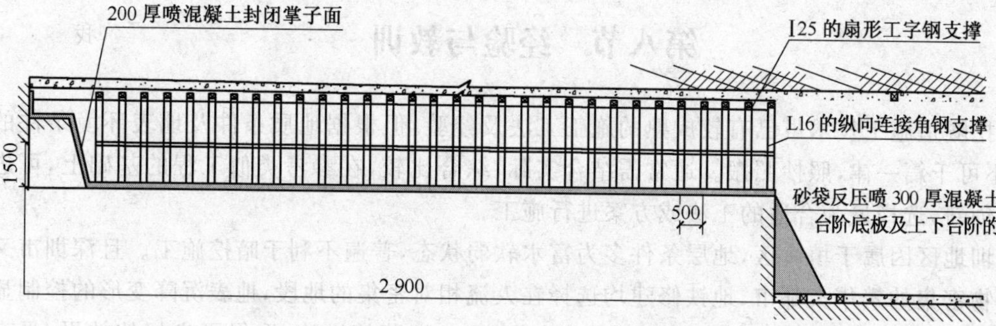

图 7-39　拱架下沉上台阶补撑纵剖图

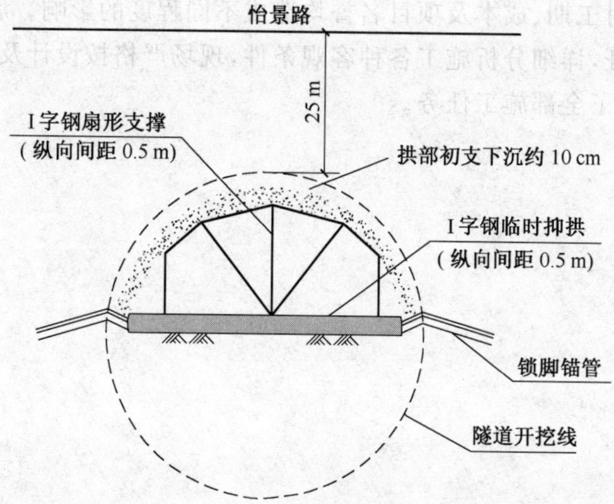

图 7-40　拱架下沉上台阶补撑断面图

此后再对初支背后进行径向注浆加固，最后进行逐榀换拱处理，整个处理过程大约 2 个月，耽误了本来就显紧张的工期。

(2)初支沉降

太怡区间里程 YDK37＋470～500 段隧道初期支护于 2009 年 6 月完成，初支拱架均统一外放 15 cm，当时断面测量结果初支净空尺寸均比设计大 10～15 cm。

其后于 2009 年 9 月对断面进行重新测量，发现该段里程范围内拱顶初支侵入设计净空 20 cm 左右。即在 3 个月时间内，该段隧道初支拱顶沉降了 30～35 cm（经测仰拱部位未发生沉降）。

因隧道侵限，遂安排人员进行换拱处理，混凝土破除后发现上下台阶拱架脚板连接无明显质量问题，但上台阶拱脚以上约 30 cm 部位拱架主筋出现严重扭曲变形，此为引起初支沉降的直接原因。

分析出现该现象的原因，一为初支背后回填注浆不及时，致使初支背后土体发生变形或垮塌，从而增大了对初支的竖向压力，初支刚度不足，导致拱架主筋产生严重变形。二为初支刚度设计本身存在问题，与该段隧道相临地段拱架间距经变更后加密，则无类似现象发生。

第八节　经验与教训

暗挖隧道施工技术虽已有较成熟的施工工法及经验，但根据地质条件及地表环境条件的不同，不可千篇一律，照抄照搬。通常需结合实际，综合比较，在参考类似工程的基础上，可进行合理创新，选择最为合适的工法或方案进行施工。

深圳地区因属于填海区，地层条件多为富水软弱状态，普遍不利于暗挖施工。且深圳市又为建筑物密集的繁华大都市，地铁修建均选择在人流相对密集的地段，地表沉降变形的控制显得尤为重要。太怡区间暗挖施工采用了深孔注浆、TSS 注浆等措施，取得了良好的效果，具有一定借鉴意义。

太怡区间隧道开挖初支施工周期长，过程中因最初的施工方案不当或未按方案施工等原因，曾造成多次险情，对工期、成本及项目名誉均造成不同程度的影响。后期施工吸取教训，多次请专家进行指导论证，详细分析施工各种客观条件，现场严格按设计及评审后的施工方案施工，最终较顺利地完成了全部施工任务。

第五章　辅助工法的应用与效果评价

第一节　地表袖阀管注浆措施

地面跟踪注浆通常采用袖阀管注浆。袖阀管的布置方式采用沿建筑物周边 2 m 间距、距离房屋基础 2 m 外的位置进行布置。袖阀管垂直地面打设，深度以穿透强风化透水层为准，或者是隧道底部以下 2 m。

1. 施工工艺流程

管线调查→测量定位→钻孔→安设袖阀管→封口→注浆施工→监控量测。

2. 袖阀管注浆

注浆时采用双塞注浆芯管，通过注浆压力的使得两堵头与花管密贴，以达到分段注浆的效果。双塞注浆芯管如图 7-41 所示。

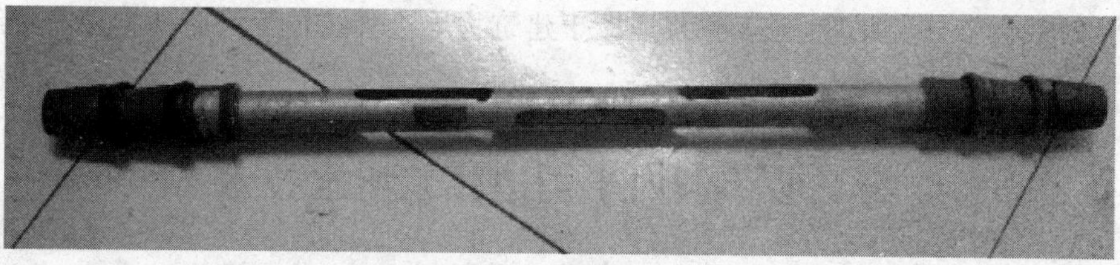

图 7-41　双塞注浆芯管照片

【案例】　冬青物业为以条形基础为主的砖混 8 层结构，1978 年建设，隧道从其正下方穿越，该处隧道埋深 18 m，穿越过程中存在较大安全隐患。为了确保建筑物的安全，在采取相应的洞内施工措施的同时，在下穿的建筑物的周边布设袖阀管，对其进行跟踪注浆处理。

袖阀管的布置方式采用沿建筑物纵向 2 m、横向 1 m 的位置布置 2 排，排间距 1.5 m，埋深为 10 m，斜插角为 20°。

孔位布置见图 7-42。

灌浆材料采用水玻璃-水泥浆复合浆材，水玻璃浓度 35Be'，模数 2.6。水玻璃浆与水泥浆体积比 1∶1，水泥采用 P.O42.5R 水泥，水灰比 1∶0.75～1∶1。水泥浆凝固时间为 1～2 min。注浆压力控制在 0.5 MPa 以内。

根据沉降监测情况，共组织了 3 次注浆，冬青物业的沉降情况得到有效控制，隧道安全穿越了这两栋房屋。

袖阀管注浆在地表实施，主要用于素填土、残积土以及全风化和强风化等软弱地层中控制地表及建筑物沉降，单液水泥浆或水泥-水玻璃浆液均可注，而且注浆深度可达到 30 m 以上，可用作土体加固或止水帷幕施作，在地表实施可行性大，能有效控制建筑物沉降。此外，袖阀管注浆亦可作为应急措施，在隧道穿越建筑物前提前埋管，过程中根据沉降情况适时进行跟踪

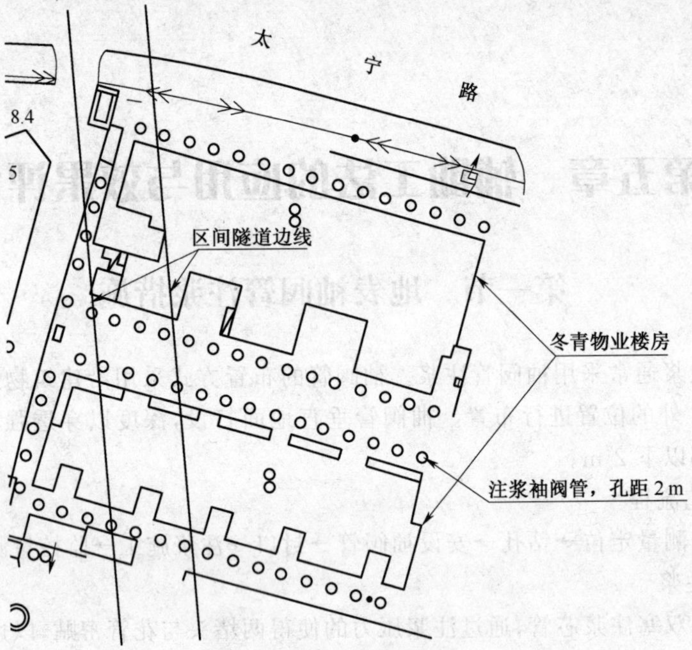

图 7-42　冬青物业地表补偿注浆管平面布置示意图

补偿注浆，时效性较好。此外，地表注浆适应于建筑物周边管线较少或能基本探清管线情况的情况。

第二节　洞内半周边注浆堵水技术

1. 超前小导管注浆

(1)超前小导管注浆工艺

超前小导管施工工艺流程图如图 7-43 所示。

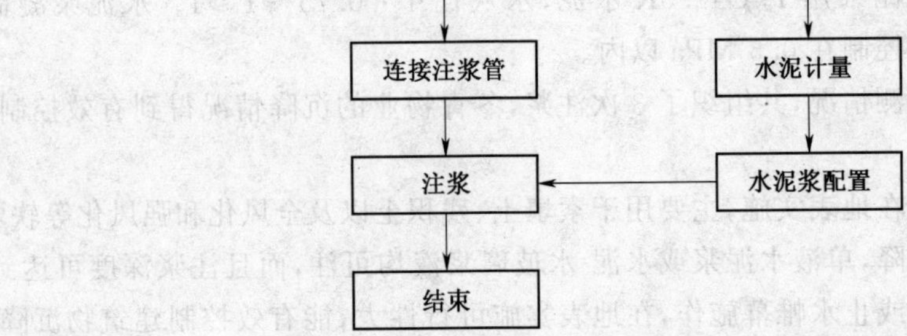

图 7-43　超前小导管施工工艺流程图

(2)超前小导管注浆参数

①注浆终压：0.4～0.6 MPa；

②水灰比：1.25∶1～0.8∶1；

③扩散半径：0.2 m；

④浆液初凝时间：1～2 min；

⑤水泥标号：P.O 32.5R 普通硅酸盐水泥；

⑥缓凝剂(Na_2HPO_4)掺量：水泥用量的 2%～2.5%；

⑦单孔注浆量：以不超过规定压力为标准。

(3)注浆施工

①钻孔：用风钻沿开挖轮廓线钻孔，外插角度 5°～10°，孔深 3 m。

②安设注浆管：将经过加工的注浆管置入孔内，并对孔口做止浆处理。

③浆液配置：按施工配合比在搅拌桶内加入需要的水和水泥进行搅拌，在另一容器中加入水玻璃，用玻美计测试浓度至配合比要求的浓度。

④注浆：将注浆管按要求安好，开动双液注浆机，进行正式注浆。注浆前要测试浆液的凝胶时间，当符合设计的凝胶时间时，方可注浆。

2. TSS 注浆

TSS 注浆施工工艺是对超前注浆工艺的加强，以便更好地控制注浆效果，详见本篇第四章第六节。

TSS 注浆和深孔注浆均适用于富水软弱地层洞内加固。TSS 注浆深度较小，可用作超前注浆，相对比传统超前小导管工艺，注浆效果更容易得到控制，施工周期短。

第三节　洞内深孔注浆技术

深孔注浆总体施工步骤：止浆墙施作→孔位布置→钻孔下管→深孔注浆→破除止浆墙开挖。施工原理、方法见本篇第四章第二节。

深孔注浆多用于掌子面及掌子面周围一定范围内土体加固，深度可达到 20 m，加固范围大，注浆压力较大，注浆效果明显，可有效改善洞内开挖作业环境，大幅降低塌方等土体失稳现象。但一般施工周期较长，仅适用于地层条件特别差的隧道。

第四节　注 浆 效 果

经过实践证明，深孔注浆和 TSS 型注浆管注浆这两种注浆方式，可以有效解决富水软弱地层隧道中渗水量大、掌子面土体容易垮塌以及地表沉降不易控制的问题。开挖后浆液脉络明显，土质改善明显，在降低施工安全风险的同时，能加快开挖施工进度。

第六章　衬砌施工及质量控制技术

第一节　衬砌划段及各台车衬砌完成段统计

1. 断面形式

太怡区间共分为11种断面，其中1-1、8A-8A、8B-8B、8C-8C、7号线11-11小断面采用9 m长定型模板台车进行衬砌，大断面拱墙衬砌采用可移动台架＋组合钢模板形式，台架长9 m，组合钢模板采用P3015型号。

2. 台车配置

由于太怡区间剩余工程量较多，结合现场实际施工难度及施工工期情况，整个太怡区间共投入11台模板台车(台架)。衬砌台车(台架)分布如图7-44所示。

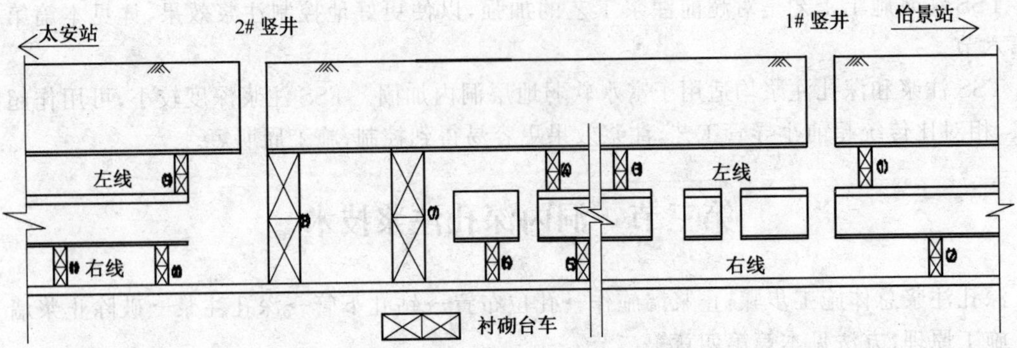

图7-44　衬砌台车布置平面图

第二节　衬 砌 施 工

1. 临时横通道倒边施工法

本工程工期紧迫，开挖初支与二次衬砌须平行展开施工。为将二衬与初支同时施工时的相互干扰降到最低，在小断面隧道左右线之间增设了7个临时横通道，左右线二衬仰拱采用倒边施工法，前方开挖通过联络通道均从仰拱未施工面出渣。横通道倒边施工法示意见图7-45。

2. 大断面(CRD)临时支撑拆除

临时支撑拆除须结合单段二衬施工长度，分段进行拆除。大断面单段二衬施工长度为9 m，考虑钢筋预留长度及前方简易台架摆放空间后，确定临时支撑第一次拆除长度为13.5 m，要求拆除一段，衬砌紧跟一段。隧道处于无支撑状态下最大长度为13.5 m。大断面施工示意见图7-46。

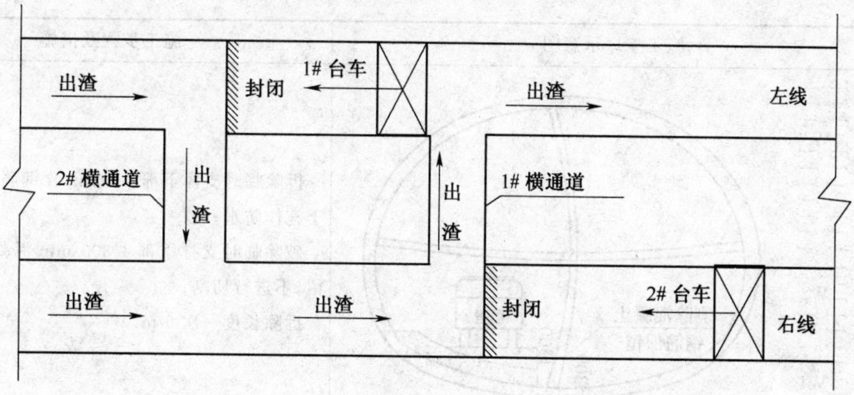

图 7-45　横通道导边施工法示意图

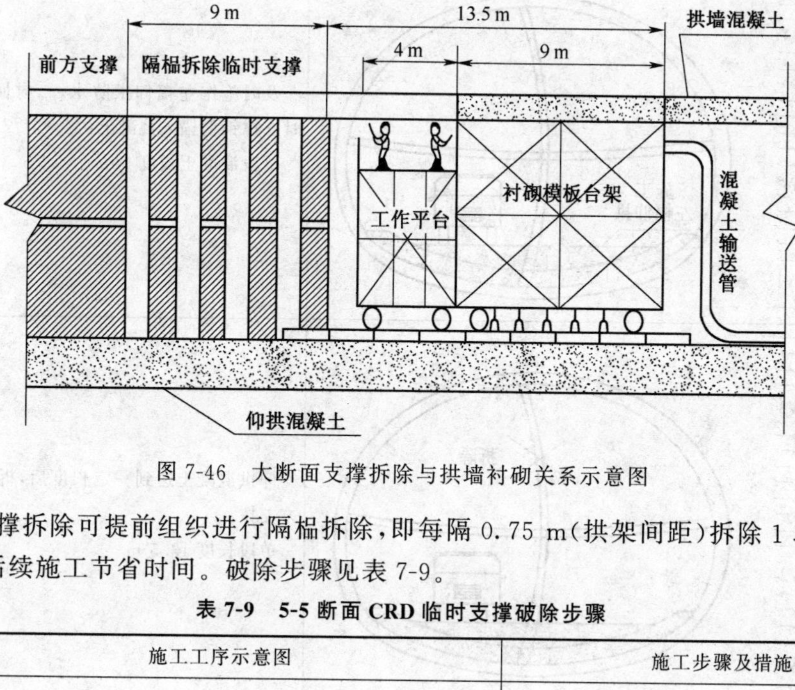

图 7-46　大断面支撑拆除与拱墙衬砌关系示意图

前方支撑拆除可提前组织进行隔榀拆除，即每隔 0.75 m(拱架间距)拆除 1 段，呈带状支撑结构，为后续施工节省时间。破除步骤见表 7-9。

表 7-9　5-5 断面 CRD 临时支撑破除步骤

序号	施工工序示意图	施工步骤及措施
1	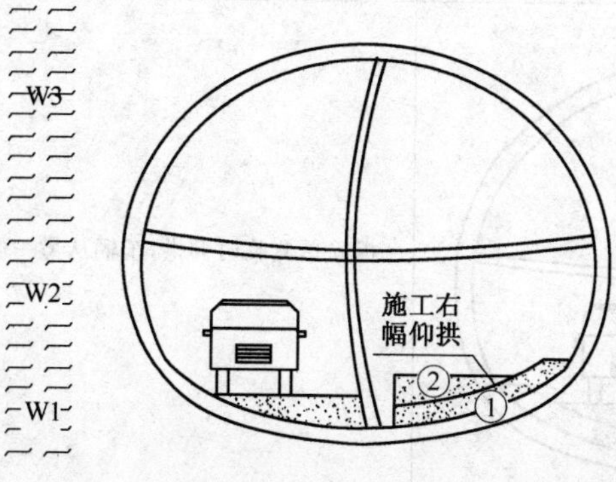	先施作右幅仰拱，施工缝处预留钢板腻子止水带； 钢筋预留采取钢筋接驳器； 仰拱混凝土与回填混凝土分开浇筑； 一次施工长度根据实际情况确定

续上表

序号	施工工序示意图	施工步骤及措施
2	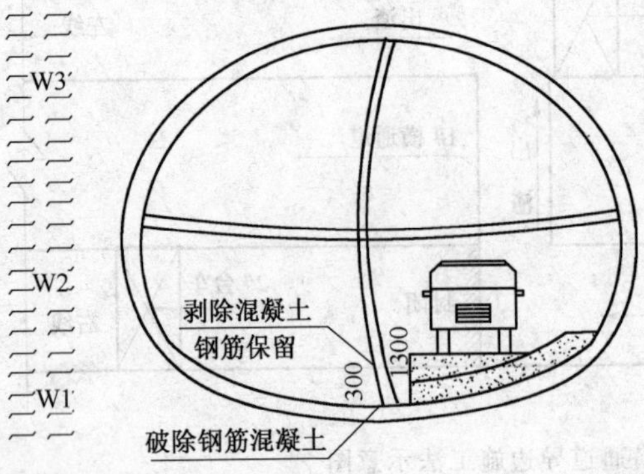	拆除临时支撑下部30 mm（含钢筋混凝土），便于施作防水； 破除临时支撑下部1 300 mm混凝土，钢筋预留，不进行切割； 拆除长度一次6 m
3	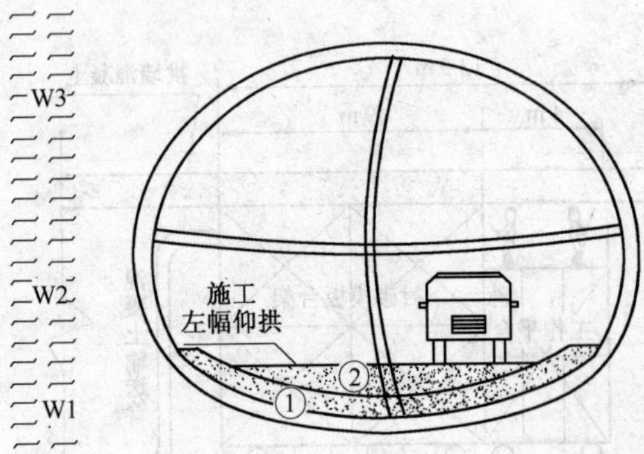	及时施作左幅仰拱防水，二衬回填混凝土，临时支撑钢筋锚入混凝土； 单段混凝土长度6 m
4	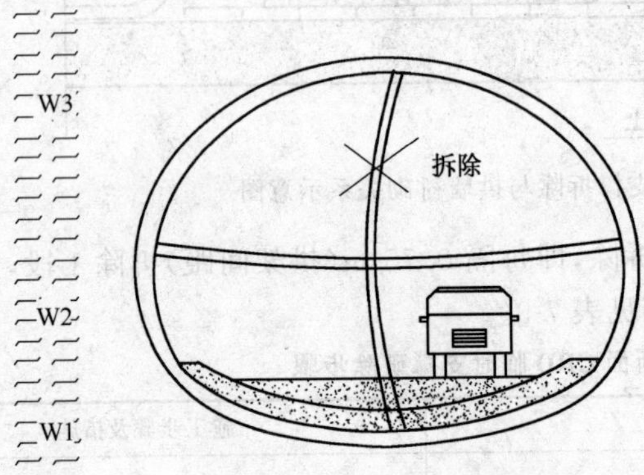	仰拱混凝土达到一定长度后，拆除临时仰拱上方支撑； 单段长度13.5 m
5	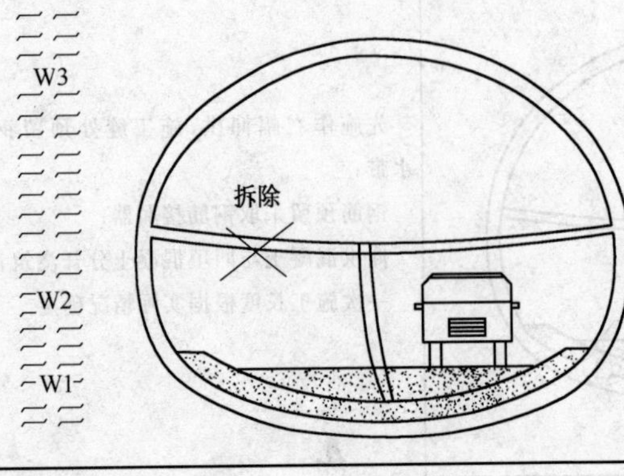	拆除单侧临时仰拱，车辆从另一侧通行

续上表

序号	施工工序示意图	施工步骤及措施
6	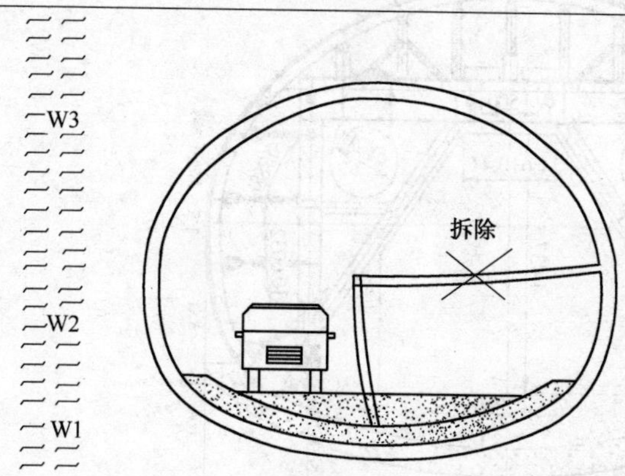	拆除另一侧临时仰拱
7	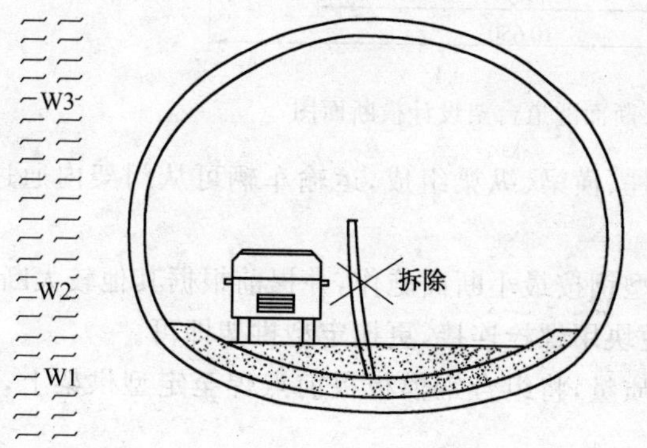	最后拆除剩余支撑
8	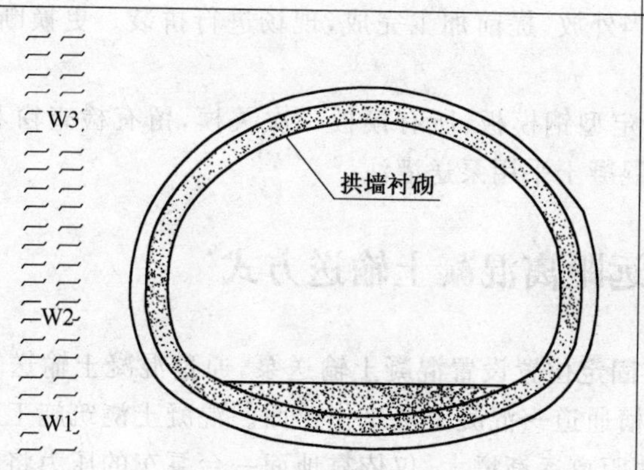	进行拱墙基面处理、防水、钢筋等衬砌施工；单段长度 9 m

3. 可移动台架＋组合钢模板衬砌施工

大断面共配置 2 台模板台车，1 台用于 5-5 断面，1 台用于 6-6、7-7 断面。因 5-5、6-6、7-7 断面净空尺寸各不相同，其中 5-5 断面长度为 129 m，6-6 断面长度为 27.8 m，7-7断面长度为 28 m。考虑到模板台车安装和拆除时间较长，且各断面长度较短，单独制作定型模板将导致大量浪费。大断面拱墙衬砌采用可移动台架＋组合钢模板形式，台架长 9 m，组合钢模板采用 P3015 钢模板。台架设计见图 7-47。

由于大断面隧道涉及三种断面尺寸，因此除支撑门架外，其他组合部分随断面不同而变

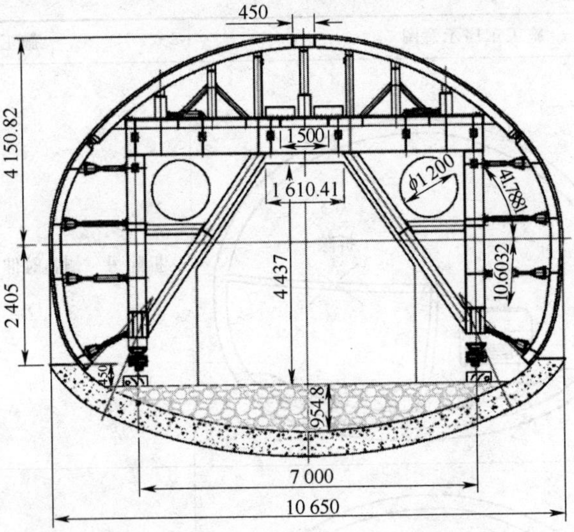

图 7-47 大断面隧道台架设计横断面图

化。支撑门架为可移动的支撑架，由立柱、横梁、纵梁组成，运输车辆可从门架内通过，钢拱架与门架采用支撑丝杆连接。

设计加工时，台架顶部及两侧支撑型钢按最小断面施作，并提前根据其他较大断面情况预制连接短块，断面变换时，只需将连接短块用螺栓连接，更换定型拱架即可。

台架组装完成后，为确保衬砌外观质量，将组合钢模板提前点焊至定型拱架上，如此也省去重新脱模、装模的过程。

钢拱架形状根据设计图纸考虑适当外放，提前加工完成，现场进行拼装。更换断面时，须进行钢拱架的调整拆换。

模板采用 30 cm×5 cm×150 cm 定型钢模板，所有模板一次关模，留有检查窗和混凝土灌注孔，并直接焊接固定在支撑架上，混凝土采用泵送灌注。

第三节 远距离混凝土输送方式

1＃竖井及2＃、3＃竖井地面均在固定位置设置混凝土输送泵，通过混凝土输送管连接至浇筑现场。泵管走向为地面→竖井→横通道→混凝土浇筑作业面。混凝土浇筑施工弯头多容易造成堵管，且随着浇筑工作面与竖井距离逐渐增大，仅依靠地面一台泵车的压力将无法满足要求，会出现堵管以及混凝土离析等现象。泵送混凝土施工情况统计见表 7-10。

表 7-10 泵送混凝土施工情况统计表

序号	泵管长度(m)	堵管次数	混凝土施工次数	堵管百分率
1	0～100	0	20	0%
2	100～200	2	36	5.5%
3	200～300	5	36	13.9%
4	大于 300	2	3	66.7%

根据混凝土施工情况统计得出，当输送泵管长度大于 300 m 后，泵送混凝土堵管率达到了 66.7%，无法满足后期二衬混凝土施工要求。因此需采用泵车接力的形式进行混凝土浇筑。接力输送泵设置见图 7-48。

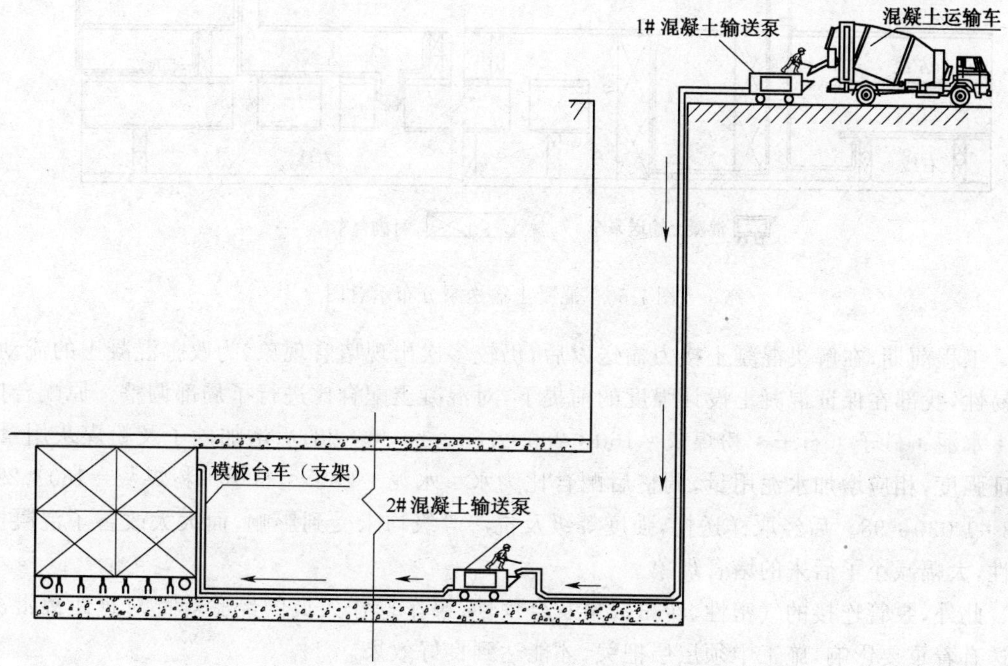

图 7-48　输送泵接力混凝土浇筑示意图

接力输送泵车设置在第一个泵车输送管 250 m 长度左右，由于隧道中增设有联络通道，泵车可停放于联络通道内，从而避免影响到洞内的正常车辆运输，见图 7-49。

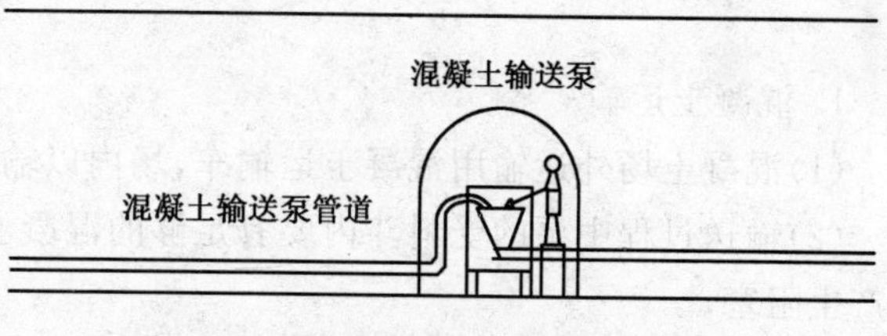

图 7-49　临时横通道摆放泵车示意图

为配合衬砌台车，满足二衬混凝土施工，加快施工进度，共配置 7 台混凝土输送泵车。混凝土输送泵布置见图 7-50。

1＃竖井至怡景站设置 2 台输送泵车，其中路面 1 台负责该段左、右线前 200 m 二衬施工，之后采用接力方式进行混凝土施工。

1＃竖井至 2＃竖井小断面设置 2 台输送泵车，其中路面 1 台负责该段左、右线前 200 m 二衬施工，之后采用接力方式进行混凝土施工。

2＃、3＃竖井设置 3 台输送泵车，其中路面 2 台，接力泵车 1 台。1 台负责往太安站方向二衬混凝土施工，1 台负责往怡景站方向混凝土施工，1 台接力泵车负责 2＃竖井至 1＃竖井大断面混凝土施工。

施工时必须加强原材料和配合比的控制，经常检查坍落度、和易性，严格控制搅拌时间和路途运输时间。试验员和质检工程师对混凝土的浇筑要全过程监控，确保混凝土工程施工质量。

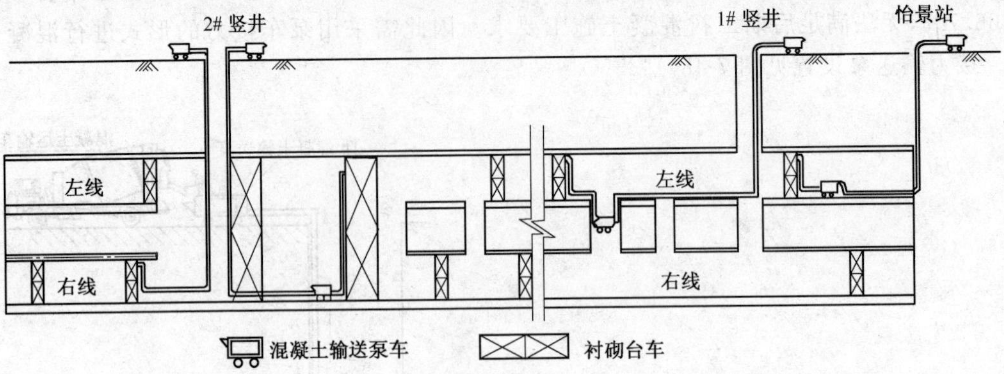

图 7-50　混凝土输送泵分布示意图

工程前期，在解决混凝土接力输送以后，仍较多次出现堵管现象，为改善混凝土的流动性、和易性，我部在保证混凝土设计强度的前提下，对混凝土配合比进行了局部调整。原配合比为水：水泥：砂子：石子：粉煤灰＝160：280：763：1 030：88，后增加砂子及粉煤灰用量，为保证强度，相应增加水泥用量，调整后配合比为水：水泥：砂子：石子：粉煤灰＝160：290：803：1 030：98。后经取样送检，强度等级及抗渗等级均未受到影响，而大大改善了混凝土流动性，大幅减小了后来的堵管现象。

此外，泵管连接的气密性、转角数量及合理性、泵车操作人员的经验等都对远距离混凝土输送有着重要影响，施工中须层层把关，才能达到良好效果。

第四节　衬砌混凝土质量控制技术

1. 混凝土运输

(1)混凝土场外运输用混凝土运输车，场内以输送泵泵送为主。

(2)输送过程中泵的受料斗内要有足够的混凝土，保证混凝土能淹盖输送孔，防止吸入空气产生阻塞。

(3)泵送混凝土前，先泵送水泥砂浆，其成分同混凝土配合比(除石子数量)，用砂浆来润滑输送管管壁。

(4)泵送要连续进行，如输送泵发生故障，立即改用备用输送泵，保证浇筑不停止。输送泵间歇超过 45 min 要立刻拆卸管，用水冲洗干净管内残留混凝土。

(5)施工场地范围内至少停有 2 台混凝土车，以满足施工需求。

2. 混凝土浇筑

采用商品混凝土，混凝土运输车运送至施工现场竖井口，经检验塌落度、和易性合格后再用输送泵泵送入模，插入式振捣器振捣密实。拱墙混凝土两侧对称浇筑，每层浇筑高度为50～80 cm。

本工程防水要求较高，尤其需要注意混凝土结构的自防水，混凝土振捣按照以下要求施工：

(1)混凝土振捣手必须是有经验的技工，并经过项目部的专项技术教育及培训。

(2)振捣与混凝土浇筑同时进行,振捣方向与浇筑方向相同。插点采用“行列式”或“交错式”,移动间距不应大于振动半径的 1.5 倍,不能碰撞钢筋和预埋件。

(3)如部分位置钢筋纵横交错很密,在顶部无法下棒,必须从侧面入棒进行逐层振捣密实,每棒插点间距不大于 25～40 cm,保证每个棒点间混凝土能全部振捣密实。

(4)拱墙振捣要掌握好时间,振捣时间在 10～30 s,以混凝土表面呈水平、不显著下沉、不出气泡、表面泛灰浆为准。且每棒要插入下部混凝土不少于 50 mm,振捣棒要在墙的正中插入,不准靠墙放置。振捣棒须与模板保持一定距离,一般为 5～10 cm,防止振跑墙模。在振捣过程中采取敲击墙模等辅助方式保证振捣效果,减少蜂窝、气泡等表面缺陷的产生。

3. 施工缝处理

衬砌施工缝包括水平施工缝和环向施工缝。为保证新旧混凝土结合,施工缝需在拱墙模板台车就位前进行及时凿毛,凿除混凝土表面浮浆,凿至混凝土结合密实处为止,凿除后将垃圾进行及时清理。混凝土浇筑前先在施工缝处浇筑一层高强度水泥砂浆,混凝土施工中应加强对施工缝位置的振捣,促进新旧混凝土结合。

4. 脱模与养护

拱墙混凝土浇筑完成,混凝土强度达到 2.5 MPa 以上时才能拆模。经过统计,36 h 以上拆模效果较好。拆模时注意首先拆除堵头模板,然后拆掉侧向和两侧底脚千斤顶,然后使两侧模板脱离混凝土表面,再让顶部模板下降脱离混凝土表面,最后收起基脚千斤顶,对钢模台车表面进行清理刷好脱模剂备用。脱模后立即洒水养护,洒水养护次数以混凝土表面保持湿润状态为佳,养护周期为 14 天。

第五节　衬砌表面控制技术

衬砌混凝土表面易出现麻面、露筋、蜂窝、孔洞等质量通病,影响表观质量及结构性能。其表面控制包括以下几点:

1. 钢筋工程控制

钢筋工程影响混凝土浇筑外观质量主要有以下几种情况:

(1)钢筋移位造成钢筋外露;

(2)钢筋保护层不够造成混凝土表面沿钢筋方向的细小裂缝;

(3)绑扎钢筋的铁丝外露使混凝土表面产生锈斑。

因此,须严格控制钢筋施工质量,避免钢筋移位,在钢筋施工中按 1 m×1 m 梅花形挂设垫块,垫块采用与衬砌混凝土同强度水泥砂浆制作,保证钢筋保护层。同时注意钢筋绑扎铁丝的使用长度,将多余扎丝头弯入结构内部。

2. 模板制作安装质量控制

结构混凝土施工,能否达到工程整体美观的要求,首先取决于模板,模板的制作安装质量是关键,混凝土的平整度、光洁度、色差度都与模板直接相关,如模板不平顺,接缝不严密,发生渗水、漏浆,甚至支架松动,模板跑模、变形等,都将引起混凝土质量不良或外观粗糙现象。模板宜采用优质大平面组合钢模板。本区间隧道仰拱采用组合钢模板拼装,拱墙混凝土浇筑基本采用自制组合钢模板台车。通过加工厂对使用的模板进行精密加工成型,然后进行粗磨、中磨、细磨、精磨、微磨、抛光 6 道工序的镜面加工,保证模板具有足够的强度、刚度。

模板安装前，均匀涂刷优质脱模剂，保证混凝土表面色泽。仰拱模板采用钢管支撑加固，模板台车通过液压油撑加固，都具有支撑牢固、接缝严密、尺寸准确的特点，较好地避免了模板漏浆产生蜂窝、麻面和模板变形、胀模产生混凝土表面翘曲、边线不顺的外观质量通病。

3. 混凝土浇筑工艺质量控制

(1)集料配比

砂石骨料含砂百分率除与级配、孔隙率相关外，还与砂的粗细程度(细度模数)相关。最佳含砂率是指在砂石骨料级配的规定条件下，选择能同时满足混凝土质量和工作和易性要求的砂最佳含量。为了促使混凝土达到均匀密实质量和充分改善混凝土拌和物的和易性，使混凝土中细骨料含量较通常的最佳含量稍为增大一点。因为混凝土的匀密过程是以和易性为前提的，和易性包括混凝土拌和物流动性、黏聚性和保水性，而这些性能还在于混凝土中有足够的水泥砂浆起主要作用。本工程衬砌混凝土配比为水：水泥：砂子：石子：外加剂：膨胀剂：粉煤灰＝0.57：1：2.73：3.68：0.03：0.11：0.31。

(2)坍落度

混凝土外观质量控制要求，较通常采用的坍落度略减少 1～2 cm，这样可使混凝土拌和物略为黏稠，振捣效果更易得到控制，有利于混凝土外观质量。为此，现场将泵送混凝土的坍落度由最初 14～18 cm 调整为 12～16 cm。

(3)混凝土浇筑

混凝土浇筑需保证其连续性，避免出现施工冷缝。浇筑前需至少保证有 2 台混凝土车(8 m^3/台)到达施工场地范围，1 台进行混凝土浇筑，1 台等候。在仅有 1 台混凝土车的情况下，需放慢混凝土浇筑速度，保证在第 2 台混凝土车到达之前，第 1 台车内仍有部分剩余量。若第 2 台车迟迟未到，需隔 5～8 min 泵送一次混凝土，防止堵管，保证泵管的畅通。

浇筑过程按本章第四节混凝土浇筑注意事项执行。

(4)混凝土养护

延长混凝土的模内养护期，有利于混凝土表面的自然光洁度。现场工期紧迫，通常拆模时间相对较早，致使拆模后混凝土表面质量受到一定影响。

拆模后的养护工作也极为关键，洞内施工至少要达到 7 天的养护时间，一般要求为 14 天，否则可能因缺水温度过高而出现干缩裂缝。

第六节　衬砌钢筋施工质量控制技术

1. 钢筋加工

(1)特殊部位和曲线形钢筋按 1：1 的比例在制作台上放出大样，现场技术人员对加工者进行现场指导、验收。

(2)钢筋弯曲成型采用钢筋弯曲机，钢筋的弯制和末端弯钩均严格按设计加工，弯曲后平面上没有翘曲不平现象，不能对钢筋反复弯曲。

(3)钢筋切断和弯曲时要注意长度的准确，钢筋加工的允许偏差需符合规范要求。

(4)钢筋加工成半成品后，经质检人员检查合格后，要按类别、直径、使用部位挂好标志牌，并分类堆放整齐，由专人管理，放置在方便运送至使用部位的地方。对检查不合格的产品返工、返修或作报废处理。

2. 钢筋的焊接和连接

(1)钢筋焊接

①结构纵向施工缝尽量采用搭接焊形式。采用搭接焊时，对钢筋进行预弯，保证两钢筋的轴线在同一直线上，单面搭接焊缝长 $10d$（Ⅱ级钢）。

②为保证钢筋接头的连接质量，并基于保护防水层以及施工方便、符合设计及规范要求等考虑，钢筋接头尽可能地安排在加工场内提前进行连接。对于必须在现场连接的，可根据现场条件采用机械连接、单面搭接焊和人工绑扎相结合进行施工。

③钢筋焊接使用焊条、焊剂的牌号、性能必须符合设计要求。

(2)钢筋连接时的具体要求

①钢筋的接头设置在受力较小处。同一纵向受力钢筋不宜设置两个或两个以上接头。接头末端至钢筋弯折点位置大于 $10d$。

②当受力钢筋采用机械连接接头或焊接接头时，设在同一构件内的接头要相互错开。在任一焊接接头中心至长度为 $35d$ 且不小于 500 mm 的区段内，同一根钢筋不得有两个接头；若该区段在受拉区内，接头的受力面积占受力钢筋总截面积不超过 50%。

③焊接接头距钢筋弯折处，不应小于钢筋直径的 10 倍，且不能位于构件的最大弯矩处。

④绑扎接头保证搭接长度不小于 $35d$。搭接时，中间和两端共绑扎 3 处，并必须单独绑扎后，再和交叉钢筋绑扎。绑扎接头受拉区不超过 25%。

3. 钢筋安装

(1)钢筋绑扎

钢筋交叉点每点扎牢，中间部位交叉点可相隔交错扎牢，绑扎时以受力钢筋不位移为主要控制手段。绑扎时注意相邻绑扎点的铁丝扣要成八字形，以免钢筋歪斜变形。

在钢筋和模板之间设置足够数量与强度的垫块，以保证钢筋的保护层达到设计要求。

(2)钢筋施工注意事项

①绑扎或焊接接头与钢筋弯曲处相距不应小于 10 倍主筋直径，也不宜位于最大弯距处。

②根据防迷流要求，严格按设计要求采用焊接贯通。

③钢筋与模板间应设置足够数量与强度的保护层垫块，确保钢筋受力主筋的保护层达到设计要求。

④在绑扎双层钢筋网时，应设置足够强度的钢筋撑脚，以保证钢筋网的定位准确。

⑤钢筋施工时对防水层必须采用一定的保护措施，如采用石棉垫板等，以保证防水层不受破坏。钢筋施工完成后，组织技术人员、工班负责人对防水层进行检查，一旦发现破损及时进行修补。

第七节　经验与教训

1. 施工经验

太怡区间二次衬砌断面形式多样、结构复杂，工期紧、任务重。为按时、保质完成施工生产任务，施工中采用了以下措施：

(1)增设临时横通道以满足小断面开挖、衬砌同时施工需求。

(2)大断面二衬施工分幅拆撑满足 2＃竖井开挖、衬砌平行施工。

(3)增加混凝土泵送车进行接力施工混凝土，解决了由于输送距离过长导致混凝土离析、泵送压力不足造成堵管等问题。

(4)采用可移动台架＋组合钢模板进行大断面衬砌施工，节省了模板台车组装、拆除时间，同时大大节约了模板台车制作费用。

(5)投入7台混凝土输送泵车和11台衬砌模板台车，保证二次衬砌施工连续性。

2. 工程教训

太怡区间二次衬砌施工于2010年4月28日全部完成，比业主要求提前2天。施工中由于作业面众多，现场技术管理人员有所不足，而工程整体又处于非常规的抢工局面，给混凝土衬砌质量带来较多隐患。其中二次衬砌结构渗漏水严重，为后期的堵漏施工带来巨大的经济损失。

经调查发现，结构渗漏水主要分布在施工缝位置和仰拱以上3 m左右。造成结构渗漏水的主要原因是由于在抢工期情况下，作业队伍对施工质量不够重视，原因包括防水施工未达到要求、钢筋保护层厚度不足甚至出现露筋、施工缝处理不完全、混凝土振捣不足(少振、漏振)、模板台车脱模过早等。

如1#竖井至怡景站区段，因前期混凝土质量控制不当，工程完工已经近1年，仍在进行堵漏作业。

第七章　防排水施工要点

第一节　围岩渗漏水注浆处理

在隧道开挖过程，若围岩渗水量较大，则采用超前预注浆加固方式将围岩填充密实。

同时对于渗水量较大地段，在施作初支时预埋一定数量的回填注浆管，待封闭成环后，立即组织进行回填注浆堵水。

第二节　施工缝和变形缝防水

1. 施工缝防水

原设计中施工缝采用膨胀性止水胶条，后经现场验证，止水胶条不便于施工，受客观限制太多，很难保证施工质量，无法满足施工缝处理要求，后更换为常用的钢板腻子止水带。

矮边墙位置留一道水平施工缝。水平施工缝防水采用钢板腻子止水带。

在仰拱模板安装完成后，在施工缝钢筋处焊定位筋，然后将钢板腻子止水带固定在水平施工缝中间。

在固定止水带前，将先要埋入混凝土内的半边塑料保护膜扯去，待混凝土浇筑完毕之后再撕去另外半边的保护膜，以免浇筑混凝土时将预留的半边污染。

钢边橡胶止水带接头连接采用其自身的黏性直接粘结，再绑扎扎丝将其固定牢固。

混凝土施工缝须严格进行凿毛施工，要求将混凝土浮浆凿除，露出混凝土粗骨料，施工凿毛凿成网格型，深度在 5～10 mm。

2. 变形缝防水

变形缝缝宽 10 mm，采用橡胶止水带防水。变形缝处混凝土的质量和橡胶止水带安装质量是变形缝防水的关键，因此必须确保变形缝处混凝土浇筑时不漏浆。止水带安装位置居中且施工过程中不发生移位，其具体操作方法如下：

(1)变形缝结构施工前，先截断外部流水并排干施工面的积水。

(2)在变形缝内侧主筋上焊接 $\phi10$ 的方框钢筋，并用铁丝拉紧以固定止水带。

(3)变形缝挡头模板及止水带固定采用图 7-51 所示的安装方式。

(4)变形缝处浇筑混凝土时，先浇筑止水带处的混凝土，并用捣固器人工加强振捣。变形缝一侧混凝土养护至规定强度后，只拆除挡头板的支架方木和钢筋，采用相同的方法固定另一侧的止水带，混凝土浇筑时也先浇筑该部位的混凝土，并加强振捣。

(5)变形缝左右混凝土浇筑完成后，适时施工截水钢槽。

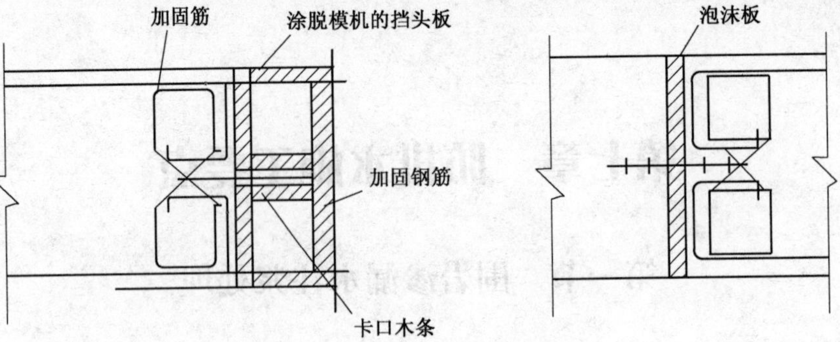

图 7-51　变形缝止水带固定方式

第三节　防水层及排水系统施工

1. 防水层施工

初期支护与二次衬砌间设防水板和土工布作为防水层，材质符合设计要求标准。

(1)基面处理

基面处理：铺设防水层前对初期支护大致找平，边墙及拱部补喷找平、底部砂浆找平。对外露的锚杆、管棚等切除、磨平，水泥砂浆封堵找平等，基层平整度符合 $D/L \leqslant 1/6$。D 为初期支护基面相临两凸面间凹进去的深度，L 为初期支护基面相邻两凸面间的距离。

出水点处理：在铺设防水板前，初期支护喷层表面漏水及时处理，采用注浆堵水或埋设排水管直接引排到边沟，应保持基面的干燥。

(2)铺设防水板

防水板采用无钉铺设方法，一次铺设长度根据混凝土循环灌注长度确定。防水板采用无钉铺设，即先用 $\phi 80$ 塑料垫圈和射钉将无纺布固定于基面上(垫圈间距：拱部 0.5～0.7 m，边墙 1.0～1.2 m，呈梅花形布置)，再将防水板应用专用自动双缝热熔焊接机按照预定的温度、速度焊接在垫圈上。

(3)防水板焊接

用专用熔接器热熔粘接，形成双焊缝，中间有一空腔用于充气检查焊缝的严密性。当纵向接缝与环向接缝成十字交叉时(十字形接缝)，事先对纵向接缝外的多余搭接部分齐根处削去，将台阶修理成斜面并整平。

(4)防水板质量检查和处理

①外观检查：防水板铺设均匀连续，每一单焊缝宽度不应小于 15 mm，搭接宽度不小于 150 mm，接缝应平顺、无褶皱、均匀连续，无假焊、漏焊、焊穿或夹层等现象。

②要保持防水层接头处的洁净、干燥，同时在下一阶段施工前不得将其破损。

③接缝质量检查：防水板搭接用热合机进行焊接，接缝为双面缝，中间留出空隙以便充气检查。检查时，一端封闭，另一端充气加压，用 5 号注射针头与打气筒相连，针头处设压力表，充气压力表达到 0.25 MPa 时停止充气，保持 15 min，压力下降在 10%以内，说明焊缝合格，如压力下降过快说明有渗漏，用肥皂水涂在焊缝上，有气泡的地方重新补焊。

④二衬混凝土浇筑前加强对防水层的保护，注意钢筋的运输及绑扎过程中可能对防水板

产生的损伤，发现层面有破损及时修补。

(5)钢筋安装过程对防水层的保护

防水层质量关乎整个主体结构的整体防水质量，而且钢筋施工过程中极易对防水层造成破坏，因此在钢筋施工过程中应注意加强对防水层的保护，并应采取以下几项施工措施：

(1)仰拱防水层施工完并检查验收通过后及时施工 C15 细石混凝土保护层。保护层未达到强度前不得堆放钢筋以及进行钢筋绑扎。

(2)仰拱防水层的预留搭接部分由于需要向上翻折，因此不会施工混凝土保护层。为避免钢筋堆放、钢筋绑扎、焊接以及模板支立过程中造成破损，在防水板上部铺设一层土工布，作为防水板的保护层。

(3)在预留搭接部分的防水层上进行钢筋接头焊接的时候采用薄模板作为挡护工具，避免焊接过程的火花直接飞溅到防水板上。

(4)钢筋绑扎完成后先由钢筋班长、值班技术人员对防水层进行检查，如有破损及时进行修补，检查并修补完成后才可以向监理进行检查。

2. 排水系统施工

太怡区间防水设计为以防为主，无排水系统。实际施工中根据现场条件在隧道两侧预留排水沟，将工作面水源引至沟中，汇集至预设集水井，集中抽排。

第四节　防水混凝土施工

混凝土施工要做好以下几个方面的措施：

(1)在施工前应对开挖断面或初衬基面进行复测，根据复测结果对欠挖部位进行处理，保证防水混凝土结构厚度及迎水面钢筋保护层厚度。

(2)防水混凝土，浇筑采用分层对称施工，分层厚度 30 cm。振捣要密实避免产生产生蜂窝、麻面、孔洞等缺陷而影响其防水抗渗性能。

(3)在每次安装模板之前必须将模板内表面的水泥浆清除干净，以保证混凝土有光滑的表面。

(4)防止混凝土在终凝前被水浸泡。

(5)混凝土浇筑完成后，必须及时养护，并在一定的温度和湿度条件下进行。加强早期养护，特别是 7 d 内的养护对混凝土极为重要，一般养护期不少于 14 d。

(6)浇筑上层混凝土时将振捣器插入前一层混凝土中深约 50～80 mm，并充分振捣，消除第一层混凝土表面的泌水、气泡，使两层混凝土混为一体，形成均匀整体的防水混凝土结构。第二层防水混凝土浇筑时间应在第一层初凝之前。

第五节　二衬背后回填注浆堵水

衬砌完成 1 个月以后，及时组织进行衬砌背后回填注浆处理。

1. 二衬背后回填注浆施工工艺

二衬背后回填注浆施工流程见图 7-52。

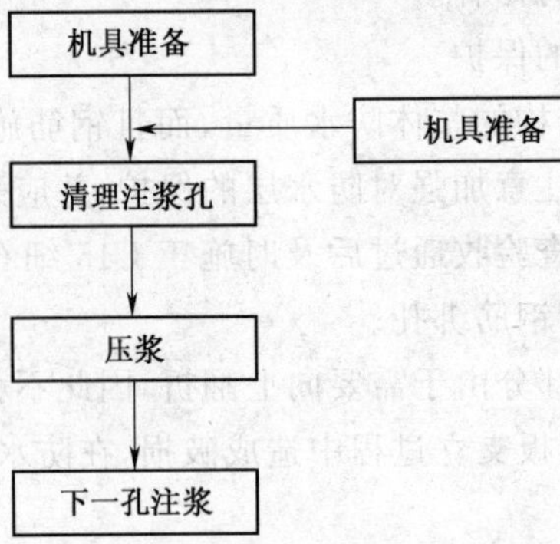

图 7-52　隧道回填注浆施工工艺框图

2. 施工工艺方法

(1)主要压浆材料

衬砌背后回填注浆采用水泥浆液。对材料要求如下:浆液的可灌性好,易于注入;浆液耐久性强;浆液稳定性好,注浆时材料不产生离析和沉淀,能在要求的时间内凝固或凝结,固结后有较高的强度等级和抗渗性;具有一定的强度,固结体抗渗性好。

(2)主要压浆参数

①注浆顺序:沿隧道轴线由低到高、由下往上、由少水处到多水处钻注,施工时分二序孔进行注浆。

②浆液扩散范围:浆液扩散范围与浆液黏度、凝胶时间、注浆的压力、速度、注浆量有关,设计中常用类比参考值选用。浆液注入量可根据扩散半径及岩层裂隙率计算确定,施工中根据注浆效果适当增减。

③浆液胶凝时间:根据填充注浆目的,确定浆液胶凝时间不小于 3 h。

④压浆结束标准:注浆压力符合设计终压,应小于 0.2 MPa,持续 10～20 min,注浆到从相邻较高孔位处冒出浆液后可以结束。所有注浆孔无漏注现象。

⑤水泥浆应搅拌均匀,搅拌时间不应小于 3 min,并在注浆过程中不停搅拌。配制的水泥浆应在规定的时间内注完。

第八章 监测技术应用及分析

第一节 控制标准与监测项目

深圳地铁 5 号线 5307 太怡区间施工监测包括：地铁工程结构安全监测以及工程结构外缘两侧 30 m 范围内的地下、地面建（构）筑物、重要管线、地面及道路的安全监测。

1. 控制标准

主要监测项目控制标准见表 7-11。

表 7-11 主要监测项目控制标准

序号	监测项目	允许位移控制值 U_0(mm)	位移平均速率控制值 (mm/d)	位移最大速率控制值 (mm/d)
1	地表沉降	30	2	5
2	拱顶沉降	30	2	5
3	水平收敛	20	1	3

2. 监测项目

监测项目主要有：地表道路沉降，地面重要建筑物的沉降、倾斜和开裂，地下重要管线的沉降。具体监测内容见表 7-12。

表 7-12 暗挖区间监测项目表

序号	监测项目	监测仪器	精度	监测频率	备注
1	洞内外观察			开挖面距监测断面≤2B 时 1～2 次/1 天；开挖面距监测断面≤5B 时 1 次/2 天；开挖面距监测断面＞5 B 时 1 次/1 周；基本稳定后 1 次/1 月	
2	地表沉降	Trimble DiNi12 电子水准仪，铟钢尺	0.1 mm		必测
3	地表隆起	Trimble DiNi12 电子水准仪，铟钢尺	0.1 mm		必测
4	建筑物沉降	Trimble DiNi12 电子水准仪，铟钢尺	0.1 mm		必测
5	建筑物倾斜	莱卡全站仪	±2.0″ 0.1 mm		必测
6	拱顶下沉	苏光 SZ-2 水准仪钢挂尺	0.2 mm		必测
7	洞内收敛	金木收敛计	0.1 mm		必测
8	格栅钢架应力	钢筋计，频率读数仪	0.15%F.S		选测
9	土压力	压力盒，频率读数仪	0.15%F.S		选测
10	土体分层沉降	分层沉降仪	±1 mm	依据现场施工以及周边环境情况	选测
11	地下水位观测	水位计		降水期间 1 次/天	必测
12	地下管线沉降	Trimble DiNi12 电子水准仪，铟钢尺	0.1 mm		必测
13	爆破振动	振动仪		放炮开挖时	必测
14	孔隙水压力	孔隙水压计，频率读数仪	0.15%F.S		选测
15	建筑物裂缝观测	裂缝观测仪，钢尺	0.01 mm	依据现场情况定	选测

注：B 为隧道断面宽度。

第二节　实测值与控制值对比分析

太怡区间 1＃竖井往怡景站方向隧道从横通道到怡景站全长 339 m，设计里程为 DK37＋401～DK37＋740，地质条件变化复杂，软硬地层交错，地下水丰富，地层受失水影响较大。

1. 地表沉降

太怡区间隧道上方地表点，基本上间隔 10 m 布设一个测点，其中沉降较大的点主要集中在怡景路上方，1＃往怡景路方向左右线共布设 62 个测点。部分数据统计表见表 7-13。

表 7-13　太怡区间地表沉降部分数据统计表

里程	编号	累计沉降(mm)	里程	编号	累计沉降(mm)
DK37＋531	DY1－13	－330.78	DK37＋531	DZ1－13	－252.69
DK37＋543	DY1－14	－347.58	DK37＋543	DZ1－14	－308.48
DK37＋555	DY1－15	－390.13	DK37＋555	DZ1－15	－388.15
DK37＋567	DY1－16	－443.48	DK37＋567	DZ1－16	－454.67
DK37＋579	DY1－17	－479.52	DK37＋579	DZ1－17	－501.21
DK37＋590	DY1－18	－587.13	DK37＋590	DZ1－18	－592.51
DK37＋601	DY1－19	－563.00	DK37＋601	DZ1－19	－521.86
DK37＋613	DY1－20	－439.48	DK37＋613	DZ1－20	－408.84
DK37＋624	DY1－21	－335.33	DK37＋624	DZ1－21	－442.60
DK37＋636	DY1－22	－262.28	DK37＋636	DZ1－22	－331.33
DK37＋647	DY2－09	－241.32	DK37＋647	DZ2－09	－264.98
DK37＋658	DY2－08	－203.21	DK37＋658	DZ2－08	－218.06
DK37＋669	DY2－07	－159.68	DK37＋669	DZ2－07	－132.06

针对怡景路地表沉降较大的情况，选定少量具有代表性的点绘制地表沉降历时曲线，如图 7-53 所示。

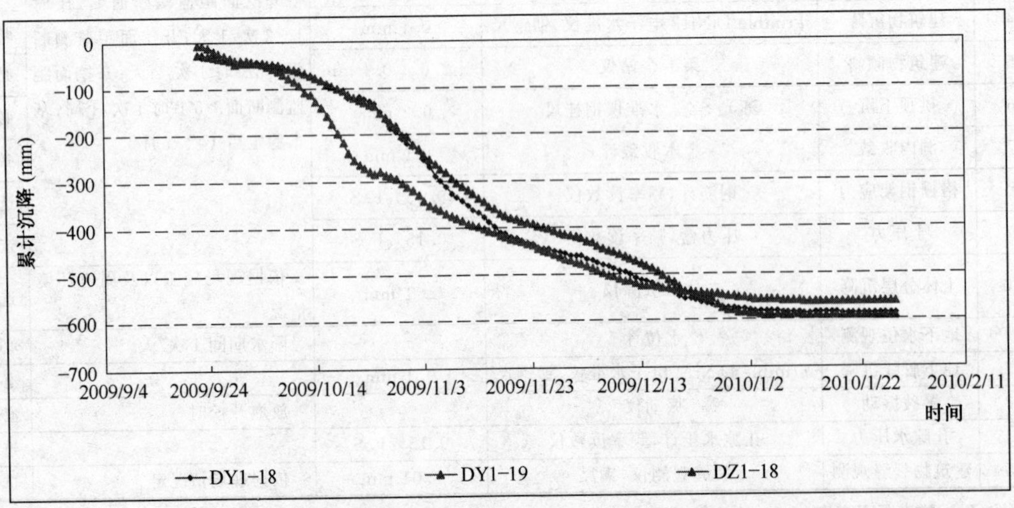

图 7-53　地表沉降部分数据历时曲线图

如图 7-53 所示，部分点位地表沉降累计值近 60 cm，已大幅超过控制值 3 cm，表现为地表路面坑洼不平，填土段的人行道地板砖出现开裂。后针对该段路面进行了物探检测，幸未发现空洞，但部分位置出现较大范围的土体松散，我部及时进行了注浆加固处理，避免了可能会出现的安全隐患。

主要沉降历时时间近 3 个月，期间对应点位完成了从开挖到回填注浆到衬砌完毕的阶段，可见在衬砌完成之前，即使隧道初支已封闭成环，若地层条件较差（本地段为砂质黏性土），仍不能确保对地表沉降的有效控制，及时施作二衬才为最可靠的办法。

此外地表沉降开始时，掌子面距离沉降点距离尚有 20 m 距离，可见在地表沉降的原因组成中，失水亦为重要原因。经总体分析，地表沉降的组成中，由于失水原因引起的沉降约占到 60%，土体扰动约占 40%。施工中洞内的注浆止水及地表的袖阀管补偿注浆措施显得至关重要。

2. 拱顶沉降

区间洞内拱顶沉降监测点每 10 m 布设一组，部分地段 5 m 布设一组测点。选定部分变形较大区域拱顶沉降数据见表 7-14。以下点位也属于怡景路段，与表 7-13 点位位置基本对应。

表 7-14　洞内拱顶沉降部分监测数据

里程	编号	累计沉降(mm)	里程	编号	累计沉降(mm)
DK37+490	YGD1−10	−107.7	DK37+460	ZGD1−7	−106.4
DK37+500	YGD1−11	−103.6	DK37+470	ZGD1−8	−108.4
DK37+510	YGD1−12	−103.4	DK37+480	ZGD1−9	−118.7
DK37+520	YGD1−13	−90.1	DK37+490	ZGD1−10	−120.9
DK37+530	YGD1−14	−65.0	DK37+500	ZGD1−11	−131.5
DK37+539	YGD1−15	−42.0	DK37+510	ZGD1−12	−81.4
DK37+548	YGD1−16	−53.2	DK37+520	ZGD1−13	−55.8
DK37+552	YGD1−17	−71.0	DK37+530	ZGD1−14	−75.7
DK37+556	YGD1−18	−19.1	DK37+539	ZGD1−15	−121.3
DK37+560	YGD1−19	−50.0	DK37+548	ZGD1−16	−83.3
DK37+569	YGD1−20	−51.2	DK37+550	ZGD1−17	−51.6

选取代表性点绘制沉降历时曲线图，如图 7-54 所示。

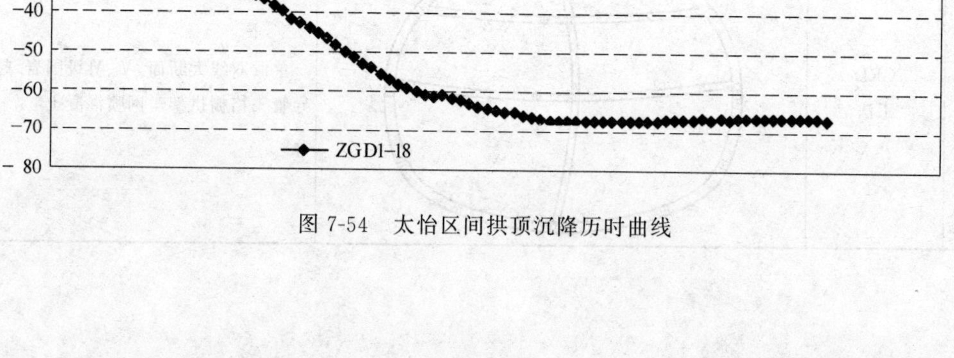

图 7-54　太怡区间拱顶沉降历时曲线

如图7-54所示，拱顶沉降历时2个月，累计值近7 cm，直到衬砌完成才基本结束，沉降速度最大值位于开挖后5天内，该段时间下台阶尚未封闭成环。成环后，速率有所降低，但依然在沉降。

3. 沉降规律分析

分析太怡区间地表沉降历时曲线及拱顶沉降历时曲线速率发现，地表和拱顶沉降最大值出现在地质情况较差、存在较多砂层、含水量丰富的软弱地层中。地表和拱顶沉降速率最大值在上台阶已经开挖但下台阶未封闭成环的地段。拱架封闭成环后，沉降速率降低，直到衬砌完成，沉降基本结束。

对比地表及洞内沉降，地表沉降量远大于洞内沉降。究其原因，其一为地表沉降受失水原因影响较大；其二，洞内沉降一定数量，引起上方土体松散失稳，并形成松散圈逐步向上扩散，反应到地表时，沉降值明显加大；其三，洞内沉降监测时间一般要滞后于变形起始时间，监测数据中洞内累计沉降值小于实际沉降值。

第三节　基本工法适用性和辅助工法针对性评价

1. 基本工法

太怡区间隧道采用矿山法施工，为马蹄形结构。施工采用了多种工法，具体工法介绍见表7-15。

表7-15　基本工法实用性介绍

编号	工法名称	示意图	适用性
1	上下台阶法	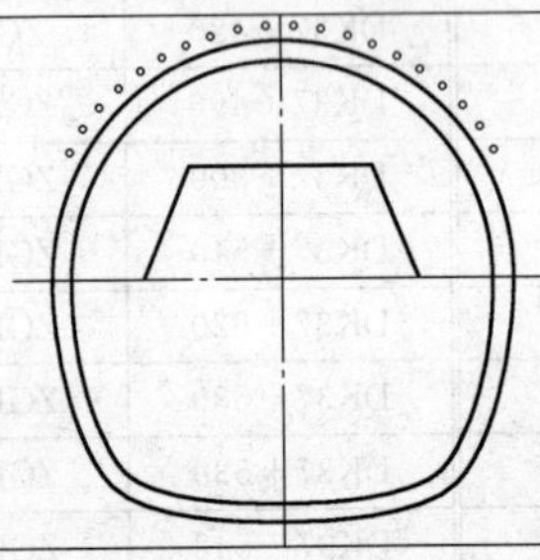	Ⅴ、Ⅵ级围岩单洞单线小断面隧道，超前小导管＋格栅拱架＋网喷混凝土，上台阶预留核心土
2	中导洞法	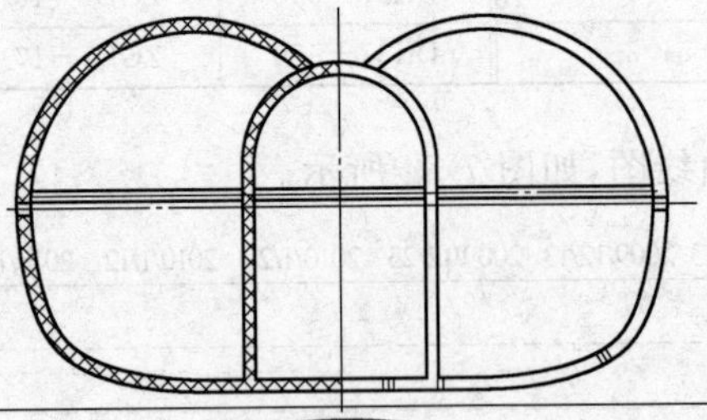	双联拱隧道，Ⅴ、Ⅵ级围岩超前小导管＋格栅拱架＋网喷混凝土
3	CRD工法	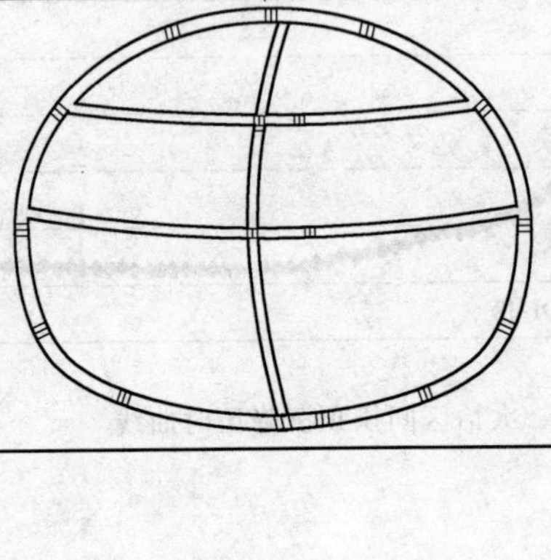	单洞双线大断面，Ⅴ、Ⅵ级围岩，超前小导管＋格栅拱架＋网喷混凝土

2. 辅助工法

针对围岩级别比较差的地层，采用超前小导管注浆、深孔注浆、增设临时仰拱等辅助施工，以此保证围岩稳定。

(1)超前小导管

超前小导管通常打设在拱顶，长度 3 m，间距为 3 根/m。掌子面局部不稳定时也会在掌子面打设超前小导管。

1)超前小导管注浆作用

①拱顶止水帷幕作用；

②拱部土体加固作用；

③对上部土体托抬的作用。

2)超前小导管优缺点

①优点

a. 打设方便，设备简单，易于操作；

b. 循环周期短，掌子面不稳定时随时可以打设超前小导管并注浆；

c. 不需要施作止浆墙，节约成本。

②缺点

a. 小导管通常只有 3 m 长，注浆范围有限；

b. 注浆所用压力较小，注完浆后就开挖，土体加固效果不会很理想。

(2)深孔注浆

深孔注浆通常打设在掌子面，注浆管间距 400～800 mm。注浆深度可以达到 30 m。

1)深孔注浆作用

①全断面止水帷幕作用；

②全断面土体加固作用。

2)深孔注浆优缺点

①优点

a. 一次性打设深度大，注浆范围大；

b. 注浆压力较大，止水、加固效果好。

②缺点

a. 在注浆前需要现在掌子面施作止浆墙，成本较高；

b. 注浆一个循环周期较长；

c. 钻孔需要专门的设备，成本较高；

d. 曲线段上一次打孔深度不能太深，否则会偏开挖面以外。

(3)临时仰拱

软弱围岩段，特别是富水地层，土体自稳性特别差，遇水容易崩解，在这种围岩中开挖隧道时需要增设临时仰拱。

临时仰拱通常采用工字钢或钢格栅。临时仰拱的作用有：

1)临时仰拱落于下台阶土体上，可以有效防止上部拱架下沉；

2)临时仰拱与两侧拱脚焊接，对拱架起横撑的作用，可以减小隧道水平收敛。

第四节　合理化建议

(1)在富水软弱围岩地层中做暗挖隧道，具备盾构施工条件时，建议均采用盾构法施工。

从整个 5307 标项目来看，太怡矿山法区间 1＃竖井至怡景站段与怡黄盾构区间所处地层十分相似。但从监测数据来看，矿山法区间沉降变形量已经远远大于了允许最大变形量，而盾构区间的沉降变形量基本全部在最大变形范围内。

因此建议富水软弱围岩隧道尽可能采用盾构法施工，能最大限度地降低施工风险。

(2)建议根据不同地质条件、不同周边环境来决定变形报警值，而不是用同一个标准来衡量所有变形。

第九章　主要机械设备投入

第一节　主要机械设备投入

1.1＃竖井主要机械设备投入

1＃竖井主要机械设备投入见表7-16。

表7-16　1＃竖井主要机械设备投入表

序号	设备名称	规格型号	数量	设备来源
1	电动葫芦井字架	CD10 t×45 m	1	自有
2	电动空压机	LS160-100HAC	1	自有
3	电动空压机	LS160-100HAC	1	外租
4	电动空压机	LS20S-200HAC	3	自有
5	电动空压机	P950E	1	自有
6	轴流通风机	45 kW×2	1	自有
7	轴流通风机	22 kW×2	1	自有
8	轴流通风机	18.5 kW×2	1	自有
9	挖掘机	PC210	1	土方作业队
10	挖掘机	PC60-7	1	隧道施工队
11	挖掘机	PC55MR-2	2	隧道施工队
12	自卸低速货车	LM4010DA	4	隧道施工队
13	挖掘机	PC55MR-2	2	外租
14	自卸低速货车	LM4010DA	3	隧道施工队
15	混凝土输送泵	HBT80-1816S	4	外租
16	模板台车	9 m标准断面	3	自有
17	模板台车	9 m标准断面	1	租赁四处
18	装载机	宜工ZL30	2	外租

2. 2＃、3＃竖井主要机械设备投入

2＃、3＃竖井主要机械设备投入见表7-17。

表7-17　2＃、3＃竖井主要机械设备投入表

序号	设备名称	规格型号	数量	设备来源
1	桥式起重机	QD32/5	1	自有
2	电动空压机	LS160-100HAC	1	自有
3	内燃空压机	阿特拉斯1026	1	外租
4	电动空压机	LS20S-200HAC	2	自有

续上表

序号	设备名称	规格型号	数量	设备来源
5	电动空压机	LS20S-200HAC	1	自有
6	轴流通风机	45 kW×2	1	自有
7	轴流通风机	22 kW×2	2	自有
8	挖掘机	PC210	1	土方作业队
9	挖掘机	加腾 HD512	1	外租
10	挖掘机	PC60-7	4	外租
11	挖掘机	PC60-7	2	隧道施工队
12	挖掘机	PC55MR-2	2	隧道施工队
13	自卸低速货车	LM4010DA	4	隧道施工队
14	自卸低速货车	LM4010DA	3	外租
15	混凝土输送泵	HBT80-1816S	3	外租
16	模板台车	9 m 标准断面	3	自有
17	模板台车	9 m 标准段面	1	租赁四处
18	模板台车	9 m 大断面	1	自有
19	模板台车	6 m 大断面	1	自有
20	模板台车	9 m 双联拱	1	自有

第二节　对提高生产率的建议

机械设备是项目的主要生产力，机械设备管理的好坏直接影响到工程施工的进度、质量和效益。本着科学管理、合理使用、精心保养、计划修理和安全生产的原则，结合本项目实际，对提高施工生产率建议如下：

(1)设备的选型要本着“先进、经济、实用、安全、节能”的原则进行优化选择，性价比要最佳。设备选型要充分体现实用、配套，充分发挥机械的效率，降低成本。

(2)加强过程管理，加强设备的“管、用、养、修”及状态监控，杜绝设备带病作业。

(3)积极推进人性化管理，充分体现企业的人文关怀。自有设备也好，外租设备也好，对于操作人员，要经常去掌握他们的生活、工作及思想状态，节假日福利予以考虑，让他们充分感觉到他们是企业的一分子，愿意为企业效力。这样才能更安全、高效地发挥机械的效能，对生产、工期及效益都是百利而无一弊。同时，针对抢工期间也适当采取激励措施，有条件的提高他们的收入，对抢工也是很有成效的。

(4)我项目后期无论是开挖还是二衬，都是处于抢工状态，在保证履约的前提下，适时、适量增加机械投入是保证工期的一个重要措施。针对抢工期间的机械配置，要灵活多变，充分利用社会资源，最大限度地增加机械投入，齐头并进，只要有工作面就要有相应的机械投入。同时对维修水平低、重使用轻保养现象予以指正，提高其保养水平，提高设备的利用率，减少故障停机率，对抢工也是一个极大的推进。

第十章 进度统计

第一节 不同地层、不同断面月平均进度指标统计

1. 地质情况

太怡区间中间部分穿越地层主要为中～微风化混合岩，岩层破碎，围岩等级Ⅲ～Ⅳ级，其余地段主要为强～全风化混合岩及砂质、粒质黏性土，地质条件极差，含水量丰富，围岩等级Ⅴ～Ⅵ级。

2. 断面划分

区间共含 11 种不同断面，其中包括台阶法、CRD 法、CD 法、7 部 CRD 法及双联拱中导洞法等多种支护形式断面，结构形式复杂。

不同地层、不同断面月平均进度指标统计见表 7-18。

表 7-18 不同地层、不同断面月平均开挖进度统计表

序号	断面标准及施工方法	围岩级别	月平均进度指标
1	标准断面台阶法	Ⅵ	20
2	双联拱中导洞法	Ⅵ	26
3	大断面 CRD 法	Ⅵ	24
4	标准断面台阶爆破法	Ⅲ～Ⅳ	70
5	大断面台阶爆破法	Ⅲ～Ⅳ	45

第二节 实际进度与计划进度关系

前期因施工组织、资源配备等原因，实际进度均较计划滞后。后期通过非常规加大资源投入，施工组织的不断纠偏，基本抢回前期滞后工期。其进度关系见表 7-19。

表 7-19 实际进度与计划进度关系统计

序号	断面标准及施工方法	围岩级别	计划月平均进度	实际月平均进度
1	标准断面台阶法	Ⅵ	25	20
2	双联拱中导洞法	Ⅵ	25	26
3	大断面 CRD 法	Ⅵ	25	24
4	标准断面台阶爆破法	Ⅲ～Ⅳ	80	70
5	大断面台阶爆破法	Ⅲ～Ⅳ	50	45
6	小断面衬砌		200	220
7	大断面衬砌		45	90
8	双联拱衬砌		90	90

第三节　抢工时间统计及抢工进度指标

1. 太怡区间开挖初支抢工时间及抢工进度指标统计

(1)1＃竖井至怡景站

右线:计划2009年11月15日隧道开挖贯通,实际按计划于11月15日完成上下台阶贯通。

左线:计划2009年12月25日开挖贯通,实际于2009年12月21日完成。进度指标(怡景站工作面1.2 m/日,1＃井工作面0.6 m/日)。

(2)1＃竖井至2＃竖井(小断面部分)

①左线5 m/日计划指标,2010年1月17日完成。

②右线5 m/日计划指标,2010年1月26日完成。

(3)2＃竖井至太安站

①计划2009年11月7日完成双联拱右侧洞开挖。

②左线1-1断面(小断面)双向开挖,日进度2 m/日,2009年12月6日开挖贯通。

③右线1-1断面11月10日太安站工作面启动施工,三工作面开挖,日进度3 m/日,2009年12月30日开挖贯通。

2. 区间二次衬砌抢工时间及进度时间统计

区间二次衬砌抢工时间及进度时间统计见表7-20。

表7-20　二次衬砌抢工时间及进度统计

序号	部位	台车编号	断面形式	任务总量	抢工期天数	抢工期进度指标
1	1＃竖井至怡景站左线	1＃	1-1	340 m	40	9 m/天
2	1＃竖井至怡景站左线	2＃	1-1	340 m	39	9 m/天
3	1＃竖井至2＃竖井左线	3＃	8-8	580 m	70	9 m/天
4	1＃竖井至2＃竖井右线	4＃	8-8	580 m	72	9 m/天
5	2＃竖井至1＃竖井左线	5＃	8-8	392.1 m	47	9 m/天
6	2＃竖井至1＃竖井右线	6＃	8-8	386.6 m	45	9 m/天
7	大断面(7-7)	7＃	7-7	27.8 m	12	6 m/2天
8	大断面(6-6)	7＃	6-6	28 m	12	6 m/2天
9	大断面(5-5)	8＃	5-5	135.3 m	62	9 m/4天
10	双连拱(4-4)左线	9＃	4-4	27 m	11	9 m/3天
11	双连拱(3-3)左线	9＃	3-3	50 m	21	9 m/3天
12	双连拱(4-4)右线	10＃	4-4	27 m	11	9 m/3天
13	双连拱(3-3)右线	10＃	3-3	50 m	21	9 m/3天
14	双连拱(2-2)右线	10＃	2-2	32 m	12	9 m/3天
15	2＃竖井至太安站右线	11＃	1-1	144.7	18	9 m/天

第四节　实际工期与合同工期的关系

(1)实际工期：

太怡区间开工时间为 2008 年 3 月 1 日，实际太怡区间隧道开挖开始时间为 2008 年 10 月 1 日，全线贯通时间为 2010 年 1 月 26 日。隧道二衬开始时间为 2009 年 8 月 25 日，全线洞通时间为 2010 年 4 月 28 日。

(2)合同竣工日期：2010 年 6 月 30 日。

(3)实际工期与合同工期的关系：

太怡区间合同竣工工期为 2010 年 6 月 15 日，南方公司与地铁公司签订合同为 2010 月 2 月 28 日实现“洞通”，后根据太怡区间实际施工难度，将最后关门工期节点定于 2010 年 4 月 30 日。

我部于 2010 年 4 月 28 日实现全线衬砌贯通。满足了业主及合同工期的要求。

第五节　进度滞后的主要原因分析

(1)工程位于深圳市罗湖区，为特区内最繁华市区，周边环境非常复杂，隧道邻近并穿越的建筑群有南城百货、东晓肉菜市场、百仕达花园、百仕达东郡、万事达酒店、罗湖康复中心、新岭山庄、阳光绿地花园、东湖丽园、湖滨新村及怡景花园等，本工程由于前期方案的多次调整及征地拆迁周期长，较策划开工日期滞后近四个月。

(2)太怡区间隧道结构形式复杂，断面变化过度频繁，在 2＃竖井不良地质段长距离下穿南城百货等建筑物，并与 7 号线隧道重叠设置。本区间隧道为地铁 5 号线施工难度最大的区间隧道之一。

(3)工程前期的软弱地层施工阶段，受洞内及地表建筑物变形控制的影响，曾先后暂停隧道开挖来完成横通道及竖井二衬，并多次停工来进行地面补偿注浆加固等措施，致使该隧道开挖进度指标较低，工期不同程度滞后较多。

(4)工程前期对进度管理认识不足，资源配备数量不足，现场分包管理存在漏洞，策划施工方案执行力度不够，致使前期工期在一定程度上有所滞后。

第十一章 对周边环境影响情况及处理措施

第一节 对周边环境影响情况

太怡区间地表环境复杂，依次穿越南城百货、东晓肉菜市场、百仕达东郡、百仕达花园、冬青物业、万事达酒店、新岭山庄、阳光绿地、东湖丽苑、湖滨新村，以及怡景花园等11栋建筑物，大部分均为浅基旧式建筑物。施工过程受隧道开挖土体扰动及失水原因影响，多数建筑物均产生不同程度的开裂、变形或脱皮等现象。

以冬青物业及怡景花园房屋为例，施工过程经监测数据分析，距隧道结构边线10 m内的房屋均有不同程度的沉降变形，虽大多数点位沉降数值均在3 cm(规范值)以内，但因建筑物结构及基础形式较弱，导致出现了较多的开裂、变形等现象。

1＃竖井至怡景站段地表主要为怡景路路面，由于该段地层条件极为恶劣，地表路面沉降最大值达到80 cm，致使路面凹凸不平，引起各方高度重视。

太怡区间3座竖井均设置在闹市区，通风设备的噪声以及空气污染等曾多次遭到居民投诉，多次进行停工整顿。

太怡区间地表管线众多，含燃气、给水、电力、排水及通信等各类管线，施工工程因地表沉降较明显，对管线也产生不同程度影响。尤其为中高压燃气管，施工过程中燃气公司曾多次发函提醒我部对管线注意保护，并派专人每日跟踪巡检。

第二节 处 理 措 施

1. 地表注浆

为控制地表和房屋沉降，采取袖阀管补偿注浆，注水泥-水玻璃双液浆。注浆完成后，在建筑物与帷幕之间设回灌井，通过水位监测进行地层水回灌。

采用地表补偿注浆法对建筑物沉降进行控制，其原理为通过水泥浆液以一定压力渗透入土体空隙中间，补偿前期造成的土体失水，同时与周边土体进行混合凝结，施工对土体起到加固强化作用，从而可达到以下两种效果：

(1)填充松散土体间的空隙，堵塞地面以下隧道底以上土体渗透水流路径，形成一道止水帷幕，降低洞内失水对建筑物周边土体下沉的影响。

(2)较大范围的土体加固，在建筑物桩基附近形成面积较大、密实性较好、强度较高的土体筏板，降低因失水原因引起沉降的敏感度。

为防止浆液流窜至市政管道中，浆液采用浓度较高的双液浆，使得浆液渗入土体后能迅速凝结。

为增强注浆效果，扩大加固范围，袖阀管三排布置，呈梅花形，排间距50 cm，沿线路方向间距 1 m。注浆区域远离建筑物 2.5 m，深度为洞底以下 1 m。

另在注浆区域与建筑物之间设置一定数量的回灌井，以防地层失水未得到有效控制的情况下进行水位回灌处理，同时也可作为水位回灌井。图 7-55 为百仕达花园地表注浆孔位布置情况，其他建筑物如冬青物业、怡景花园等情况类似。

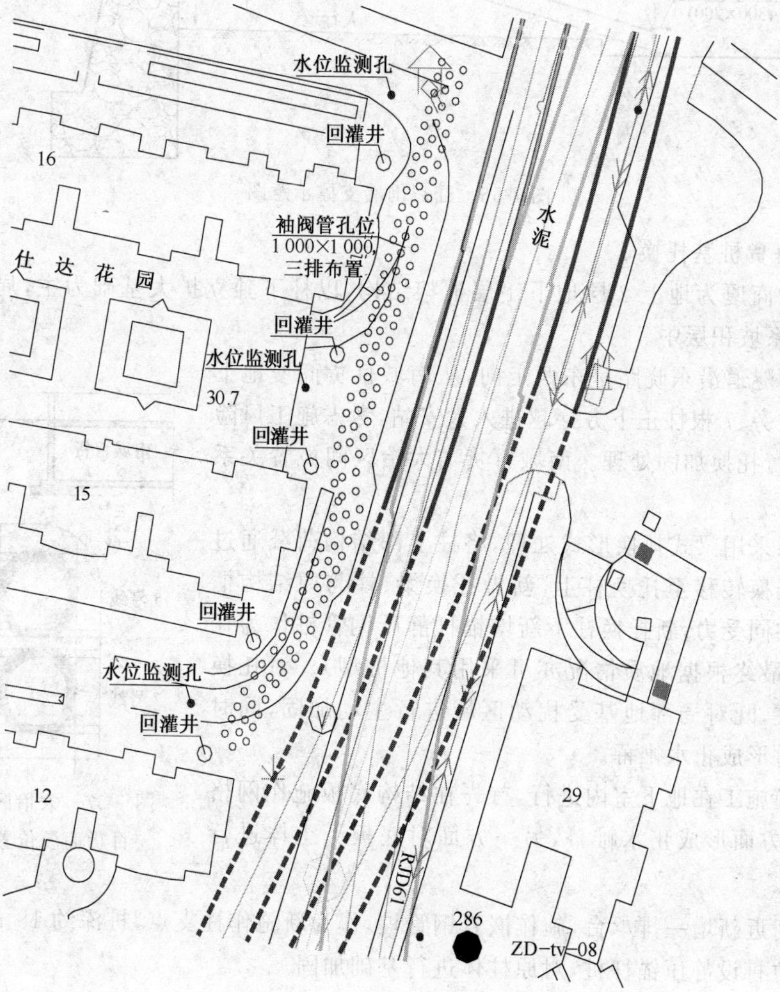

图 7-55　袖阀管平面布置图

2. 建筑物结构支撑补强

对于一些简易结构，如围墙、保安厅等，结构形式较差，仅依靠地表注浆处理仍不能解除安全隐患，需进行结构补撑加固。此类建筑物在工程完工后均需进行拆除重建，因此加固措施较为直接、实用，未考虑美观等方面的要求。

图 7-56 为百仕达花园围墙的加固形式，因前期该围墙出现较大倾斜现象，采用型钢对围墙直接支撑。

3. 洞内支护加强

在采取地表加固措施的同时，在洞内适当将支护形式加强。本工程采用的深孔注浆、增设临时仰拱及格栅拱架加密等措施，前面章节均有详述。

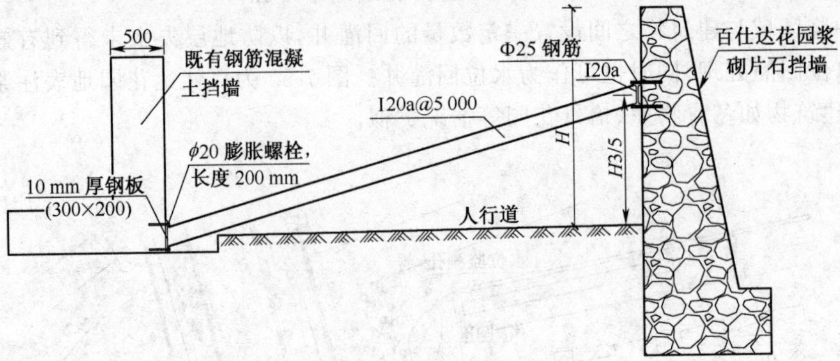

图 7-56 开裂围墙支撑示意图

4. 南城百货桩基托换

南城百货商厦为地上 2 层地下 1 层框架结构,以柱下独立扩大基础为主,局部为条型基础,位于第四系坡积层中。

太怡区间隧道沿东晓路呈东西走向,从南城百货商厦地下室东侧 2 根柱旁、7 根柱正下方穿越进入太安站,考虑施工风险较大,必须进行托换加固处理。南城百货与太怡区间位置关系见图 7-57。

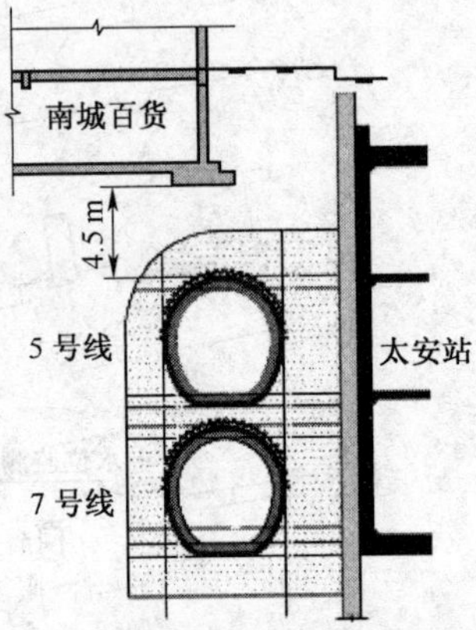

图 7-57 太怡区间于南城百货商厦位置关系图

托换体系采用梁式托换形式处理,将柱上部结构荷载通过大刚度梁柱托换转移至托换柱上,新做托换梁、柱与原结构框架形成整体共同受力,新托换柱下新增锚杆静压钢管桩作为托换桩(支点处最终根据地质情况亦可采用其他桩型)。对托换区域做旋喷桩,既对局部地基受扰动区域进行主动加固,同时在基坑开挖时形成止水帷幕。

桩基托换施工在地下室内进行,首先在结构底板施作网格式旋喷桩,一方面形成止水帷幕,另一方面对底板下土体进行预加固。

在结构附近新增一排承台,施作嵌岩钢管桩,作为新施作柱支点,桩深约 18 m。在距结构第 2 排原柱位打设静压锚杆桩,对原柱体进行基础加固。

将距隧道结构三排柱以内的原柱及原主梁进行截面加大,原次梁进行粘钢。施工新增托换柱及新增斜撑,将对应位置梁进行截面增大,见图 7-58。

通过以上措施,将南城百货结构进行加强,混凝土强度达到后,对新加柱下嵌岩钢管桩进行主动预顶,使新增的托换梁柱体系受反力上抬,从而控制建筑物的沉降变形。

预顶完成后,再展开隧道开挖。开挖过程中,加强监测控制,根据建筑物沉降情况,适时对托换体系进行补充顶升。隧道施工完成后,进行封桩。

桩基托换施工工序见图 7-59。

桩基托换施工过程及隧道穿越过程加强对南城百货的监控量测。

(1)在托换施工期间,对下列项目进行监测:

① 构筑物沉降、倾斜和裂缝。

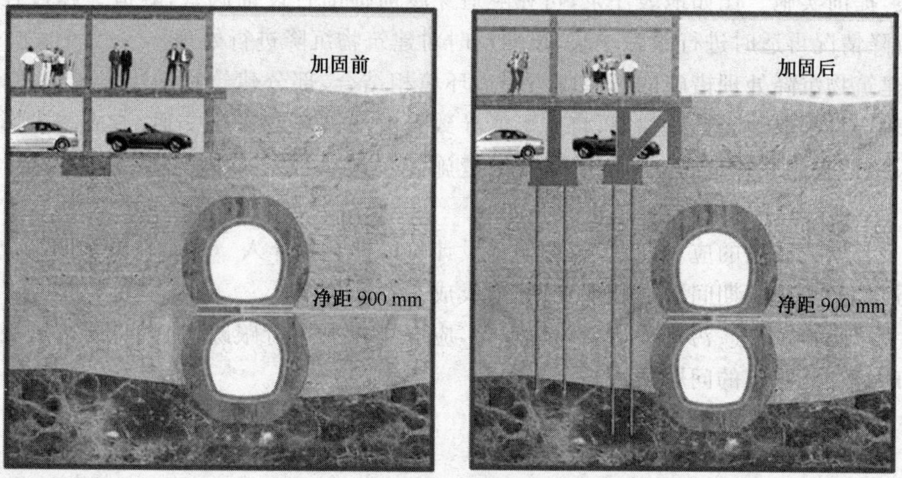

图 7-58　南城百货桩基托换前后对比图

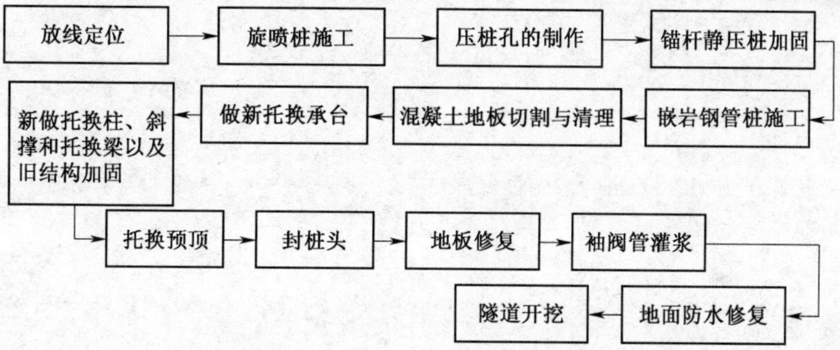

图 7-59　南城百货桩基托换工序流程图

② 托换梁的拉伸变形。

③ 基础的沉降变形。

④ 托换梁的轴向变形、反拱挠度和裂缝。

⑤ 地下水位。

⑥ 新增基础、原基础的高程观测。

(2)在隧道开挖期间，对下列项目进行监测：

① 建筑物沉降。

② 地面沉降变形。

在完成隧道施工以后，对建筑物沉降进行监测。

南城百货桩基托换施工于 2010 年 2 月全部完成，其后隧道穿越过程建筑物未产生明显沉降，达到预期效果。

第三节　合理化建议

(1)施工前须详细调查线路周边建筑物结构及基础形式，根据建筑物结构资料，尽早确定处理方案，提前实施。比如地表注浆，可在隧道穿越前提前打设袖阀管，隧道穿越过程中根据建筑物沉降情况再适时进行跟踪注浆，以便及时对建筑物沉降进行处理。

(2)建筑物沉降处理措施的选择应与周边环境相结合，部分建筑物周边车流密集，管线情况复杂，若盲目采取地表钻孔注浆，将有可能导致管线的破坏或影响交通，造成恶劣影响。如果确定采用地表注浆加固法，则必须调查清楚施工场地管线分布情况，先施作探坑，再进行钻孔。

(3)关于周边环境的应对问题，应在初步设计阶段即开始介入。尽量在设计图纸上反映环境处理方案，避免施工期间增加处理费用，造成成本亏损。

(4)关于噪声、废气、污水等污染环境现象，应安排专人进行跟踪，加大与周边居民的协调力度，及时解决暴露出的问题。

第十二章　施工通风技术

1. 通风方式

隧道采用压入式通风，风机置于竖井口提升井架旁。太怡区间含 3 个竖井，每个竖井均作为单独的通风口。

通风简图如图 7-60、图 7-61 所示。

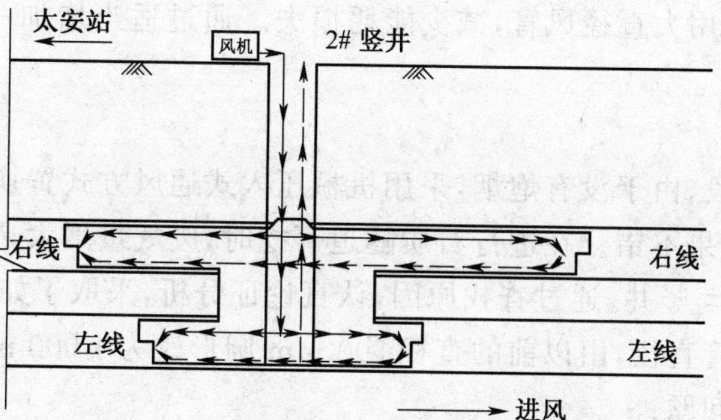

图 7-60　太怡区间 2＃竖井通风示意图

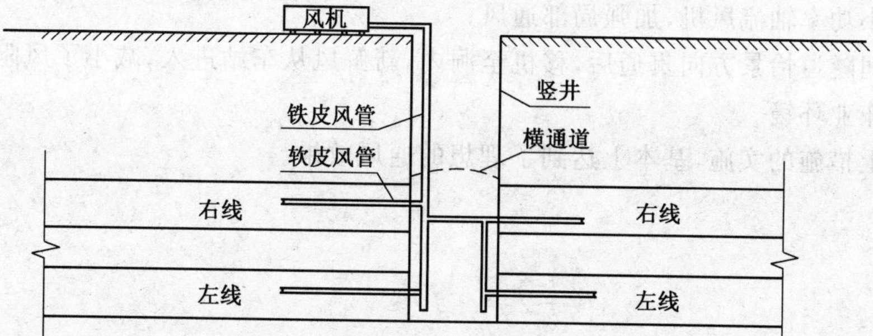

图 7-61　太怡区间隧道通风节点处简图

2. 通风机配置及通风管布置

(1)通风机配置及主要性能参数见表 7-21。

表 7-21　通风机配置及主要性能参数表

设备名称	规格型号	数量	所在位置	全压(Pa)	转速(r/min)	电机功率(kW)
隧道风机	SDF(A)-2F45	1	1＃竖井	4 100	1 480	45×2
隧道风机	SDF(A)-No6.5	1	1＃竖井	720～3 900	1 480	22×2
隧道风机	SDF(A)-2F45	1	2＃、3＃竖井	4 100	1 480	45×2
隧道风机	SDF(A)-No6.5	2	2＃、3＃竖井	720～3 900	1 480	22×2

(2)通风管布置

1＃竖井及 2＃、3＃竖井通风管布置均采用如下方式：风机出口、竖井段、横通道及隧道正洞洞口采用刚性通风管(铁皮通风管),正洞采用 ϕ800 柔性风管,悬挂在隧道左侧壁,距离拱顶1 m左右。

3. 通风效果评价

(1)隧道施工环境标准

我国《矿山安全规程》及《铁路隧道施工技术规范》规定:洞内空气成分(按体积计)凡有人工作的地点,氧气(O_2)的含量不低于20%,二氧化炭(CO_2)的含量不得大于0.5%。洞内风量要求:每人每分钟供应新鲜空气不应少于3 m^3,柴油设备千瓦/分钟需要新鲜空气不小于3 m^3。

(2)通风设计原则

充分利用现有设备,在满足通风效果的前提下,进行合理调配,减少新购风机的数量。在净空允许的情况下,采用大直径风管,减少能耗损失。通过适当增加一次性投入,减少通风系统的长期运行成本。

(3)效果评价

土质隧道施工阶段,由于没有炮烟,采用机械压入式通风方式置换新鲜空气可以满足掌子面的通风需求,通风效果不错。在进行石质隧道开挖时,废气量增大,里程不断增加,通风效果骤减,表现突出的是1#竖井,通过查找原因,认真论证分析,采取了如下的解决措施:

①增大风机进风管直径,由以前的直径700 mm圆形改为1 000 mm×800 mm矩形,解决了风机风管不匹配的问题;

②改善管路,对漏风点及时修补,加强巡视;

③利用小功率轴流风机,加强局部通风;

④在区间隧道怡景方向贯通后,移机至洞内,新鲜风从车站进入,减小了风阻,极大地改善了隧道内的作业环镜。

通过以上措施的实施,基本上达到了理想的通风效果。

第十三章　安全管理措施及评价

本工程施工涉及的主要重大危险源为下穿建筑物且为富水、软弱、复杂地层暗挖隧道的开挖施工；过5号线和7号线重叠段穿越南城百货桩基托换施工；竖井井架提升系统起重吊装作业；模板台车及脚手架模板体系安装；CRD段及双联拱段初支临时中隔墙和临时支撑拆除；现场施工用电等。

第一节　系统管理措施及评价

1. 制度方面

本项目工程开工后制定了安全管理制度、安全生产岗位责任制、安全奖罚制度和安全责任目标考核制度等。各项制度健全和完善，安全岗位责任明确，但实际执行和贯彻落实上十分困难，"一岗双责"得不到有效的执行和落实。这也是很多项目的一种普遍现象，是各种综合制约因素造成的。

2. 教育培训方面

每一批新工人进场后，由综合办公室及时进行登记建档、签订劳动合同，办理工作卡和平安卡，组织安全环保、工程、机电设备等相关系统部门进行入场"三级"安全教育和培训以及施工方案和安全技术交底。其中专项安全施工方案和关键技术交底由项目总工程师主持交底，所有相关的施工、技术、安全以及作业人员参加；一般性技术交底和安全技术交底由工程部和安全环保部部门负责人主持，所有相关的施工员、技术员、安全员以及作业人员参加。结合深圳地区安全监督管理的特点和本工程结构和施工特点、存在的危险源和环境条件，对所有新进作业人员均进行了安全形势教育、危险源告知、现场安全自我防护注意事项告知及职业健康方面注意事项的告知。另外针对城市施工的特点，对作业人员在文明施工和环境保护方面也做了宣传教育和相关规定的告知。

根据人员结构和实际情况，采取集中讲解、发放教育培训资料、观看典型案例幻灯片、对个人防护用品使用和消防设施使用进行演示、现场随机抽查询问等方式。每批教育培训均有参加人员本人签字，每批入场教育培训都留存有照片资料，特种作业人员证件由办公室集中管理。各项资料分门别类，集中管理。

教育培训方面存在的问题是相关的系统部门及管理人员的认识不到位，履责和配合不到位，总认为安全教育培训和安全技术交底就是安全管理部门的事情，造成新进场人员不能及时登记建档，教育培训效果不佳，尤其是不能做到人员的动态化管理。

3. 危险源管理

根据工程内容，组织进行了危险源辨识，合理确定重大危险源，针对不同的危险源和特点制定了预防和控制措施，对重大危险源编制了应急预案，现场准备了必要的应急物资设备和材料。现场所有相应危险区域或部位均悬挂了安全警示标识牌进行提醒，同时对重大危险源预防和控制措施及控制责任人在现场进行了公示，现场由管理人员进行过程监督管理控制。

在现场危险源管理方面主要是管理人员的系统管控意识、自觉性和主动性不够，相互协作配合做得不够。

4. 日常管理

专职安全员每天进行巡查，并做好相应的跟踪落实和记录。每周、每月坚持开展由监理和施工单位联合组织进行的安全生产检查和安全生产事故隐患排查治理，按“三定”原则整改落实，在限定的时间内进行验证复查。对日常检查或定期检查中发现的问题或隐患，通过现场口头通知提醒，并在下发书面整改通知后仍未整改落实，或屡次三番违规违章的，对相关作业班组人员或协作队给予扣除相应的违约金处理，问题突出或屡禁不止的，给予加倍处罚。定期召开安全生产会议，集中分析讨论和协调解决安全生产方面存在的突出问题。

现场管理存在的误区和难度主要体现在全员参与安全管理的意识十分不够。多数管理和施工作业人员认为，安全管理是安全部门和安全管理人员的事，与自己无多大关系。在这种意思和意识下，多数管理和作业人员在施工现场“看不到”身边的安全事故隐患或对看到的安全事故隐患“视而不见”，没有真正体现“管生产必须管安全”的思想。仅仅依靠几个专职安全管理人员来达到全面安全监督管理是不可能的，要做到全员真正参与安全生产管理也是任重而道远。

因此，要通过各种途径和方式，加强员工的素质教育，只有解决人的思想问题，才能发挥全员参与安全监督的作用，才能做到“安全生产，人人有责”，才能深入全面推行“一岗双责”，才能真正实施“群众性安全监督员”的安全管理，使安全管理工作深入到各个岗位，现场各个工序、各个角落，做到全员、全过程、全方位的规范有序的安全监督管理体系，这样无疑会大大减少现场各种违规违章行为，从而有效遏制各类安全事故隐患的出现。

5. 对协作队伍的选择和管理

协作队伍的资质、管理人员的素质和管理能力、资源配置及综合实力直接关系着一个项目的安全生产管理的成败。综合多数项目情况来看，安全生产管理的重、难点和突出矛盾主要体现在对协作队伍的管理和控制上。

在生产过程中主要体现在协作队伍片面追求经济利益，安全措施费用方面不愿意投入，不重视、不配合项目部安全管理的情况十分突出；协作队伍现场管理人员配置不足，没有专人配合项目部进行日常的安全教育培训、开展安全活动和现场的安全监督管理，这些工作就完全依赖于项目部的管理人员来做。个别作业队对项目部的安全监督管理不理解、不配合、不接受，甚至于抵触、发生矛盾冲突的情况也时有发生。再加之作业队伍作业人员的流动性频繁，这些因素的存在，一定程度上给项目安全管理控制带来很大的难度。

因此每一个新上项目，对于协作队伍的选择上要严格把关，选定和进场的协作队伍必须按合同要求配置满足安全生产的人力和机械设备资源，必须无条件服从项目安全生产各项管理工作。

6. 专业管理人员和专职安全管理人员的配置

专业管理（如机电）人员和专职安全管理人员是一个项目安全生产管理的重要组成部分，根据公司目前的经营和生产规模，有一定文化水平素质和业务知识水平的专业机电管理人员和专职安全管理人员严重不足，现有相当一部分机电和安全员连基本的内业资料都不会，面对外部的各种安全检查就无所适从，难以达到专业和专职的安全生产管理。

根据目前建筑市场的形势和监督管理的需要，必须选用一批具有一定学历和文化水平及业务水平的人员进行培养，让他们充实到安全管理岗位和机电专业管理岗位，并定期或不定期开展业务知识培训，提高他们的业务工作水平。

同时增加、储备和加强对特种作业人员的培训和取证工作，尤其是对项目工地上起经常用到的吊提升操作司机、司索工，指挥人员等必须由企业正式职工来担任，尽量不使用协作队伍的人员尤其是无证人员来从事这些工作。

第二节　安全技术措施及评价

1. 开挖支护

暗挖隧道的开挖支护是关键工序，从安全角度方面也是重大危险源，现场要按照安全技术交底要求进行开挖、超前预加固和支护、架设支撑体系，尤其是拱架安装施工一定要有技术人员监督指导和验收。另外日常容易忽视的一个工作就是在这些作业过程中，一定要有固定的专人观察和监测围岩的稳定性以及掌子面围岩和已完成的初支变化情况，确保有异常变化时能够做到第一时间发现并能立即组织作业人员迅速撤离作业面。另外在这种危险区域的作业人员一定要身体健壮，遇事反应敏捷，作业工序工艺熟练，作业时精神集中，工作中相互协作和配合，并尽可能缩短停留在掌子面的时间。

在这一点上，现场没有得到很好的落实，需要系统部门和现场技术、施工、安全等管理人员共同管理控制，才能起到应有的效果。

2. 超前地质探测

由于地下工程尤其是暗挖施工中，围岩地质的不确定性和复杂多变性以及深圳地区丰富的地下水，形成了暗挖施工潜在的重大危险源。因此，在地下暗挖隧道施工中，根据现场实际条件和已揭露的围岩情况选用钻孔设备采取超前地质探测措施是非常必要的。

3. 洞内排水

在暗挖隧道的开挖支护工序中，开挖下来的泥土往往不能及时转运出隧道外。由于深圳地区地下水极为丰富，另外如果洞内排水沟不畅通，往往在靠近掌子面附近区域形成泥浆，造成人员过往不顺畅，影响生产效率。已完成支护的拱脚长时间受水浸泡，造成支撑体系承受力减弱，进而形成了潜在的重大危险源。

因此，在暗挖隧道的开挖支护工序中，拱架基础要放在坚固可靠的地基上，必要时用木板等进行支垫。设置合理的排水沟并保持畅通，及时排水，保持靠近掌子面附近区域良好的作业环境和安全环境。

4. 洞内辅助设施

隧道内通风和照明效果，各种噪声往往是严重影响现场作业人员精神状况和身体健康状况的重要因素。这些因素使得作业人员没有一个很好的作业环境和安全环境，进而也会形成了潜在的重大危险源。

因此，在这一点上，需要相关系统部门和现场施工管理人员合理配置和维护好通风、照明及其他相关机械电气设施，为作业人员创造良好的作业环境和安全环境。

总之，系统管理是技术管理的前提，如果主要管理人员的系统管控意识、自觉性和主动性不够，所有的方案和安全技术措施就得不到百分之百的执行和实施。

第十四章　成本管理措施及评价

第一节　合同主要条件

1. 组织管理模式

深圳地铁5号线由深圳市政府投资建设。以BT的形式由中国中铁股份公司总承包建设(即投资、融资、管理、设计、施工总承包)。地铁公司设立地铁公司5号线分公司负责协调管理相关工作,中国中铁南方公司设立功能齐全的BT指挥部代表公司按项目法进行管理。

项目经理部由集团公司组建,下设三个工区,我工区负责承担太安路站～怡景路站区间及怡景路站的土建施工。

2. 合同环境

由我集团公司承建的深圳地铁5号线5307标,本标段施工总承包合同由集团公司与中国中铁股份有限公司签订。

合同为总价承包合同,初步设计到施工图阶段的优化盈余部分,工总与施工单位按3∶7分配,亏损由施工单位自行承担。

合同4%的风险包干费用,其中3%由工总直接截留,作统筹安排。其余1%给施工单位,同样承担与工总相同的合同风险。

BT指挥部按验工计价的总额计提2%的管理费。

依据BT指挥部的变更管理办法将变更设计分为A类变更设计和B类变更设计。A类变更设计规定与工总与地铁公司的合同规定相同。B类变更设计为地质原因等初步设计后自己原因引起的变更,只报经BT指挥部同意,地铁公司批准即可,但不增减费用。

其他合同条件同工总与地铁公司条件基本相似。

第二节　成本管理主要措施

我项目为A3类管理模式,目前采取措施如下:

(1)认真领会公司策划会精神,完善项目分包策划,根据项目分项工程大小、疑难程度分别采用专业分包和劳务分包,适当转移风险、锁定利润。根据集团公司和公司管理办法及集合5号线特殊性,钢筋、水泥、防水卷材采用甲供,型钢、商品混凝土采用局供,对于其他主材、钢管、水玻璃,根据公司管理办法进行统一购买,对于辅材,通过测算,由分包方承担。其优点是:一是有效减少材料的浪费,二是减小项目部在材料质量上的管理压力,从而将重点放在施工质量、安全文明施工、施工进度以及方案优化上。

(2)采用分项分包方式进行资源配置,加强分包控制和管理,是工程成败的重要因素。分包单价根据施工方案进行测算,结合深圳当前市场行情、公司正常价格水平确定,对于控制性项目采用模拟招标，力保引进的队伍具有相应的施工水平、良好的施工信誉和履约能力，且在同等条件下报价低。

(3)根据公司规定，成立责任成本管理小组，以项目经理为组长，总工为副组长，副经理、工程部、财务部、设物部、办公室负责人及合同部管理人员为组员组成合同招标管理小组。

(4)根据成本信息及项目实际情况施工前预测，使项目经理部在满足业主、集团公司及公司要求的前提下，选择成本低、效益好的最佳成本方案，在工程项目成本形成过程中，针对薄弱环节，加强成本控制，克服盲目性，提高预见性。为此制订一套适合本项目的成本计划，包括合同工期内生产费用、成本水平、成本降低率以及为降低成本所采取的主要措施和规划的书面方案。

(5)加强过程管理，确保消耗和收入都在计划内，随时揭示并及时反馈，严格审查各项费用是否符合标准，计算实际成本和计划成本之间的差异并进行分析，消除施工中的损失浪费现象，发现和总结先进经验。且持久本着公平、诚信合作，努力寻求双赢局面，具体措施为每月及时验工，对协作方人员、设备、材料做好现场记录，对其成本做到心中有数。

(6)加强分项完成工程成本测算。一是按照规定的成本开支范围对工程施工费用进行归集，计算出工程项目施工费用的实际发生额；二是根据成本核算对象，采取适当的方法，计算出该工程项目的总成本和单位成本，明确本项工程的盈亏。

(7)提高参建人员的成本管理意识，根据公司管理办法每月进行成本核算，不仅项目成本核算小组进行核算，现场管理人员做到人人了解合同，从控制成本的角度进行现场管理。

(8)加强材料管理，做好现场材料节超，对节余边角料及时组织相关人员进行清理，对周转材料及时进行清理堆码，有效减少材料浪费现象。

(9)优化施工方案，多个方案进行比较，在保证施工质量、安全、进度的同时，从成本角度进行考虑，做到干前先算、边干边算、干完核算，项目成本基本可控。

第三节　抢工时成本增加情况

业主要求深圳地铁5号线土建工程须于2010年2月28日全部完成。太怡区间单线总长近4 000 m，主要依靠两座竖井组织施工，断面形式繁多，地质条件恶劣，工程环境复杂，施工难度高，工期压力巨大。在前期竖井选址及征地拆迁工作就已较策划开工工期滞后近4个月，另外，受洞内及地表建筑物变形控制的影响，曾先后暂停隧道开挖，待横通道及竖井二衬完成后再展开，致使工期压力倍增，成为制约整个地铁5号线土建工程的关键线路之一。

为满足业主及BT方要求，在局、处、地铁公司、南方公司、监理等各方力量的支持帮助下，我项目多次进行详细的工期策划，制定了众多非常规抢工措施，在最终确保策划工期的同时，不可避免地增大了现场施工投入，主要有以下几项：

(1)在怡景站及太安站新增5个工作面。

(2)将原策划6台台车增加至11台。

(3)左右线隧道间增设了7个临时横通道。

(4)2＃竖井实施土方短驳，增加设备租赁。

(5)多工作面混凝土浇筑，增加混凝土输送泵。

(6)生产进度实施严格的考核制度。

(7)为满足现场需求,非常规投入挖掘机、装载机等。

涉及费用均为相较于原施工策划的成本增加,具体见表7-22。

表7-22 不同断面实际成本情况列表

序号	费用列支项目	增加费用金额(元)
1	工作面增加、动力供风系统增加费用	1 864 308.1
2	工作面增加、机械通风系统增加费用	908 987
3	怡景站隧道新开工作面设备租赁增加费用	1 246 378.6
4	从太安站(中铁五局承建)开新工作面增加费用	69 708.33
5	模板台车、自制台架及组合钢模增加费用	1 376 385.86
6	7个临时横通道投入	512 000
7	生产进度奖励投入	144 600
8	混凝土输送泵租赁增加费用	380 051.34
9	2#、3#竖井土方短驳、转运设备租赁增加费用	1 090 733.33
10	区间隧道其他抢工外租设备增加费用	907 113.67
合计		8 500 266

第四节 突发事件对成本的影响分析

太怡区间隧道设计采用马蹄形断面,其中1-1断面采用小导管作超前支护,格栅、钢筋网、喷混凝土组成初期支护。小断面石质隧道采用系统锚杆+钢筋网+喷射混凝土的支护形式,大断面采用格栅拱架+钢筋网+喷射混凝土的支护形式。小断面开挖面积为33.6 m^2,大断面开挖面积95.8 m^2。区间穿越的地层主要为砾质黏性土,全风化、强风化、中等风化及微风化混合岩。个别洞段处于断层附近,岩体较破碎。

(1)由于地下水较丰富,地面沉降值处于警戒线,从而导致2008年12月21日隧道拱顶沉降事故,此事故后继杭州塌方事故,影响极为严重,导致本项目从2008年12月21日停工进行抢险及换拱处理,到2009年2月13日才复工,为此增加费用约300万元。

(2)隧道5-5至6-6断面上部围岩处于断层附近,2009年3月18上午因隧道上部围岩破碎导致一起安全事故,赔偿费为52万元。由此监理下发全标段停工令,停工5天进行安全排查,导致项目人工、机械窝工费用100万元。

第五节 周边环境对成本的影响分析

太怡区间地表环境复杂,由太安站开始,依次穿越地表建筑物有南城百货、东晓肉菜市场、百仕达东郡、百仕达花园、冬青物业、万事达酒店、新岭山庄、阳光绿地、东湖丽苑、湖滨新村以及怡景花园,最终下穿怡景路进入怡景站。

施工过程中,我项目虽采取了众多地表及洞内的加强措施,仍不可避免部分点位沉降数据超限,致使部分房屋、围墙等出现不同程度的开裂或变形。

对建筑物的保护均属于B类变更,含洞内及地表,涉及金额约4 000万元,为本项目主要亏损原因。此外，周边建筑物不同程度受到损坏，须进行赔偿或修复。周边房屋修复主要内容为：房屋墙壁裂缝、地面地板砖更换、墙面重新粉刷、窗户玻璃更换，污水管及屋内水管更换等。目前我部已直接赔付 383.35 万，已修复费用详见表 7-23。

表 7-23　深圳地铁 5 号线房屋开裂修复情况统计表

序号	房屋名称	房屋基本情况	监测情况		修复赔偿费用(元)
		主要描述内容：距结构边线距离、结构形式、基础形式、建筑面积、权属单位	最大沉降量(mm)	最大差异沉降量(mm)	
1	罗湖区太宁路 147 号 1 栋 804 室(苏桂英)	从正下方穿越，条形基础为主，砖混结构，房屋受损	−74.5	17.94	435 000
2	百仕达花园一期百怡苑 12 栋 1A	距离太怡区间 0.9 m，桩基础，框架结构，房屋受损	−104.8	37.56	100 000
3	百仕达花园一期服务中心	距离太怡区间 0.9 m，桩基础，框架结构，房屋受损	−104.8	37.56	118 506
4	万事达酒店	距离太怡区间 0.5 m，桩基础，框架结构；万事达酒店受损	−65.5	−16.35	1 601 028
5	怡景花园桂亮楼 C 地(韩毅)	距离怡景站 5 m，框架结构；别墅结构受损，业主要求从根本上修复	−76.17	−37.72	680 000
6	怡景花园牡丹村 K 径 1 号	距离 1＃竖井 5 m，框架结构；别墅结构受损，业主要求从根本上修复	−76.17	−37.72	846 000
7	怡景路旁罗湖中医院社康中心	距离太怡区间 5 m，框架结构；房屋及医疗设备受损	−76.17	−37.72	15 000
8	怡景动漫基地 A 一区	距离太怡区间 10 m，桩基础，框架结构	−14.73	−7.29	10 000
9	深圳市三湘人家罗湖分店	距离太怡区间 0.2 m，摩擦桩基框架结构	−77.55	21.3	27 919
合计					3 833 453

第十五章　工 程 总 结

第一节　项 目 评 价

1. 安全质量评价

在工程建设中，太怡区间的安全质量管理受市安检站、质监站、轨道办、地铁公司、BT 指挥部、集团公司、深圳指挥部和监理单位等多方监督检查，大多按月、季、半年和年度进行现场检查或评比，有时进行现场突击检查，对检查出现的问题迅速进行整改回复。在由南方公司组织的 2010 年安全质量季度评比活动中，连续三季度评为地铁 5 号线第一名。

安全方面总体可控，无重大伤亡事故发生。质量方面，太怡区间一次性通过南方公司组织的预验收及地铁公司组织的初步验收，分部、分项、检验批工程合格率 100%，优良率 90%以上，获地铁公司和南方公司评选的深圳地铁 5 号线标准样板工地。

2. 工期评价

太怡区间合同竣工工期为 2010 年 6 月 15 日，南方公司与地铁公司签订合同为 2010 月 2 月 28 日实现"洞通"，后根据太怡区间实际施工难度，将最后关门工期节点定于 2010 年 4 月 30 日。

我部通过施工组织方案的一次次调整优化，现场资源的非常规投入，现场管理力度及奖罚力度的不断加大，最终在异常困难条件下于 2010 年 4 月 28 日完成太怡区间全线衬砌施工，确保了南方公司制定的关门工期，得到各方领导的高度评价。

3. 成本目标评价

本工程与业主签订的为合价包干合同，由于前期初步设计阶段介入少，致使单价先天性偏低。过程中为克服工程恶劣的地质条件，采取了大量图纸以外措施，致使成本费用大幅增加，而该部分费用只能按 B 类变更形式上报，业主不承担，致使我项目造成较多亏损，未能达到预期成本目标。

第二节　项目管理分析

项目管理首先需充分了解工程本身的特殊性质。5307 标作为 BT 项目和深圳市召开大运会的特殊工程，地质条件恶劣，工程环境复杂，施工组织难度高，工期异常紧张，施工风险巨大，只能按非常规方式进行施工组织和项目管理。

在最初的项目管理中，对 BT 项目的特殊性认识不足，施工组织安排及资源配备按照其他普通项目按部就班，致使后期工期压力倍增，引起多方领导高度重视。后对工期进行反复策划，施工方案不断调整，采取了"新增怡景站及太安站工作面"，"超常规增加机械及人力资源"等后期被动抢工措施。如能早日认清局面形式，早日采取以上措施，后期施工则不会造成过于被动的局面。

成本管理亦为如此，在细抓项目成本管理的同时，应及早开始运作二次经营工作。从初步设计介入，到施工图优化、合理变更申请及保险理赔等每个环节，均需加大投入力度，避免后期出现无力回天的后果。

本工程管理模式复杂，上级管理或监管部门众多，对周边环境的影响易引起扰民，因此对外协调难度相当大。需理清思路，认真梳理与各方关系，安排专人负责跟踪协调，依靠各方力量保证工程的顺利开展。

项目管理的同时需不断培养项目职工的技能水平，并通过有效措施鼓励员工的积极性。在工程困难的情况下，更需充分发挥每个部门及员工的岗位职责，责任划分明确，培养出齐心协力共闯难关的氛围。

第三节　技术管理分析

技术管理工作首先应从施工组织设计及施工方案的编制抓起，作为对工程施工的技术支持文件，施工组织设计及施工方案的编写均为至关重要的技术管理内容。方案编写在熟悉图纸要求的前提下，应结合施工现场实际，选择最合适的施工方法及施工顺序，同时应有创新思维，将工程施工在保证安全质量的前提下最大限度简易化，以增强方案的可操作性。

施工方案的编写不应完全是总工程师或工程部长的职责，应充分讨论后编写。

重要方案编写完成后，应多向有经验人士咨询意见或直接请专家进行论证，以确保其准确性。之后再将方案细化，按工序分成技术交底，对工班进行技术及质量培训。

技术管理工作的核心在于现场的跟踪控制，培养现场值班人员落实方案的能力，严格要求现场施工按既定方案进行。方案好，落实更关键。

太怡区间隧道地质条件差，地表环境复杂，隧道断面形式众多，并有重叠段隧道施工以及桩基托换等特殊工艺，过程中采取了如深孔注浆、径向注浆、TSS 注浆等多种暗挖隧道施工技术，为技术管理工作提供了很好的学习发挥平台。工程完工后，擅于对有特点的内容进行总结也为技术工作的重要一环。

第四节　项目经验总结

1. 类似项目可借鉴之处

(1)浅埋、软弱、富水暗挖隧道施工采取深孔注浆技术，在太怡区间隧道施工过程是一次较成功的实践，类似工程可借鉴参考。

(2)超前小导管注浆通过导向管的控制，使其间距及角度更加规范，采取 TSS 注浆法，更易保证超前注浆质量，类似工程可参考。

(3)太怡区间暗挖隧道施工，虽对地表建筑物产生一定影响，但总体可控，建筑物无结构损坏现象，前述地表建筑物保护方法可供参考。

(4)地铁标准断面开挖与衬砌同步作业方法，在满足隧道间距较近、围岩较好的条件下，可参照使用本文所写的“横通道倒边施工法”。

(5)采用 CRD 法施工的大断面隧道，本文所列拆撑及衬砌方法，已经过专家论证，其他类似项目可参考。

2. 应避免发生的问题

(1)太怡区间标准断面台阶法施工曾因上下台阶距离过远而导致拱顶开裂下沉,类似工程应避免发生。

(2)工期紧张、任务繁重及技术难度高的工程,应提前做好详细工期策划,科学配置现场资源,避免出现本工程后期异常紧张的抢工局面。

(3)重叠段隧道,本工程虽采用了探索性的施工工法并成功完成,但其原因为工期所迫,类似工程应选取先下后上的常规施工工法,本文中的方案仅用于参考。

(4)成本控制应从最初的初步设计介入,尽早全面、合理地增加收入工程量,避免后期产生成本严重超出收入的现象。

第五节　科 研 成 果

《双线四洞地铁暗挖区间隧道重叠交叉施工技术研究》科研成果获得中国中铁总公司科技进步二等奖、中国施工企业管理协会科学技术二等奖。

关于太怡区间,我部曾完成QC成果一项,《格栅拱架拼接质量QC成果》,荣评集团公司二等奖。此外,我部曾完成"小净距隧道施工技术"、"重叠段隧道施工技术"、"南城百货桩基托换监控量测技术"、"复杂环境下软弱富水地层浅埋暗挖隧道施工技术"、"大断面隧道过度至双联拱隧道施工技术"等多篇分项施工技术总结,均在本文中有所体现。

一、太怡区间隧道开挖初期支护施工照片见图7-62～图7-71。

图7-62　1-1台阶法开挖

图7-63　初期支护挂钢筋网

图7-64　焊接钢拱架

图7-65　小导管注浆

图 7-66 喷射混凝土

图 7-67 装药爆破

图 7-68 8-8 断面开挖成型

图 7-69 1-1 断面开挖成型

图 7-70 大断面初喷混凝土

图 7-71 大断面初期支护成型

二、太怡区间隧道二次衬砌施工照片见图 7-72～图 7-79。

图 7-72 地基基面处理

图 7-73 防水板铺设

图 7-74 仰拱绑扎钢筋

图 7-75 仰拱模板安装

图 7-76 拱墙绑扎钢筋图

图 7-77 中隔墙钢筋绑扎 1

图 7-78 中隔墙钢筋绑扎 2

图 7-79 中隔墙混凝土施工

三、隧道成型各断面照片见图 7-80 和图 7-81。

图 7-80 大断面进双联拱

图 7-81 大断面进小断面

第八篇　深圳地铁暗挖隧道工法分析

第一章　暗挖隧道开挖工法分析

第一节　深圳地铁暗挖施工概述

深圳地铁线路多为地下浅埋，隧道范围常见粉、砂、砾质黏土、砂层、风化混合岩、球状风化区、填海软土卵石区以及上软下硬等较为复杂地层。地层普遍富水且透水性强，同时地面环境复杂，隧道断面形式多变，施工难度及风险普遍较高。

深圳地铁一、二期建设过程，我公司在地铁 1、2、3、5 号线承担了多项暗挖隧道施工任务，主要内容含区间隧道、车站出入口通道、风道等，几乎应用了暗挖施工的所有工法。总体建设过程，各项目一直在进行着暗挖隧道施工的实践并总结，前述 7 个不同类型暗挖工程各具特色，基本囊括了暗挖隧道施工所有工法，本篇将在此基础上进行进一步的归纳并提升。

第二节　竖井及横通道选型

地铁暗挖区间施工，一般需通过竖井及横通道进入正线开挖面，因此在设计阶段，即需充分考虑竖井及横通道净空尺寸选型问题。深圳地铁隧道竖井设置均采用矩形断面，净空尺寸的选定分以下几种不同情况：

1. 竖井位于正线上方、左右线间距较小

竖井位于正线隧道上方，同时左右线间距较小时，可采用侧壁能包含左、右线隧道的 20 m×10 m 的大竖井。即竖井至底后，不再需要施作横通道，直接在竖井侧壁进入正线隧道开挖。

内支撑体系采用多道环梁钢筋混凝土环梁＋内对撑形式。

该方法车辆运输距离短，效率相对较高。为避免各工作面同时出渣相互交叉干扰问题，可在井底设置适当临时存渣坑，集中提升。

2. 竖井位于正线单洞上方、左右线间距较大

该种情况竖井一般设置在单线隧道正上方，另一条隧道则通过横通道与竖井连接。竖井净空选用 7 m×11 m 尺寸较为合适。

此外，也可根据地表环境情况，将竖井设置在两条隧道之间，两条隧道均需通过横通道与竖井连接。竖井净空选用 7 m×9 m 尺寸较为合适。

为充分利用竖井净空，支撑体系采用多道环梁钢筋混凝土支撑形式或型钢内斜撑形式。

横通道净空设置需满足至少两辆农用车同时通过，一般宽度为 6.5 m，高度需考虑自卸车

卸渣问题，一般直墙部分高 4.5 m，拱部高 2.5 m 以上。

横通道结构主要依靠初支结构受力，在直墙与拱部交接处可采用型钢对撑。

3. 竖井位于隧道正线侧方时

竖井位于隧道正线侧方时，双线均通过横通道与竖井连接，采用净空 7 m×9 m 尺寸。支撑体系采用多道环梁钢筋混凝土支撑形式或型钢内斜撑形式。

第三节　暗挖隧道开挖工法分析

深圳地铁暗挖隧道在一、二期工程建设中，结合地层、断面、线路情况，综合采用了台阶法＋预留核心土、台阶法爆破开挖、CD 法、CRD 法、双侧壁导坑法、双联拱法、偏洞法以及部分断面过渡工法等开挖施工工法。以下针对各种工法的适用范围及主要特点进行阐述。

1. 台阶法＋预留核心土

台阶法＋预留核心土工法一般适应于软土地层或上软下硬地层的地铁标准断面隧道，亦为深圳地区最常用暗挖隧道施工工法。见图 8-1。

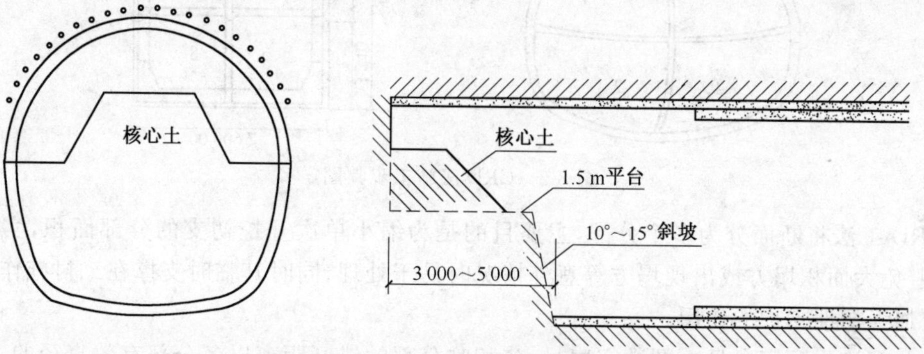

图 8-1　台阶法＋预留核心土断面、纵剖示意图

该工法常见问题：

(1)台阶长度不符合要求

一般规定台阶长度不超过 1 倍洞径，否则上台阶处于未封闭状态过长，易发生沉降或开裂。

(2)锁脚锚管打设难控制

因上台阶预留有核心土，一般锁脚锚管施作空间不足，难以按“径向打入，斜向下 45°”的标准要求实际操作，因此一般会采用增加锚管数量或后期补打的措施进行补强，但仍存在一定缺陷。

2. 台阶法爆破开挖

硬岩隧道宜采用爆破施工，鉴于深圳地铁施工地表环境的复杂性，而爆破施工易扰民或对地表建筑造成振动损坏，因此一般较少采用全断面爆破施工法，通常采用分台阶光面爆破施工技术。

光面爆破设计中，应综合考虑断面大小、围岩强度、岩石覆盖层以及距周边建筑的距离，把握“多眼少药，增多雷管段数，尽量分多次爆破”的基本思路，最大程度控制振速在要求范围内。

深圳地铁关于对爆破振速的设计要求一般为不大于 2～2.5 cm/s，实际检验 2 cm/s 的振速对一些浅基建筑物的影响已经不容忽视，常出现墙皮振裂等现象，因此施工中，一般应控制在 1 cm/s 以下，如无法满足，则需对相关爆破设计参数进行调整。

实际总结经验中，如果隧道埋深 20 m 左右，循环进尺 1 m，爆破钻眼 1.3 m，一般单次爆破面积不宜超过 20 m^2，装药量不超过 0.8 kg/m^3。可控制附近地表振速在 1 cm/s 以下。

3. 大断面 CRD 工法

CRD 法适用于Ⅴ～Ⅵ级围岩浅埋大跨大断面。在深圳地铁中，常见应用于单洞双线大断面隧道、暗挖出入口通道及其他一些断面较大的特殊结构形式。图 8-2 为常见的 4 部 CRD 以及特殊断面 8 部 CRD 的断面设计情况。

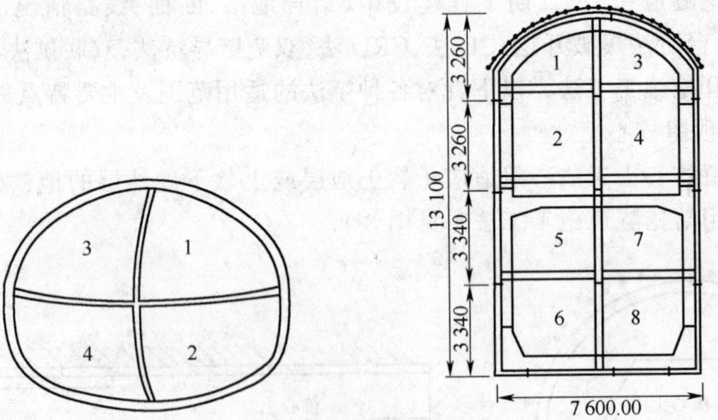

图 8-2　CRD 法施工步骤图

CRD 工法将断面分为多个分部，主要目的是为缩小单次开挖初支的分部面积，实现快速封闭，避免大面积塌方或出现塌方等意外情况时易于处理，同时其临时支撑在二衬施作前能起到一定加强初期支护的作用。

各分部施作顺序参见上图数字序号，各相临分部的错开距离以各分部有效直径的 1～2 倍洞径为宜。

4. 双侧壁导坑工法

双侧壁导坑法适用于浅埋大跨、大断面，特别是对地表沉降有非常严格要求的情况。适用的围岩为Ⅴ级或Ⅳ级弱的围岩。

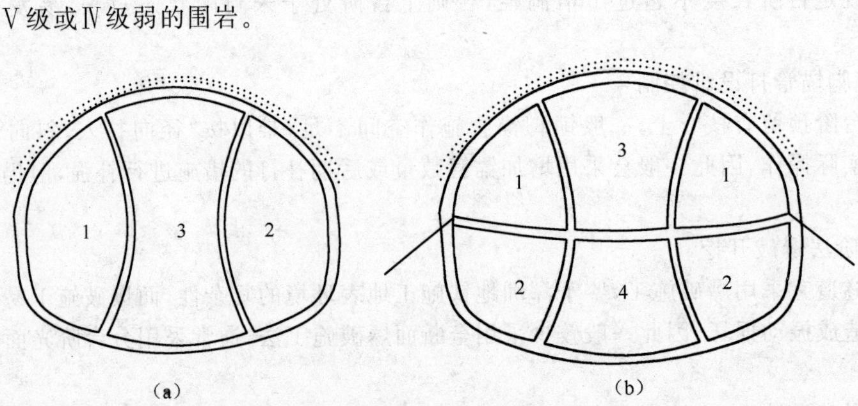

图 8-3　双侧壁导坑法施工步骤示意图

图 8-3(a)为传统意义的双侧壁导坑工法，也称眼镜法。图 8-3(b)为在眼镜法基础上增加

一道临时仰拱，在深圳地铁区间隧道设计中更为常见。

结合现场实际的施工经验，对双侧壁导坑工法（增设临时仰拱后）的优劣性做出以下几点总结分析：

（1）该工法将断面分为六个分部，各分部施工面积相较于CRD工法更小，单分部理论循环时间更短，整体初支结构相应更为安全。

（2）双侧壁导坑工法每个分部断面尺寸变小。位于下部的三个分部在回填渣土后基本仅可勉强用于一般车辆、挖机等机械直线通行，无法调转或侧偏，尤其挖掘机几乎难以正常运转。因此需专项配置适宜的小型机械，或直接通过人工配合斗车操作，施工效率降低，有时反而会延长各分部循环封闭时间。

（3）双侧壁导坑工法先开挖两侧，后开挖中间。中上分部拱顶拱架需与两侧先架设好的拱架同时紧密连接，由于施工误差原因工艺实施难度大，假设能通过精密测量将两侧拱架定位完全准确，也会由于两侧的不均匀沉降变形导致拱顶拱架连接困难，也不利于后期的拆撑施工。

（4）双侧壁导坑工法分部多，隧道内通风设计、实施难度偏大，且工作面多，洞内电线、抽排水等管路杂多，为现场文明施工管理增加了难度。

5. 双联拱法及偏洞法

双联拱工法相对较不常见，一般均是由于线路、环境限制等原因，将断面设计为扁状的双联拱法。在深圳地铁应用的是含中洞先行的双联拱以及侧洞先行的偏洞法，见图8-4。

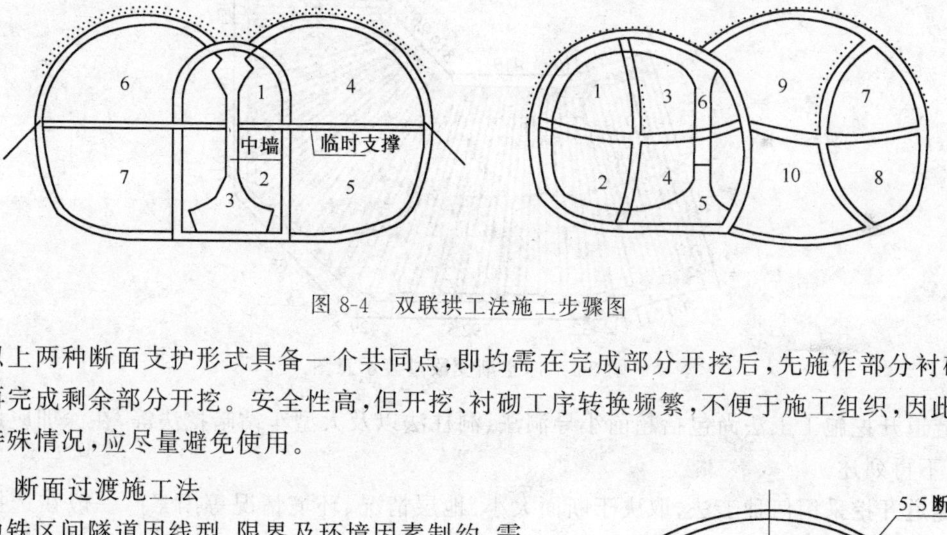

图8-4 双联拱工法施工步骤图

以上两种断面支护形式具备一个共同点，即均需在完成部分开挖后，先施作部分衬砌，稳定后再完成剩余部分开挖。安全性高，但开挖、衬砌工序转换频繁，不便于施工组织，因此除非一些特殊情况，应尽量避免使用。

6. 断面过渡施工法

地铁区间隧道因线型、限界及环境因素制约，需要有不同断面型式的隧道结构，这些断面型式间的过渡转换往往是施工组织的难点与风险点。以下选取最具代表性的“小洞进大洞”及“渐变断面开挖法”进行阐述。

（1）小洞进大洞断面过渡

小断面隧道过渡至大断面，需向上扩挖，施工安全风险较大，见图8-5。

地铁7号线田太区间采用了双侧洞顺扩反挖工

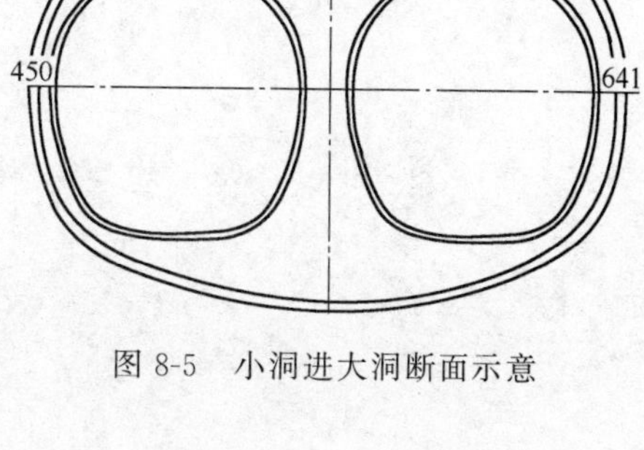

图8-5 小洞进大洞断面示意

法，安全顺利实现了由小进大的断面过渡。先从两侧小洞分别向前向上扩挖，最后采用台阶法处理中间剩余中立岩柱，全断面封闭成型后，反向将过渡段斜三角部分处理掉，见图 8-6。

(2)断面渐变段施工工法

图 8-7 为地铁 5 号线兴留区间 2＃风道断面，呈喇叭状异性、渐变结构，格栅拱架支护难以按常规工法施工。施工中设计了“Y”型拱架结构，单侧单榀拱架对接另一侧双榀拱架，实现了短边与长边的封闭连接，完成过渡。

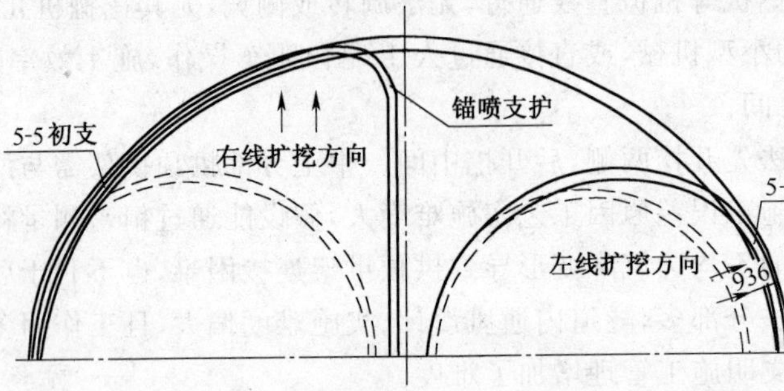

图 8-6　小洞进大洞过渡示意图

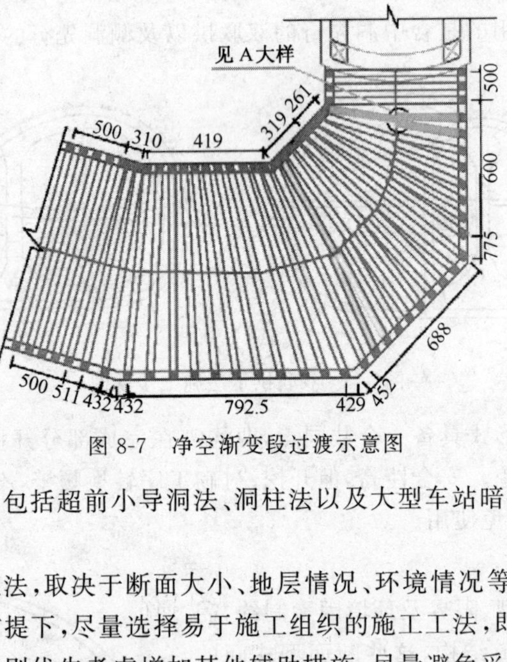

图 8-7　净空渐变段过渡示意图

隧道开挖施工工法尚包括超前小导洞法、洞柱法以及大型车站暗挖法等，在深圳应用相对较少，不再列述。

隧道开挖采用何种工法，取决于断面大小、地层情况、环境情况等因素。一般在选择工法时应在确保安全要求的前提下，尽量选择易于施工组织的施工工法，即工序步骤相对简单的工法，如在安全上存在隐患，则优先考虑增加其他辅助措施，尽量避免采用复杂工法。

第二章 暗挖隧道辅助工法分析

深圳地区暗挖隧道在建设过程中，采用了大量辅助工法，现将最常用的部分工法总结如下。

1. 超前大管棚

大管棚是一种隧道的支护形式。一般用于洞口段，由于洞口段受力复杂，覆盖层较浅，采用管棚技术可加强支护，用以加固和支护围岩，以确保安全进洞和顺利掘进。管棚技术一般和注浆同时进行。

隧道施工大管棚一般布置在拱顶 120°～180°间，管材常用直径 108 mm 或 89 mm。

大管棚施工需要一定的空间，一般应用于洞口段的超前支护，如隧道中段需采用大管棚技术，则需扩挖至满足钻孔机械施工空间。

大管棚钻孔深度较大，须精密控制其钻孔的位置及角度。

2. 超前小导管注浆

(1) 常规设计情况

超前小导管，是隧道工程掘进施工过程中的一种工艺方法，主要用于自稳时间短的软弱破碎带、浅埋段、洞口偏压段、砂层段、砂卵石段、断层破碎带等地段的预支护。

小导管一般采用直径 38～50 mm 的无缝钢管制作，在小导管的前端做成约 10 cm 长的圆锥状，距后端 100 cm 内不开孔，剩余部分按 20～30 cm 梅花形布设直径 4～6 mm 的溢浆孔。

小导管注浆宜采用水泥浆或双液浆。浆液必须充满导管及周围空隙，并渗入到周边土体，注浆量和注浆压力应由试验确定。

(2) 传统超前小导管注浆法改良版——TSS 注浆法

TSS 注浆小导管是通过注浆芯管、止浆塞及小导管上的止水垫作用，使后退式分段注浆的浆液扩散均匀，效果良好，见图 8-8。

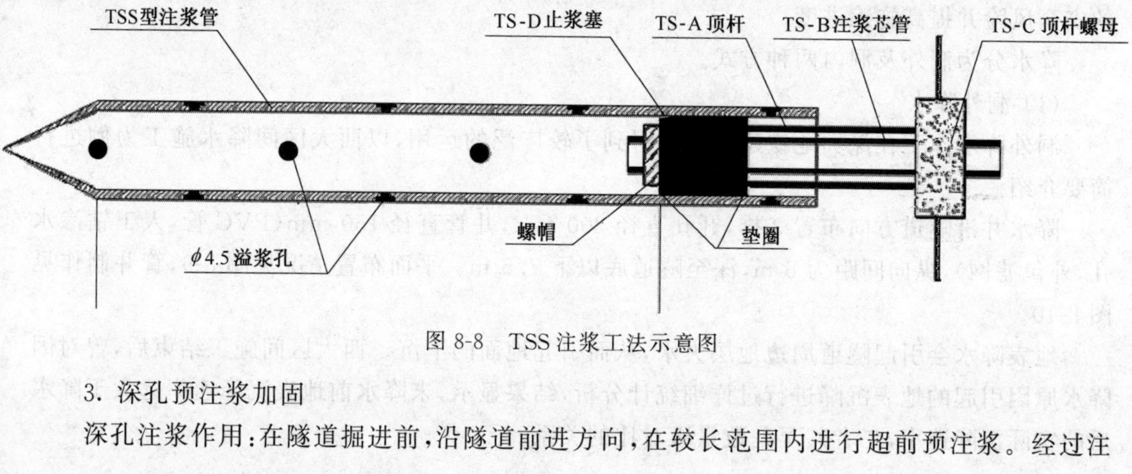

图 8-8　TSS 注浆工法示意图

3. 深孔预注浆加固

深孔注浆作用：在隧道掘进前，沿隧道前进方向，在较长范围内进行超前预注浆。经过注浆的充填、渗透扩散、劈裂及挤密作用,充填和堵塞地层中的缝隙,降低注浆地层的渗水系数,减少隧道开挖时的渗水量,并能固结砂层和松散体,提高围岩的自稳能力,减小开挖过程中的地面沉降量。

深孔注浆径向深度一般为 6～20 m 不等,常用注浆方法有孔口注浆、类似于 TSS 法的后退式注浆及钻注一体的前进式注浆。后两种注浆效果相对较好,但施工时间长,在实际中应用并不广泛,一般还是采用简单的孔口注浆。孔口注浆深度不宜过长,否则后端的注浆效果难以达到。

4. 径向注浆

径向注浆一般用于重叠隧道、小间距隧道等近距隧道施工,在先施工的洞室内,沿径向方向对近距隧道间土体进行预加固,以降低相临洞室施工影响效应。

5. 旋喷桩

(1)常规旋喷桩

旋喷桩工作原理为将带有喷嘴的注浆管下入钻孔内旋转,并以高压喷射水泥浆,使之与周围土颗粒混合凝结硬化而成的桩。对处理淤泥、淤泥质土、黏性土、粉土、沙土、人工填土和碎石土等有良好的效果。对于矿山法施工,一般用于某一区段的旋喷注浆加固或止水帷幕施工。

(2) 水平旋喷桩

水平旋喷桩适用于地层条件特别差隧道的超前加固,在深圳地铁浅埋暗挖隧道施工中,得到了成功实践。其具备可控性强、均匀性好、效率高等优点,可有效地提高隧道周边围岩性能,止水及预支护作用突出。

水平旋喷桩工作原理:采用水平定向钻机打设水平孔,钻进至设计深度后,拔出钻杆的同时通过水平钻机、钻杆、喷嘴以大于 30 MPa 的压力把配制好的浆液喷射到土体内,借助流体的冲击力切削土层,使喷流射程内土体遭受破坏,与此同时钻杆一面以一定的速度(20 r/min)旋转,一面低速(15～30 cm/min)徐徐外拔,使土体与水泥浆充分搅拌混合,胶结硬化后形成直径比较均匀、具有一定强度(0.5～8.0 MPa)的桩体,从而使地层得到加固。

目前用于地铁施工中的水平旋喷钻机由于钻杆刚度不足,在施工中易产生挠曲,影响拱棚搭接质量,另因为缺乏行走功能,钻机移动与定位困难,效率较低。

6. 降水

对于富水软弱的浅埋暗挖隧道,实施降水能起到明显的改善土体效果,从而降低隧道施工的安全风险并提高施工进度。

降水分为洞外及洞内两种方式。

(1) 洞外降水

洞外降水施工在深圳地铁建设过程得到了较广泛的运用,以西大区间降水施工为例进行简要介绍。

降水井沿隧道方向布置 3 排,开孔直径 200 mm,井管直径 150 mm(PVC 管,人工钻渗水孔,外包滤网),纵向间距为 6 m,深至隧道底以下 7.5 m。平面布置情况见图 8-9,管井制作见图 8-10。

地表降水会引起隧道周边地层失水,从而引起地面的下沉。西大区间施工结束后,曾对因降水原因引起的地表沉降进行过详细统计分析,结果显示,未降水前地表沉降速率远大于降水后的实际沉降速率,二者甚至是数量级对比的关系。

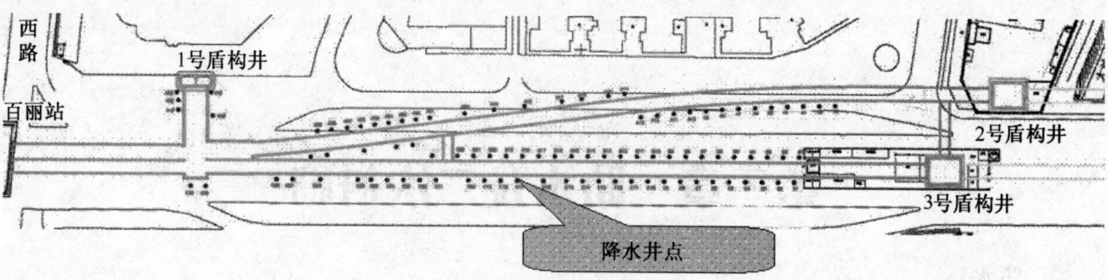

图 8-9　西大区间地表降水点位布置

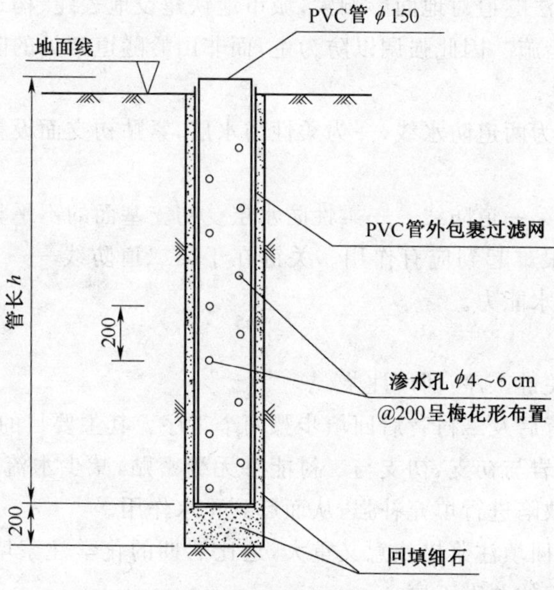

图 8-10　降水井管示意图

究其原因，未降水前，土层软弱，经常塌方，循环封闭时间长，且同样大量洞内失水，地表沉降为施工扰动与失水的双重叠加；而降水后，地层条件明显改善，掌子面干燥无水，自稳能力强，单循环能迅速封闭，地表沉降反而较小。

上述结果虽仅为个例，但仍值得类似工程用以参考。而对于地表环境相对简单的软弱围岩隧道工程，则降水无疑是非常值得采用的辅助工法。

(2) 洞内降水

将井点管埋设于在洞内开挖底面以下的地层中，并将这些井点都连接到抽水总管，用真空泵(射流泵)和水泵将地下水抽出，降低地下水位，使开挖工作面保持干燥或少水状态，以改善施工条件，加快施工进度。

第三章　防水及二次衬砌

1. 防水

深圳地铁暗挖隧道防水设计的主要理念是“以防为主、刚柔结合”。

以防为主：浅埋暗挖法隧道对地面影响大，城市地铁建设地表建、构筑物多，控制地层失水是防止地表沉降的必要措施。因此强调以防为主，而非山岭隧道常见的防排结合，一般情况不允许进行排水。

刚柔结合：一般设计为两道防水线，一为柔性防水层，紧贴初支面设置，二为刚性的自防水混凝土。

深圳地铁实践证明，第一道防线——柔性防水层受初支基面的不平整性、施工过程的保护不够以及耐久性等一般很难起到应有作用。关键在于第二道防线——二衬混凝土的浇筑质量，其决定隧道最终的防水能力。

2. 回填注浆

控制防水还有一道关键工序：回填注浆。

回填注浆分为初支背后及二衬背后回填步骤两个工序。其主要目的为将初支或二衬背后的空隙填充密实，使得围岩与初支、初支与二衬能够无缝密贴，减少水流通道，避免水囊形成，同时对结构的一些空洞缺陷进行填充补强，从而起到止水作用。

深圳地铁实践证明，回填注浆措施意义重大，远比后期的化学注浆堵漏止水作用明显，已成为浅埋暗挖法隧道施工的关键工序。

3. 二次衬砌

二次衬砌作为隧道施工最后一步主要工序，其对隧道结构的最终质量起着决定性作用。二次衬砌具体施工工艺较为常规，不再单独总结。

新奥法原理中，二次衬砌的作用定义为安全储备，但其结构的形成，对隧道的最终稳定性、防水质量及耐久性均起着至关重要的作用。

因此，尽早施作二衬，是解决隧道变形、地表沉降、防水等浅埋暗挖隧道常见问题的根本途径。

城市地铁隧道设计断面小，开挖、衬砌平行作用施工组织难度较大，实践中总结出以下两种方法，可最大程度提前二衬施工时间，同时不影响前方开挖作业。

(1) 栈桥辅助施工

在即将施工段仰拱的两端，将简易栈桥搭设在已施工段及回填渣土上，保证仰拱施工时车辆及机械也可通行，从而实现开挖、衬砌平行作业，见图 8-11、图 8-12。缺点为，仰拱施工环境受限，排水不畅，易影响衬砌质量，同时施工组织难度相对较大。

(2) 临时横通道倒边施工法

在左、右线两隧道间按一定间距、净空增设一定数量的临时横通道，使左右线开挖施工车辆可以相互绕行，开挖车辆避开衬砌工作面，从而实现开挖、衬砌平行作业，见图 8-13、图 8-14。

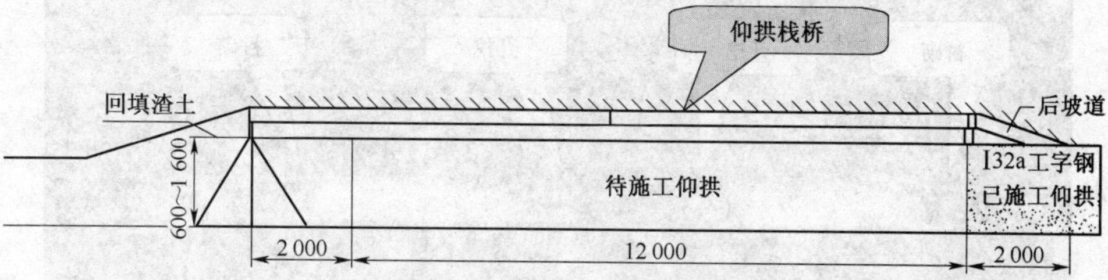

图 8-11　仰拱栈桥示意图

图 8-12　仰拱栈桥照片

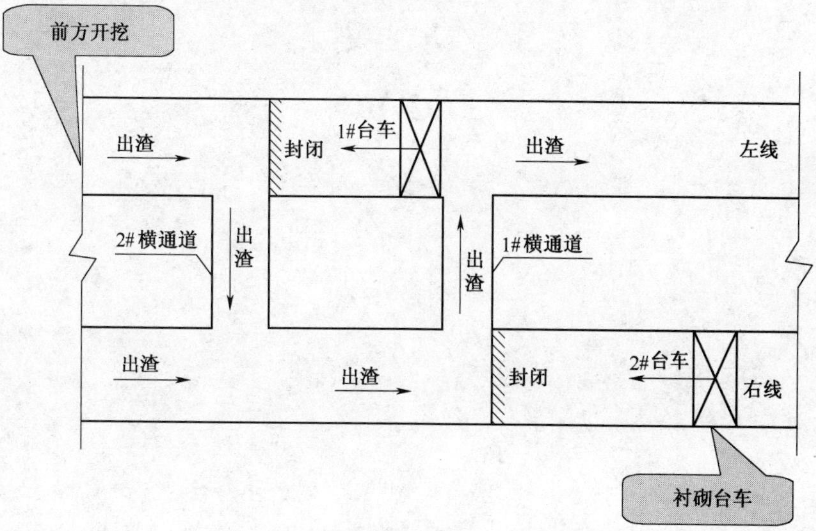

图 8-13　横通道倒边施工法示意图

该方法方便实用，在深圳地铁太怡区间得到成功应用，大幅度提升了总体施工进度，同时从根本上控制了地表沉降的持续发展。但其也存在一定局限性，具备以下两个条件时建议采用：

①两隧道线间距较近，横通道本身施工工作量小；

②通道范围地层条件较好，易于安全、快速实施。

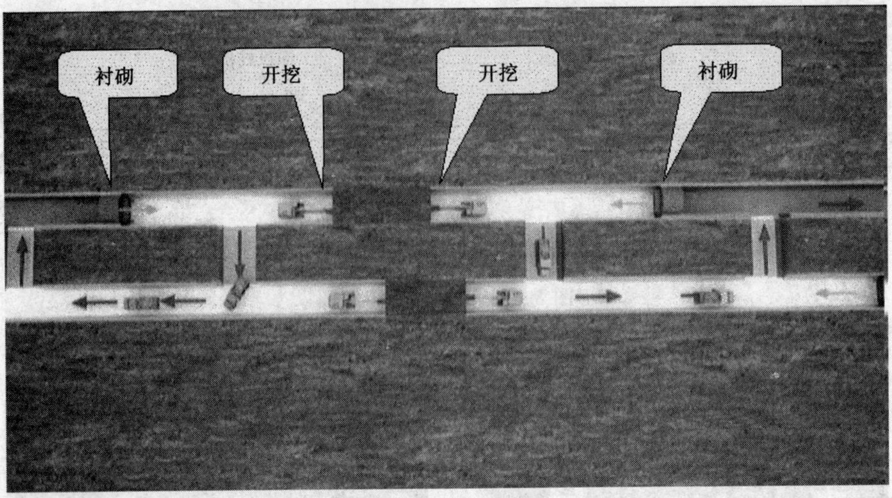

图 8-14　横通道倒边施工法效果图

第四章　暗挖隧道施工对周边环境的影响与控制

1. 深圳地区暗挖隧道施工对环境影响总述

深圳地铁地表环境复杂，穿越或临近建筑物众多，其中部分为浅基旧式建筑物。施工过程受隧道开挖土体扰动及失水原因影响，多数建筑物均产生不同程度的开裂、变形或脱皮等现象。其中尤以 5 号线太怡区间最具代表性。

太怡区间隧道下穿或临近建筑物群共计 13 处，以冬青物业及怡景花园房屋为例，施工过程经监测数据分析，距隧道结构边线 30 m 范围内的房屋均有不同程度的沉降变形，多数点位超出允许值，加上建筑物结构及基础形式较弱，导致出现了较多的开裂、变形等现象，后期赔偿、修复费用巨大。

太怡区间 1＃竖井至怡景站段地表主要为怡景路路面，由于该段地层条件极为恶劣，地表路面沉降最大值达到 80 cm，致使路面凹凸不平，一度引起各方高度重视，多次进行物探探测空洞。

诸如此类问题在深圳地铁修建过程中屡见不鲜，关于地表环境的保护已成为深圳地铁在设计、施工各阶段不可或缺的重要组成部分。

2. 地表环境监控量测的要点总结

隧道穿越或临近地表建、构筑物，除了常规的洞内监测手段，须在地表同步实施监测，根据深圳地铁二期建设的经验，地表监测须重点注意以下几个问题：

(1) 监测点的布置范围

引起地表沉降的原因除了施工扰动，尚有很大程度来自地层失水，而失水范围不仅仅局限于隧道掌子面附近，因此掌子面四周 50 m 范围内对应地表主要建、构筑物均须布置监测点。

(2) 关注不均匀沉降

对于建筑物的沉降观测，除关注某个具体点位的沉降情况以外，须特别注意不均匀沉降，即可能发生倾斜。

(3) 混凝土路面监测点的预埋方法

混凝土路面为整体构筑物，其下方土体发生沉降时，可能出现土体与路面脱空的现象，因此路面沉降往往不能真实反应实际的土体下沉，在路面上布置监测点须钻穿混凝土，布设在土体之上，否则可能出现路面下方已为空洞而地表监测显示正常的情况。

3. 常用的地表环境保护方案

地表发生沉降，须采取相关措施进行控制。深圳地铁建设中，针对地表环境的保护，除了在洞内做好注浆加固、止水措施外，在地表也运用了众多措施，最主要采用的方案为地表袖阀管注浆。

(1)地表袖阀管注浆

根据袖阀管注浆施工的方法及主要目的，袖阀管注浆措施主要分为四种情况：

①袖阀管加固注浆

该注浆方式通常在隧道开挖至建筑物之前进行实施,注浆孔位布置在建筑物靠近隧道侧,一般布置 3 排,深度穿越土体软弱层。

通过注浆使建筑物周边土层情况得到改善,从而降低土体扰动及失水对建筑物的影响。该工法也可替换为地表旋喷桩加固。

②袖阀管补偿注浆

地表补偿注浆所针对的主要目的为对地层失水的补偿。通常在建筑物因失水原因发生沉降后,在附近打设一定数量的袖阀管进行注浆补偿,深度一般为 6～10 m。

③袖阀管止水帷幕注浆

止水帷幕注浆为较主动的预防沉降措施。其原理为在建筑物与隧道间通过注浆,填充松散土体间的空隙,堵塞地面以下隧道底以上土体渗透水流路径,形成一道止水帷幕,降低洞内失水对建筑物周边土体下沉的影响。

袖阀管一般布置 2～3 排,深度至不透水层,注水泥-水玻璃双液浆。

此外,可在建筑物与帷幕间设置一定的回灌井,如仍存在明显失水沉降现象,可同时启动回灌水措施。袖阀管止水帷幕注浆示意见图 8-15。

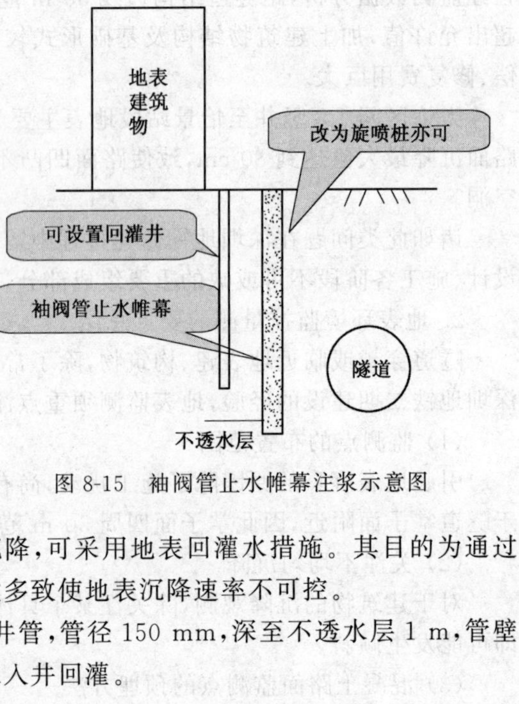

图 8-15 袖阀管止水帷幕注浆示意图

④袖阀管跟踪注浆

所谓跟踪注浆,即随着地表沉降变形的发展适时启动的注浆方案。

袖阀管一般在隧道通过之前先打设完毕,过程中根据监测情况适时启动注浆。

袖阀管斜向打入建筑物底部,当建筑物发生沉降时,可通过注浆对其底部进行加固,同时可产生上抬控制作用。

(2) 地表回灌水

对于明显由于地层失水造成的地表建筑物沉降,可采用地表回灌水措施。其目的为通过持续地层水回灌,补偿隧道内的失水,避免失水过多致使地表沉降速率不可控。

施工方法一般在地表沉降较大处,打设回灌井管,管径 150 mm,深至不透水层 1 m,管壁设透水孔。隧道开挖过程根据水位监测情况抽水入井回灌。

回灌井可兼做水位观测井。

(3) 对建筑物进行桩基托换

对于一些建筑物,出现以下情况时,可采用桩基托换技术对建筑物进行保护。

①建筑物桩基位于隧道正上方或已伸入到隧道范围以内;

②建筑物基础形式落后,隧道从其正下方穿越,且埋深浅。

当前,桩基托换施工技术在浅埋暗挖隧道施工中已得到了广泛应用。深圳地铁老街站及太怡区间均采用了该技术,效果明显。

第五章　暗挖隧道施工过程常见问题分析

1. 隧道初支沉降变形

(1) 隧道初支沉降变形原因分析

隧道初支发生沉降变形通常由以下几种原因引起：

①地质条件差，隧道周边土体变形初期速率高，变形趋于稳定的时间长，导致在初支封闭成环后，土体依然发生变形，超过了初期支护的变形允许量而出现了变形开裂。

②对于上软下硬地层隧道，在上部土层初支完成后，下部硬岩爆破处理过程中，上部支护易受爆破振动影响发生较大的变形。

③深圳地区地下水丰富，地下水补给、径流、排泄条件较好。隧道开挖后，地下裂隙水以隧道掌子面或其他漏水点为漏斗中心汇集，从而增大了周边土体对初期支护的压力，其变形大于柔性支护的允许变形而使初期支护开裂。

④隧道在设计前对地质勘察不是很详细，对隧道所在区的地质情况了解不清，对可能的复杂施工地质情况估计不足，采取类比法进行设计时对不稳定围岩有效合理的初期支护缺乏适应性，致使支护参数与围岩变形不能相匹配，如锚杆的长度偏短，锚固范围过小，未能达到支护稳定围岩的作用，而最终导致较大变形的发生而破坏初期支护。

⑤施工时开挖控制管理不严或测量错误，造成隧道超欠挖严重。超欠挖使隧道表面变得极不平整，超欠挖引起的应力集中超过了允许值，于凹凸处形成局部应力高度集中的弱点，欠挖处的应力可达初始应力值的几倍乃至十几倍，造成隧道初期支护被破坏。

⑥隧道施工过程未严格按方案或技术交底施工，出现拱架连接质量不达标、上下台阶错开距离太长及锁脚锚管打设不规范等具体工艺问题，也是引起隧道初支沉降变形的主要原因。

(2)预防措施

施工过程加强监控量测，一旦发现较大沉降趋势，则科学分析引起隧道沉降变形的主要原因，针对上述不同原因，制定不同预防措施。

2. 隧道塌方

引起隧道塌方的原因可以概括为三个方面：一是自然因素，即工程地质条件和水文地质条件的变化；二是工程因素，即在平衡稳定或未平衡稳定的土体中修建隧道，引起地质条件的变化；三是人为因素，即不合理、不适当的设计，不合理、不适当的施工方法。

深圳暗挖隧道施工塌方现象多次发生，较严重的甚至出现地面塌陷事故。这些塌方产生的原因主要是隧道范围及周边地层软弱，遇水后迅速崩解液化，隧道开挖后很难自稳，即便是采用超前预加固，仍然存在盲区。因此当未封闭岩面失去自稳能力或已封闭段初支无法承受土体压力时，发生塌方现象。

(1) 隧道塌方预防措施

在工程施工过程中，做到提早防、提前防，未进入可能塌方地层之前就开始防。不是到了塌方临界状态时采取防，更不是塌方之后才去“治坍”、“防坍”。在实际施工中，具体可以从以下几个方面防止塌陷：

① 早喷锚、强支护，尽快封闭成环

尽快进行喷锚，合理控制开挖速度，提高初期支护的刚度和承载力，在喷射混凝土未形成强度前提供抗力，在1～1.5倍洞径内封闭成环。特别指出的是，采用钢架可加强初期支护，为小导管注浆、长管棚提供支点，对增加抗变形能力起着相当大的作用，是防塌方的重要手段。

②做好工程地质及水文地质的预报

做到"先知"、"深知"、"细知"，尽量采用各种现场最直接的观测预报手段、仪器仪表，进行从地表地貌、地质到隧道可能坍塌地段地质的调查分析，并作出评估。根据调查结构调整涉及参数和施工方法，采取预防措施防止塌方。

③选择合理的开挖方法

隧道开挖时，尽量选取减少扰动周边土体、减少土体松动范围的开挖方式。对于浅埋暗挖法隧道原则上采用台阶环形开挖法或其他分部开挖方法，分部断面要小，循环进尺要短，自上而下开挖。台阶法、CD法、双侧壁导坑法等开挖方法采用的上下分层和竖向分块，有利于保证开挖掌子面和顶、帮的稳定性。为配合上述开挖方法，分别采用环形开挖、控制台阶长度、掌子面喷射混凝土封闭、锁脚锚杆、拱墙脚加固注浆等辅助施工措施，能使上述开挖方法更加安全可靠。

④坚持监控量测制度

建立结合实际的有目的的测量制度，通过监控量测，及时发现问题，正确判断测量结果和支护体系与周边土体的受力和变形状态。采用测量成果检测防塌方措施的效果，实现施工信息化，根据测量结果知道超前地质预报、设计和施工工作。

⑤地层预加固和改良

地层预加固与改良地层技术是稳定掌子面、提供开挖与开挖后支护条件的最合适的技术方案，选择合适的预加固与改良范围，使得施工做到可行、可靠、有效。

⑥开挖控制时空效应

循环开挖进尺要短，关键工序间距要控制，有特别要求封闭成环时间的仰拱与开挖面距离要严格按规定控制，只能短，不能长。力争稳妥快速地进行施工，如断面小，分块开挖，快速支护和封闭反而有利。

3. 隧道外观质量缺陷

二次衬砌为暗挖隧道施工的最后一道主要工序，但往往在二衬施工完成后，仍然存在诸多外观质量缺陷需进行整治。深圳暗挖隧道在修建过程中，渗漏水、蜂窝麻面、错台等质量通病问题较为普遍，其中尤其渗漏水问题，后期投入了大量的人力、物力进行整治，给企业带来一定的经济损失。

(1) 蜂窝麻面

混凝土和易性较差，塌落度不适宜，或在浇筑混凝土的过程中混凝土捣固不到位，未能有效使混凝土与模板面之间的气泡排出，是导致蜂窝麻面的主要原因。

处理蜂窝麻面的主要方法：①清理修补面的灰尘等杂物，保持清洁；②将白水泥、黑水泥和水按一定比例拌制成水泥浆液，多次均匀涂刷在整个混凝土面上。

(2) 错台

模板在拼装过程中，拼缝错台尺寸未严格遵守操作规范，或模板接口加固不当，混凝土浇筑时出现变形，导致出现错台现象。

处理错台主要方法：①使用砂轮机将错台处打磨平顺；②将白水泥、黑水泥和水按一定比例拌制成水泥浆液，多次均匀涂刷在整个混凝土面上。

（3）渗漏水

隧道衬砌完成后，虽然经过柔性、刚性两道防水层，但渗漏现象依然较为普遍。分析引起渗漏水的主要原因，有如下几个方面：

①基面处理不到位，浇筑混凝土时，突起物将防水损坏。

②初支基面表面有渗漏水点未处理完全时就铺设防水板，在二衬混凝土浇筑过程中，渗漏点集水受混凝土挤压易冲破防水板，贯通浇筑的混凝土并带走水泥浆液，形成二衬结构的渗水通道。

③二衬结构矮边墙施工缝处理不到位，基面凿毛不合要求，基面清理不干净，夹有浮渣、泥土、绿苔等杂物，导致新旧混凝土结合不密实，形成漏水通道。

④施工缝、变形缝止水带安装不正确或有破损，影响止水效果。

⑤在钢筋邦扎、焊接施工过程中，对防水板局部损坏未发现或及时修补，影响防水效果。

⑥防水铺设未严格遵守设计规范，搭接处未达到密封要求，或采用射钉直接钉在防水板上。

⑦混凝土浇筑质量问题，如捣固不密实、浇筑不连续形成冷缝、厚度不够或有空洞、养护周期不够等。

⑧混凝土自身质量问题，如配合比、添加剂的使用存在缺陷等易使后期混凝土结构出现裂缝。

渗漏水处理方法：

深圳片区暗挖隧道一般地表环境复杂，存在建、构筑物较多，隧道内失水易引起地表沉降，从而破坏环境，因此洞内治水一般不能采用排水，只能进行堵漏。

① 回填注浆

渗漏水处理首先需进行衬砌背后的回填注浆，回填浆液根据水量大小可用水泥浆或水泥-水玻璃双液浆。

回填注浆一般针对二衬与初支间存在空隙的地方。一般在衬砌施工完成后，由于混凝土的收缩或微变形，二衬与初支间一定存在缝隙。混凝土浇筑工程，尤其在拱顶位置受工艺限制易出现空洞，从而可能形成水囊，为渗漏水现象发生的主要隐患之一。

回填注浆的主要目的为回填衬砌背后空隙，用水泥浆液置换水囊，封堵渗漏途径外，同时也能将注浆点附近的混凝土本身渗漏裂隙进行添堵，效果较好。

② 注化学浆堵漏

回填注浆完成后，对于局部的渗漏水点，可采用注化学浆的方式进行堵漏。一般隧道渗漏现象分为施工缝、变形缝、冷缝、裂缝、点渗及面渗等情况，不同情况采用不同注浆方法。注浆材料一般选取改性环氧树脂浆液，严禁采用水溶性材料。深圳地铁二期工程前期曾用水溶性聚氨酯进行堵漏，当时效果较好，但该材料膨胀系数大，时间长会发生收缩及微溶解，后期已堵漏部分又出现反复，且对混凝土结构也形成损坏。由其他单位施工的深圳地铁某区间隧道曾将隧道道床隆起。

a. 施工缝、裂缝、点渗处理方式

找准渗漏位置，清理渗漏面，用水不漏材料封堵裂缝，两侧钻孔，埋注浆针头，注化学浆液，见图 8-16。注浆材料采用改性环氧树脂浆液。

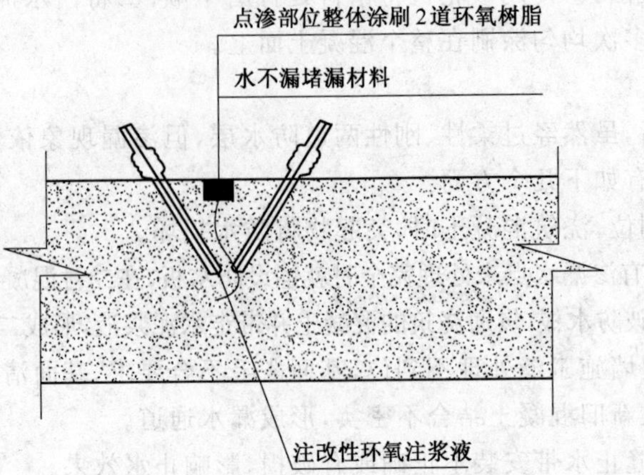

图 8-16　施工缝、裂缝、点渗处理方式示意图

b. 面渗处理方式

清理渗漏面，在渗漏面涂刷环氧树脂。在面渗范围钻孔，埋注浆针头，注化学浆液，见图 8-17。注浆材料采用改性环氧树脂浆液。

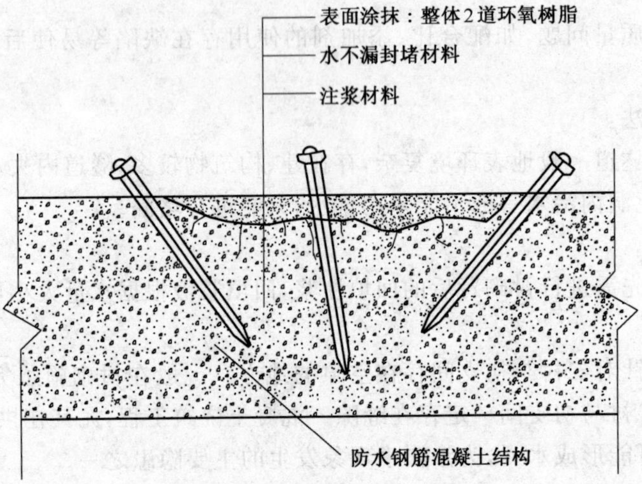

图 8-17　面渗处理方式示意图

第六章　深圳地铁建设成果

一、主要成果获奖情况

深圳地铁建设过程，我公司承建的相关项目开展了大量科研工作，以下为主要成果获奖情况。

1. 深圳地铁 1 号线 18 标

复杂地质环境下地铁盾构硬岩段深孔微差爆破施工工法：2011 年企业级工法，2012 年获河南省级工法。

2. 深圳地铁 3 号线 3101-1 标

(1) 复杂环境地铁大型换乘综合体与既有运营地铁站接驳修建技术：2010 年中国铁路总公司科技进步二等奖，2011 年中国施工企业科技进步特等奖，2011 年河南省科技进步二等奖、洛阳市科技进步一等奖，2011 年中铁隧道集团科技进步一等奖。

(2)运营地铁车站接驳施工工法：2010 年企业级工法，2012 年河南省级工法。

(3)2013 年，深圳地铁 3 号线荣获第十一届中国土木工程詹天佑奖。

3. 深圳地铁 3 号线 3153 标

钻孔桩旋挖钻成孔施工工法：2009 年企业级工法。

4. 深圳地铁 5 号线 5307 标

双线四洞地铁暗挖区间隧道重叠交叉施工技术研究：2012 年中铁隧道集团科技进步二等奖，2012 年中国铁路总公司科学技术二等奖，2012 年中国施工企业管理协会科学技术二等奖。

二、结束语

深圳片区暗挖隧道多为浅埋暗挖法施工，该工法具备很多优点，但其缺点是：施工安全风险相对盾构法较高，施工速度慢，防水效果较难达到预期，施工工艺受施工队伍的水平限制等。

随着科技发展，盾构法施工隧道已得以大范围推广，当前在深圳地铁三期区间设计当中，一般会尽量优先选择盾构法。但盾构法适用范围有限，常常由于地层原因的特殊性或断面的特殊性，依然会采用灵活性强、适应能力高、适用范围广的浅埋暗挖矿山法隧道。

总结深圳地铁一、二期建设经验，相较于传统的暗挖隧道施工法，有四个方面的新认识尤其值得总结，以便推广运用于后期类似工程的修建中。

(1)初支背后及衬砌背后回填注浆必须纳入关键工序管理，隧道堵漏以注水泥浆为主。

(2)暗挖隧道施工最常用辅助措施即为注浆，加强对洞内超前注浆、深孔注浆等各类注浆工艺的改进、控制、应用，真正掌握注浆工艺，有效达到注浆目的。

(3)密切结合监控量测，综合应用地表、洞内各项环境保护措施，高度关注地表环境的沉降、变形。

(4)二衬完成才是真正意义的隧道贯通，结合实际情况，尽量实现开挖、衬砌平行作业，是实现隧道安全、地表环境安全、工期可控的最佳途径。

当前正处于地下空间大发展的时代，诸如超大跨车站暗挖、超浅埋、超软弱地层及重叠交叉隧道等特殊的高难度隧道施工项目越来越多，暗挖隧道尚需进行进一步的研究与实践，以适应各种地层条件、埋深、跨度等方面的要求。

参 考 文 献

[1] 王梦恕．地下工程浅埋暗挖技术通论[M]. 合肥:安徽教育出版社,2005.
[2] 北京市建设委员会.《地铁暗挖隧道注浆施工技术规程》[M]. 中国建筑标准设计研究院,2004.
[3] 常士骠．工程地质手册[M]. 北京:中国建筑工业出版社,1992.
[4] 夏明耀,曾进伦．地下工程设计施工手册[M]. 2 版．北京:中国建筑工业出版社,2001.
[5] 关宝树．隧道工程施工要点集[M]. 北京,人民交通出版社,2003.
[6] 潘明亮．深圳地铁城区单洞双层重叠隧道施工技术[J]. 铁道工程学报,2004(2):21-25.
[7] 王梦恕．隧道与地下工程技术及其发展[M]. 北京:北京交通大学出版社,2004:3-6.
[8] 中铁隧道集团有限公司.《市政・轨道交通地下工程标准化施工管理手册》. 2014:168-290.